权威·前沿·原创

皮书系列为
“十二五”“十三五”国家重点图书出版规划项目

中国社会科学院创新工程学术出版项目

文化科技蓝皮书

BLUE BOOK OF CULTURE AND TECHNOLOGY

文化科技创新发展报告（2019）

ANNUAL REPORT OF CULTURE AND TECHNOLOGY INNOVATIVE DEVELOPMENT(2019)

主　编／李凤亮
副主编／周建新　周志民　徐天基

社会科学文献出版社
SOCIAL SCIENCES ACADEMIC PRESS (CHINA)

图书在版编目（CIP）数据

文化科技创新发展报告．2019 / 李凤亮主编．--北京：社会科学文献出版社，2019．10
（文化科技蓝皮书）
ISBN 978-7-5201-5341-6

Ⅰ．①文…　Ⅱ．①李…　Ⅲ．①文化事业-技术革新-研究报告-中国-2019　Ⅳ．①G12

中国版本图书馆 CIP 数据核字（2019）第171998号

文化科技蓝皮书
文化科技创新发展报告（2019）

主　　编 / 李凤亮
副 主 编 / 周建新　周志民　徐天基

出 版 人 / 谢寿光
组稿编辑 / 蔡继辉　任文武
责任编辑 / 王玉霞　张　琛
文稿编辑 / 刘　争

出　　版 / 社会科学文献出版社·城市和绿色发展分社（010）59367143
地址：北京市北三环中路甲29号院华龙大厦　邮编：100029
网址：www.ssap.com.cn
发　　行 / 市场营销中心（010）59367081　59367083
印　　装 / 天津千鹤文化传播有限公司

规　　格 / 开　本：787mm×1092mm　1/16
印　张：24.5　字　数：365千字
版　　次 / 2019年10月第1版　2019年10月第1次印刷
书　　号 / ISBN 978-7-5201-5341-6
定　　价 / 128.00元

本书如有印装质量问题，请与读者服务中心（010-59367028）联系

主要编撰者简介

李凤亮 讲席教授、博士生导师，现任南方科技大学党委副书记，兼任深圳大学文化产业研究院院长、国家文化创新研究中心主任。美国南加州大学访问学者，国务院“政府特殊津贴”获得者，国家社会科学基金重大项目首席专家，“国家高层次人才特殊支持计划”（国家“万人计划”）入选专家，全国文化名家暨“四个一批”人才，“百千万人才工程”国家级人选和“有突出贡献的中青年专家”，教育部高等学校艺术学理论类专业教学指导委员会委员，教育部“新世纪优秀人才支持计划”入选者，教育部霍英东教育基金会“高校青年教师基金”和“高校青年教师奖”获得者，广东省宣传思想文化领军人才，“鹏城杰出人才奖”获得者，深圳市国家级高层次专业领军人才。兼任中国世界华文文学学会副会长、海峡两岸文化创意产业高校研究联盟副理事长、文化产业（中国）协作体专家委员会委员等。专业领域为文艺理论、文化创意产业和城市文化研究，独立主持国家级项目6项、省部级课题9项，出版著作（含合著）24部，发表论文百余篇。

周建新 教授、博士生导师，现任深圳大学文化产业研究院执行院长、国家文化创新研究中心副主任、客家研究所所长。中山大学博士，国家社科基金项目通讯评审和结题鉴定专家，兼任中国中外文艺理论学会文化创意产业研究会秘书长、中国人类学民族学会客家专业委员会副主任、中国博物馆学会服装专业委员会副主任、中国社会学会理事、《世界客家文库》学术委员会委员。主要从事区域文化产业、客家文化研究。现主持国家社科基金重大招标项目1项，完成国家社科基金项目2项、教育部人文社科研究项目1项、省社科规划项目等10余项，出版专著7部，发表论文150余篇。研究成果获得省社会科学优秀成果奖一等奖2项、二等奖和三等奖各1项。获得国家社科基金重大项目首席专家、国务院政府特殊津贴专家、新世纪百千万人才工程省级人选、深圳市国家级高层次领军人才、深圳市领航人才（A类）、深圳大学荔园领军学者等荣誉称号。

周志民 教授、博士生导师，深圳大学文化产业研究院副院长，深圳大学管理学院副院长。中山大学博士、香港城市大学博士后。美国南加州大学、英国中央兰开夏大学访问学者。入选教育部“新世纪优秀人才支持计划”和广东省高校“千百十工程”省级培养对象，被评为广东省“十大杰出青年岗位能手”、深圳市高层次人才地方级领军人才、深圳市优秀教师、深圳大学优秀学者。担任中国管理现代化研究会营销专业委员会常务理事、中国高等院校市场学研究会理事、《营销科学学报》编委、《品牌管理》编委。主持国家自然科学基金项目等10多项课题研究，出版5部专著和教材，发表70余篇中英文论文，荣获广东省哲学社科优秀成果一等奖等10余项科研奖，获深圳大学MBA优秀教师等10余项教学奖。

徐天基 讲师、硕士生导师，香港中文大学文化与宗教研究系博士，台湾“中研院”民族学研究所博士后，香港浸会大学传统文化研究中心博士后，法国远东学院访问学者，法国高等研究院访问学者，深圳市海外高层次人才，深圳市领航人才。现任深圳大学文化产业研究院学术研究部副主任。目前从事文化消费研究，担任1项国家社会科学基金青年项目主持人及2项国家社会科学基金项目子课题负责人，参与文化和旅游部及国际合作项目多项。在国内及境外学术期刊发表十余篇学术论文和研究报告。

摘　要

《文化科技创新发展报告（2019）》是关于文化与科技融合背景下的产业发展现状、应用、理论探索及创新实践的研究报告，其主要内容吸收了国内外相关领域专家的前沿性理论及最新研究成果，同时集合了深圳大学文化产业研究院、国家文化创新研究中心在文化科技融合创新领域的最新成果。

文化与科技的深度融合已经是全世界经济发展的重要引擎，这种融合趋势与应运而生的新经济对于当下的经济和文化格局提出了新的诉求与挑战。配合国家文化及经济发展的战略，粤港澳大湾区的经济、科技与人文建设日益扮演着重要的角色，它在区域发展中成为推动经济增长、优化产业配置、调整产业结构的重要力量。《文化科技创新发展报告（2019）》正是在此背景下开展的文化与科技融合理论、文化产业观察、人文湾区和数字创意产业等方面的研究。

本报告基于文化与科技融合的现状和未来路径进行分析与展望，集中探讨文化科技融合的理论基础、产业背景、商业模式、技术创新、区域融合等问题。通过对人文湾区、理论前沿、产业观察、创新实践、遗产保护等几个部分的分析，结合具体的调研报告，跨领域、多角度地提出了文化科技融合的现状、创新路径和前景展望。本报告关注文化与科技创新融合的发展路径及发展趋向，旨在梳理它的相关研究并结合传统文化、遗产保护等相关内容提出可行性的发展报告。本报告分为六个部分。

第一部分是总报告。该报告是对 2018 年文化与科技融合趋向及发展的总结性梳理，结合科技创新与文化产业及经济发展的关系，论述文化科技融合的重要作用和前景展望。

第二部分是人文湾区篇。作为《文化科技创新发展报告（2019）》的新增主题，该篇主要关注人文建设与粤港澳大湾区建设之间的关系，从多维度论述经济、科技与文化融合在湾区建设与发展中的重要作用。《珠江三角洲文化与区域发展状况报告》一文，在珠三角区域建设的整体框架下审视了文化艺术建构与湾区宏观发展的密切关系，该文对人文湾区的主题研究起到了抛砖引玉的作用；《论城市国际化中的文化传承与创新分析报告——以深圳的新发展为例》关注了深圳在迈向国际都市进程中传统文化的建构作用；《艺术参与当代中国城镇化建设的现状分析报告》一文探讨了艺术实践与当代中国城镇化建设的关系，人文艺术建构着中国新型城镇的人文精神，也引领着城镇文化的发展方向；《中国武术文化与粤港澳区域发展的趋势报告》在国际化和产业化的背景下，以中国传统武术文化为对象探讨了传统文化在建构人文湾区中所扮演的重要作用；《粤港澳大湾区文化“走出去”战略分析报告》围绕粤港澳大湾区文化“走出去”问题，重点讨论了文化“走出去”的战略与路径；《粤港澳大湾区文化创意旅游资源的整合与实施报告》指出，旅游产业在湾区的起步及发展成熟阶段发挥着重要的作用，这包括打造优质生活圈，形成产业纽带等方面的互动；《粤港澳大湾区历史文化资源的分布与创新发展报告——以原新安县佛寺（庵）、道观及民间信仰场所为例》通过对庙宇等历史文化资源的考察，指出原本为传统村落所保存的历史文化资源如何在都市化的处境下重新焕发生命力，是当下城镇化建设中面临的现实问题。

第三部分是理论前沿篇，该篇由两篇报告构成。《艺术文化消费者的新定义与新特征的研究》根据艺术文化的品位和偏好将消费者分成了不同的目标群体，分析他们在艺术文化消费方面的诸多重要问题；《创意产业升级中的数字创意集群发展研究》主要关注和探讨了创意产业的升级，提出如何通过重新组建创意产业学位课程的结构以应对数字创新和数字经济的挑战。

第四部分是产业观察篇。《版权保护、文化产业发展与经济增长的创新研究报告——基于 2005 ~2016 年中国省际面板数据的实证研究》指出，版权既可以作为一种高级生产要素直接推动经济增长，也可以通过促进文化产业发展这一中介变量间接推动经济发展；《线下游戏文化产业的热点分析与发展研究报告》阐述了真人密室逃脱游戏产业的发展历史、主要特点、产业现状以及客户体验，试图通过分析真人密室逃脱游戏迅猛发展的原因，了解年轻群体对于社会交往需求的心理；《中国社交网站存在的问题与发展研究报告》尝试解析人人网从崛起到衰落的原因，着重呈现全球传媒格局中其发生的深刻变革，并尝试对未来社交媒体的发展方向进行展望；《云游戏的回顾与展望研究报告》结合作者自身在云游戏行业的从业经验，对云游戏产业现状进行分析，并提出云游戏产业目前存在的行业壁垒及面临的困难，总结了近半年云游戏行业大事件，同时展望了未来该行业的发展潜力；《网络游戏产业的发展机制与创新分析报告》指出，必须从网络游戏产业的监管与规制、网络游戏产品的内容设计与开发、网络游戏企业的责任与担当等方面着手，实现网游产业社会效益与经济效益的双赢。

第五部分是创新实践篇。《“人文型智慧城市”的基本形态和发展规划报告——兼论未来城市发展的理想形态》一文指出，“人文型智慧城市”是以人为本、质量提升和智慧发展的城市化，是对传统城市发展的扬弃，追求幸福、智慧、低碳及可持续发展，是人文精神在城市化中的体现，也是未来城市发展的理想形态；《5G 多场景应用的现状与前景分析报告》关注 5G 的技术创新及应用，指出随着网络切片技术的日趋完善，5G 网络能支撑 VR/AR、自动驾驶、智能制造等 4G 时代无法实现的场景应用；《人工智能艺术的发展及创新实践研究报告》关注人工智能艺术的发展脉络，探讨和报告了人工智能发展与艺术实践的互动关系；《文化科技中的新技术与新业态应用发展态势报告》介绍了人工智能、区块链等技术模式，并着重阐述其在文化领域的典型应用案例，对未来文化科技的进一步发展做出趋势性预测；《通信网络基础建设的优化升级分析报告——以中国移动为例》是对中国移动公司有关网络建设和拓展的调研报告，论述了优质网络创造社会价值的发展理念；《科技博物馆的新技术应用与机遇分析报告》介绍了博物馆对于新媒体、新技术的应用，指出新技术的应用要充分发挥其交互性强的技术特质，开发出沉浸式、实验室式等体验产品；《香港图书馆数字化的创新探索研究》就香港图书馆的数字化工程做了系统的介绍，数字化工程是对传统文化和遗产保护的创新实践，其中运用的新型文化科技成为遗产保护工作的未来趋势。

第六部分是遗产保护篇。该篇的三篇报告从不同角度关注了遗产保护与科技创新及应用的深层关系，从遗产保护的角度探讨文化与科技的深度融合及应用。《澳门舞醉龙文化传承与历史发展研究报告》通过对澳门舞醉龙传统习俗历史发展的考察，研究舞醉龙行动者网络的联系特征及互动过程，揭示其网络的内在建构及外部行动；《民俗文化节中原真性对游客满意和忠诚的影响分析报告》一文用详尽的数据论述了原真性和商业化的和谐共存对民俗节庆活动的文化创新和创意至关重要；《非遗数字化生态建构创新与规划实施报告——以抖音“非遗合伙人”计划为例》以抖音中的“非遗合伙人”计划为个案，深入探讨了非遗保护工作中数字化生态的建构问题。

关键词： 文化科技融合　文化创意产业　人文湾区

目 录

Ⅰ 总报告

B.1 2018年文化科技创新的发展现状与趋势分析报告
…………………………………… 李凤亮 胡鹏林 刘德道 / 001

Ⅱ 人文湾区篇

B.2 珠江三角洲文化与区域发展状况报告…… 弗朗索瓦·科尔伯特 / 014

B.3 论城市国际化中的文化传承与创新分析报告
——以深圳的新发展为例……………………………… 何梦笔 / 023

B.4 艺术参与当代中国城镇化建设的现状分析报告
……………………………… 黄永健 李 苗 胡 娜 刘婷婷 / 037

B.5 中国武术文化与粤港澳区域发展的趋势报告…………… 李志诚 / 050

B.6 粤港澳大湾区文化“走出去”战略分析报告 …………… 秦 晴 / 058

B.7 粤港澳大湾区文化创意旅游资源的整合与实施报告…… 王 青 / 076

B.8 粤港澳大湾区历史文化资源的分布与创新发展报告
——以原新安县佛寺(庵)、道观及民间信仰场所为例
……………………………………………………… 谢 健 / 089

Ⅲ 理论前沿篇

B.9 艺术文化消费者的新定义与新特征的研究
…………………………………………… 弗朗索瓦·科尔伯特 / 104
B.10 创意产业升级中的数字创意集群发展研究
…………………………………………………… 加文·萨德 / 111

Ⅳ 产业观察篇

B.11 版权保护、文化产业发展与经济增长的创新研究报告
——基于2005～2016年中国省际面板数据的实证研究
…………………………………………………………… 陈能军 / 128
B.12 线下游戏文化产业的热点分析与发展研究报告 ……… 高　昱 / 145
B.13 中国社交网站存在的问题与发展研究报告 …………… 庞书纬 / 153
B.14 云游戏的回顾与展望研究报告 ………………………… 裴一宁 / 162
B.15 网络游戏产业的发展机制与创新分析报告 …………… 温朝霞 / 175

Ⅴ 创新实践篇

B.16 “人文型智慧城市”的基本形态和发展规划报告
——兼论未来城市发展的理想形态 ……… 李　林　龙　宇 / 194
B.17 5G 多场景应用的现状与前景分析报告………………… 曹桂芹 / 207
B.18 人工智能艺术的发展及创新实践研究报告 …………… 高梦雪 / 219
B.19 文化科技中的新技术与新业态应用发展态势报告 …… 耿　琦 / 234
B.20 通信网络基础建设的优化升级分析报告
——以中国移动为例 ……………………………… 阎奕铮 / 246

B.21 科技博物馆的新技术应用与机遇分析报告 …………… 郭文钠 / 255
B.22 香港图书馆数字化的创新探索研究 ……………………… 罗 丹 / 263

Ⅵ 遗产保护篇

B.23 澳门舞醉龙文化传承与历史发展研究报告
…………………………………………………… 梁敏平 王 忠 / 274
B.24 民俗文化节中原真性对游客满意和忠诚的影响分析报告
…………………………………………………… 张 涛 温慧君 / 290
B.25 非遗数字化生态建构创新与规划实施报告
——以抖音“非遗合伙人”计划为例 ………………… 周钰愉 / 307
B.26 大事记 ……………………………………………………… 周钰愉 / 320

Abstract ……………………………………………………………… / 348
Contents ……………………………………………………………… / 354

总 报 告

General Report

B.1

2018年文化科技创新的发展现状与趋势分析报告

李凤亮 胡鹏林 刘德道*

摘 要： 数字技术是促进文化科技创新的重要因素，在动漫影视、游戏产业、网络视听、数字展示、文化装备等五个领域的影响尤为突出。数字技术的发展创新了文化内容的呈现媒介，丰富了文化内容的呈现方式。数字技术在传统业态的深度应用，重塑了传统业态的产业形态和产业格局，催生了新的业态门类，同时也诱发了新的文化伦理风险，应该引起我们的高度重视。5G将会提升云计算、人工智能、增强现实等数字技术的产业渗透性，从而诱发新的产业革命。

* 李凤亮，讲席教授，博士生导师，现任南方科技大学党委副书记，兼任深圳大学文化产业研究院院长、国家文化创新研究中心主任；胡鹏林，深圳大学文化产业研究院副教授；刘德道，深圳大学艺术学理论研究生。

关键词： 数字技术　动漫影视　游戏产业　网络视听　数字展示　文化装备

在 2016 年至 2018 年文化科技创新总报告中，我们先后聚焦于虚拟现实①、互联网平台②、5G③ 等文化科技领域，阐述了科技创新对文化产业的渗透与推动。在此基础上，2019 年，我们将从文化科技融合的视角，深入探讨动漫影视、游戏产业、网络视听、数字展示、文化装备等五个业态的特点及趋势。

一　动漫影视新发展：数字技术与文化讲述

新技术的运用与内容创新乏力之间的矛盾，是困扰动漫影视产业发展的突出问题，这些作品试图以夺人眼球的“炫技”，掩饰文化内容创新的贫乏。2018 年，动漫影视领域在这两者之间的矛盾有所缓和，出现了《熊出没》《画江湖》《一人之下》《刺客伍六七》等优秀动漫作品，以及《红海行动》《流浪地球》《无名之辈》《延禧攻略》《知否？知否？应是绿肥红瘦》等优秀影视作品，在数字技术与文化讲述之间找到了平衡点。

1. 视效体验与内容创新的双重驱动

数字技术的支撑，提升了动漫影视作品的视效体验，丰富了动漫影视创作的题材范围，推动动漫影视产业的内容创新。在大数据、云计算、虚拟现实等数字技术的支撑下，动漫影视得以提供更为强大的视效和前所未有的观感体验，解放了内容创新的桎梏，使得动漫影视作品在更大程度上呈现让人叹为观止的想象力，并通过虚拟影像触发观者的真切体验。通过数字技术的

---

① 李凤亮、胡鹏林：《虚拟现实趋势下的文化科技融合》，载《文化科技创新发展报告（2016）》，社会科学文献出版社，2016，第 1 ~ 15 页。

② 李凤亮、胡鹏林：《有偿共享：中国文化产业创新生态模式研究》，载《文化科技创新发展报告（2017）》，社会科学文献出版社，2017，第 1 ~ 11 页。

③ 李凤亮、胡鹏林、刘德道：《万物互联时代的数字创意产业》，载《文化科技创新发展报告（2018）》，社会科学文献出版社，2018，第 1 ~ 12 页。

应用，动漫人物形象更加细腻与真实，动漫画面色彩更加丰富与饱满，剧情的推荐和氛围的烘托更加自然，人物的性格刻画和情感表达更加真切。同时，数字技术为动漫影视拓宽了作品的题材范围，使得曾经只能存在于文学作品中的想象能够搬上荧屏，尤其是受制于技术而无法得到充分表现的科幻类题材作品，推动了动漫影视领域的内容创新。在21世纪之初，国产动漫影视作品在数字技术制造方面处于起步阶段，但随着动漫影视产业的不断实践，国内与国外的技术差距正在快速弥合。虽然，在细节刻画、画面渲染等方面，国产动漫作品与迪士尼仍存在客观差距，但是，曾经困扰国产动漫作品的技术焦虑正在逐渐淡化。近年来，国产动漫影视作品在剧情演绎和情感刻画方面越来越用心，同时在宣传与发行方面也越来越专业。诸如《西游记之大圣归来》、《熊出没》系列电影、《流浪地球》等动漫影视作品，已经证明中国动漫影视产业有能力也有实力制作一流的且受市场欢迎的原创动漫影视作品。

2. 平台与商业模式的创新内容生产

动漫的媒介化属性逐步凸显，动画短视频成为新闻传播、媒体推广、商业宣传的新兴手段，开拓了新的商业模式。移动互联网支持下的互联网内容平台和广泛普及的移动终端，深化了社会的数字化程度，使得信息呈现出数字化和碎片化的特征。动画短视频，是指以动画为主要内容形式的短视频，已经成为移动互联网时代新闻传播、媒体推广、商业宣传的主要手段。创立于2015年的来画视频正在快速成长为动画短视频领域的领军企业，为新华社、腾讯视频等提供动画短视频内容服务和技术支持，并发布了基于大数据、人工智能的动画短视频制作和分发平台。文化内容原创型有偿共享生态模式①，通过互联网内容平台的驱动，以优质动漫内容为核心的动漫全产业链布局正在形成。互联网内容平台逐渐成为动漫产业的主要流量入口。从2017年网络播出动漫内容播放量来看，爱奇艺、腾讯视频、优酷等视频平

① 李凤亮、胡鹏林：《有偿共享：中国文化产业创新生态模式研究》，载《文化科技创新发展报告（2017）》，社会科学文献出版社，2017，第1～11页。

台，基本垄断了网络播出动漫内容的流量入口，分别占据儿童动漫、青少年动漫、成年动漫三种动漫类型播放量的93%、93%、90%。[①] 同时，大型互联网内容平台正在通过推动优质动漫内容生产，打造动漫全产业链。以腾讯动漫为例，在2017年1月至7月，腾讯投资了10家动漫公司，并发布了“百番计划”，旨在培育和整合优质动漫IP内容。

3. 讲述和讲好中国故事的市场探索

2018年国产电影市场，除了票房22亿元的《捉妖记2》和票房7.3亿元的《西游记·女儿国》表现出较强的市场竞争力，其他国产奇幻电影市场反响一般。《红海行动》《我不是药神》《无名之辈》《无问西东》《江湖儿女》《暴裂无声》等现实题材影片，票房和口碑远超国产奇幻电影。试图以特效、明星甚至“打擦边球”等方式赚取票房的影片，已无法得到市场的认可。以讲述中国故事为核心的现实题材影片，得到了市场认可和良好的口碑，电影生产者与消费者更加尊重电影规律与电影价值。

二　游戏产业的新突破：科技渲染与功能症候

5G、云计算等基础技术，正在悄然改变游戏产业格局，甚至颠覆现有游戏产品的形态与玩法。随着5G的正式商用，云计算技术对终端用户的支持作用将会进一步放大。在高传输速率的保障下，分布式虚拟现实设备才能真正实现大规模普及，从而实现产业化发展，带动游戏厂商跟进游戏研发，改变目前虚拟现实拥有终端设备，却缺乏文化内容和传输速率的尴尬境遇。基于云计算的云端游戏平台，将游戏运算整合在云端平台，降低高品质游戏产品对于设备的硬件要求，催生视频游戏形态，对现有游戏产业形态产生颠覆性的影响。

---

① 艺恩数据：《2017中国在线动漫市场白皮书》，http://www.entgroup.com.cn/baogaonr.aspx?bid=18187，2018年4月11日，最后访问日期：2019年7月11日。

未成年人的游戏沉迷问题，再一次诱发了社会关于游戏社会责任的讨论。无论是被称为“王者农药”的王者荣耀，还是涉嫌赌博的棋牌类游戏，以及种种为了实现经济利益打“擦边球”的游戏产品，其根本则是经济利益主导下游戏功能症候紊乱。相关部门在游戏版号审批、游戏总量控制等方面正在加强管理，以及游戏厂商更加注重游戏产品的社会责任，游戏的社会问题将会逐步缓解。

1. 5G、云计算等基础技术推动了游戏产业迭代发展

5G 突破了传统互联网数据传输的地域和时空限制，将会推动超高清视频、虚拟现实、增强现实等拥有极致体验的数字内容在移动互联网中实现高速传输。① 5G 在网络游戏中的应用将会大幅提升游戏的沉浸式体验，促进分布式虚拟现实终端设备的推广与发展。云计算（Cloud Computing）是一种通过网络统一组织和灵活调用各种 ICT 信息资源，实现大规模计算的信息处理方式。② 云计算在网络游戏中的应用程度越来越深入，正在为游戏产业带来深刻的变革。其中，最为标志性的事件是谷歌在 2019 年的游戏开发者大会（GDC）中，发布了基于互联网云计算的“Stadia”游戏平台，其基于高速互联网，将游戏的运算工作交由各地服务器，试图颠覆传统网络游戏下载、安装、更新的游戏模式。随着 5G 的正式商用，将会涌现出更多“Stadia”游戏平台，进而推动游戏产业的迭代发展，颠覆现有的游戏生态。基于高速互联网的云游戏平台，在进一步提升游戏沉浸式体验的同时，将会降低游戏运行对于游戏终端运算能力的要求，诸如索尼 PS4、微软 Xbox One、任天堂 Switch 等游戏主机，可能会受到较大冲击。

2. 数字技术优化了游戏的视觉效果及玩家体验

近年来，随着国内游戏企业的游戏引擎研发的不断深入，国产游戏的产品稳定性和玩家体验稳步提升。以网易开发的 3D 游戏引擎 Messiah 为例，

---

① 李凤亮、胡鹏林、刘德道：《万物互联时代的数字创意产业》，载《文化科技创新发展报告（2018）》，社会科学文献出版社，2018，第 1 ~ 12 页。

② 工业和信息化部电信研究院：《云计算白皮书（2012 年）》，http://www.caict.ac.cn/kxyj/qwfb/bps/201804/t20180426_158180.htm，2012 年 4 月。

其支持PBR、法线贴图、GPU粒子、实时光照等技术，游戏画面细腻且运行流畅，达到了世界一流的游戏美术效果和多线程并行能力。同时，Messiah也得到了世界一流硬件公司和游戏研发商的认可。在2018年游戏开发者大会（GDC）上，高通与网易在骁龙845移动平台的移动终端上展示了基于Messiah的《荒野行动》在4K人机交互界面，2K场景渲染，HDR显示特性、实时阴影、全局光照等方面的一流效果。暴雪娱乐公司宣布将使用Messiah开发《暗黑破坏神》手游。在自研游戏引擎的同时，腾讯、网易、完美世界等国内游戏厂商在2018年分别与育碧（Ubisoft）、威尔乌（Valve）等海外游戏开发商达成战略合作①，将进一步提升国内游戏企业的研发能力，推动国产游戏的发展。

3. 未成年人网络游戏沉迷问题引发舆论关注

2018年，游戏产业阴云密布，游戏沉迷所造成的社会问题，再一次被放在公众的聚光灯下。4月20日，《关于做好预防中小学生沉迷网络教育引导工作的紧急通知》严厉地指出“中小学生沉迷游戏、行为失范、价值观混乱等问题”②；8月30日，《综合防控儿童青少年近视实施方案》提出“实施网络游戏总量调控，控制新增网络游戏上网运营数量”③；10月18日，《再融资审核财务知识问答》与《再融资审核非财务知识问答》要求上市公司“募集资金原则上不得跨界投资影视或游戏”。社会舆论中网络游戏的负面评价甚嚣尘上，使得版号停止发放的产业寒冬更加冷酷。游戏具有娱乐功能、学习功能、文化传播功能等诸多积极意义，诚然，未成年人沉迷游戏造成了诸多社会问题，但若因此将游戏污名化，是极其不可取的。游戏沉迷和游戏内容价值取向是网络游戏存在的两个主要问题。腾讯、网易等游戏

---

① 中国互联网络信息中心：第43次《中国互联网络发展状况统计报告》，http://www.cnnic.net.cn/hlwfzyj/hlwxzbg/hlwtjbg/201902/P020190318523029756345.pdf，2019年2月28日。

② 《教育部办公厅关于做好预防中小学生沉迷网络教育引导工作的紧急通知》（教基厅函〔2018〕21号）。

③ 《教育部等八部门关于印发〈综合防控儿童青少年近视实施方案〉的通知》（教体艺〔2018〕3号）。

公司正在优化防沉迷系统，中宣部牵头成立的网络游戏道德委员会以及其他相关部门，也在加强网络游戏伦理风险的防范。网络游戏的娱乐性强，未成年人自控能力弱，故而网络游戏所引发的未成年人相关的社会问题，更需要家长、学校、社会的教育与引导。

三　网络视听的新变化：平台流量与审美伦理

随着国内版权环境的持续优化，网络视听的发展环境日益趋好。网络视频、音频、数字音乐的用户规模逐渐饱和，网络视听平台的发展战略由抢占用户流量变为提高用户付费比例，发展策略立足于生产高质量视听内容，孵化优质 IP。短视频进入爆炸式发展期，高渗透性和高用户黏度正在改变传统网络视频的生态结构。

1. 网络视频的市场主体产业格局已经形成

2018 年网络视频市场规模达 2016. 8 亿元，同比增长 39. 1%。观看网络视频已经成为人们日常娱乐消遣的重要方式，41% 的用户选择会每天看网络视频。网络视频付费用户比例达到 53. 1%，视频内容付费习惯基本形成，这对于培育优质网络视频内容具有推动作用。以腾讯视频、爱奇艺、优酷为主体的网络视频市场格局已经形成，占据了整体网络视频用户的 89. 6%，拥有网络付费影片数量的 95. 1%。芒果 TV、哔哩哔哩、搜狐视频、咪咕视频、乐视视频组成的第二梯队，以及风行视频、PP 视频、暴风影音、56 视频组成的第三梯队的用户使用率和市场占有率进一步下降。[①]

2. 网络音频的内容与硬件融合生态初步建构

2018 年，网络音频用户规模达到 3 亿，同比增长率为 15. 4%。[②] 网络音频

---

① 中国网络视听节目协会：《2018 年中国网络视听发展研究报告》，http：//www. cnsa. cn/index. php/industry/industry_ week. html，2018 年 11 月。

② 艾瑞咨询：《2018 年中国网络音频行业研究报告》，http：//www. iresearch. com. cn/Detail/report？ id =3308&isfree =0，2019 年 4 月 27 日。

用户市场规模庞大，网络音频用户使用习惯和付费习惯已经养成。2018年上半年，喜马拉雅热门有声书播放量突破10亿次，高频有声书用户日均收听时长超过180分钟，63.6%的用户可以接受10元以上的付费。[①] 各大网络音频平台，培育优质IP，推动优质内容生产，培育粉丝群体，增强用户黏性。跨媒体平台合作成为推动IP孵化和促进优质内容生产的重要举措，喜马拉雅举办“春声”音频IP发布会，公布“万人十亿新声计划”，并与腾讯视频合作推出IP孵化计划；蜻蜓FM发起全新主播IP“天声计划”，并与纵横文学宣布实现版权战略合作。喜马拉雅举办第二届“66会员日”，蜻蜓FM举办首届“91倾听节”，以付费会员为核心，提供优质和精准的优势内容服务，成为网络音频媒体增强用户黏性的重要手段。依托平台推出智能硬件，积极探索平台生态化发展，喜马拉雅推出AI音箱“小雅Nano”，发布车载语音助手“晓雅车载版”；考拉FM增加CarPlay功能，并发布一站式车载音频娱乐平台“K-radio”。

3. 网络视频中的短视频行业进入爆发期

短视频进入爆炸式发展期，短视频应用依托移动互联网和移动智能终端，开创了新的业态门类，正在改变传统网络视频的生态结构。2018年，短视频应用用户规模达6.48亿，用户使用率为78.2%。[②] 短视频应用快手、抖音，月活跃用户数量分别超过2.58亿、2.19亿，月启动次数分别超过299.97亿次、255.9亿次，月使用时长分别超过43.81亿小时、40.4亿小时。短视频应用的高渗透性和高用户黏度，必然会推动网络视听与传统业态的融合发展。同时，短视频行业也暴露出内容泛娱乐化的问题。2018年7月至8月，国家网信办依法处置了19个短视频应用，短视频平台共封禁违规账号113万余个，查删拦截有害短视频810万条。[③] 随着短视频行业监管

---

① 喜马拉雅、克劳锐：《润物有“声”——2018喜马拉雅有声书用户行为洞察报告》，https://www.ximalaya.com/more/officialnews/168，2018年7月24日。

② 中国信息通信研究院：《中国数字经济与就业白皮书（2019年）》，http://www.caict.ac.cn/kxyj/qwfb/bps/201904/P020190417344468720243.pdf，2019年4月17日。

③ 《国家网信办：要让网络短视频充满正能量》，http://www.cac.gov.cn/2018-08/23/c_1123318088.htm，2018年8月23日。

的完善、市场格局的稳定，短视频行业势必会走向以优质内容推动业态发展的道路。

4. 网络视频中的数字音乐市场日益饱和

数字音乐经过了快速发展期，用户规模日益饱和，增速逐渐趋缓。2018年12月，网络音乐相关互联网应用用户规模为5.75亿，网民使用率为69.5%，年增长率为5%。① 相较于庞大的用户规模，目前国内付费用户规模仅为3300万。② 随着版权环境日益规范，音乐平台用户付费率提升，中国数字音乐收入进入快速增长期。2017年和2018年，中国数字音乐收入增长率分别为31.1%和59.8%。在收入快速增长的刺激下，数字音乐平台开始以培育音乐人为核心，储备优质音乐内容IP。诸如网易云音乐“石头计划”、腾讯音乐“原力计划”、虾米音乐“寻光计划”等活动，均为音乐平台培养原创音乐人，抢占原创音乐IP。音乐平台培养原创音乐人，弥补了现有音乐产业人才培育能力的不足。以原创音乐人为核心，打通涵盖音乐创作、录制、出版、复制、发行、进出口、版权交易、演出、教育培训、音乐衍生产品等环节的产业链条，有利于促进数字音乐产业的整体发展。

四　数字展示的新动能：沉浸体验与情感区隔

数字展示成为展览展示行业发展的新趋势，基于数字技术的可视化展示和沉浸式体验，改变了传统的产品展示和品牌宣传的模式。数字展示依托数字文化装备呈现数字文化内容，正在带动数字文化内容和文化装备的协同发展。数字展示呈现出极强的业态融合性，可视化、交互式的特点迎合了社会的数字化发展趋势，符合各类业态的产业发展方向，例如创意设计的可视化

---

① 中国互联网络信息中心：第43次《中国互联网络发展状况统计报告》，http：//www.cnnic.net.cn/hlwfzyj/hlwxzbg/hlwtjbg/201902/P020190318523029756345.pdf，2019年2月28日。

② 国际唱片业协会：《全球音乐报告2019：产业状况》，https：//www.ifpi.org/downloads/GMR2019_Chinese.pdf，2019年4月2日。

辅助设计、文化旅游的虚拟导览、传统制造业的流程仿真。博物馆数字展示领域技术与文化矛盾逐渐显现，数字技术的视听盛宴不同于历史文化的静观思考，阻断了观者与文物、历史的情感纽带。

1. 数字化成为展览展示行业发展的新趋势

展览展示行业参观群体的年龄结构，从“60后”、“70后”为主向“80后”、“90后”为主演变。参观者需求由信息获取和实物展示，演变为基于数字化的多媒体展示和沉浸式体验。以水晶石、丝路视觉、数虎图像、易尚展示、大白鲨、天际云等为代表的数字展示企业，将数字图像和多媒体展示系统引入传统展览展示领域，颠覆了传统的产品展示和品牌宣传的模式；从数字化、可视化、互动化三个方面改变了城市展览馆、博物馆、企业展厅的传统展览模式，提升了展览的沉浸式体验。

2. 数字展示推动内容生产与装备制造协同发展

数字展示的发展带动了数字内容服务的发展，数字展示依托数字文化装备，突出特定数字文化内容。渐趋多样化的数字展示需要，将会促进数字内容的创新。数字展示的发展将直接带动相关多媒体展示装备制造的发展。数字展厅的多媒体展示系统，集合了屏幕、感应设备、投影设备、摄影设备、服务器、中控设备等一系列文化装备，日益丰富和多元的数字展示需要，将会推动相关文化装备的研发与制造。此外，基于数字化和可视化的特点，数字展示呈现出业态融合的发展趋势，与创意设计融合发展的可视化设计，通过数字化辅助工业设计，提升了传统制造业的生产效率。

3. 博物馆数字创新数字内容的文化体验

数字展示已在国内大型博物馆得到大规模应用，其中“数字敦煌”“数字故宫”是国内博物馆数字展示应用的典范。基于增强现实、人工智能等数字技术，运用沉浸式投影屏幕、虚拟现实头盔、交互式触摸屏幕等数字设备的博物馆数字展示，消除了传统实物展览的局限，提升了展览的沉浸式体验。然而在部分博物馆的数字展示中，文物的文化内涵让位于多媒体的视听效果，造成了观者与文物的情感区隔。如何把握文物与数字技术之间的关系，避免数字技术喧宾夺主，是当下博物馆数字展示亟待思考的问题。

五　文化装备的新趋势：从大型文化设施到个人消费化

移动互联网和智能移动终端的普及，正在逐步改变文化服务的供给和消费模式，依托大型文化设施和大众媒体的文化内容生产与传播的影响力正在逐步弱化。文化内容生产与消费模式的改变，刺激了个人文化装备的需求。

1. 文化装备生产呈现出集成化、数字化的发展趋势

文化装备生产包含印刷设备制造、广播电视电影设备制造及销售、摄录设备制造及销售、演艺设备制造及销售、游乐游艺设备制造、乐器制造及销售等六个业态门类。[①] 2018 年首届上海国际文化装备博览会，将文化装备分为文旅演艺、主题游乐、数字博物馆、展览展示、出版印刷五个板块，反映了文化装备生产的融合发展趋势，凸显了文化装备集成化的发展趋势。博览会展示了人工智能、增强现实、超高清视频、超流明投影、沉浸式球幕、增材制造、智能演艺系统、流媒体业务平台等多种文化科技，文化装备研发呈现出以数字内容展示为中心的发展趋势，凸显了文化装备数字化的发展趋势。

2. 文化装备消费呈现出个人化的发展趋势

手机成为最重要的移动智能终端，成为大众获取文化服务的重要媒介。2018 年，我国网民的人均周上网时间为 27.6 小时，手机网民规模达 8.17 亿，民众使用手机上网的比例为 98.6%，网络视频、网络音乐、短视频、网络音频、网络文学五类应用，占据了移动网民上网时间的 45.3%。[②] 基于移动通信技术和数字技术的支持，智能手机、智能手表、智能音箱、消费级

① 国家统计局：《文化及相关产业分类（2018）》，http：//www. stats. gov. cn/tjsj/tjbz/201805/t20180509_ 1598314. html，2018 年 5 月 9 日。

② 中国互联网络信息中心：第 43 次《中国互联网络发展状况统计报告》，http：//www. cnnic. net. cn/hlwfzyj/hlwxzbg/hlwtjbg/201902/P020190318523029756345. pdf，2019 年 2 月 28 日。

无人机等智能终端，取代电视、电脑成为个人文化消费的新宠，个人消费化正在变革文化装备产业格局。个人化的文化装备丰富了大众文化服务的供给，填补了大型文化装备在日常生活文化服务供给的不足，以 UGC、PGC 为代表的文化内容生产模式，推动了个性化、定制化的文化内容订阅模式和推送模式的发展，使得个人化的文化装备与大型文化设施互补发展。

结　语

以云计算、移动互联网、智能终端为核心的数字时代，正在诱发以数字化为核心的文化产业模式和组织方式的变革。

智能手机的高度普及，极大地拓展了中国的文化消费人口规模。工业时代，人与人的联系以工业生产节点的联系为基础；数字时代，基于移动互联网和智能终端，个人成为网络独立的节点。以往的文化产业商业模式是工业时代生产组织方式的翻版，人与人的联系以文化生产节点的联系为基础，文化生产聚焦于一、二线城市中的创意阶层，而忽略了三、四线城市以及乡镇消费者的文化需要。智能手机连接了一批长期被文化产业忽视的消费者，为个人互联网层面的文化产业实践奠定了基础，通过大数据和云计算，文化生产者和消费者得以推送和获取个性化的文化内容。深度挖掘这一批消费者的闲暇时间与付费潜力，有利于将我国的人口红利转化为数字经济红利。

数字技术的快速迭代，正在变革传统业态的生态结构。5G 将会带来新的产业革命，将会进一步释放云计算和智能终端赋能业态变革的能力。在已经初露端倪的新兴业态中，数字展示优化了展览展示行业的用户体验，短视频正在改变网络视听产业的业态格局，视频游戏将会变革游戏产业的产品形态和市场格局。在 5G 正式商用后，高效的物联网将会提升文化产业的组织效率，虚拟现实将会与各类文化业态融合发展。云计算、移动互联网、智能终端是数字时代社会经济活动运行的基础性设施，数据运算效率和传输速率的大幅提升，将会深刻变革社会经济活动的基本样貌。依据“摩尔定律”和“梅特卡夫定律”，数字技术的发展和移动互联网的渗透，将会带来远超乎我们想象的产业革命。

数字技术优化了文化内容的视效体验，但也诱发了文化与科技的错位。科技唯一不变的是改变，其所带来的纷繁与斑斓，一度让我们迷失了文化与科技的关系，甚至让我们深陷唯技术论的桎梏。博物馆数字展示中声光电的冲击消解了文物的历史文化底蕴，网络游戏日益优化的视觉效果及玩家体验加剧了未成年人游戏沉迷的问题，网络视听产业中为了夺取流量而出现的“三俗”内容增加了产业发展的伦理风险。文化科技创新的意义在于推动社会先进文化的发展，“数字敦煌”之所以让人赞叹，缘于“敦煌”而非“数字”。在文化与科技深度融合的时代，我们更应该秉持文化坚守，才不至于迷失推进文化科技创新的初心。

人文湾区篇

Human Bay Area Reports

B.2
珠江三角洲文化与区域发展状况报告

弗朗索瓦·科尔伯特 著　李竞爽 译*

摘　要：随着国际旅行在全球范围内的增加，每个国家都试图在市场上分一杯羹，在营销策略上，艺术和遗产构成了一个城市和地区的关键吸引力。尽管如此，制定有的放矢的详细规划战略仍是必要的。这意味着需要领域内的行动者共同协作。为了实现这一目标，该战略必须考虑旅游行业三个层次的合作伙伴。如果想从中国以外的案例中获得灵感，可以参考加拿大蒙特利尔市为打造文化街区所采取的策略，它可以被视为参与者之间成功协作的一个案例。

* 弗朗索瓦·科尔伯特（Francois Colbert），联合国教科文组织文化管理组主席，卡梅尔与雷米马尔库（Carmelle and Rémi-Marcoux）艺术管理研究中心主任，蒙特利尔高等商学院（HEC Montréal）国际艺术管理系主任；李竞爽，中国艺术研究院公共文化政策研究中心助理研究员，研究方向为公共文化政策及文化旅游。

关键词： 地方品牌　战略营销　客户服务

如今艺术文化领域在全世界发展势头正劲，这与全球人口财富的增加相关。在西方国家，文化及相关产业占 GDP 比重的很大一部分。例如在加拿大，文化及相关产业占 GDP 的 2.8%，文化产业提供的就业机会占全国就业总量的 3.5%，高于体育产业的 GDP 占比（约为 3%）。其他西方国家的数据也非常相似。城市正在竞相吸引游客，而艺术与遗产正是吸引潜在游客的一个关键元素。随着国际旅行的大量增加，城市和区域确实有很大的潜力，它们不仅可以为本地居民提供独特的生活方案，也能为外国人提供特色的文化体验。想想看，全球国际旅客总量从 1995 年的 5 亿人次增长到 2016 年的 12 亿人次①。旅游业的直接经济影响对象包括住宿、交通、娱乐和景点等，据统计 2016 年旅游业在全球创造了 2.3 万亿美元的收入。虽然如法国和美国等国家一直是热门旅游目的地，但其他一些知名度较低的国家正在迅速崛起，他们也正在从旅游产业中分一杯羹。还有统计显示 2017 年中国游客的境外消费达 2577 亿美元，居世界首位。②

在此背景下，中国作为旅游目的地受到了游客的高度赞扬。对许多西方人来说，尽管中国是一个神秘的国家且长期以来似乎难以接近，但不妨碍人们认为其是一个有趣的旅游目的地。长城、兵马俑、宫殿和其他文物遗迹等对游客来说都极具吸引力。但不幸的是，西方人对中国其他的丰富文化遗产知之甚少。他们的注意力总是被最著名的景点所吸引，而对这些景点的认知往往代表了他们对这个国家的看法。

笔者怀着极大的兴趣阅读了中国国家发展和改革委员会于 2009 年 1 月 8 日颁布的《珠江三角洲地区改革发展规划纲要（2008—2020 年)》。该纲

① World Tourism Organization, "Yearbook of Tourism Statistics," *Compendium of Tourism Statistics and data files.*

② https://www.statista.com/.

要的目的之一是将珠江三角洲地区“打造成为高品质生活区”。正如其中指出的，大珠三角是一个多元文化地区，所以该纲要建议首先加强三角洲地区的跨文化交流，在保持各地文化特色的同时发挥各自优势；其次要推动文化创意产业协调发展，共同打造具有重大国际影响力的大珠三角地区文化形象；最后是发动统一力量进行地区开发，这不仅是为了吸引国际游客，更主要的是为该地区人民创造一个逸趣横生的生活环境。

然而，对于任何努力，都有可预见的陷阱和挑战。毕马威（KPMG）的一项调查就明确指出了这些挑战。① 中国主要领导人指出了贸易保护主义问题以及隐藏在粤港澳大湾区地方政府之间的合作阻碍措施。促进文化产业协调发展的基本要素是为国际游客塑造良好且有意义的文化形象，以创造国际影响力。因此如果潜在的合作伙伴是贸易保护主义者且各自为营，那么这个良好愿望是不可能实现的。

要促进一个城市或地区的良性发展，科学的发展规划必不可少。遗产旅游的战略营销计划包括四个方面。

（1）战略方向；

（2）资源分配；

（3）产品服务开发；

（4）目的地推广。

在2018年刚刚发布的一项研究中，麦坎姆利（McCamly）和吉尔摩（Gilmore）就什么阻碍了高效的旅游战略②这一问题咨询了英国旅游业的关键人物，他们得到的答案与毕马威的研究结果相似。这表明，从战略营销角度来看，协调能力不佳会对遗产旅游营销产生负面影响。区域行动者之间的不合作、领土保护主义、文化资源识别不力、目的地宣传缺乏重点等，都在破坏为了吸引游客所做的所有努力。

---

① KPMG, *The Greater Bay Area Initiative*: *A Survey of Key Drivers for Success* (2017).

② McCamly, Gilmore, “Strategic marketing planning for heritage tourism: a conceptual model and empirical findings from two emerging heritage regions,” *Journal of Strategic Marketing* 26 (2018): 156 - 173.

文化发展涉及三个层面的行动（见表1）。首先，在政府层面应由不同的机构负责并协调工作。这意味着地方政府和国家部委都有掌舵权。其次，旅游局和所有为该地区带来游客的组织都必须登船，并遵循同样的航程计划。他们是吸引游客和出售该地区形象的人。各方应通过正确方式就建立该区域的合理形象达成共识。最后，本地的服务产品提供商是最重要的角色。

表1　文化发展涉及的三个行动层面

第一层面	政府机构
第二层面	目的地市场组织
第三层面	游客商品服务提供商

资料来源：McCamly、Gilmore（2018）。

本地服务产品提供商不仅包括文物古迹和文化特色建筑，还有酒店、餐厅、交通、游客信息亭等。

服务质量参差不齐是旅游业存在的一大问题。几年前，作为每年接待游客最多的国家，法国不得不向旅游从业人员发起一场宣传运动，提醒他们游客能给国家带来财富，每个人都必须付出特别的努力来正确欢迎这些客人。10年前访问法国的人还记得餐馆或酒店里那些似乎厌倦了外国人的无聊员工是如何对待他们的。如果法国政府认为必须强调这一基本事实，即每个人都必须努力正确地接待外国客人，那么其他国家也都能理解为何自己也必须将服务质量置于战略首位。

良好的客户服务始于员工的态度。一个微笑和一个真诚的欢迎问候可以对来访者心情产生神奇影响。能够使用与访问者相同的语言进行交流是成功的另一个关键因素。如今英语是商业和旅游业的国际通用语言。服务人员越能熟练使用来访者国家的语言，则服务效果越好。许多潜在的游客可能会犹豫是否去中国旅游，因为他们担心在旅游景点、餐馆、出租车或酒店中无法与中国人交流。一些旅行者会选择跟团旅游来避免这些问题。但跟团旅游只占了市场一部分，还有一部分游客希望自己去探索这个国家。告诉他们没有语言障碍则是一个加分项，同样的道理也适用于食物。笔者听到人们犹豫要不要去中国，是因为他们不知道该如何面对所提供的食物，也不理解菜单上的内容。

地区形象是旅游者对旅游目的地的信念、观念和感受的综合印象。除了文化产品本身，其他因素也有助于提升游客的满意度。比如户外和室内活动、区域形象、基础设施和地方特色等都会影响游客的价值感知、游后感受和未来意向①。

因此，可以说区域形象是个体对一个地区的长期信念，是基于自我视角和态度对一个地方的综合评价。如果没有一个独特的印象，任何具有巨大潜力的区域都可能被忽略或埋没。品牌形象，包括区域形象的概念，可分为功能形象、符号形象和体验形象三种构念②。这些是测量区域形象的参数。例如，基础设施的感知质量与实用性是功能形象的一部分。而目的地或国家所传递的价值与符号形象相关。内在体验的感知质量是形象建构的第三部分。地区的所有行动者必须齐心协力向潜在的游客传递统一的全球形象。区域形象是消费者的一种感知，是旅游者对一个目的地的整体信念、观念、印象和感觉的综合。

一　世界与语言文化的新型特征

到目前为止，笔者一直从旅游的角度研究地区发展问题。当然，“文化”一词的含义包括了很多维度，其中一个维度与其人类学定义有关。这个定义是由联合国教科文组织将语言、历史、对他人和外国人的态度等因素综合考量之后提出的。除此之外，文化还有一个限制性定义。比如，以旅游

---

① Wu, S-I, “The Correlation between Factors in Festival Marketing Activities, Visitors' Value Perception and Post-Purchase Feelings,” *Journal of Management and Sustainability* 6 (2016): 9 - 21.

② Park, C. W., Jaworski, B. J., MacInnis, D. J., “Strategic brand concept image management,” *Journal of Marketing* 50 (1986): 135 - 145.

开发为目标的文化可以被界定为以下几方面。

（1）有形及非物质遗产（景观、传统艺术）。

（2）艺术：博物馆展览、表演艺术、艺术节。

（3）美食（包括酒饮）。

（4）服装设计（以汉服为例）。

（5）产业：电影、电子游戏、流行音乐。

（6）多种形式的播放节目。

所有这些文化的维度都可以为一个地区带来财富，但它需要一个良好的发展计划。该计划必须选择好目标群体，集中精力并协调各方努力为目标群体提供更优质的服务。与此同时，一个好的策略必须将该地区的居民利益考虑在内，保证在改善他们的生活环境的同时也能与大量游客友好相处。①

二　案例分析：蒙特利尔文化大都市

要了解一个城市或地区如何被国际市场定位为文化城市，加拿大的蒙特利尔地区可以作为一个有趣的案例研究。蒙特利尔地区与中国很多城市相比很小，只有 400 万居民。然而这座城市打造了一个充满丰富艺术气氛和文化遗产的环境。例如，仅举一个行业为例，蒙特利尔全年有几十个节日可以欢庆。

蒙特利尔在 2001 年举行的文化峰会上提出了建设一个文化区（Cultural Quarter）的想法。在这个特别的场合，来自不同领域的各国成员们聚在一起，制订了一个将蒙特利尔建设为国际城市的计划。这些参与者来自联邦政府和各省市，以及艺术团体、商会和旅游业的代表。会议决定在现有文化资源的基础上打造蒙特利尔文化城市形象，并将会议重点聚焦于讨论蒙特利尔

① Crompton, J. L., "An assessment of the image of Mexico as a vacation destination and the influence of geographical location upon the image," *Journal of Travel Research* 17 (1979): 18 – 24.

的所有文化活动。这直接催生了 Quartier des spectacles①（简称文化中心），其功能被设定为国内外游客的观光目的地。其目的是为来自文化、大学、经济及其他团体的地方人士提供一个共同工作和寻找志同道合者的机会。在最初几年中，文化中心建立了一种发展愿景并创造了品牌形象，除此之外，还策划实施了该地区的第一个团体项目。

它的愿景陈述是这样的②：

为了确立市中心这一充满活力部分的总体发展方向，伙伴成员将协力合作，在优化社区文化资产的基础上开创未来。

这种发展愿景可以总结为：生活、艺术和娱乐。

其任务说明如下：

通过整合城市、社会和经济各方因素，协调该地区政府当局及各利益攸关方的关系，为文化中心的文化发展和强大做出积极贡献。

这些活动包括：

（1）加强保护相邻文化资产，特别是与表演艺术和表演场地有关的文化资产；

（2）举办文化活动，为社区带来活力；

（3）管理文化活动的公共空间和专用设施；

（4）为文化中心提供特别照明；

（5）促进文化中心的发展，将其作为蒙特利尔的文化中心点和国际旅游景点。

为了实现愿景，负责该项目的小组围绕以下框架构建了观点和行动：

（1）把文化作为发展杠杆；

（2）创建一个独特的图标和签名；

（3）协调交通流量；

（4）利用四季景色变化；

---

① 译者注：蒙特利尔市的文化地标，位于圣凯瑟琳街和圣洛朗大道的交叉口，是圣洛朗大道振兴项目的中心项目。

② https：//www. quartierdesspectacles. com/en/about/history – and – vision/.

（5）投资临近具有象征意义和历史意义的遗产；

（6）加强文化旅游目的地开发；

（7）连接城市东部与西部；

（8）鼓励住宅开发。

文化中心项目取得了成功。建立在表演艺术中心、当代艺术博物馆、几家剧院和艺术节等现有文化设施基础上的地区发展让蒙特利尔市中心的一大片区域重新焕发了活力。三个层级的政府资金投入该地区的改造和节日广场的建设中。为了监管该地区向着和谐方向发展，所有合作方代表成立了管理委员会，并制定了工作日程表，以便在不干扰文化活动的情况下推进该工作的进展。

我们可以从蒙特利尔市的成功案例中得到什么经验呢？首先，该项目邀请了社会各界的主要相关者参与讨论和规划。每个人都致力于共同目标并最终取得成功。其次，该项目成立了一个领导组织，由所有合作方代表组成委员会。这种代表参与决策的形式是处理此类项目许多问题的关键所在。再次，文化中心的出现使得区域升级，一些视觉标志与艺术装置被布置在周围。最后，在旅游部部长和蒙特利尔旅游局的协调下，以蒙特利尔文化中心为基础整合并完善了各项信息，提升了该地区的旅游竞争力。

GBA 项目与蒙特利尔项目类似，但其规模更大，并且具备丰厚的文化资产资源与政治条件。为了促使这个项目成功，相关计划必须严密周全，并必须将所有关键的利益相关者考虑在内，最重要的是还需要得到所有参与者的真正认可和支持。地方品牌意味着需要地区或社区齐心协力去打造。这就涉及参与者之间的信任①，没有信任项目可能会失败。如此一来政府当局可以在这方面发挥主要作用，比如将所有参与者召集在一起并制定规则。

① W. Zhao，R. Sun，N. Kakuda，“Institutionalized Place Branding Strategy，Interfirm Trust，and Place Branding Performance：Evidence from China，” *Journal of Business Research* 78（2017）：261 – 267.

结　语

我们可以从蒙特利尔项目的成功中得到什么能为建设粤港澳大湾区项目所用的经验呢？首先，项目承办者们邀请了社会相关主要成员一起参与讨论和规划。每个人都致力于共同努力协作，力求取得成功。其次，创建了一个组织来领导这个项目，即由代表所有合作伙伴的人组成的委员会。能够代表所有合作伙伴的意见处理项目问题是蒙特利尔模式的关键所在。再次，注重文化区的物理定义和区域升级。比如设计布置了视觉标志和艺术装置。最后，在旅游部长和蒙特利尔旅游局的协调下，蒙特利尔被定位为文化中心，综合其各种相关信息，开展了一项宣传运动。

而粤港澳大湾区项目从更宏观方面来看，与蒙特利尔项目非常类似。它拥有丰厚的文化资产，同时也不乏政治意愿。为了使这个项目取得成功，必须认真做好计划，并且必须允许所有关键的涉众参与，并得到所有参与者的真正认可和支持。地方品牌意味着一个地区或社区的参与者共同努力建立一个目的地品牌，这涉及各参与方之间的信任。没有信任，项目可能会失败。公共当局可以把所有参与者聚集在一起制定规则，让他们在这方面发挥主要作用。

B.3

论城市国际化中的文化传承与创新分析报告

——以深圳的新发展为例*

何梦笔 著　李竞爽 译**

摘　要： 本文主要以“城中村”为背景，分析了当代深圳的传统文化和社会形态。作者通过本文展示了传统村落的文化空间是如何继续塑造城市发展和建筑设计的，并探索了传统仪式在创建商业关系网（如姓氏协会）中的作用。本文认为对这些结构的正确认识是促进深圳发展成为一个真正的全球化城市不可或缺的一环：以香港为例，传统与现代机制以及社会结构的有机融合是香港达到全球化城市经济与文化创造力水平的必要条件。文章的最后提出了几点政策建议。

关键词： 城中村　延伸的宗族关系　仪式　股份合作制　文化治理　深圳身份

* 本章是为深圳中国发展研究院编写的一份初步研究报告的简要版本，读者可通过以下途径查阅完整报告：https：//www. researchgate. net/publication/329983605_ Is_ Shenzhen_ emerging_ as_ a_ global_ city_ with_ distinct_ cultural_ roots_ Report_ of_ pilot_ study_ prepared_ for_ China_ Development_ Institute_ Shenzhen，完整版附有脚注和完整的参考文献。该报告是基于与哈尔滨工业大学（深圳）郭曼教授合作进行的实地调查完成的。

** 何梦笔（Carsten Herrmann-Pillath），德国埃尔福特大学马克斯·韦伯文化与社会高级研究中心教授；李竞爽，中国艺术研究院公共文化政策研究中心助理研究员，研究方向为公共文化政策及文化旅游。

一 “国际化城市”的新时期探索

中国大都市深圳常被认为是中国最先进的城市之一，这不仅是从科技角度来评判的，即使从社会结构与动力着眼也是如此。这种看法源于“渔村”的故事，这个渔村在几年之内转型为一个经济特区，然后通过不断建设基础设施、高楼大厦、购物中心以及现代交通系统，取得了惊人的发展速度。在最初的20年里，香港在加快深圳私营企业发展方面发挥了重要作用；但如今，深圳在很多方面都超过了香港，尤其是科技方面，深圳是中国几家互联网巨头的总部所在地，早已从香港文化影响中脱身。将珠江三角洲构造为“大香港”（Greater Hong Kong）的概念主导着20世纪90年代的分析叙事。如今，深圳已在许多方面脱离了香港的印记。这份报告展现了直到最近才被人们充分谈论的部分故事。深圳常常被描绘成一个没有文化的地方，因为数百万涌入深圳的“移民”除了在市场经济中是务工者与消费者之外，并没有更多的共同利益。但如果我们从社会微观层面来看，深圳身份显然是更巨大的珠江三角洲历史背景以及文化身份的一部分。因此我们的疑问是：深圳有成为国际化都市的独特文化根源吗?

在一些观察者看来，深圳已成为一个全球城市，是中国经济的中心城市之一。然而，与此同时，这种状态又是模糊的。其中一个原因是，全球城市是建立在自身历史基础之上的，正因为如此，每个全球城市才得以独一无二，甚至金融等行业也保持了历史悠久的专业化。相比之下，深圳的历史显然很短，缺乏这种地位支柱。目前，深圳还处在主要依靠外部配套服务工作平台走向成功的过程。科尔尼管理咨询公司（A. T. Kearney）最近发布的《全球城市报告》（*Global Cities Report*）显示，深圳作为一个全球城市的地位依然脆弱，名次徘徊在中间地带。该报告评出了两个指数，一个是“当前表现”，另一个是“未来展望”。

在第一个指数中，深圳从2012年的第65位跌至2018年的第79位，仅与班加罗尔、胡志明或加拉加斯等城市比肩。香港蝉联第5位，上海排在第

19 位，比之前提高 2 位。而当我们把目光转向第二个“展望”指数时，情况变得更加惨淡：2016 年至 2018 年，深圳下滑了 2 位（从第 50 位跌至第 52 位）。这与其他城市的快速进步形成了对比，例如，胡志明市上升了 14 位，名古屋则上升了 13 位。2018 年的报告焦点是中国，以及中国六个最新被纳入该榜单的城市：长沙、佛山、宁波、唐山、无锡和烟台。显然，中国的城市活力很强，但与其他城市相比，深圳正在失去动力。

“全球城市”的概念表明，世界上能够超越国家背景而存在的城市数量有限。全球城市是全球经济的中心节点，具有特别属性，如高水平的业务服务和当地较高的 GDP 水平，或者通过在国际上招募全球经济精英，进而生成高质量的消费需求以及高端消费文化，全球城市的奢侈品和时尚业也影响着创意产业和文化中心的发展，如世界级的歌剧院。研究还表明，全球城市建立在强大的方法管理路径之上，即使在看似统一化的金融领域也是如此：历史很重要。全球城市往往依赖于显著的比较优势，而这种优势往往源于其文化根源。

在强调商业精英的同时，公众对于全球城市的印象扭曲了关于全球城市的另一个事实，那就是：全球城市也有大量的低收入人口，这些人通常属于移民群体，他们大多从事于服务业。这是造成社会稳定风险的一个主要因素，因为全球城市低收入与高收入群体之间的差距往往比他们所在国家的全国平均水平大得多。但与此同时，文化的多样性有助于全球城市从开放性、生活方式和灵感捕捉角度获得积极体验。在深圳，这些现象在独特的“城中村”定居模式中得到体现。“城中村”容纳了过去推动经济繁荣的农民工，该群体约占深圳人口的 50%。长期以来，城中村多为过渡性居所，需要投入的城市改造力度较大。这也带来了其他城市经验中众所周知的新的紧张局势，比如拆迁人口暴富后的风险，以及深圳社会不同阶层之间日益加剧的社会分化。

本文的出发点是将“城中村”假设为进一步推动深圳进入全球城市高排位队伍的关键因素。这出自对最近发布的《深圳市城中村（旧村）总体规划（2018—2025）》的思考。该草案充分重视包容性和参与性管理，改善治理结构，同时减缓当前重建速度。本文有助于形成对该文件内容的思辨。笔者建议将“文化治理”概念作为理解当前发展的分析性概念，并将此作为政策设计的基础。

二　城中村与深圳的新型文化空间

在探讨城中村语境下的文化与经济关系时，笔者首先斟酌了深圳的“文化空间”概念。这个术语指涉的是中国传统村落。近代历史上的深圳是一个包括深圳墟在内的市场体系，许多村落分散在该空间中，在经济上，它们与城镇融合。在当代深圳，许多这样的村庄变成了“城中村”。

（一）识别并绘制文化空间

中国传统村落是一个文化空间，从四个方面与传统仪式有关。因此，我们也可以将其作为“仪式空间”讨论。

（1）它以亲缘群体的定居模式存在，一个极端形式的村庄其居民完全属于同一个亲缘群体，即宗族。这种村庄的仪式空间中心便是祠堂。

（2）作为一个社会单元，该村庄有着共同的宗教仪式，这些仪式大多在一座供奉当地人尊敬的神灵寺庙中举行。

（3）村落的聚落模式是根据风水设计的，通过这种设计村民可以挖掘村落中流动的精神力量。

（4）村落的仪式空间还包括公共墓地和分散的坟墓。

这种仪式空间与中国传统社会结构中的乡土中心地位有关，指涉了多种现象。一方面，一个村庄的起源通常可以追溯到过去的迁移历史。这段历史主要通过当地家庭的家谱还原。另一方面则是移民的历史。这种关联对海外华人社区（如东南亚华人社区）仍然很重要，他们将仪式空间的概念扩展到了全球范围。侨乡在海外华人的身份认同中扮演着重要角色，自 1978 年以来，海外华人通过许多仪式活动再次证实了这一点（寻根）。

我们可以通过祠堂和寺庙的位置来追溯现代深圳的仪式或文化空间。在单一的世系村落中，一个典型的现象是宗祠与寺庙并存，这体现了血缘群体与村落两个维度。仪式空间的性质往往表现在现代城市建筑格局中，即在城中村改造过程中建造的“文化广场”。这意味着，村庄投资建设一个中央广场，将祠堂和寺庙坐落在广场上。最明显的例子是邻近皇岗区的水围村，这两地都居住着庄氏居民，两地的庄氏族人共享位于皇岗的祠堂和寺庙，而水围村的文化广场则由所谓的哲学家庄子的后人守护，明确强调了文化在复兴和管理当地社区中的作用。

深圳的文化空间也可以表现与近代移民历史相关的不同形式。这反映了汉民族的亚文化多样性。其中一个重要现象是仪式在表达潮汕身份中的作用。深圳经济特区成立后，许多潮汕人移居深圳，主要从事建筑业。独特的潮汕文化在罗湖区的湖贝村中尤为明显，该村是少数潮汕人在有限的城市区域内形成主导群体的地方之一。但是，我们认识到两个不同的仪式空间在这里保持了和谐。一个是原村落的祭祀空间，它属于1949年以前控制着香港至深圳大部分贸易的有影响力的张氏家族。如今张氏家族已经搬出了这个地区并移民海外，但在这里仍保留着一个祠堂。这个仪式空间现在被另一个潮汕式的仪式空间所覆盖，到处都是小祭坛和其他宗教用具，比如贡香。

（二）文化空间的设置和制度基础

有一个关于“文氏”的重要案例可以帮我们加深对深圳文化空间的理解，“文”，广东话发音为“Man”。香港的文家大多居住在新田村，20世纪50年代新田村是一个贫穷而偏远的地方，其在20世纪60年代掀起了一阵移民潮。1978年之后，香港文氏宗族在恢复建立仪式场所方面变得非常活跃，比如松岗文天祥纪念馆的建造。然而，居住于深圳的文姓分支大多与文天祥没有直接关系，而是与他的弟弟文璧有关。这一点非常关键，因为男丁的居住地代表着宗族的势力范围，海南也是其范围之一，因为那里是文璧墓所在。文氏的祭祀空间是跨地域的，而不是地方性的。

文氏支系的案例可类比不同的城中村形态，这集中体现在位于中央商务区的岗厦村与宝安区凤凰村的对比中。在凤凰村的更新项目计划中，打造仪式空间的观念非常明显。举一个典型的中央广场的案例，它位于老村位置，正在被改造成一个旅游景点，广场的中心是祠堂。在这个案例中，寺庙并不靠近祠堂，而是坐落在村庄附近开发的山区度假胜地，即是老村寺庙的遗址上建造了一个大型寺庙综合体。

仪式又名文化空间，其在今天的深圳是如何在制度上得到巩固的？核心机制就是股份制合作社。这一点至关重要，我们可以理解为这些公司的资产部分属于家族遗产。其背景是，在农业集体化过程中，绝大多数村庄直接转变为生产队。在我们的实地调查案例中，这一现象的意义在更近的历史中体现出来。例如，几乎完全由黄氏家族控制的下沙村有一个博物馆，通过20世纪60年代和70年代的生产队记录可以直接追溯该村的历史。与宗族地产的核心相似之处在于村民将土地使用权的管理转移到股份制合作公司，从而将土地所有权从行政组织中分离出来。组织的仪式性体现在如何定义、分配和使用股份的方式上。股份是村民的权利，也是家族身份的象征。

三　文化治理与城中村创新改造

综上所述，深圳的城市空间似乎深受原有聚落形态及相关仪式空间的影响。中间变量是在城中村发展过程中出现的制度，是将当地人口社会结构与现代经济联系起来的制度。在这个发展过程中，文化治理作为一种政策塑造模式出现了。

1. 区域竞争与文化空间

深圳城市治理的一个重要方面是城市区域之间的地域竞争。这一概念与经验主义概念相结合，在分析20世纪90年代末的中国转型时变得尤为显著。深圳是一个有趣的地方层面的区域竞争案例，它推动着整个城市的发展。

区域竞争在一定程度上根植于仪式空间的经济性。如果我们考虑到传统中国血统氏族争夺土地控制权的事实，这一点就不言而喻了。这种模式在珠江三角洲更为明显。在现代深圳，区域竞争也是由宗族间地位的高低竞争所形成的。宏伟的广场以及建筑的高度和规模在城市景观中的可见度成为重要的地位象征。因此，宗族的竞争是推动深圳城市建设的重要力量。例如，上沙村目前正效仿下沙村建设一个新的文化广场。而与此同时，不同的氏族可能会结成联盟，以便在区域竞争中形成制衡力量。例如，罗湖的张家失去了以前的主导地位，而现在其正与其他氏族合作建设覆盖更大土地面积的项目。

此外，传统文化还会以其他方式干扰城市发展，因此从开发商角度来说，有时必须考虑仪式因素。这种情况主要出现在规模较小的房地产家族企业。投资城市项目的决策可能受到“分家”的影响，“分家”的意思是儿子应该获得平等的资产。在中国农村，土地被分割成许多不同用途的大小部分。在现代房地产中，这意味着资产分配的内容也应该包括各种类型的建筑资产（办公楼、商场等）。这种对家庭财富的长期关注，即使是在分家之后，也可能导致不同的商业投资方向，特别是从时间角度来看。例如，房地产家族企业可能对暂时的低入住率不那么敏感，因为投资主要被视为长期的、体现财富的投资，与短期盈利能力无关。

2. 身份政治与文化治理

深圳立志成为国际化都市和商业中心，这就要求深圳成为专业人士的居住之地，且能为企业和消费者提供各种高端服务。问题是，这是否仅仅意味着只采用一种全球城市化标准就可以，中国文化传统是否能在其中发挥重要作用呢？如果我们思考区域竞争在推动深圳城市变化中扮演的角色，这些传统能走到台前不仅是因为有促进复兴传统中国价值观和社会秩序的国家政策支持，更在于竞争的主要代理人——本地村民，把这种复兴作为他们身份政治的一个元素。

在深圳的水围村，有一块牌匾，匾上有关于“文化”的记录，指出文化是经济和社会发展的核心驱动力。在这种情况下，文化象征性地体现为哲学家庄子的形象，庄子被认为是当地姓氏的来源。事实上，今天深圳的许多地方都试图将自己的姓氏起源追溯到过去的知识精英。尽管许多地方世系没有近几代的高官，但它们可以撰写几乎虚构的家谱，这些家谱可以追溯到一些著名人物。对这些现象观察的结果是，尽管地方历史在一定程度上是边缘人群的历史，但它仍然是按照主流民族文化来定义的。

3. “传统价值观”的复兴与官方认可

文化治理在实践中有两面性。一是官方对中国传统价值观的认可，并以各种城市项目的形式予以实现；二是这些价值观在微观层面的激活。一个有趣的例子是“家训”或“家风”作为公众角色的崛起，从传统上说，“家训”是世系规则，是社会的主要治理方式，而不是法律。这些规则即使在不同的家族中也基本一致，反映了新儒家的长期影响，从这个意义上来说，这主要代表了“中国价值观”，而不是特别的宗族价值观。

文化治理的另一种工具，即“乡村契约”，同样有深厚的历史根源，这意味着就社区的行为标准达成共识。例如，在怀德村，村约被印在一块面向中央花园和湖泊的牌匾上，每个人都能看到。潘姓氏族在管理当地的股份合作公司时建立了一种高度透明的文化与公共责任制，并将此措施运用至当地股份合作制中，从而使这个村庄充满了道义承诺和命运共同体精神。

这种文化治理模式的一个具体体现是国家政策与基层行为互动产生的“文化企业家”形象。举个例子，有位多年来一直积极支持“深圳企业家协会”的企业家立志打造一个“深圳商人”的模范形象，即类似于历史上著名的“晋商”。在这个过程中，他所担忧的是家族企业的精神支柱。在家族企业中，两代人之间因价值观和时代追求不同产生分歧，由此造成的紧张关系日益突出。这时儒家关于家庭和生活的观念则能起到调和作用，有专门为家族企业举办的课程班以及其他相关的主题活动。

笔者认为，深圳正在形成一种文化治理模式，即出现在区域竞争中的混合治理文化框架。文化治理意味着我们可以从很多角度感受到文化传统复兴是全球城市都市主义概念的重要组成部分。

四　商业网络中的文化新媒介

当下的时代需要我们拓宽视野。为了达到这一点，我们应审视“关系”这个最普遍的概念。传统上，加入各种协会是中国人建立关系的工具，这也是由传统习俗驱使的。像深圳这样的城市充满了各种各样的协会。商业中的协会关系有以下三种基本类型。

第一种是行业协会。该类协会与政府的关系最为密切，其成立往往源于政府的倡导。

第二种是商会等商业协会。一般来说，这类协会都是由私人发起和管理的，不过要经过政府批准。它们不是按照行业来组织的，而是有其他标准，比如企业注册地所属同一个省或市。

第三种是与商业疏离的协会，这意味着会员更加多样化。比如姓氏协会、文化研究协会以及其他形式的协会。

1. 姓氏协会

让我们看一个实地调查的例子，如下沙村的黄氏家族。除了宗族组织外，黄氏家族还积极参与世界黄氏宗亲总会的活动：最近，村主任黄英超甚至被选为宗亲会理事长。除此之外，宗亲会举办的大型活动如世界黄氏宗亲总会恳亲大会吸引了成千上万的参与者。

姓氏协会在全球华人文化中具有重要意义。在黄氏案例中，同姓氏成员活跃于各种具有全国乃至全球影响力性质的活动中。这包括创建更多与商业相关的协会，如世界黄氏商会，甚至还有黄氏购物商城等特殊的互联网零售店。黄氏积极分子不断向黄氏社区提供有关联合祭祀活动的新闻以及有关黄氏文化的信息——如黄氏“家讯”等，或创造与黄氏相关的商品，如法国葡萄种植者生产的红酒等。黄氏协会还经常组织互访活动，将仪式活动与明确的商业动机结合起来。

2. 同乡协会

潮汕同乡会在深圳非常活跃。除了例行提供社交机会外，潮汕同乡会还在商业和公共生活中发挥着更积极甚至决定性的作用。比如潮汕青年商会就设立了风险投资基金。另一项则是慈善活动。例如，湖贝村的潮汕贫困村民可以通过潮汕医疗服务捐助基金获得免费医疗服务。尽管很难将个别商业项目与整个潮汕网络联系起来，但调查得出的结果却非常明显，其中最主要的一点就是乡会对市场的控制权。这种中国历史上广为人知的商业模式在现代深圳的市场经济中依然适用。现代的深圳市场通常也为实体结构，比如海鲜或农产品批发市场，同时也包括电子元件。潮汕人不仅直接拥有这些市场，还控制着物流和上游供应链。

这种同乡人的控制地位通过多层次网络得到进一步加强，例如潮汕家族可能控制了某个特殊产品、规模较小的零售贸易，以及物流公司等市场，也可能建立了相关业务链。结果，整个产品市场都被来自同一地方的人所主导。一个著名的例子是湖南人成为深圳出租车行业的主力军。

综上所述，我们当然可以支持这样的假设，即传统文化（关系）是中国关系网类型的关键媒介，并且是企业创造核心资源的必要因素，也可以说就是信任。笔者认为，正是纵横交错的协会和仪式媒介的丰富性，使得关系网络成为开放性和包容性的结构。

五　发动文化治理，提升全球竞争力

在中国，文化治理的概念往往侧重于在旅游休闲背景下将文化、商业与地方治理融合。事实上，越来越多的全球城市正致力于打造独特的文化形象，以提高它们在全球经济中的竞争优势。这也正是深圳目前正在努力的方向，大量的城市更新项目带来了很多的创新和创造力。但与此同时一个重要的问题出现了：文化治理与文化创意之间是否存在冲突？

1. “山寨”：深圳的反主流文化

深圳文化通常被定义为改革开放 40 多年来的引领者。但这一主题并非没有内在的张力，因为创业精神会以不同的形式表现出来。“山寨”现象就是一个很好的例子，它出现在 20 世纪 90 年代，并在 21 世纪初蓬勃发展。我们是否应该把“山寨”作为深圳特有的文化现象来对待，甚至以深圳博物馆为例来表达对山寨的认可？

在思考这一问题时，文化治理与更宽泛的文化政策诠释以及创意产业之间的差异最为突出。对于许多“山寨”者来说，这既是一种颠覆性的商业行为，也是一场文化运动。它具有颠覆性，首先因为它公然违反了知识产权的国际标准，其次因为经营者是小型企业，它们利用现代技术的潜力，创造出各种形状和功能各异的电子设备以及其他消费品。

在艺术领域，这种现象有时被视为一种真正的中国创意形式，因为“山寨”者不会简单地复制或假冒其他产品，而是发明新的变体，这无意中增添了强烈的讽刺和幽默感。然而，如果我们从文化治理角度来看待这一现象，它就不能被认可为深圳“官方”文化的一部分，因为政府有义务规范甚至压制越界行为，尽管“山寨”可以被视为新企业的一个巨大实验室和孵化基地。

一个有趣的例子是，中国最著名的山寨产品市场之一——华强北市场正在进行转型。华强北市场成立于 1982 年，聚集了电子行业的 700 多家零售企业。如今华强北市场逐渐转型：其中一个重点发展方向是成为创意硬件业务的孵化器，从而化解了零售商通常直接依附于生产商，或者只是工厂在其他地区开设门店这一局限性。即使是单一的模块，比如原型样机，创意硬件制造商都可以利用这里的敏捷和灵活制造的丰富资源生产加工。这种模式也吸引了国际创意硬件行业的积极分子，如 HAX 加速器孵化器（HAX Accelerator incubator）。HAX 加速器孵化器在美国和深圳拥有多个办公地点，是一个以分散的深圳本地制造商网络为基础的庞大网络结构。

2. 盆菜：多样性亚文化是否已有主流化趋势

盆菜宴是一种不同于中国主流饮食习惯的特色公共宴会，这个宴会的情景表现为在桌子中央放置一口大锅，里面有很多食材供人们随意品尝。传统上，盆菜会根据事件性质的不同（如家庭事件或全村性事件）有不同的吃法。盆菜原本是一种宗族仪式，类似重阳节祭祖，表达了宗族团结，是群体在共同饮食中积极分享与融合的一种形式。

在今天的香港，盆菜有着多种含义。一方面，它演变成了一种消费品。但原有功能也以不同形式保留了下来：规模庞大的盆菜节已经成为新界居民对本地身份的公共主张。在深圳，这个身份政治维度也很明显，前面提到的村民股份合作公司经常以盆菜宴会庆祝各种活动。例如，在庆祝完成了一项能让每个村民都增加分红的合同项目时，盆菜宴就是最好的选择。

黄氏家族在下沙组织的宴会是关于盆菜的一个有趣案例。他们声称发明了“大盆菜”，这是一种大型宴会，有时会有上千张甚至更多的桌子。如前所述，香港以前也出现过这种大规模的宴请，但深圳的规模和范围都超出了纪录。下沙的黄氏一族成功将盆菜申报为省级“非物质文化遗产”，甚至被列入深圳博物馆，与下沙博物馆中的陈列品一样，实物大小的铜制复制品也可以在深圳博物馆找到，以供当地人们欣赏。深圳博物馆的展览甚至还包括一段视频，内容是世界黄氏宗亲总会在年会之际举行的祖先祭祀仪式。这是一个将身份政治作为“主流”地方文化的突出性案例。

盆菜宴如今已成为城中村的生活常态。通常，当村民们成功与城市当局就一个更新项目达成协议时，就会举行大型的盆菜宴会。在这个局面中，个人与集体的利益是一致的，若没有群体提出政治诉求，个体所有者则几乎没有讨价还价的能力。相应地，协议通常代表着极强的集体利益，然后再通过股份合作制进行分配。盆菜就是将这一过程公开化的仪式。

3. 客家：身份政治商业化

认可“盆菜”为一种地方风俗，甚至将其置于深圳博物馆的重要地位，可以看出政府在打造城市文化过程中为深圳的地方文化留有了一席之地，从而也认可了这种保留地方文化的传统价值观。这种文化治理形式的另一个例子是客家身份的复兴，客家身份同样在深圳博物馆中占有重要地位。客家人与全球联系紧密，在许多客家人移民的国家都有很强的影响力。从根本上说，这一全球性趋势在深圳也十分明显，客家人是深圳本地聚居人口最多的群体，尽管有些客家人居住在较为偏远的地区，但随着交通基础设施的建设，很多客家人聚居的村庄都处在珠江三角洲经济发展的快速路上。在这种背景下，独特的客家建筑——客家围，成了旅游目的地。通过旅游媒介我们看到客家文化的“主流化”。然而，正如中国许多旅游休闲专业学生所注意到的那样，这种以商业为导向的主流化并不意味着原始的，甚至偏离主流的文化被压制或枯萎。

综上所述，文化治理面临的主要挑战是如何平衡亚文化乃至反文化多样性与主流文化之间的关系，使之成为深圳作为全球城市身份的核心要素。无论如何，在许多方面，传统文化中的亚文化已经与过去的主流文化建立了许多联系。

六 政策建议

本文建议将文化治理的分析见解转化为政策概念，并与相关全球城市经验方法相融合，转化为适合中国国情的概念。从全球来看，城市越来越多地将文化作为公共生活和市政治理的核心要素，这主要出于两个原因。

第一，文化被视为城市生活质量的主要决定性因素以及重要商业活动的驱动力，尤其是在创意领域。文化对吸引和留住人才非常重要。从管理角度来说，这就决定了必须将创意产业和城市规划作为工作重点，所涉及的范围包括文化艺术品、文化设施、公共空间以及文化场所等。

第二，随着城市人口的多样性增长，文化也可能造成社会分化甚至冲突，这可能体现在不同阶层人群的定居点隔离化，或者从日益扩大的收入差距中得到体现。从治理角度来看，需要实施积极的多元化管理和包容性政策，以及注重以社会福利为目标的城市规划。

鉴于此，笔者提出了以下观点。

包容性。在现代城市管理中，包容性和多样性问题非常突出。伦敦等全球城市的明确目标是激活人口的文化多样性，发掘人口创造潜力。深圳可以借鉴这一经验，发展自己的方法路径，但二者必有不同，因为深圳的多样性不是国际移民而主要是国内移民流入造成的，他们中的很多人在深圳生活了很长时间，甚至他们的下一代也在这里。在这种背景下，包容性意味着什么？正如关于城市更新项目的公开辩论所表明的，一个重要的方法是给予城中村移徙人口更多的发言权和可见度。实现这一目标的途径有很多，范围可以从在深圳博物馆讲述国内移民的故事，到让移居者参与地方层面的政治议程，不一而足。

文化多样性主流化。结合前文，包容性也是激发创意产业文化多样性的路径之一，因为创意文化产业是深圳未来经济发展的战略重点。客家文化就是一个很好的例子。到目前为止，主流化主要是为了唤起人们对传统客家文化的记忆。但客家文化也可以在青年文化中发挥巨大作用，台湾的例子就说明了这一点。青年文化往往是离经叛道和持不同意见的，但正是这个原因，它同时也具有创造性和生产性。因此，客家文化主流化将允许给这些传统文化的现代化转变（比如把山歌变成说唱音乐）提供空间。

进一步规范社会团体。近年来，传统社团和宗族组织越来越正规化，比如在民政局登记，并将组织形式标准化。这是进一步激活文化资源的重要举措，但同时也可能包含一些负面影响。

家族企业支撑体制。家族企业是当今中国企业的主要形式，它也面临着许多国家所熟知的挑战，如家族企业传承问题。这些公司往往具有很强的竞争精神和忍耐力，但在可持续性和创新方面却比较脆弱，因此给予支持是很重要的。在这方面，传统价值观却充满矛盾性。一方面，它们可以培育新的商业组织形式，例如家族地产和信托，从而加强家族企业的可持续发展；另一方面，这些价值观可能是老一代和年轻一代之间冲突的根源。从这个意义上说，必须运用一种类似“文化企业工程”的支持手段。在这方面必须要有高水平的研究并建立一个可由参与人员灵活运用的理论基础。

除此之外，还有很多潜在的政策。在文化治理的框架下，这些政策必须以连贯和系统化的方式来建构。例如，包容性政策可以与创意领域政策相结合（例如为农民工艺术家举办艺术节）。必须要注意的一点是，文化治理必须基于参与式的政策设计方法，也就是说，若想利用文化潜力打造全球性城市，深圳则需要激发居民的创新和创业精神。

B.4

艺术参与当代中国城镇化建设的现状分析报告*

黄永健　李　苗　胡　娜　刘婷婷**

摘　要： 中国的城镇化随着现代化和全球化在继续推进，中国在扩散西方价值观和生活模式的同时，也一并致力于中国文化的地方化和全球文化的本土化，也即我们所说的中国当代文化的融合创新，在这个过程中，艺术特别是本土艺术发挥了并将继续发挥重要作用。其表现为：1. 艺术建构中国新型城镇人文精神；2. 艺术引领城镇文化发展方向。

关键词： 城镇化　现代化　本土化　艺术参与

一　城镇化与现代化

艺术通过自我创新构建为中国当代艺术文化，即中国传统的各个艺术门类通过创新转化，发展成为具有地方性和国际性的中国当代书画艺术、戏剧艺术、文学形式等，传统所无而新近生成的艺术形式如影视艺术、动漫艺

* 本文是2013年国家社科基金艺术学一般项目“艺术在中华文化复兴中的建构作用研究”（项目编号：13BH081），2014年国家自然科学基金面上项目“艺术地理学与当代中国城乡发展的艺术干预”，及广东省研究生教育创新计划资助项目（项目编号：0000050701）阶段性成果。

** 黄永健，深圳大学文化产业研究院研究员，深圳大学艺术设计学院教授，中国艺术研究院艺术学博士，主要从事艺术理论、艺术文化学、文化产业研究；李苗，深圳大学艺术学理论一级学科硕士研究生；胡娜，深圳大学艺术学理论一级学科硕士研究生；刘婷婷，深圳大学艺术学理论一级学科硕士研究生。

术、多媒体艺术、数字艺术等，发展成为国际性和地方性相统一的中国当代影视艺术、动漫艺术、多媒体艺术、数字艺术等，实现了现代转型的传统艺术和不断生成的中国艺术新门类合为一体，共同成为承载当代中国精神、中国力量的文化实体，成为中国当代文化价值体系中的有机构成。同时，中国艺术精神和人类的艺术文化通过其正能量发挥，直接或间接地参与中国的经济建设和社会转型发展。

当整个世界都在发生前所未有的后工业化和信息化转型之时，中国也在谋求民族的富强、社会的进步和文化的创新。按照中共十八大的既定目标，我们可以将中华文化复兴看作是中国梦的具体体现，即两个一百年的发展战略构想：在中国共产党成立100周年的21世纪20年代初，全面建成小康社会，使国民经济更加发展，各项制度更加完善；新中国成立100周年时的21世纪中叶，基本实现现代化，建成富裕、民主、文明的社会主义国家。虽然现代化（Modernization）遭遇来自西方和非西方人士的学术质疑，但是，现代化是无可逆转的，由现代化所带来的现代性（Modernity）——社会结构分化、都市化、工业化、市场化、世俗化、民主化等，看似天经地义，实际上却也天生弊端，而正是因为现代化具有不可逆转性和天生弊端，正在走向现代化和后现代化的西方和非西方社会，才获得了谋求现代化、反思现代化、完善现代化的可能性和战略机遇。中国在走向现代化进程中，并没有照搬西方的发展模式，但是中国的现代化与世界上很多非西方国家一样，通过城市化（都市化、城镇化），获得了现代化先发国家常见的特征。

方兴未艾的当代中国新农村建设、城镇化以及特色小镇建设正是中国走向现代化、全球化的标志，中国当代社会的转型既是国民精神的现代转型，也是从农业社会向工业社会和后工业社会的现代转型。在某种意义上来说，具有现代性特征的中国当代城镇化建设发生于20世纪50年代，但在新的历史背景下，中国共产党十六届五中全会提出的建设社会主义新农村具有更为深远的意义和更加全面的要求。当代新农村建设是在我国总体上进入以工促农、以城带乡的发展新阶段后面临的崭新课题，是时代发展和构建和谐社会的必然要求。当前我国全面建设小康社会的重点难点在农村，农业丰则基础强，农民富则国家盛，农村稳则社会安；没有农村的小康，就没有全社会的小康；没有农业的现代化，就没有国家的现代化。世界上许多国家在工业化有了一定发展基础之后都采取了工业支持农业、城市支持农村的发展战略。我国国民经济的主导产业已由农业转变为非农产业，经济增长的动力主要来自非农产业。根据国际经验，我国现在已经跨入工业反哺农业的阶段。因此，我国新农村建设重大战略性举措的实施正当其时。

2007年以来，城镇化建设、新型城镇化建设以及特色小镇建设被提上了议事日程，中共十八大提出了“提高城镇化质量”的战略要求，十八届三中全会提出了“推进以人为核心的城镇化”“推进农业转移人口市民化”等重要决策。

中国城镇化推动了当代社会的结构性转型，但是中国城镇化也出现了可以预见的问题和难堪，如自然历史文化遗产保护不力、城乡建设缺乏特色等。一些城市景观结构与所处区域的自然地理特征不协调，部分城市贪大求洋、照搬照抄，脱离实际建设国际大都市，“建设性”破坏不断蔓延，城市的自然和文化个性被破坏。一些农村地区大拆大建，照搬城市小区模式建设新农村，简单用城市元素与风格取代传统民居和田园风光，导致乡土特色和民俗文化流失。学者马光远在其《记得住乡愁的城镇化》一文中指出：

> 站在国家现代化和大历史的视角，中国的城镇化无疑是中国5000年历史上划时代的事件，城镇化的完成，意味着中国5000年农业文明的正式落幕，中华文明正式与国际城市文明接轨，如果这样的城市文明，有山有水有乡愁，则无疑会成为人类城市进程历史上最浪漫、最成功的范例。城镇化作为中国现代化建设中的历史性任务，如果顺利推动和完成，必将对中国经济、中国社会乃至中国政治的改变产生革命性的影响。新中国成立一百周年时的21世纪中叶，基本实现现代化，建成富裕民主文明的社会主义国家。目前，中等发达国家和地区的城市化率

是85%，西方发达国家的城市化率都在95%左右，美国是97%。2016年中国城镇化率达到57.35%。未来二十年是中国社会经济发展的战略机遇期，大力推进中国的城市化，是中国全面建设小康社会、实现现代化的历史要求。为了支撑中国未来实现现代化的总体进程，从现在到本世纪中叶，中国城市化率将提高到百分之七十五左右，才能满足中国现代化进程的总体要求。

可见，从新农村建设到城镇化、新型城镇化再到当前的特色小镇建设，中国社会的转型升级处于稳步推进之中，当下的城镇化建设且有加速提升的趋势。改革开放以来的几十年间，很多外国人来到中国的第一观感是“Many new buildings!”（很多新的建筑），这些新建筑便是如同雨后春笋般成长起来的高楼大厦、小区建筑群等。从人类发展演化来看，国家的工业化、城镇化、都市化发展是必然选择。但是，正如西方学者帕森斯指出的那样，“即使在相互依赖的世界中，诸社会也不是彼此复写的副本，它们在世界共同体中扮演不同的角色”。当代世界文明对话与文化求同共生的大趋势已昭然可见。一方面是咄咄逼人的现代化、全球化浪潮，其来势是如此迅猛，以致任何文明体和民族国家都难以置身事外；另一方面，正在加速演化的各文明体和民族国家在现代化的过程中，比任何时候都更加自觉地伸张各自的民族文化，提升各自文明的文化地位，要求在这个有趋同倾向的世界上享有自己的文化权力和权利，希望给全球化打上自己文化的烙印。事物发展的特征是，越是现代化、全球化，各文明体或民族国家便越是强调自身文化，不仅相对被动的东方这样，而且较为主动的西方也是如此。现代化和全球化带来了全球范围的地方化和本土化。

我国在城镇化随着现代化和全球化继续推进、扩散西方价值观和生活模式的同时，也一并致力于中国文化的地方化和全球文化的本土化，也即我们所说的中国当代文化的融合创新。在这个过程中，艺术特别是本土艺术发挥了并将继续发挥重要作用。针对快速推进的中国城市化、都市化浪潮，我国领导人在各种场合反复强调要避免文化的同质化，要留住民族的文化根脉，在自然生态和人文生态保护方面应汲取传统智慧，正是在这种人文语境之下，艺术对于我国当代社会转型升级的正面作用才得以凸显。

二　艺术建构中国新型城镇人文精神

城镇化和现代化是中华民族走向复兴，中华文化与世界文化接轨，中国文明迈向文化更高境界的必由之路。但是，正如研究者所指出的那样，如果仅仅将城镇化看成“经济事件”，而不顾及城镇化过程中人的现代化，只追求 GDP，而漠视当代城镇人文精神建设，那么中国的现代化就不是完整的现代化，更不是完美的现代化。目前，已经出现的城镇化弊端——千城一面、环境污染、传统流失、贫富对立、诚信丧失、道德滑坡、幸福缺失、创新乏力等等，已足以引起国人的警惕。根据中共十八大所提出的“创新、协调、绿色、开放、共享”五大发展理念，2016 年以来我国又提出“特色小镇”的城镇化发展思路，要建设成为产业特色鲜明、体制机制灵活、人文气息浓厚、生态环境优美、多种功能叠加，“产、城、人、文”四位一体的特色小镇。其中的“特色鲜明”“人文气息”“环境优美”等都离不开艺术的积极干预，艺术以其生动鲜活的情感力量和审美力量，介入当代中国的新型城镇化建设，可以发挥政治、经济、法律、宗教、哲学等其他文化无法取代的正能量作用。

首先，艺术文化特别是中国优秀传统艺术和本土艺术可以发挥文化校正功能。当西方各种价值观和生活方式随着中国城镇化浪潮蜂拥而至之时，当代中国的城市空间存在着“唯洋是从”的所谓时尚文化风潮，青年人以洋腔洋调洋服甚至韩腔韩调韩服为荣，建筑崇尚西洋风，日常生活追求享乐主义，待人接物功利至上，工具理性大行其道，资本主义城市生活中常见的孤独、绝望、焦虑、怨恨、自闭、歇斯底里以及自残、自杀等“幽暗现象”如幽灵一般挥之不去。如果我们的城镇化通向西方资本主义社会的末世景观，那还不如不要城镇化。西方现代社会的“城市病”肇因于启蒙运动以来的科学理性主义、实用工具主义对于人性的残酷宰制，现代人、后现代人类面对科学理性主义对人主体意识的宰制、异化，出现了所谓主体的消失、灵魂家园失守的生存困局，甚至出现了以“不确定性”“零乱性”“非原则化”“无我性”“卑琐性”等为表现特征的无意义的生存空间。在这种情景之下，人类则更需要艺术、神话和宗教的慰藉。艺术没有国度，艺术的情感性以及情感直观性可以在不同的时空背景下，对人类精神实施深度抚慰。大都市的歌剧院、电影院、音乐厅、音乐广场、街头音乐以及个人性的音乐、影视、视频、文创及艺术欣赏活动，都给当代的城市人群以感性的补充和理性的指引；城市公共空间的艺术雕塑、音乐喷泉、园林景观等都给劳碌的人群以无处无时不在的精神慰藉。许多国际性和地方性的城市甚至当代的乡镇地域都有意识地举办“诗歌文化节”“国际民歌节”“时尚艺术周”等活动。安徽肥东八斗镇因历史遗留曹植衣冠冢，近年举办“曹植文化旅游节”，这个僻处江淮丘陵腹地的地方小镇因此而充满了艺术的光晕和文化的情调。国际大都市深圳每年举办“文化艺术博览会”“读书月”“创意十二月”等活动。这些文化艺术活动对于当代城市人文精神建设产生积极作用。

在我国，率先实现现代化、国际化的香港，国际艺术和传统艺术并行不悖，许多人称港台“新武侠小说”为“成人童话”。童话几近神话，虽荒诞不经，但是对于处在一个充满了多重视角，充满了怀疑与讽刺、不安与焦虑、传统世界观支离破碎的现代社会的大众来说，这种艺术形式给读者提供了一个清晰稳定，使人心安的经验空间。如今散布在中国广袤领土上的众多艺术作品和艺术活动，如少数民族艺术、民间艺术、乡土艺术、平民艺术、大众艺术、通俗艺术等却能够通过以情动人、以情感人的方式，让我们从忙忙碌碌的日常生活中回归感性直悟，在情感的激荡迂回状态中，反思西方文化的理性偏颇之处，以人类本真的情感和情感形式来纠正西化浪潮的偏颇之处。山东高密东北乡充分利用莫言的乡土文学作品打造本土“红高粱文化”，莫言小说及电影《红高粱》中半是传说、半是虚构的本土风俗、本土说唱（《颠轿歌》《妹妹你大胆地往前走》）构成了“红高粱影视基地”的文化基调，围绕着“红高粱文化”所形成的“红高粱大酒店”“影视基地”“莫言故居”等，共同构成了“魔幻现实主义”文化氛围。而这种来源于乡土又超越于乡土的人文氛围，可以助力走向城市化和市场化的当地居民，自觉或不自觉地抵御城镇化过程中必然出现的工具理性和功利主义的负面影响。“红高粱文化”是当地人无比珍惜的一段“乡愁”，通过旅游观光体验、网络传播互动，高密人留下来的这段“乡愁”，成为来自全国以至世界游客的精神归宿。

随着文化创新运动的兴起，学术界普遍认识到东西文化各有千秋，文化创新需要取长补短，中国传统艺术和地方艺术承载着优秀的中华文化智慧和具有普适观念的文化内涵。因此，因地制宜激活传统艺术和本土艺术，或者在传承传统艺术和本土艺术的基础上，通过艺术的二度、三度创新，让传统艺术和本土艺术脱胎换骨、鱼化鲲鹏，并通过当代艺术形式加以转化、传播，传统艺术和本土艺术中所承载的优秀文化基因就可以直接或间接地融入当代生活，并潜移默化地消解冲淡外来文化的负面影响。大到省市小到县镇乡的地方艺术如戏曲、民歌、舞蹈、歌谣、绘画、手工艺以及民俗、节庆活动等，在城镇化过程中大量流失，古民居、服饰、建筑、民间婚嫁礼俗甚至饮食习惯在现代化浪潮中被视为“落后文化”而扫地以尽。全球化时代，本土文化艺术灵魂觉醒，传统艺术和地方艺术以及其中所包含的正能量，正有力地发挥其文化对话、融通和建设功能。

作为民间礼俗之一的婚俗，包括其中的说唱音乐、舞蹈、服饰等，属于传统礼乐文化，它们至今依然存在于民间。例如湖南嘉禾婚嫁礼俗既有维护传统文化中有关男婚女嫁、孝敬长辈、和睦亲爱等内容，也有突破封建礼教，大胆表示苦闷和抗争的内容。研究者指出，在嘉禾伴嫁歌中，就有一些突破了传统的“礼”的界限，甚至把矛头直接指向了封建礼教，彰显出对封建礼教反叛的内容。《荀子·礼论篇》说：“礼有三本：天地者，生之本也；先祖者，类（族类）之本也；君师者，治之本也。”其中，天地代表神权，先祖代表族权，君师代表君权。礼乐制度主要用来维护封建等级制度和宗法制度，包括君权、族权和神权。在封建社会，广大妇女不但要受到君权、族权和神权的压迫，还要受到夫权的支配。“三纲五常”“三从四德”等宗教礼法，像一根根绳索束缚着她们，她们平时只能忍气吞声，敢怒而不敢言。但是在嘉禾，唯有在伴嫁歌堂这个只有女性存在的特有空间里，她们被赋予特权用歌声倾泻内心积压的苦闷，甚至公然在喜庆之礼时，以这类“非礼”痛快淋漓地控诉封建礼教和宗法制度对女性的迫害，向封建礼教发出大胆的挑战。以嘉禾伴嫁歌这样的本土艺术融入当地的新型城镇或特色小镇的文化建设工程，它的本色鲜活的艺术感染力可以有力地促进当地的城镇人文环境建设和人文精神升华。

其次，优秀西方艺术所承载的优秀文化理念如男女平等、民主法治精神、生态美学理念以及科学世界观等，可以助力我们清理中国当代城镇化过程中的“文化积习”——迷信心理、权力崇拜、重男轻女、人类中心主义、斗争情结、圈子文化、厚黑学等。如，深圳的城市人文精神建设及其阶段性成果就具有示范性意义。深圳城市人文精神集中体现于“深圳十大观念”，“深圳十大观念”既有价值突破，也有文化传承。其中所包含的主要关键词如“金钱”“效率”“实干”“敢为”“改革创新”“读书”“宽容”“市民”“文化权利”“玫瑰”“余香”“深圳人”等，蕴含着一个有机的价值体系，这个价值体系既有对于中国传统的价值体系和新中国成立之后的公有制价值的突破，也有对于中国传统的价值体系和新中国成立之后的公有制价值中有价值部分的传承光大，“金钱”“效率”“实干”“敢为”“改革创新”“市民”“文化权利”这几个关键词是经过反复辩论并经过深圳特区的经济建设成果的实验证明后，被确立下来的价值指标，它们直接颠覆了传统农耕中国的诸如“君子喻以义，小人喻以利”“日出而作，日落而息”“无为而治”“祖宗家法”等主流价值观念。这些价值意识从西方以及港澳进口深圳，并迅速影响内地，而其强大的生命力证明了西方文化中的现代资本主义精神依然具备普适性。我们不能用传统的“老花眼镜”和政治意识形态的“显微镜”看待西方文化，特别是其中有价值的精神理念。众所周知，深圳改革开放之初，就以“敢为天下先”的干劲和闯劲，冲破“姓资姓社”的无谓争论，大胆引进国外的管理模式和治理模式。同时，深圳又以海纳百川的文化气势，在精神文化建设方面，大胆创新升级，如大芬油画村落户布吉，版画产业落户观澜，深圳大剧院、大家乐舞台、歌舞厅、酒吧文化、咖啡文化以及当年中国现代诗“86 深圳大展”等。这些艺术事项在某种程度上促进了深圳人的精神现代化和精神环境的现代化。

三　艺术引领城镇文化发展方向

我国城镇化的发展模式还在继续探索之中。可以肯定的是，我国的语境决定了城镇化不可能完全照搬西方模式。而城镇化的现代化背景和未来愿景决定了中国的城镇化必然会沾染现代性中的负面因素，比如阶层分化、物欲膨胀、工具理性抬头、大众文化和流行文化甚嚣尘上、物质至上以及娱乐过度、单面人等。同时，传统文化中负面因素依然会导致腐败滋生、权贵意识回潮等问题。物质现代化只是半个现代化，只有实现了人的现代化和美学化，而且实现了超越于西方及世界其他地区的中国人的现代化和美学化，才是中国城镇化、新型城镇化乃至现代化的大功告成。城镇化过程中中国人的现代化和美学化离不开艺术的积极参与，不管是西方艺术还是非西方艺术，其“以情感人”、“以情化人”和“以情成人”的精神力量，都是我们在走向城镇化和现代化进程中不可或缺的文化要素。

20 世纪早期，梁启超提出用小说塑造新民，实际上就是用艺术来推动中国人的精神的现代化，梁启超认为人人成为“美术家”必无可能，但是通过“趣味教育”，人人可成为生活向上并能够享用艺术的“美术人”。蔡元培提出以艺术代替宗教提升中国人的精神素质，在一个艺术的国度，人人以情度理、以理约守、和平相处、美善共容，共守道德的底线，艺术行不言之教，艺术就是没有教堂的宗教，宗教就是诗韵朗朗的艺术。孔子《论语·泰伯》谓“兴于《诗》，立于礼，成于乐”。其中诗和乐都是我们今天所说的艺术，梁蔡的以艺术立人立国的思想实际上与中国诗教乐化传统一脉相承。

在新型城镇化背景下，尤其应重视传统艺术的国民教育和文化涵育功能，积极推进传统礼乐文化的转型升级。当今世界是城市世界，城市文化是当代世界精神生产与文化消费的中心和主流。一方面，城市文化与生活方式迅速打断了传统农村、乡镇蔓延千年的文化与生活方式，具有无所不在的文化霸权与主导地位。另一方面，在后工业社会中，城市既是文化信息生产、交换与传播的中心，也是受各种信息冲击、干扰和影响最大的地方。其在文化上的积极引领作用与消极影响都十分明显。因此，把城市文化建设作为文化研究和文化强国建设的战略性任务，符合我国的现实需要与长远利益。在经济全球化背景下，城市发展的共同问题是“在物质建设上的最高成就以及社会人文中的最坏状况”。我国近年在城建上“大跃进”和文化消费的“三俗”问题也是如此。

文化是城市的灵魂，其主要功能是引导人们“向善而在”与“为美而活”。前者用来调节生产秩序、规范行为，避免城市社会解体；后者用来调节情感，使人获得快乐与自由，从而兑现“美好生活”的“城市承诺”。从原型上讲，这与我国传统文化中最核心的“礼乐制度”高度一致。从现代西方城市发展的经验教训看，其长处在于建立了一整套相对完善的城市管理体系，但由于“制度”“规范”仅相当于“礼”，与之相伴生的则是城市个体的焦虑与压抑生活。为使紊乱的人际与社会关系重新有序化，我国出台了大量的政策、法规和制度，但这也仅相当于“礼至则不争”，而未能做到“乐至则无怨”，在使城市人感到幸福和快乐、有价值、有意义和有梦想方面缺乏战略设计和手段。“十三五”时期，在大力推进“以德治国”“以文化人”的同时，在新型城镇化背景下开辟出“为美而活”“以乐感人”的新方向，对于完整地重建中华礼乐文化十分必要。当然，这个重建不是“照搬古代”，而是以中华礼乐文化的现代转化为前提。

从“礼”的角度讲，关键在于破除以宗法制为核心的封建文化体制，实现从“乡土中国之礼”向“城市中国之礼”的版本升级。在这一点上我们仍需要学习西方的城市与社会管理经验。从“乐”（艺术）的层面上看，主要是应对甚嚣尘上的西方消费文化及腐朽生活方式的挑战，在正确认识、理性肯定当代人消费欲望与需求的同时，又把它限定在合理和可持续的范围内。而后者正是中国古代“礼乐制度”的精髓，因而与前者不同，在文化价值与生活方式上，在更高历史阶段上重建和回归传统，应作为建设社会主义文化强国的战略目标和主要方向。

如果我们要袭用“礼乐文明”一词来代表人们日常生活的基本秩序精神的话，那么在现代生活条件下，还需要为礼乐文明增加新的内涵，比如要让自由、平等、公正、民主、法治等现代性精神价值成为新的“礼乐文明”内涵。上述这些观念是现代社会人际交往的核心准则，应该增添到中华文明传统中并且形成最大共识。这样，我们就有可能抵御各种变相的等级观念、繁文缛节卷土重来，并重塑符合新时代精神的礼乐文明。不过，这还有赖于我们对社会的核心价值予以认真审视并求得社会成员的广泛认同。另外，新的“礼乐文明”还要努力不复成为混淆公共性与私人性的生活规则，让公私之域界限分明。礼乐文明的现代性转化，不可能仅通过建立新的“典章”来完成，更绝非朝夕之功，而是需要对中国古典“礼乐文明”和现代“民主法治文明”都抱有好感的人们在理论上和日常生活中进行长期而深入的探索。

总之，我国当代的城镇化必须在转化传统和借鉴新学的前提之下，开创其物质、制度和精神文化的“中国之路”。社会主义核心价值观三个层面十二个价值理念——富强、民主、文明、和谐（国家层面）、自由、平等、公正、法治（社会层面）、爱国、敬业、诚信、友善（个人层面），其中的“文明、和谐、自由、平等、诚信、友善”都是承载着东西方优秀文化基因的价值准则，并且和艺术对于人的教育涵成具有深厚的内在关联。城镇化带来富强民主、公正法制、爱国敬业，确立现代中国之“礼”——向善而在。同时，城镇化还必须带来社会的和谐、文明、自由、平等、诚信、友善，确立现代中国之“乐”——为美而活，生活得更加幸福美满。中国当代美学从引入西方的“粹美”“唯美”也即理念之美的维度之后，实现了并在继续强化其“人生论”美学的实践深度，人生论美学紧贴中华美学“主情论”的思想文脉，升华了传统“德情论”的理路意向，知、情、意合一，真、善、美同构，超越了“唯美”“粹美”。这试图打通主体与客体、超越与当下的美学“鸿沟”，从主体的当下生活语境中，不拘形迹，抉发幽微，从人生的“活感性”中，触发意象，妙通理路，圆成艺术实境，从而实现主体精神的审美跃动和现实生活的审美升华。走向城镇化以至现代化的中国人在人生态度和生活状态上应该是“艺术的”“审美的”，这就需要我们在设计规划，建设城市、城镇、特色小镇的过程中，始终保持艺术的自觉和美学的自信，并通过广泛动员和全体参与的艺术活动、艺术创造、艺术工程促进个体和社会的动态平衡发展，调和人类感性和理性的矛盾冲突，从而生成既真且善并美的“人间乐土”。

参考文献

国际上通常用“Urbanization”一词指涉城市化，实际上很多国家的“镇”（Town）很小，或没有“镇”的建制，因而，“Urbanization”往往仅指农村人口向城市（City）转移和集中的过程，古称城市化。中国历史上就有镇的建制，许多镇的人口和规模与国外小城市基本相当，人口不仅从农村向城市，也向城镇（Town）转移，这种情形是由中国独特的历史、政治、文化和制度等要素共同形塑的，因而，中国习惯上将“Urbanization”译为城镇化，或者城镇化和城市化可以互用。参见张占斌《新型城镇化的战略意义和改革难题》，《国家行政学院学报》2013 年第 1 期。

徐选国、杨君：《人本视角下的新型城镇化建设：本质、特征及其可能路径》，《南京农业大学学报》（社会科学版）2014 年第 2 期。

马光远：《记得住乡愁的城镇化》，http：//finance. eastmoney. com/news/。

参见 http：//www. mofangge. com/html/qDetail/08/g3/201408/cxagg308288106. html。

参见 http：//www. ciudsrc. com/new_ chengshihualv/gedi/2017 – 01 – 23/110677. html，12017 年 1 月 23 日。

参见 https：//zhidao. baidu. com/question/48739201. html。

参见苏国勋、张旅平、夏光：《全球化：文化冲突与共生》，社会科学文献出版社，2006，第 127 页。

参见苏国勋、张旅平、夏光：《全球化：文化冲突与共生》，社会科学文献出版社，2006，第 200 页。

马光远：《记得住乡愁的城镇化》，http：//finance. eastmoney. com/news/。

宋鹤立：《特色小镇为何而建》，http：//urban. people. cn/n1/2016/1107/c397284 – 28840923. html。

王潮：《后现代主义的突破》，敦煌文艺出版社，1996，第 35 页。

该文化旅游节贯穿全年，包括第三届曹植诗歌节、“最美八斗”图片评选、八斗路名征集票选、曹植文学作品书法邀请赛、建安文化学术交流会、瓜果采摘节等活动。作为系列活动之一，第三届“中国·曹植诗歌奖”评选活动在开幕式现场举行了颁奖仪式。这项以“八斗镇”和“曹植”为创作中心的诗歌评选活动，自2014年举办首届大赛以来，截至目前，已经成功举办了三届，累计收到海内外参赛作品近万首（章），成为肥东县一张亮眼的文化名片。除此之外，开幕式现场还准备了美味的特色农产品可供游客品尝；当地绵延不绝的二万亩桃林，十里桃花落英缤纷，静待游客观赏；而三步两眼井、八斗老街、曹植衣冠冢和吴氏国公祠也是市民前来游览的好去处。参见http：//ah. people. com. cn/n2/2017/0326。

黄永健：《全球化语境下的地方艺术和本土艺术》，《深圳大学学报》（人文社会科学版）2012年第5期。

蒋笛：《民间礼俗对礼乐文明的继承与反叛》，《求索》2012年第10期。

金雅：《人生论美学传统与中国美学的学理创新》，《社会科学战线》2015年第2期。

刘士林、王晓静、孔铎：《“文以载道，富而好礼”——“十三五”时期建设社会主义文化强国的主题研究》，《河南社会科学》2015年第7期。

朱承：《礼乐文明与生活政治》，《中山大学学报》（社会科学版）2014年第6期。

金雅：《论美情》，《社会科学战线》2016年第12期。

B.5 中国武术文化与粤港澳区域发展的趋势报告

李志诚*

摘　要： 本文以中国武术文化为研究背景，以香港的武术发展为研究对象，通过分析香港武术发展历程，深度挖掘尚武文化的由来，以及衍生出来的社会实践、仪式和节庆活动等特点。本文认为在体育竞技化转型的时代背景下，作为民族传统文化代表的武术，既要做到面向大众化发展，同时还应考虑走向全球化这一问题，尤其是在粤港澳大湾区的时代机遇，武术这种非物质文化遗产将创造更大的让公众参与的可能。

关键词： 香港武术　传统文化　体育经济　大众参与

一　引言

若论及中国武术文化在香港的体现，不少海内外人士都会联想到李小龙（1940～1973）或成龙（1954～）等国际著名的功夫影视巨星，或者是在影视与小说文化影响下脍炙人口的武侠作品。中国武术在第二次世界大战后于香港的兴起及成为一种对外输出的文化，确实肇因于影视及文化产业的推动，但背后亦有其具体的历史背景。Peter A. Lorge 在对中国武术发展史的研究中指出，

* 李志诚，香港中文大学文化及宗教研究系博士候选人。

在后帝国时代，体育文化在中国逐渐被奥林匹克运动及其他现代体育事项所主导而变得西化，中国武术在当时亦未能完全彻底地成为一个全面的国际体育竞技项目。但从较广阔的文化范围来说，中国武术却在香港的影视制作上得以兴盛，以致彻底改变了武术在当代中国文化的地位。例如 1982 年上映的香港电影《少林寺》就获得空前成功，并带动了嵩山少林寺的复兴及往后随之而来巨大的旅游收益。① 而 20 世纪 70 年代以李小龙为代表的香港动作片亦乘着去殖民化（decolonization）的风潮而风靡全球，② 香港动作片及后亦成为亚洲电影中典型的类型之一。③ 然而，特定题材的电影文化产业兴盛不会是一种无根的社会现象。从历史角度而言，香港自身在战后的民间武术发展是香港功夫文化产业得以大放异彩的坚实基石。而当时的香港武术界亦汇聚了来自国家南北地区的多样武术流派。本文将会以中国传统武术文化在香港的流变为经纬，透视出香港武术与内地的紧密关系，以及其可发掘的文化发展潜力。

二 “二战”后的香港武术文化概况

麦劲生在其有关香港武术发展的专著中指出，清中叶时广东武术的兴盛发展与地方团练及行会的自卫武力需求有密切关系。个中原因是地方组织为了应付日益动荡的时局而愈趋重视地方武装力量的培育，使得民间尚武之风炽热。而在晚清时期，随着客家人大规模往广东南移，客家武术亦得以逐步传入广东各地。及至民国，随着广东精武会、佛山精武会及两广国术馆等武术团体成立，北方武术亦逐渐传入广东，使南北武术得以汇聚。而在 20 世纪 20～50 年代因时局原因，各派武师逐渐经广东各地南移香港立足，使得香港在战后成为中国南北武术的重镇。武术的传播点除了继续与行会教授有

---

① Peter A. Lorge, *Chinese Martial Arts: From Antiquity to the Twenty-First Century* (New York: Cambridge University Press, 2012), pp. 227 - 230.

② 〔日〕加藤正英：《燃烧中的亚洲：李小龙脱殖民的动力叙述》，邓呈曦译，《中外文学》2005 年第 34 卷第 1 期，第 45～66 页。

③ 彭丽君：《新亚洲电影及其暴力的循环流转》，谭伟峰译，《中外文学》2005 年第 34 卷第 1 期，第 107～125 页。

所关联外，亦促成了在街道上武馆林立的盛况。[①]

因此，香港武术得以在战后发展，实源于社会时局导致相关人才南移香江，而行会及民众的自卫需求则直接催生了武术行业在民间的大规模兴起。由明报周刊在2014年出版的《香港武林》一书，以报道及分析性的文章介绍了香港各主要武术门派。该书所附录的《1950～1960香港武术地图》则以珠三角地区武术、客家武术、北方武术、福建潮汕四个地区类别作标示，当中又以珠三角地区及客家武术占大多数。[②] 这具体地显示了香港武术所秉承的广东血脉。[③] 对战后大量涌现的以广东武人如黄飞鸿、洪熙官、方世玉、叶问为背景的影视题材，我们也不难理解这是源于原生地方武术文化传奇的再创造。[④]

随着香港民间习武热潮的增长，港英政府在70年代开始对武术团体的发展有所关注。当时政府对中国武术在社会的认知与取态，某程度上可以从一份由政府在1974年12月内部刊印的《武术工作小组报告》（*Report of the Working Party on Martial Arts*）中窥见。撰写本报告的官员分别来自保安科、社会福利署、民政署、教育司署及警务处。该报告对中国武术的历史背景，在香港的需求、分类、控制、推广及与犯罪的关系都有描述。当中提及在1974年时根据《公司条例》及《社团条例》注册的武术教授组织有433个，中国传统武术组织占了绝大多数的418个，其他类别的武术组织则有15个。[⑤] 这一数字在三年后增加至490个。[⑥] 如果我们考虑到没有向政府登记的武术团体，实际数字将会更多。

随着学习武术在社会上的急速发展，港英政府在70年代曾经有意以条例形式对民间武术进行规管。警务处在1974年就在内部编写了《武术指导条例探索文件》（*Martial Arts Instruction Ordinance Exploratory Paper*），其内容

① 麦劲生：《止戈为武：中华武术在香江》，三联书店（香港）有限公司，2016，第24～107页。
② 明报周刊、中华国术总会：《香港武林》，明报周刊，2014，第718～723页。
③ 有关更多香港武术流派的介绍，可参见香港武术联会《武术贤聚会》，天地图书有限公司，2013。
④ 有关香港功夫电影的广东意象，可参见陈超《远离乡愁：香港功夫电影中的“广东意象”》，《艺术评论》2010年第8期，第64～67页。
⑤ *Report of the Working Party on Martial Arts*, Dec. 1974, 22. HKRS890－2－83.
⑥ 26 Jan. 1977, HKRS70－8－2919. 此数字是在政府回答路透社（Reuters）查询的回复中所透露。

是参考了同年3月在新加坡实施的《武术指导法案》（*Martial Arts Instruction Bill*）而成。① 然而该条例最后并没有出台，不过有关政府登记及管制武馆的社会声音亦不时出现。例如在1975年香港中文大学曾经发布一份犯罪调查报告书，当中指出每100名青年罪犯超过77人是武馆的学员。是故有社会人士呼吁政府加强管制武馆。② 虽然其后政府针对武馆营运的法例一直未有出现，但1981年实施的《武器条例》则在一定程度上规管了武术用兵器。③

事实上，港英政府在当时亦了解到推广武术的益处。例如在1974年11月，民政司黎敦义（1926～2005）在立法局回答议员提问时就明确表示"任何人观赏过气功和武艺表演，一定会认为它是很适合青年人的一种活动，同时也喜见此类盛行青年人之活动受到鼓励"。不过"问题在如何鼓励武术的健全及崇高之一面，而不致支持那些足以破坏青年人之热诚以遂其鬼计的那些武馆。"④ 因此政府的态度并非全面反对武术的流行。1977年民政司李福逑（1922～2011）在立法局回答议员提问时就透露武术活动已被列入政府康乐体育计划。在1976～1977财政年度，政府康乐体育事务组共举办了143个太极拳研习班，参加者超过25000人。⑤ 这也显示出港英政府将中国武术作为民间体育项目推广的努力。

现今香港民间习武风尚相对20世纪而言已经有所减退，香港特区政府及民间亦更注重对中国传统武术的保育。在2014年由香港特区政府公布的香港首份《非物质文化遗产清单》，登录了舞狮、舞龙、舞貔貅及舞麒麟四项与武术相关的技艺于"表演艺术"类别，而被归入"社会实践、仪式、节庆活动"范畴的武术，则有大圣劈挂门、太极拳、北少林地蹚八

① "Martial Arts Instruction Ordinance Exploratory Paper," Aug. 1974，HKRS890－2－83.

② 《调查指出武馆是罪恶温床后，社会领袖呼吁港府管制武馆肃清罪恶，报告书有其珍贵价值应加接纳》，《快报》1975年8月5日。

③ 第217章《武器条例》（Cap. 217 WEAPONS ORDINANCE），参见电子版香港法例（Hong Kong e-Legislation），https://www.elegislation.gov.hk/hk/cap217！zh－Hant－HK？INDEX_CS＝N&xpid＝ID_1438402842598_001。

④ 《武馆登记问题应详细考虑》，1974年11月27日，HKRS70－7－20－1。

⑤ 《武术活动现已列入政府康乐体育计划》，1977年5月18日，HKRS70－8－2917。

卦门、洪拳、咏春拳、沧州武术、蔡李佛拳等 14 个武术门类项目（见表1）。当中不少武术门派的原初传承人均是在 20 世纪 30 ~50 年代由内地移居南下，使得这些门派的武术得以传至香江。[①] 而“非遗名录”所登录的四种与瑞兽相关的表演艺术，亦与武术有莫大关联。但与一般武术作个人自卫及强身健体不同，舞狮及舞龙等项目与中国传统社会乡村活动及节庆有更密切的关系。而香港大坑舞火龙及西贡坑口客家舞麒麟两项来自客家村落的技艺，亦分别在 2011 年及 2014 年被列入国家级非遗代表性项目名录。因此除了私人传授性质较重的武馆外，乡村武术的集体传承作用亦同样值得注意。

表 1　香港首份《非物质文化遗产清单》中的武术项目

列表编号	名称	列表编号	名称
2. 1	舞狮	2. 2	舞龙
2. 3	舞貔貅	2. 4	舞麒麟①
3. 61	大圣劈挂门	3. 62	太极拳②
3. 63	北少林地蹚八卦门	3. 64	咏春拳
3. 65	白鹤派拳术	3. 66	南少林五祖拳铁臂功
3. 67	洪拳/洪家拳术③	3. 68	傅式八卦拳
3. 69	华岳心意六合八法拳	3. 70	咏春拳④
3. 71	沧州武术	3. 72	蔡李佛拳⑤
3. 73	龙形拳	3. 74	螳螂拳⑥

①当中有本地、客家、海陆丰/鹤佬三个分类。
②当中有吴式太极拳、陈式太极拳、傅式太极拳、杨式太极拳四个分类。
③当中有林家洪拳一个分类。
④当中有刨花莲咏春、蛇鹤咏春、叶问咏春三个分类。
⑤当中有北胜及鸿胜两个分类。
⑥当中有七星螳螂拳、太极梅花螳螂拳、东江周家螳螂拳、东江朱家螳螂拳四个分类。

三　体育竞技化下的转型

第二次世界大战后，不论是在内地还是香港，政府对地方武力的控制都

① 非物质文化遗产办事处：《非物质文化遗产清单》（香港首份），2014 年 6 月，列表的电子本参见 https://www.lcsd.gov.hk/CE/Museum/ICHO/documents/3862785/3863408/First_hkich_inventory_C.pdf。

日渐严格。以学习武术作为自卫的需求虽然仍然存在，但重要性亦随社会治安的优化而逐步减弱。取而代之，中国武术演变为一种规范化的民间体育竞技项目，不论是政府还是武术界的人士都为此做相向推动。早在 1957 年，由精武体育会创办人陈公哲（1890 ~ 1961）在香港出版的《精武会五十年武术发展史》一书就提到：

> 前此之习拳术者，每以打斗为目的，伤人撞祸在所不免。故都市之人，视拳术为下流末技。后生小子不许学习，大人先生更不必言。当时为欲转移风气，寓武术于体育，以不打斗为号召。

但陈氏亦言“无论提倡任何艺术，以能获得实际应用为宜。武术非用于打斗，最低限度亦须用于自卫。自卫与打斗，在实际上实难分别”的困境。故此他提出在需要兼顾实际竞争及搏击以提升技艺的情况下，设计拳斗用的护身甲与相关比赛规则。陈氏为推广武术为学校体育项目，更在 1956 年在香港的武术杂志刊印了《精武国操》及《国操对手》二书。[①] 这都是武术界将传统武术由搏击应用转移到体育竞技项目的尝试。

1958 年 9 月，中国武术协会在北京成立，并陆续推出了各类型的竞赛规则。在整个 20 世纪 50 年代，中国分别举办了多个首次进行的大型武术观摩及竞技活动，包括全国武术运动会（1953）、广东省武术观摩会（1957）、全国武术评奖观摩大会（1957）及全国青少年武术运动会（1959）。上述前三个活动亦有来自香港及澳门的评判或运动员参加。[②] 自 80 年代起，在改革开放的背景下，中国武术体育竞技国际化的发展得到更大程度的推动。例如由中国武术协会审定的《国际武术竞赛套路》英文本在 1989 年出版，当中详尽地以图文并茂的形式介绍了长拳、南拳、太极拳、刀术、枪术、剑术

① 陈公哲：《精武会五十年武术发展史》，华联出版社，1957，第 178 ~ 183 页。
② 曾昭胜等人编著《广东武术史》，广东人民出版社，1989，第 213 ~ 215 页。

及棍术等七种标准竞赛套路的内容。[①] 这为国内外的武术参赛者提供了平等的竞赛基础与指标。而在80年代粤港澳的民间武术交流日渐兴盛。在1984年于香港举办了"省港武术大汇演"，同年亦在香港举办了"省港澳搏击大赛"，并于翌年在深圳举行了"省港澳深武术界交流会"。[②] 粤港澳在武术上的区域交流亦延续至千禧年后，例如在2005年3月于香港就举办了"粤港澳台武术邀请赛"，该比赛亦作为国际套路竞赛新规则及评分方法的测试，[③] 进一步为粤港澳的跨地域武术竞技融合奠定了稳固基础。

四 国际化与产业化下的前景

中国武术除了因着影视文化而传播到海外，另一坚实的国际化磐石则是源于武师在海外设馆授徒的默默耕耘。例如在香港教授咏春的梁挺（1947～）自20世纪70年代中起开始成立多个海外支部，并在1983年将团体易名为"国际咏春拳术总会"以彰显其国际性。至90年代末期，该会在世界各地的总部及支部，已达64个国家、超过4000多间武馆。[④] 许多中国武术的门派现在亦有招收外籍人士为徒，甚至这些外籍习武人士亦有回到其原居国家开设武馆传承。而国家在武术国际化的努力亦在20世纪90年代起逐步得到成果。1990年国际武术联合会在北京成立，并在翌年起于世界各地多次举办世界武术锦标赛。联合会现今在世界五大洲都设有洲际联合会和多个国家级协会。[⑤] 自90年代起，亚洲运动会、东南亚运动会、东亚运动会等综合性运动会上都相继将武术列为正式比赛项目，中国武术作为国际体育竞技项

---

① Examined and Approved by China Wushu Association, The People's Republic of China, *International Wushu Competition Routines* trans. by Xie Shoude (Hong Kong: Hai Feng Pub. Co., 1989).

② 曾昭胜等人编著《广东武术史》，1989。

③ 香港武术联会主办《武术界庆祝香港回归十周年：龙腾武聚庆回归：武术汇演纪念特刊》，香港武术联会，2007，第44页。

④ 国际咏春拳术总会：《关于我们》，https://www.leungting.com/international-wingtsun-association。

⑤ International Wushu Federation, "Members," retrieved from "http://www.iwuf.org/," 6 Oct, 2018。

目已经取得阶段性成果。

无可否认，中国武术从过去的民族国技已经演变为一种享誉全球的国际性体育运动。但我们同时亦要思考，若传统武术只是仅仅变为一种运动与表演，或当它所承载的传统价值与社会潮流有分歧时，它的活力会否受到前所未有的挑战？过去中国武术能够在国内与海外取得瞩目的成就，甚至成为对外推广中国文化的代表，皆是源于武术和传统文化的道德价值与身体观有着紧密的关联，而这些核心部分正是国际人士最感兴趣的精华。因为一种武艺的锻炼并不仅仅是形而下的肉体练习，更需要有形而上的哲理与思维去带动贯穿。在以往数十年，中国武术依靠各派传统武人的奔走传承和影视媒体的宣传，使它能够成为一种有雄厚群众基础的运动，这在粤港澳这个广东武术汇聚地区最能体现出来。但传统武术的学习及其价值同时亦受到其他技击运动挑战。过去由于个人自卫与地方防御的需要，练武具有极为深刻的实际应用层面。但当它成为一种以演示性为主的体育运动项目，而非再重视其背后的搏击精神时，又该如何弥补这方面的变化所带来的影响？武术界对“武”字常有“止戈为武”的说法，此即强调武术的应用最终是有带来非暴力理想的目标。因此非暴力的状况与武术实践并非有必然的冲突。然而，中国传统武术曾经拥有的社会功能在当下已经消退，其技击、教育和养生功能亦被严重分割。当我们在思考传统武术如何能够为文化产业带来贡献时，亦有需要将武术发展重新定位，使其在最切合时代需要的方向下得到发扬。

过去数十年香港已经成为输出中国武术的重要地点，并以此建立了一套植根于民间的国际网络。鉴于香港武术与广东及澳门在历史的紧密联系，这个已有的网络完全可以尝试与两地接轨共享，让世界更深入地认识整个近代广府武术文化圈。三地在这方面可以加强合作，共同对民间武术门派与技艺流传历史进行整理，甚至举办跨区域的工作坊或会演，增加更多公众参与的平台。武术是一项早已国际知名的中国传统文化，其现代中兴又与粤港澳有着紧密的地缘关系，并有完备的文艺及影视外围产业支持。不论是保育还是活化，三地都可以建立一个既各具特色又可联合发展的文化产业链。

B.6
粤港澳大湾区文化“走出去”战略分析报告

秦 晴*

摘 要： 文化“走出去”战略成为建设文化强国、增强国家文化软实力的必经之路，作为我国文化产业发展和文化“走出去”的重要阵地，粤港澳大湾区承担着重大的历史使命。本文基于人文湾区建设，围绕粤港澳大湾区文化“走出去”问题，从优势、劣势、机遇与挑战四个层面分析了粤港澳大湾区文化“走出去”发展现状和瓶颈问题，并从战略构想和实施路径提出粤港澳大湾区文化“走出去”可行性建议。

关键词： 粤港澳大湾区 文化产业 文化“走出去”

一 粤港澳大湾区“人文”湾区建设背景

1. “人文”湾区：概念的提出

世界湾区经济，是带动全球经济发展的重要增长极和引领科技变革的领头羊。湾区经济是由拥有较发达港口群、产业群和城市群的湾区所衍生出的一种经济形态，是港口经济、滨海经济、都市圈经济与湾区地理形态聚合裂

* 秦晴，武汉大学新闻与传播学院博士研究生，深圳大学文化产业研究院教育部副主任，研究方向为文化产业。

变而成的一种特有的经济格局。[①] 在经济全球化迅猛发展的新形势下，区域竞争不断涌现新的格局。放眼全球，具有国际影响力的世界美国纽约湾区（金融湾区）、美国旧金山（科技湾区）和日本东京湾区（产业湾区）三大湾区在全球竞争中呈现出突出的竞争优势，并发挥着强大的引领作用。我国南粤大地上，以香港、澳门、深圳、广州四地为首辐射11城市的粤港澳大湾区在中国寻求新的发展机遇下应运而生。

“粤港澳大湾区”概念2015年3月首次提出，2016年“粤港澳大湾区”被写入国务院《关于深化泛珠三角区域合作的指导意见》、国家“十三五”规划等。2017年3月，国务院政府工作报告中首次出现“粤港澳大湾区”，要求推动内地与港澳深化合作，编制粤港澳大湾区城市群发展规划，发挥港澳独特优势，提升在国家经济发展和对外开放中的地位与功能。

粤港澳大湾区在人口与面积上同纽约湾区、旧金山湾区和东京湾区相比，占据了面积大、人口多、物流发达的优势，而在高校教育资源、世界500强企业、人均收入等方面远远落后。粤港澳大湾区发展，不单单要靠经济推动，还必须用文化发展来引领，人文湾区建设应运而生，迫在必行。经济指标是湾区发展水平的显性指标，而文化竞争力是其可持续发展潜能的内核。[②] 综观世界发达湾区经济，大致经历了港口经济、工业经济、服务经济、创新经济四个阶段。[③] 服务经济和创新经济与文化产业有密切的相关性。

粤港澳大湾区文化产业发展正迎来历史性机遇，“9+2”城市[④]间互补优势明显，如能进一步整合协同发展“人文”湾区，利用各区域优势，资源互补，把大湾区结合成一个文化市场共同体，便可形成巨大的

---

① 卢文彬：《湾区经济：探索与实践》，社会科学文献出版社，2008，第15页。

② 黄玉蓉：《文化共同体视野下的粤港澳大湾区文化合作研究》，《广州大学学报》（社会科学版），2018年第10期，第59~65页。

③ 吴思康：《深圳发展湾区经济的几点思考》，《人民论坛》2015年第2期，第68~70页。

④ “9+2”城市指由广州、深圳、珠海、佛山、惠州、东莞、中山、江门、肇庆九市和香港、澳门两个特别行政区形成的城市群。

发展合力。

2. “人文”湾区：发展基础

粤港澳大湾区文化产业取得了较快发展，国家统计局网站数据显示，经核算，2017 年全国文化及相关产业增加值为 34722 亿元，占 GDP 的比重为 4.2%，比上年提高 0.06 个百分点。根据表 1 粗算，2017 年粤港澳大湾区文化产业增加值约为 7000 亿元，占全国总量的 1/5。粤港澳大湾区文化产业中，香港、澳门和深圳、广州是文化产业发展的第一梯队，其次珠海、东莞、佛山和中山为第二梯队，惠州、江门和肇庆三地文化产业发展与前者相比尚显落后，排在第三梯队。

粤港澳大湾区有多元的文化融合，迸发出无限创意。以世界湾区城市发展经验为例，湾区荟萃世界多民族文化，形成开放包容的移民文化。在纽约湾区，外籍居民来自全世界 150 多个国家和地区，约占纽约总人口的 40%，形成了世界不同文化、不同文明相互融合的集合体。[①] 而粤港澳大湾区的传统文化是融合广府文化、客家文化和潮汕文化为一体的岭南文化代表。如此多元的文化交融，更容易产生多元的文化繁荣。粤港澳大湾区文化产业发展的优势门类集中在互联网与数字产业、文化装备制造（曾经是世界玩具制造的中心）、创意设计、会展活动经济、体育产业、时尚产业、文化旅游等，几乎涵盖了所有的文化产业门类。

（1）“文化 +”模式成为独有的文化产业发展模式

过去十多年，粤港澳大湾区文化产业依托市场、产业和科技优势，率先探索出“文化 +”的发展模式，使文化产业在促进经济转型升级和结构调整中发挥出重要的示范作用。粤港澳大湾区成功探索出“文化 + 科技”“文化 + 创意”“文化 + 旅游”“文化 + 金融”等发展模式。深圳坚持创新驱动战略，打造领军企业和知名品牌，提升文化创意产业的发展质量，为供给侧结构性改革做出新探索。

① 吴思康：《深圳发展湾区经济的几点思考》，《人民论坛》2015 年第 2 期，第 68 ~ 70 页。

表 1　粤港澳湾区发展情况与文化产业发展一览

城市	香港	澳门	深圳	广州	东莞	珠海	惠州	中山	江门	肇庆	佛山
面积	1106.34 平方公里	32.8 平方公里	1997.47 平方公里	7434.4 平方公里	2465 平方公里	1711.24 平方公里	11599 平方公里	1783.67 平方公里	9505 平方公里	1.5 万平方公里	3875 平方公里
人口	740.98 万人（2017 年）	65.6 万人（截至 2018 年 3 月）	常住人口 1252.83 万人	常住人口 1449.84 万人（2017 年）	常住人口 834.25 万人（2017 年）	176.54 万人（2017 年末）	常住人口 477.50 万人（2016 年末）	常住人口 323.00 万人（2016 年）	常住人口 456.17 万人（2017 年）	常住人口 408.46 万人（2016 年）	常住人口 765.67 万人（2017 年）
GDP	23049.40 亿元（2017 年）	504 亿美元（2017 年，国际汇率）	22438.39 亿元（2017 年）	21503.15 亿元（2017 年）	7582.12 亿元（2017 年底）	2564.73 亿元（2017 年）	3830.58 亿元（2017 年）	3450.31 亿元（2017 年）	2690.25 亿元（2017 年）	2200.61 亿元（2017 年）	9549.60 亿元（2017 年）
人均 GDP	360220 港元	80893 美元（2017 年，国际汇率）	179000 元（2017 年）	150678 元（2017 年）	90885 元（2017 年）	149100 元（2017 年）	80000 元（2017 年）	10700 元	58975 元（2017 年）	51335.60 元（2016 年）	124722 元（2017 年）
第三产业占 GDP 比重（%）①	93.0（2016 年）	92.6（2016 年）	60.5（2016 年）	68.5（2016 年）	53.2（2016 年）	48.0（2017 年）	41.1（2016 年）	47.8（2017 年）	44.8（2016 年）	36.5（2016 年）	40.1（2017 年）

续表

城市	香港	澳门	深圳	广州	东莞	珠海	惠州	中山	江门	肇庆	佛山
文化产业增加值	1096.07亿元[②]（2016年）	70.8亿元[③]（2017年）	2243.95亿元[④]	约1100亿元[⑤]	/	98亿元（2015年）[⑥]	/	/	/	/	337亿元（2016年）[⑦]
占GDP比（%）	4.5（2016年）	0.06	超过10	5.12	/	4.92[⑧]	超过5（2016年）[⑨]	/	/	/	/

资料来源：如无特别说明，数据均来自各地统计公报。

①王廉：《粤港澳大湾区城市群文化特色与发展对标》，南方出版传媒花城出版社，2018。

②香港特别行政区政府统计处，http：//www. censtatd. gov. hk，2018年6月号《香港统计月刊》。

③2017年文化产业统计，澳门统计暨普查局官网，https：//www. dsec. gov. mo/home_ zhmo. aspx，2018年11月21日。澳门统计口径仅为“创意设计”、“文化展演”、“艺术收藏”及“数码媒体”四大领域所组成的文化产业，如包含文化旅游和博彩业则超过2000亿元。

④《深圳文化创意产业爆发式增长看点在哪?》，南方网，http：//opinion. southcn. com/o/2018 －03/22/content_ 181181386. htm，2018年3月22日。

⑤2017年广州市文化产值约1100亿占全市GDP 5%，金羊网，http：//gd. ifeng. com/a/20180902/6851412_ 0. shtml，2018年9月2日。

⑥《珠海市“十三五”文化创意产业发展规划》，中国文明网，http：//www. wenming. cn/syjj/dfcz/gd/201610/t20161024_ 3837683. shtml，2016年10月24日。

⑦《从文化高地读懂一个城市，佛山这些文化产业指标全省第一》，搜狐网，https：//www. sohu. com/a/258377050_ 161795，2018年10月9日。

⑧《珠海市“十三五”文化创意产业发展规划》，中国文明网，http：//www. wenming. cn/syjj/dfcz/gd/201610/t20161024_ 3837683. shtml，2016年10月24日。

⑨《2016年惠州文化产业增加值占GDP比重超5%》，南方网，http：//hz. southcn. com/content/2017 －02/17/content_ 165383871. htm，2017年2月17日。

首先，以香港和深圳为代表的“文化+创意”设计模式。以深圳为例，深圳素有“全国设计看深圳，深圳设计看福田”的称号。如今，在福田区的带领下，罗湖、福田和龙华三区成为深圳“文化+创意”的典范。从2014年APEC会议第一夫人的“新中装”，到2016年G20杭州峰会元首夫人们午宴专用的“夫人瓷”以及G20工商峰会开幕式主席台上的“首长椅”，均出自深圳的匠人之手，这些标志性符号在国际平台不断争取着话语权。

其次，以深圳为代表“文化+科技”的模式在全国走在前列。“文化+科技”的发展模式始于深圳南山，其后宝安紧随而上。目前，南山已培育出腾讯、华强方特、迅雷、A8新媒体、环球数码等一批文化科技融合型企业。17家企业获评市“文化+科技型示范企业”。国家级高新技术企业数量方面，截至2016年底，南山区以2223家排全市第一，宝安区以1493家排全市第二。①

最后，以香港、澳门等为代表的“文化+旅游”模式在全国领先。香港是全区时尚购物之都，著名的旅游目的地城市，澳门博彩业也吸引了全球的游客前往，深圳拥有盐田、大鹏、光明三区山海资源优势发展文化旅游等。如何打造“粤港澳大湾区国际都会圈”整体旅游品牌？在主题乐园旅游、文化娱乐旅游、商务会展活动旅游、高端海洋旅游、海上丝绸之路旅游等方面开展紧密合作，合力打造具有世界影响力的国际旅游品牌。②

此外，还有“文化+金融”“文化+影音”“文化+创客”等发展模式，它们都极大丰富了粤港澳大湾区文化产业的发展内涵。

（2）一批文创企业推动粤港澳大湾区文化产业经济发展

腾讯、华强、雅昌等企业共同打造文化产业的粤港澳大湾区质量与粤港澳大湾区标准，展示出粤港澳大湾区文化产业发展先锋区域的新力量。以深圳为例，目前全市有近5万家文化企业，从业人员超过90万人，其中规模

① 《从文博会展演看深圳十区文化产业竞争力》，人民网，http：//sz.people.com.cn/GB/n2/2017/0523/c202846-30226386.html，2017年5月23日。

② 黄晓慧、邹开敏：《“一带一路”战略背景下的粤港澳大湾区文商旅融合发展》，《华南师范大学学报》（社会科学版）2016年第4期，第106~110、192页。

以上企业3155家。近年来，腾讯、天威视讯、A8音乐、劲嘉彩印、中青宝网等40多家文化企业分别在境内外上市。2018年，深圳文化创意产业增加值达2621.77亿元。[①] 南山区上市文化企业已达20多家，高山水、盈富通、华曦达、嘉兰图等在新三板上市；福田区文化企业建艺装饰、亚泰国际等在深交所中小板上市，深装总装饰、东文传媒、中汇影视等在新三板挂牌；罗湖区推动企业上市融资，挂牌新三板企业达到4家。

（3）展会节庆经济助力粤港澳大湾区文化产业发展

展会节庆经济发达成为粤港澳大湾区文化产业发展的重要特征之一。香港是国际展会的集中地。作为一个自由港，香港位处亚洲中心位置，其对外航空联系十分完善，参展商及买家进入香港均非常方便。以上种种优势使得它成为举办国际会议和展览的理想地点。2017年，香港获评为"全球领先商务城市"和"最佳会议城市"；广州有中国第一展之称的"广交会"（中国进出口商品交易会）；深圳则有高新科技交易会和文化产业博览会。此外，展会节庆方面，珠海的中国航展是珠海最大的金字招牌和国际品牌。近些年，"航展"带来了巨大的经济拉动效应。以深圳为例，2017年，其推出"深圳城市文化菜单"系列文化品牌活动（见表2），为广大市民送上了"民生文化大礼包"。作为深圳文化创新的重要创举，"城市文化菜单"将给这座城市带来更多的文化盛宴。

表2　深圳市品牌节庆活动

时间	节庆
1~2月	"新春音乐会""春节大庙会""文化春雨行动""欢乐闹元宵"
3~4月	"深圳设计周""外来青工文体节""剧汇星期天""艺术大观""8cm新戏剧之旅""四棋一牌""光明梦想秀""'一带一路'国家音乐节"
5月	"文博会艺术节""郎朗国际钢琴艺术节""大书城精英荟""东南亚风情文化节""深圳妇女沙龙""潮汕古村落的魅力及手工艺术珍品展"

① 《深圳文创产业生机勃勃》，中国文化传媒网，http://www.ccdy.cn/chanye/201902/t20190225_1404526.htm，2019年2月25日。

续表

时间	节庆
6～9月	“中国国际新媒体短片节”“博物馆文化遗产展”“书画摄影双年展”“文化遗产日展演”“鹏城金秋市民文化节”“深圳合唱节”“深圳(国际)科技影视周”“ATP深圳国际男子网球公开赛”“深圳大剧院艺术节”“深圳国际摄影大展”“深圳动漫节”“中国梦·中国故事——中国图片大赛”“深圳国际友城文化艺术周”
10～11月	“钢琴音乐节”“国际摄影周”“乒超联赛”“ITF国际元老网球巡回赛”“读书月”系列活动“国际自行车嘉年华”“社区邻里节”“中国国际高新技术成果交易会”
12月	“创意十二月”“公园文化周”“客家文化节”“WTA女子网球公开赛”“深圳国际马拉松赛”

（4）粤港澳大湾区成为中国文化贸易重要阵地

近年来，我国高度重视文化“走出去”问题。在世界经济全球化深入发展、政治多极化更趋明朗、文化多样化持续推进、社会信息化加速的时代背景下，中国文化“走出去”是我国在文化领域采取的重大战略措施。国家的兴盛和文化对外影响力的提高一向相伴相随。习近平总书记强调要“讲好中国故事、传播好中国声音”，就是让世界借助文化理解中国，让中华文化成为世界文明的重要组成部分。粤港澳大湾区除了发展经济，更重要的是建设人文湾区。在文化“走出去”的战略背景下，我国文化产品“走出去”成为发展战略的关键。

广东为中国文化出口的第一大省。深圳作为全国文化出口重镇，担当着文化出口的重任。澳门和香港两地区的加入，使粤港澳大湾区文化出口更具备国际竞争力。2016年广东文化产品出口就达到400多亿美元，覆盖100多个国家和地区。[①] 2014年，广东制订了《广东省加快发展对外文化贸易的实施方案》，提出着力培养外向型文化企业，创新文化内容和文化“走出去”模式，把更多具有中国和广东特色的优秀文化产品推向世界。广东入选国家2015～2016年度《文化出口重点企业目录》的文化企业达42家，占全国总数的12%。2016年中国（深圳）国际文化产业博览交易会文化产品出口交易额

① 《广东文化产业品出口400多亿美元，连续多年居全国首位》，新浪网，2017年5月11日，http：//finance.sina.com.cn/roll/2017－05－11/doc－ifyfekhi7267373.shtml，2017年5月11日。

177 亿元，同比增长 7.3%，其中面向共建“一带一路”国家和地区的文化产品出口总额为 137.377 亿元，占文博会出口总额的 77.63%。

作为中国文化产业第一展，举办了 13 年的“中国（深圳）国际文化产业博览交易会”成为我国文化产业发展的一个重要风向标和文化贸易的窗口。它促进了深圳乃至全国的文化产品和服务交易。2017 年深圳（国际）文化产业博览交易会首设“一带一路·国际馆”，美国、英国等发达国家和埃及、以色列、印度、马来西亚等“一带一路”沿线共计 40 个国家和地区的 117 个海外参展商，重点展示了其传统工艺美术、创意设计、非物质文化遗产、文化旅游及演艺等内容。该次博览会共有 20016 名海外采购商参加，比上届增加 493 人，主要来自美国、英国等 99 个国家和地区。2013 ~ 2017 年中国深圳（国际）文化产业博览交易会文化产品出口交易额及海外参展情况统计见表 3。

表 3　2013 ~ 2017 年中国深圳（国际）文化产业博览交易会文化产品出口交易额及海外参展情况统计

年份	交易额(亿元)	同比增加(%)	参展国家	海外参展机构	海外专业观众(万)
2013	123.82	6.95	/	/	/
2014	161.38	30.00	22	45	16.20
2015	164.85	2.15	40	84	20.13
2016	177.00	7.35	98	115	20.79
2017	/	/	99	117	/

资料来源：根据深圳国际文化产业博览交易会官方网页（http：//www.cnicif.com）整理而成。

二　粤港澳大湾区文化“走出去”发展现状与瓶颈问题分析

粤港澳大湾区自古以来就是海上丝绸之路的重点区域。海上丝绸之路最早的发源地是广东，广州是丝绸之路的最重要港口。秦汉以来，海上丝绸之路开通，岭南作为始发地甚至是唯一通商大港，一直是中外文化交流的重要平台。

2015 年 3 月 28 日，国家发展改革委、外交部、商务部联合发布《推动共建丝绸之路经济带和 21 世纪海上丝绸之路的愿景与行动》，提出充分发挥深圳前海、广州南沙、珠海横琴、福建平潭等开放合作区作用，深化与港澳台合作，打造粤港澳大湾区。发挥海外侨胞以及香港、澳门特别行政区独特优势作用，积极参与和助力“一带一路”建设。① 以此为纽带，东西方的商业文化、科技文化、宗教文化、政治文明等从这里引入和输出，并随着时间发展地位越来越重要。循着海上丝绸之路，中国的儒学文化渐渐辐射到全世界，形成大中华儒家文化圈。目前，3000 多万海外华侨华人中，广东籍贯占了 1/3。

1. 文化“走出去”发展优势

近年来，粤港澳大湾区经济得到了飞速发展。2014 年至 2017 年，粤港澳大湾区 GDP 实现“四连增”，总量达到 10.07 万亿元，占全国的 12.17%。② 粤港澳大湾区拥有华为、腾讯、中兴、万科、顺丰、大疆、格力等领军企业。百度和阿里巴巴也分别在深圳建了分部。粤港澳大湾区拥有中国（广东）自由贸易试验区南沙新区片区、前海蛇口片区和横琴新区片区三个关税区，为文化“走出去”提供了良好的发展基础。粤港澳湾区“9 +2”城市文化资源优势见表 4。

表 4　粤港澳湾区“9 +2”城市文化资源优势一览

序号	优势产业 1	优势产业 2	优势产业 3	优势产业 4	优势产业 5
香港	创意设计	会展节庆	影视产业		
澳门	博彩与旅游	创意设计	文化展演	艺术收藏	数码媒体
深圳	数字互联网	创意设计	游戏动漫	手工艺品	高端印刷
广州	动漫游戏	装备制造	新闻出版	影视制作	会展经济
珠海	文化旅游	展会节庆			
佛山	文化制造	影视制作			

① 《推动共建丝绸之路经济带和 21 世纪海上丝绸之路的愿景与行动》，新华网，http://www.xinhuanet.com//world/2015-03/28/c_1114793986.htm，2015 年 3 月 28 日。

② 《粤港澳大湾区协同创新发展报告（2018）》全文，人民网，http://gd.people.com.cn/GB/n2/2018/0921/c123932-32085048.html，2018 年 9 月 21 日。

续表

序号	优势产业 1	优势产业 2	优势产业 3	优势产业 4	优势产业 5
东莞	创意设计	动漫游戏	网络服务	文化制造	
惠州	文化工业	文化旅游			
中山	文化制造				
江门	文化旅游				
肇庆	文化旅游				

2. 文化“走出去”的发展劣势

粤港澳大湾区涉及内地 9 个城市以及香港和澳门两个特别行政区，内地 9 个城市之间的融合本身就存在一定难度，加上两种制度的存在，在融合方面将会出现更多问题，在实践上面临一些难点。

如，粤港澳大湾区涉及的 9 个城市之间发展差距悬殊，有的经济体量大，有的发展存在一定的难度，同步协调起来有一定难度。同样地，各地文化产业发展差距悬殊，文化产业增加值既有每年超千亿的香港、深圳、广州，也有 50% 的城市年文化产业增加值均不足百亿。

3. 文化“走出去”的发展机遇

粤港澳大湾区占据关键的交通枢纽，在资金流、人流、物流、信息流等方面有重要的发展和竞争优势，将会成为中国乃至世界的中心地区之一。粤港澳大湾区对外贸易总额超过了 1.8 万亿美元，有世界上最大海港群和空港群，为文化“走出去”提供了重要的发展基础和发展空间。

粤港澳大湾区成立不久，有巨大的发展空间和动力。目前中国成为世界第二大经济体，粤港澳大湾区发展进入重要的历史机遇期。以新的思维和视角谋划出新的发展机遇，通过优化城市产业和空间布局，推动区域协同创新发展，为区域国际化注入新的发展动能。

4. 发展威胁及挑战

与其他世界级大湾区相比，粤港澳大湾区的经济总量、科技能力、教育基础、人力资本、服务等方面相对落后，加之在全球经济下行的整体局势环境影响下，粤港澳大湾区文化产业发展存在一定的挑战，文化“走出去”

更是面临巨大挑战。在跨境湾区合作方面，由于制度、文化等因素差异，这将构成一个大的挑战。以 2018 年通车的港珠澳大桥为例，从 1983 年提出到通车一共花费了 35 年的时间，是湾区各核心城市之间的竞争与合作、分化与集聚过程的缩影。①

粤港澳大湾区中有三个独立的市场体系，在经济制度、行政体制、财政体系、货币发行制度以及经济发展规划的制定等方面都完全独立，公民权利、生活方式、意识形态等方面也差异较大。以旅游为例，澳门和香港出入境管制对旅游者愉快、便利地流动带来一定的制约。②

此外，粤港澳大湾区对外文化贸易仍然处在加快发展和提升层次阶段，亟待解决以强带弱、均衡发展的问题。

三 发展战略与建议

1. 战略构想

湾区建设已经成为全球经济发展的重要模式，粤港澳大湾区建设俨然成为我国未来经济发展的重要部分。而粤港澳人文湾区的建设已经提上议程，文化“走出去”成为人文湾区建设的重点。笔者认为，粤港澳大湾区文化“走出去”应从以下几个方面进行战略构想。

第一，通过机制创新，合理定位，加强对话，求同存异。

粤港澳大湾区最需要的就是创新合作机制，合理定位未来发展战略，加强对话，在平等互利互惠的基础上求同存异，共同发展。在未来的发展中，人文湾区将成为一个重点战略，而文化旅游、文化贸易将成为具有重大发展前景的门类。只有协同创新，才能使湾区显得有活力。多元文化之间虽存在差异，但却不必导致激烈的文化冲突，相反，不同文化之间的兼容并包、相

---

① 李红：《跨境湾区开发的理论探索：以中越北部湾及粤港澳湾区为例》，《东南亚研究》2009 年第 5 期，第 54～59、58 页。

② 黄晓慧、邹开敏：《“一带一路”战略背景下的粤港澳大湾区文商旅融合发展》，《华南师范大学学报》（社会科学版）2016 年第 4 期，第 106～110、192 页。

互尊重、求同存异，才是人类文化的共同繁荣之道。①

第二，协同发展，打造协同一致的产业链，并提高区域综合竞争力。

粤港澳大湾区应该加强政府、企业、社会团体的相互协作，全方位打造大湾区品牌形象。同样的，粤港澳大湾区文化“走出去”要协同创新发展，打造“组合拳”，推出完整的文化产业和服务产业链，致力于文化“走出去”的品牌建设工程，提升文化综合竞争力。

第三，把握好优势和特色，互补长短、互通有无，差异化同步发展。

粤港澳大湾区涉及 9 个城市文化产业发展，其各自有各自的优势和短板，随着人文湾区建设的深入，分工协作也会不断地深化，彼此发展形成“抱团取暖”、互补长短的局势，彼此之间得到更好的互补。南方科技大学李凤亮教授在“2018 文化科技创新论坛”中提到，粤港澳大湾区是整个粤文化重要的呈现地，是多元文化的集聚地，大湾区可以从新兴文化业态发达区、文化金融融合先导区、对外文化贸易先行区、国际文化交流示范区等方面进行突破。例如广州的优势是国际航运、航空枢纽，香港是国际金融、航运和贸易中心以及全球离岸人民币业务枢纽，深圳是国际科技创新中心，澳门是世界旅游休闲和博彩中心，其他几个城市是制造业中心与交通枢纽城市。大湾区各城市具有各自的文化资源，可以“和而不同”的各自发展。

第四，发挥中介联盟的积极作用。

2018 年 8 月，“粤港澳大湾区文化产业联盟”在深圳正式揭牌，拟邀请相关政府部门、知名企业、学研机构、专业媒体等以助力大湾区文化产业的发展。同年 11 月，“粤港澳大湾区文化产业创新研究联盟”成立，有 18 家科研机构加入。不同的联盟的成立，将作为粤港澳大湾区文化标志理念的传播者、资源要素的整合者、结构调整的促进者、发展转型的推动者，致力于成为政府的助手、市场的推手、企业的帮手，为大湾区城市经济文化发展方式转变献计献策。

① 李凤亮、宇文曼倩：《“一带一路”对文化产业发展的影响及对策》，《同济大学学报》（社会科学版）2016 年第 5 期，第 48～54、60 页。

2. 合理布局产业发展

粤港澳大湾区文化产业的顺利发展，必须要合理对相关产业进行规划和布局。既有侧重发展的龙头优势产业，也有优先和随后发展产业，有步骤地推进各类产业的健康发展。结合粤港澳大湾区文化产业的自身优势和产业基础特点，笔者认为应重点发展动漫游戏产业、互联网与数字创意和文化旅游产业，优先发展会展节庆、创意设计、影视产业和文化装备制造，随后发展体育产业、手工艺品等其他产业。

首先，粤港澳大湾区应重点发展动漫游戏产业、互联网与数字创意和文化旅游产业。以动漫游戏产业为例，粤港澳大湾区拥有良好的动漫游戏发展基础，如广州具有深厚的动漫发展基础，有奥飞动漫、原创动力、漫友文化等一批国内外知名动漫企业。而深圳集合了腾讯、第七大道、创梦天地等一批游戏生产企业，为粤港澳大湾区游戏动漫业的发展提供了坚实的发展基础，今后如能加入电竞项目、VR 游戏等新兴业态的产业类型，则更能引领全国在此行业的发展。粤港澳大湾区在互联网和数字创意产业有雄厚的基础和平台优势，如拥有腾讯、百度、视听平台荔枝等优秀互联网企业。在未来的发展中，粤港澳大湾区应搭建数字文创平台，打通互联网技术革新与文化产业创意的结合，形成“互联网 + 文创”模式的全国典范。在文化旅游产业发展方面，粤港澳大湾区应在现有的基础上努力将香港、澳门、广州和深圳打造成为“世界级文化旅游休闲中心圈”，成为世界文化旅游休闲中心，发展高端文化旅游，四地形成差异化的发展，如香港、深圳依靠海岸资源发展高端的游艇文化，香港和澳门共同发展独特的赛马文化，澳门发扬博彩文化。香港、珠海、深圳应利用其海岛资源发展高端的“岛屿度假”旅游，另外在已经有广州长隆、珠海长隆、香港海洋公园、香港迪士尼乐园等主题公园的基础上，新建一些现代体验互动型的旅游主题公园，吸引更多的旅游消费者。此外，结合惠州、肇庆等优质的温泉、名山等生态旅游资源，应合理地规划发展，形成良性的旅游产业升级。

其次，粤港澳大湾区应优先发展会展节庆、创意设计、影视产业、文化装备制造业。以会展节庆为例，广州有广交会（中国进出口商品交易会），深圳有高新技术成果交易会和文化产业博览会，香港更是国际展会的集中地。此外，珠海的中国航展是珠海最大的金字招牌和国际品牌，近些年“航展”带来了巨大的经济拉动效应。粤港澳大湾区的文化装备制造业走在国家前列，主要是文化艺术设备和玩具制造等方面，如广州的珠江钢琴占据全球1/4和全国1/3的市场，音响、灯光等演艺设备产值居全国首位。粤港澳大湾区的影视产业有着厚实的基础，香港、广州两座城市有丰富的影视基础，加之后来发展的珠海、佛山、深圳三座城市，有50%的占比丰富的影视资源基础，为此应形成“五城”联动，共同推进和振兴影视产业发展。佛山近2年新增了368家影视企业，在这些新增的影视企业中，有233家属于影视制作类企业。一些触觉灵敏的商家，已经推出功夫客栈、影视民宿等产品。而且除了影视企业落地，佛山也成为综艺节目、电影取景地的新宠。

最后，粤港澳大湾区应发展体育产业、手工艺品等其他产业。以手工艺术品为例，“9+2”城市中各地都有各自的文化特产（见表5），比如顺德的陶瓷、广州和肇庆的玉石、肇庆的端砚、中山的红木、深圳的香云纱等，应在此基础上形成拳头组合产品，合力发展，共同推进手工艺品的繁荣和发展。

表5　粤港澳大湾区部分特色文化产品一览

城市	特色产品	简要介绍
香港	香港手信	荣华品牌于1950年创办，起初为餐饮酒楼，另设饼食外卖服务。1962年成立有限公司并扩充营业，1963年起首创并生产白莲蓉月饼，荣华的饼店及食品业务一直扩充，主要产品包括月饼、传统中式饼食及腊肠等。20世纪80年代起，荣华在香港各区设门店，并扩充元朗厂房。1994年在广东东莞建厂，以拓展中国内地市场。后期拓展业务开设互动多媒体资讯茶艺馆等
澳门	澳门手信	澳门钜记、英记和咀香园是澳门三大手信店。其中，钜记目前市场占有率为74.4%。钜记在澳门地区经营21家店铺，于2004年开始，把货品分销世界各地。英记饼家始于1928年，是澳门最具历史的手信品牌之一。咀香园饼家于1935年创立。2011年，澳门手信博物馆由钜记饼家成立的钜记慈善会开设建成。博物馆藏有百多件与澳门手信业有关的物品，也是全球第一所以手信为题材的博物馆

续表

城市	特色产品	简要介绍
深圳	香云纱	香云纱俗称莨绸、云纱(黑色的也称黑胶绸),是一种用薯莨的汁水对桑蚕丝织物涂层,再用含矿物质的河涌塘泥覆盖,经过太阳暴晒加工而成的纱绸制品。香云纱染整技艺是第二批中国国家级非物质文化遗产之一
广州	广绣	广州刺绣,简称广绣,是以中国广州、佛山为中心的珠三角地区的传统手工艺。中国传统刺绣体系中十大名绣(苏绣、湘绣、粤绣、蜀绣、京绣、鲁绣、汴绣、瓯绣、汉绣、杭绣)之一。广绣属于粤绣的流派,与潮绣合称粤绣。广绣历史逾千年,有文字记载始于唐代《杜阳杂编》
肇庆	端砚	端砚是中国四大名砚之一。肇庆古称端州,所产砚台因此叫“端砚”,最早产于唐代武德年间(618～626年),至今已有一千三百多年历史。端砚以石色青紫带圆形青绿色石眼的为最上

资料来源:根据“中文维基百科”网站搜索整理而成,https://zh.wikipedia.org/wiki/Wikipedia:%E9%A6%96%E9%A1%B5。

3. 形成政府、企业、平台“三位一体”联动模式

粤港澳大湾区文化“走出去”离不开政府、企业、平台三者的联动和互动。

首先,对于政府来说,其在相关法规政策的制定和引导、资金资助、平台建设等方面起着非常重要的作用,这意味着政府在文化“走出去”中扮演着重要角色。其次,对丁企业来说,文化“走出去”的核心中坚力量是企业,尤其是民营企业。粤港澳大湾区积极推动文化企业“走出去”,将具有中华文化及粤港澳大湾区地域特色的产品和服务推广到世界各地,发挥地缘、人缘优势。最后,中介组织(和平台)建设方面,各类中介组织、金融平台、展会平台、信息平台、智库平台等为粤港澳大湾区中文化“走出去”搭建了高效的平台。以智库平台为例,粤港澳大湾区各类智库迅速发展,为相关政策制定提供了科学、专业、快捷的高效协助。今后需要加大对文化类智库的扶持力度,健全智库参与政府决策的机制体制,加强和完善智库与政府、企业、媒体的多元互动和对接,使之真正发挥积极作用。

总而言之,政府、企业、中介组织三者间要进行有效的互动和联动,各

司其职，合理分工，协同创新发展。

4. 形成文化人才高地和集聚区

人才是发展的第一要务，人是核心和灵魂。人才作为发展的首要关键因素，对于强调以人的“创意”为发展根本的文化创意产业来说更是如此。粤港澳大湾区有丰厚的人才储备和语言优势，集聚了全世界的精英人才，如香港、澳门集聚了大量的欧洲来华人才，广州集聚了大量的阿拉伯人和非洲人口，为文化“走出去”奠定了基础。

目前，粤港澳大湾区中广州、深圳和珠海有大学城资源，香港高校资源优厚，有利于吸引优秀的海内外资源和培育优秀人才，形成粤港澳大湾区文化人才培养、培育高地。

5. 发挥国家对外文化贸易基地和自贸区的重要作用

粤港澳大湾区拥有三个自贸区，这就为该地区对外文化贸易发展奠定了良好的基础。粤港澳大湾区通过创新文化制度，大力发挥自贸区的优势，发展保税文化交易、文化进出口仓储物流、国际文化市场信息服务等，打造文化贸易新平台。以深圳前海蛇口自贸区为例，凭借中国对外文化贸易的桥头堡深圳的地位，该自贸区将引领全国的对外文化贸易先行区，辐射带动粤港澳大湾区对外文化贸易快速发展。

此外，粤港澳大湾区文化“走出去”，还要积极发挥国家对外文化贸易基地的重要作用。2014 年 1 月，深圳国家对外文化贸易基地挂牌成立，是我国继北京、上海的第三个，华南地区唯一一个国家级对外文化贸易基地。未来的发展中，要充分利用该基地政策平台、信息平台、交易平台、服务平台等优势，积极发展和拓展对外文化贸易服务链。

结　语

粤港澳大湾区除了发展经济，更重要的是建设人文湾区，并重点推动中华文化“走出去”战略，成为推动建设世界文化强国、增强国家文化软实力的重要组成区域。在未来的发展中，粤港澳大湾区需要通过制度创新、体制创新、合作模式创新等协同创新同步发展，互补长短、互通有无，合理布局产业发展，形成合力，提升区域文化产业综合竞争力。未来可期，粤港澳大湾区将以良好的自然地理生态、社会经济、文化环境，形成文化交流、文化贸易和文化投资并举的文化“走出去”新格局。粤港澳大湾区有望打造成为世界级人文湾区和文化“走出去”重镇，引领中国经济、社会和文化的全面发展。

参考文献

黄晓慧、邹开敏：《“一带一路”战略背景下的粤港澳大湾区文商旅融合发展》，《华南师范大学学报》（社会科学版）2016 年第 4 期，第 106 ~ 110、192 页。

黄玉蓉：《文化共同体视野下的粤港澳大湾区文化合作研究》，《广州大学学报》（社会科学版），第 59 ~ 65 页。

李红：《跨境湾区开发的理论探索：以中越北部湾及粤港澳湾区为例》，《东南亚研究》2009 年第 5 期，第 54 ~ 59 页。

李凤亮、宇文曼倩：《“一带一路”对文化产业发展的影响及对策》，《同济大学学报》（社会科学版）2016 年第 5 期，第 48 ~ 54、60 页。

卢文彬：《湾区经济：探索与实践》，社会科学文献出版社，2008，第 15 页。

王廉：《粤港澳大湾区城市群文化特色与发展对标》，南方出版传媒花城出版社，2018。

吴思康：《深圳发展湾区经济的几点思考》，《人民论坛》2015 年第 2 期，第 68 ~ 70 页。

B.7 粤港澳大湾区文化创意旅游资源的整合与实施报告

王 青*

摘 要： 作为中国发展动力与全球资源进行嫁接的支点，粤港澳大湾区应运而生。根据国际上先进湾区的发展经验，旅游产业在湾区的起步及发展成熟阶段发挥着重要作用，包括打造优质生活圈、形成产业纽带等。因此在粤港澳大湾区建设尚处前期阶段之际，有必要对其旅游产业发展进行一定思考。文化创意旅游是当今旅游产业转型的重要方向，相较于单纯的旅游活动，文化创意旅游以文化内涵为核心，以创意内容为手段，以游客的体验、参与和互动为旨归。目前，粤港澳大湾区的文化创意旅游已形成一定规模，包括形成连锁主题公园、特色旅游品牌等，但从城市间发展来看存在“两极分化”态势。随着粤港澳大湾区实质性规划的落地执行，逐步发达的交通网络和逐渐进行整合的优势文化创意产业有助于湾区内部文化创意旅游资源的整合。

关键词： 粤港澳大湾区 区域协同 文化创意旅游 资源整合

* 王青，深圳大学及澳大利亚科廷大学联合培养博士生，研究方向为文化创意产业。

一　问题的提出

随着经济全球化和区域一体化的发展，在当今的世界竞争中，城市群和都市圈的竞争越来越显著。以城市群的形式重新构建区域发展蓝图，有助于减少行政区划产生的阻碍、促进区域融合发展，因而成为国家区域发展战略的重要形式①。近年来，我国已经完成了长三角、京津冀等城市群规划。粤港澳大湾区是中国发展蓝图中最新的重大战略部署，旨在推进广东省9个城市（广州、深圳、珠海、佛山、江门、东莞、中山、惠州和肇庆等9个城市）与香港、澳门的深度合作，在功能分工、人员流通、产业合作等方面加强联系，促进该区域的融合发展，以打造一个协同发展、互联互通，可与旧金山、纽约和东京等湾区媲美的世界一流城市群。

2015年，国家发改委等多个部门联合发布了《推动共建丝绸之路经济带和21世纪海上丝绸之路的愿景与行动》一文，明确提出要打造粤港澳大湾区②。2016年，这一计划被写入国家“十三五”发展规划。2017年政府工作报告指出，“推动内地与港澳深化合作，研究制定粤港澳大湾区城市群发展规划，发挥港澳独特优势，提升在国家经济发展和对外开放中的地位与功能”③。至此，粤港澳大湾区已经上升为国家战略。在2017年底的中央经济工作会议上，“科学规划粤港澳大湾区”被写入2018年经济工作，这标志着粤港澳大湾区战略规划将进入正式实施、全面启动的新阶段。

随着粤港澳大湾区城市群规划的完善，城市间的协同提升对于区域发展有重要的作用。2017年7月1日，《深化粤港澳合作　推进大湾区建设框架协议》在香港签署，该协议描绘了粤港澳大湾区建设的目标——更具活力

① 蔡赤萌：《粤港澳大湾区城市群建设的战略意义和现实挑战》，《广东社会科学》2017年第4期，第5~14页。

② 《粤港澳大湾区，探路中国式开放》，央视网，http://jingji.cctv.com/special/eguanzhu/ygadwqjjgc/index.shtml。

③ 张潼：《纳入国家战略后的粤港澳大湾区：香港、澳门发展新引擎》，新华网，http://www.xinhuanet.com/gangao/2017-12/29/c_129778828.htm，2017年12月29日。

的经济区、宜居宜业宜游的优质生活圈和内地与港澳深度合作的示范区，打造国际一流湾区和世界级城市群①。由此可见，粤港澳大湾区的协同发展，是经济、文化、科技、制度等方面的全面协调可持续发展。

从国际先进经验来看，成熟湾区如纽约、东京等湾区的形成与发展过程与旅游产业一直保持互动：湾区的发展对旅游产业带来新的机遇与挑战，如旅游产品的创新、配套设施建设等②③；旅游产业的发展具有极强的带动作用，不仅有助于打造高品质生活圈，还能“直接带动交通、通讯等 14 个产业发展，间接带动影响 47 个行业。旅游收入每增加 1 元，可带动相关行业收入增加 4.3 元，旅游业每增加 1 个直接就业人员，能带动 5 个就业岗位”④。粤港澳大湾区内城市间旅游产业差距较大，以 2016 年的旅游业产值为例⑤：香港的旅游业产值占本地生产总值的 5%，约为 1240 亿港元；广东省内 9 个城市，仅有广州与深圳两个城市的旅游收入超过千亿元，大部分城市不足 500 亿元，最少的为中山（247 亿元）。可见粤港澳大湾区内城市间旅游发展存在差距。2016 年粤港澳大湾区广东 9 市旅游收入见表 1。

表 1　2016 年粤港澳大湾区广东 9 市旅游收入

序号	城市	旅游收入(亿元)	同比增长(%)
1	广州	3217.05	12.01
2	深圳	1368.66	9.94
3	佛山	624.73	14.36

① 霍小光、战艳：《习近平出席〈深化粤港澳合作　推进大湾区建设框架协议〉签署仪式》，新华网，http：//www.xinhuanet.com/politics/2017-07/01/c_1121247167.htm，2017 年 7 月 1 日。

② 黄晓慧、邹开敏：《“一带一路”战略背景下的粤港澳大湾区文商旅融合发展》，《华南师范大学学报》（社会科学版）2016 年第 4 期，第 106~110 页。

③ 郭璇瑄：《粤港澳大湾区旅游经济发展路径》，《税务与经济》2018 年第 2 期，第 19~25 页。

④ 陈宝玉：《武汉城市圈与鄂西生态文化旅游圈的旅游合作机制探讨》，《武汉交通职业学院学报》2009 年第 3 期，第 27~30 页。

⑤ 澳门统计暨普查局未进行旅游收入或旅游产业增加值的统计，缺乏相关官方数据。其他数据可参考澳门旅游统计，见 https：//www.dsec.gov.mo/Statistic.aspx? NodeGuid=7b23463a-d253-4750-bd12-958030df5ccb。

续表

序号	城市	旅游收入(亿元)	同比增长(%)
4	东莞	445.40	12.71
5	江门	409.90	20.69
6	惠州	364.14	10.27
7	珠海	317.08	14.57
8	肇庆	285.75	18.26
9	中山	247.00	8.60

资料来源：中商产业研究院：《2016 年广东省 21 市旅游收入排行榜：广州是深圳的 2.3 倍》，中商情报网，2017 年 12 月 10 日，http：//www.askci.com/news/chanye/20171210/115122113674.shtml。

在区域协同发展的背景之下，依托粤港澳大湾区的既有优势以及未来发展规划，作为旅游产业转型发展产物的文化创意旅游将有可能通过区域间的合作，获得进一步发展。本文试图从交通以及文化产业发展等方面，对粤港澳大湾区整合文化创意旅游资源的可行性进行探讨。

二　文化创意旅游

1841 年，世界上第一家旅行社 Thomas Cook 在英国诞生，这标志着原先分散、自发、单个的私人旅游活动逐渐被产业链条串起来，继而成为一项具有商业潜力和文化品质的事业，现代旅游业逐渐发展起来①。工业机器的使用提高了社会的生产效率，加速了社会财富的积累，同时也使得人们从繁重枯燥的体力劳动中稍稍解放出来。物质财富和个人休闲时间的增加推动现代旅游业快速发展。第二次世界大战后，随着社会经济的发展以及全球化进程的加快，社会问题（如失业率增加等）、环境问题（如环境污染等）矛盾日益突出，人们开始反思社会发展模式，并逐渐意识到文化艺术等元素能促进经济发展、社会融合，缓解社会矛盾。20 世纪 70 年代后期，以文化为主导

① 童清艳、LiangTao Shan：《英国文化旅游传播及其保护机制研究》，《西南民族大学学报》（人文社科版）2008 年第 5 期，第 7 ~ 13 页。

的开发战略逐渐成为全球众多城市发展的重要策略[①]。比如西班牙西北部的毕尔巴鄂，曾经是一座冶金化工工业城市，19 世纪工业革命期间，毕尔巴鄂因出口铁矿而繁荣。进入 20 世纪中叶，伴随着矿产资源的衰竭，毕尔巴鄂的发展也陷入了困境：经济发展缓慢、城市凋敝，城市复兴迫在眉睫。面对并不出众的自然景观，毕尔巴鄂选择拥抱文化，发展旅游服务业成为毕尔巴鄂转型的方向，希望新兴的旅游服务产业可以在此地“落地生根”，带动城市发展。毕尔巴鄂与公认的前卫艺术大本营——纽约古根海姆博物馆合作，于 1991 年修建毕尔巴鄂古根海姆博物馆，随之而来的，是每年从全球慕名而来的游客和大量的媒体报道，毕尔巴鄂通过发展文化旅游实现了城市的再生。哈佛大学称其为“古根海姆效应”——它证明艺术作为一种文化资源所独有的价值和潜能，文化同样可以产生巨大的张力和综合效应。[②]

随着“文化转向”（cultural turn）逐渐成为西方社会的重要趋向，文化旅游也应运而生。据世界旅游组织预测，到 21 世纪原市场份额较大的自然风光旅游产品增长率将下降，而文化旅游将成为最有吸引力的旅游产品之一[③]。目前对于文化旅游的概念和内容尚未形成统一的定论。如最早提出“文化旅游”这一概念的美国学者麦金托什认为“文化旅游包括旅游的各个方面，旅游者从中可以学到他人的历史和遗产，以及他们的当代生活和思想”[④]。又如朱桃杏和陆林认为，文化旅游可以从两个方面进行理解，“广义的文化旅游是指再寻求和参与全新或更深文化体验基础上的一种特别兴趣旅游；狭义的文化旅游指人类记忆中一种正在消失的生活和生产方式场景或地方特色，具体表现形式分为遗迹遗址旅游、建筑设施旅游、人文风俗节庆旅

① 赵玉宗、潘永涛、范英杰、孙艺惠、卢松：《创意转向与创意旅游》，《旅游学刊》2010 年第 3 期，第 69 ~ 76 页。

② 阿真：《看古根海姆博物馆如何改变一座城市的命运》，凤凰艺术，http：//art. ifeng. com/2015/0803/2456211. shtml，2015 年 8 月 3 日。

③ 朱桃杏、陆林：《近 10 年文化旅游研究进展——〈Tourism Management〉、〈Annals of Tourism Research〉和〈旅游学刊〉研究评述》，《旅游学刊》2005 年第 6 期，第 82 ~ 88 页。

④ 任冠文：《文化旅游相关概念辨析》，《旅游论坛》2009 年第 2 期，第 159 ~ 162 页。

游和特色商品旅游等4种类型"[①]。

随着越来越多的地区采取文化发展策略，文化重复生产、同质化等现象出现，人们意识到单一发展文化不足以塑造地区的独特性，使地区获得可持续发展，因此需要寻求其他的替代方案。在此背景下，依托文化素材，人发挥自身的创造力、想象力和表达力，形成新的且有用的东西，这种"创意转向"成为其中一种被广泛接受的方式[②]。创意转向也出现在了旅游产业领域：Richards最早于2000年提出了创意旅游（creative tourism）的概念，创意旅游从文化旅游延伸而来，并突出强调游客的参与和学习体验[③]；我国学者厉无畏等人认为，用创意产业的思维方式和发展模式重塑旅游产业体系（旅游资源、旅游产品、旅游产业链）即为创意旅游[④]。遗产旅游、文化旅游和创意旅游的特征见表2。

表2　遗产旅游、文化旅游和创意旅游的特征

旅游形式	主要时间关注点	主要文化关注点	主要消费形式
遗产旅游	过去	高雅文化、民俗文化	产品
文化旅游	过去和现在	高雅文化、流行文化	产品、过程
创意旅游	过去、现在和未来	高雅文化、流行文化和大众文化	体验

资料来源：根据Greg Richards, "Tourism and the World of Culture and Heritage," *Tourism Recreation Research* 25（2000）, pp. 9－17一文整理。

随着人类社会逐渐由现代社会走向后现代社会，旅游的内涵与形式也发生了巨大的变化：在现代社会中，旅游是一项特殊的活动，它在时空上与人们的日常生活节奏是不同的，人们常安排特殊的时间离开自己的常住

① 朱桃杏、陆林：《近10年文化旅游研究进展——〈Tourism Management〉、〈Annals of Tourism Research〉和〈旅游学刊〉研究评述》，《旅游学刊》2005年第6期，第82～88页。

② 赵玉宗、潘永涛、范英杰、孙艺惠、卢松：《创意转向与创意旅游》，《旅游学刊》2010年第3期，第69～76页。

③ Greg Richards, "Tourism and the World of Culture and Heritage," *Tourism Recreation Research* 25（2000）：9－17.

④ 厉无畏、王慧敏、孙洁：《创意旅游：旅游产业发展模式的革新》，《旅游科学》2007年第6期，第1～5页。

地前往旅游目的地，以寻求与日常体验不同的新奇感受；而在后现代社会中，旅游与日常活动不再被明显地区分开来，旅游体验更多地依托人们在日常活动中的主观感受而存在，家附近的购物中心即可提供某种个性化的体验，成为人们获取新奇体验的地方①。这种趋势使得文化和创意元素越来越多地与旅游结合，文化创意旅游成为当今旅游产业转型的重要问题。张舒宁等人总结文化创意旅游的特点包括：（1）文化创意旅游是旅游产业与文化创意产业融合的结果；（2）文化是前提和基础，文化创意旅游是从传统文化中演绎出来的；（3）创意是思维手段，文化创意旅游注重新想法、新科技、新形式；（4）旅游者更注重个性化的体验和情感共鸣。②

学者司马志将中国文化创意旅游发展分为了7种模式③，根据其总结的模式，我们可以更好地梳理国内进行的文化创意旅游实践。这包括：（1）文化创意资源转化模式，如云南等地结合地域文化推出的大型实景演出；（2）旅游商品的文化创意拓展，如故宫博物院深度挖掘故宫建筑、文物等背后的故事，推出故宫文创产品；（3）基于文化创意的旧区改造模式，比如北京将一军工厂改造为798艺术区，深圳将康佳集团老厂房改造为具有一站式体验功能的OCT华侨城创意园；（4）文化创意旅游的连锁经营，如华侨城集团开发了国内首个参与体验型主题公园——欢乐谷，并在全国6大城市连锁经营；（5）非物质文化遗产的保护性开发，如泉州非遗VR体验馆，利用VR的沉浸体验技术，游客可以身临其境地感受到泉州非遗的魅力④；（6）旅游品牌的文化创意推广，如古都西安通过“短视

① 潘秋玲、丁蕾：《后现代社会下的旅游新趋势》，《人文地理》2007年第5期，第24～28页。

② 张舒宁、李勇泉：《文化创意旅游：一个亟待学术关照的研究领域——基于2001～2017年文献回顾与探讨》，旅游论坛：http://kns.cnki.net.ezproxy.lib.szu.edu.cn/kcms/detail/45.1363.K.20180928.1539.004.html。

③ 司马志：《中国文化创意旅游发展的七大模式》，《上海经济》2015年第5期，第13～20页。

④ 颜珊影：《泉州非遗VR体验馆上线　随时随地体验非遗魅力》，中国日报网，http://www.chinadaily.com.cn/micro－reading/2017－11/17/content_34644557.htm，2017年11月17日。

频”这样的新潮方式在抖音平台上展示其文化旅游资源，吸引了众多游客；（7）文化创意旅游的资本市场运作，如上海迪士尼乐园为美国华特迪士尼公司和上海申迪集团共同投资的项目，美国华特迪士尼公司将主要负责园区的创意、开发和运营工作①。

三　湾区交通及文化创意产业发展

粤港澳大湾区自身拥有优良的条件。如庞大的消费市场，湾区人口达6600多万，消费市场达2万亿人民币；优秀的产业基础，经济总量达1万多亿美元，区内有完善的产业体系，包括金融业、高新科技、工业等②。粤港澳大湾区规划实施的落地，以及湾区内部城市间协同发展的内在需求，为文化创意旅游资源进一步整合提供了动力，其突出地体现在湾区交通环境的改善以及文化创意产业的内涵式发展，加速文化创意旅游产业要素的流动和优化配置上。

（一）不断完善的交通网络

旅游品质的高低在很大程度上取决于旅游交通的质量，这一论断在旅游产业转型升级时体现得更为明显③。从旅游需求的方面来看，完善的交通可以增强区域旅游的可进入性、降低旅游成本，使得旅游者的旅游意愿提高；从旅游供给的方面来看，交通条件与旅游经营成本密切相关，交通条件越好，人才、信息、资源等旅游要素越能集聚，从而使得旅游产品的组织更加便利④。

① 宋薇萍：《敲开上海迪斯尼大门　乐园背后的资本故事》，新华网，http：//www. xinhuanet. com//finance/2015 -09/25/c_ 128266913. htm，2015 年 9 月 25 日。

② 陈志豪：《做好大湾区城市群的“四通”》，文汇网，http：//paper. wenweipo. com/2017/05/19/PL1705190006. htm，2017 年 5 月 19 日。

③ 来逢波：《交通对旅游的影响及发展对策》，《铁道运输与经济》2006 年第 11 期，第 85 ~ 86 页。

④ 钱晓峰：《交通与旅游业发展关系的实证研究——以浙江为例》，硕士学位论文，浙江工商大学，2015，第 35 ~36 页。

粤港澳大湾区拥有发达的海陆空交通网，这将为文化创意旅游资源的融合提供良好的条件。在湾区内部，交通“主动脉”和“毛细血管”的组合方式重塑了粤港澳大湾区的时空格局，加强了湾区城市间的快速联系。港珠澳大桥和广深港高速铁路已相继落成，其中港珠澳大桥将港澳之间的陆路距离从3个多小时车程缩短到半个小时；另一条湾区“主动脉”深中通道计划于2024年建成通车，通道建成后将大幅节省通行时间①。城际轨道和城市轨道等“毛细血管”的完善，使得人们从广州、深圳等中心城市出发，2小时内可以抵达广东省内各市②；从香港出发，1.5小时内可到达近7成的大湾区城市，2.5小时内可以到达所有大湾区城市③。

从更大的范围来看，粤港澳大湾区在国际交通网络内也扮演着越来越重要的角色。首先，自“一带一路”实施以来，南广、贵广铁路的投入使用增强了珠三角地区与大西南地区的联系，与此同时，中央政府积极推动高铁网与南亚、东盟的“泛亚铁路”对接，使得珠三角与东南亚有更方便的联系，为珠三角发展打开了更为广阔的空间④。其次，香港、广州和深圳三大国际邮轮母港及穗深珠港澳五大国际机场的不断升级完善，使得航线数量增加，航班愈加密集，在水路和空运两个方面扩大了粤港澳大湾区的外延。

粤港澳大湾区交通条件的改善，不仅加强湾区内城市间的联系，也将加强湾区城市与国内、国际城市的联系，便利的城市网络关系将扩大粤港澳大湾区文化创意旅游的辐射人口，增加消费市场量级，湾区内业已形成的主题公园游等品牌效应将更加凸显。较高的交通效率也将加速旅游物资流、人才

① 《设施融通、创新融合、开放融入——粤港澳大湾区创新发展纪实》，新华网，http://www.xinhuanet.com/politics/2018-09/13/c_1123423068.htm，2018年9月13日。

② 马向明、陈洋：《粤港澳大湾区：新阶段与新挑战》，《热带地理》2017年第6期，第762~774页。

③ 陈志豪：《做好大湾区城市群的“四通”》，文汇网，http://paper.wenweipo.com/2017/05/19/PL1705190006.htm，2017年5月19日。

④ 马向明、陈洋：《粤港澳大湾区：新阶段与新挑战》，《热带地理》2017年第6期，第762~774页。

流、信息流、技术流等的流动，进一步促进文化创意旅游供给市场发展，湾区内部正在孕育的“文化+科技”“创意+科技”“文化+创意”旅游产品将加速成型推向市场。

（二）优势整合下的文化创意产业

2009年，文化部与国家旅游局联合发布了《关于促进文化与旅游结合发展的指导意见》，其中指出“文化是旅游的灵魂，旅游是文化的重要载体。加强文化和旅游的深度结合，有助于推进文化体制改革，加快文化产业发展，促进旅游产业转型升级，满足人民群众的消费需求”[①]。2016年，我国《“十三五”旅游业发展规划》提及产业体系的现代化是旅游业发展的必然趋势，文化创意对旅游业发展的推动作用日益增大，“促进旅游与文化融合发展，培育以文物保护单位、博物馆等为支撑的体验旅游、研学旅游和休闲旅游，扶持旅游与文化创意产品开发、数字文化产业相融合”[②]。由此可见，国家的战略部署方向是旅游产业与文化创意产业的互动融合进一步加快，产业融合往纵深方向进一步发展。

有学者的研究表明，目前“珠三角地区文化产业与旅游业融合发展度总体向好，呈逐年递增的态势，但不平衡、不协调、不同步问题也十分突出……珠三角地区文化产业和旅游业的综合发展水平和产业融合度均呈现‘两极分化’态势，中山、江门、肇庆的各项指标一直都位于珠三角地区末端，且与珠三角其他城市的发展差距扩大，城市间经济实力的差异是造成这一现象的主要原因”[③]。也有学者研究发现，区域间各自为政、体制性障碍

---

① 文化部、国家旅游局：《文化部 国家旅游局关于促进文化与旅游结合发展的指导意见》，中央政府门户网站，http：//www. gov. cn/zwgk/2009 -09/15/content_ 1418269. htm，2009年9月15日。

② 国务院：《国务院关于印发“十三五”旅游业发展规划的通知》，中央政府门户网站，http：//www. gov. cn/zhengce/content/2016 -12/26/content_ 5152993. htm，2016年12月26日。

③ 袁俊、高智：《珠三角地区文化产业与旅游业融合发展水平测度》，《资源开发与市场》2018年第1期，第108~112页。

等是珠三角区域旅游一体化深化合作的主要障碍[①]。由此可以看出，珠三角地区文化创意旅游资源整合存在的一个风险问题即为城市间各自为政。随着粤港澳大湾区的逐步建设，三地创新合作机制完善，三地间的文化创意产业也将走上优势互补、融合创新的道路。

粤港澳大湾区建设背景下文化创意产业将依托产业基础，形成优势互补的良好局面。一方面，从文化产业的增加值来看，以广州、深圳为核心的粤港澳大湾区广东 9 市，文化产业在国民经济中的贡献越来越大，且成为全国同行业领先区域；从文化产业集群来看，广州、深圳着力打造“创意之城”“设计之都”，其余城市集中发展娱乐演艺、印刷复制等区域优势产业，特色品牌效应逐渐凸显；从文化产业发展方式来看，文化与科技融合迅速发展，广东 9 市拥有腾讯、酷狗音乐、奥飞娱乐、华侨城、华强等重要的文化科技企业，智能穿戴、虚拟现实和增强现实等技术也崭露头角。另一方面，香港在影视制作等内容创意、高端人才和国际金融方面有较强优势；澳门在文化遗产保护、文化展演等方面具有优势。湾区城市间文化创意产业的优势互补将进一步丰富文化创意旅游的产品和体验。

大湾区建设背景下，多渠道的交流平台将有助于文化产业融合创新。比如 2017 年，大湾区流行文化系列活动启动，活动旨在以流行文化为重点，以湾区青年为主要目标人群，通过流行文化研究、交流、创作生产、展示和交易四大平台，共同推进湾区文化产业发展[②]。再如腾讯集团联合大疆、万科、雅昌等合作伙伴，从 2017 年开始举办“腾讯粤港澳湾区青年营”，旨在促进三地间青年交流和科技创新，为大湾区的建设培养后备人才[③]。

目前看来，大湾区文化创意旅游在旅游品牌和主题公园领域表现突出，已有长隆、华侨城等公司打造的主题公园，也有华强等主题公园运营商；游

---

① 张补宏、韩俊刚：《珠三角区域旅游一体化机制创新探析》，《地理与地理信息科学》2011 年第 6 期，第 96 ~ 100 页。

② 温颖然：《大湾区时代下的文化产业融合与创新》，《21 世纪经济报道》，2017 年 12 月 19 日，http：//epaper. 21jingji. com/html/2017 - 12/19/content_ 76807. htm。

③ 更多信息，可访问 http：//www. chinanews. com/cj/2017/08 - 09/8300693. shtml 及 http：//www. xinhuanet. com/gangao/2018 - 07/23/c_ 1123166441. htm。

艺游戏设备生产和演艺设备制造产值占全国4/5[①]，拥有环球数码、天际云等优秀的数字技术视觉创意创新提供商。随着粤港澳大湾区文化创意产业的优势整合，将提供更多的创意内容供给、技术供给和发展市场能力的供给，这正是文化创意旅游发展所需要的。

粤港澳大湾区的建设，其内在要求是区域间的协同发展和资源整合。本文通过梳理“粤港澳大湾区”发展规划从酝酿到雏形再到落地的发展历程，以及文化创意旅游的概念演变和功能发展，认为随着粤港澳大湾区规划建设的进一步落实，其交通等基础设施的完善以及文化创意产业的优势整合，粤港澳大湾区的文化创意旅游资源将得到更优化的整合和配置，文化创意旅游在设计和创造市场方面的重要性将凸显。文化创意旅游的发展也将为粤港澳大湾区的建设带来综合效应，帮助粤港澳大湾区内部的城市突出自身发展的亮点，缓解湾区内部的不平衡现状，深化湾区协同发展。

参考文献

卢文彬：《湾区经济：探索与实践》，社会科学文献出版社，2018。

李丹舟、李凤亮：《英国城市再生的文化经验及对中国的启示》，《学习与实践》2017年第7期，第116～125页。

王克岭、刘佳、张扬榻：《文化旅游产业链治理模式研究》，《企业经济》2012年第12期，第124～127页。

于悠悠：《新时代的美好生活与文化使命——第十五届中国文化产业新年论坛学术综述》，《福建论坛》（人文社会科学版）2018年第4期，第58～63页。

汪阳红、贾若祥：《我国城市群发展思路研究——基于三大关系视角》，《经济学动态》2014年第2期，第74～83页。

侯兵、黄震方、徐海军：《文化旅游的空间形态研究——基于文化空间的综述与启示》，《旅游学刊》2011年第3期，第70～77页。

① 黄宙辉：《广东文化产业增加值破4000亿元》，新华网，2017年9月25日，http：//m. xinhuanet. com/gd/2017－09/25/c_ 1121716573. htm。

穆雪茗、白长虹、李春晓、陈晔：《欧盟经验下的京津冀旅游一体化利益协调问题研究》，《区域发展》2015 年第 6 期，第 80、92 ~95 页。

附表　当前粤港澳大湾区城市代表性旅游资源介绍

城市	代表性旅游资源	旅游产品类型
香港	迪士尼、海洋公园、太平山顶、“三馆一港”*	主题公园、文体艺术、都市景观
澳门	大三巴牌坊、新葡京	都市景观、博彩娱乐
广州	广州长隆野生动物世界、红专厂、沙面	主题公园、历史文化旅游
深圳	世界之窗、锦绣中华、华侨城	主题公园、海滨度假
珠海	情侣路、石景山公园、农科奇观、横琴岛	休闲度假
佛山	岭南新天地、东华里、1506 创意城、梁园、醒狮	历史文化旅游
江门	长堤风貌街、小鸟天堂、陈皮村	历史文化旅游
东莞	下坝坊、“卖身节”（泼水节）、甜蜜蜜山庄	历史文化旅游
中山	孙中山故居、中山影视城、岐江景区	休闲文化旅游
惠州	巽寮湾、罗浮山、平海古城	生态旅游
肇庆	七星岩、包公祠、阅江楼	生态旅游

* “三馆一港”指香港太空馆、香港历史博物馆、香港科技馆和维多利亚港。

资料来源：本表格根据马蜂窝网站上的旅游信息及郭璇瑄《粤港澳大湾区旅游经济发展路径》，《税务与经济》2018 年第 2 期，第 19 ~25 页一文整理。

B.8 粤港澳大湾区历史文化资源的分布与创新发展报告

——以原新安县佛寺（庵）、道观及民间信仰场所为例

谢 健*

摘 要： 粤港澳大湾区具有丰富的历史文化资源。从历史文献来看，原新安县的佛堂、寺、庵多分布于城中山麓以及城外，远离尘嚣；道观、庙宇多分布于繁华热闹的城中街道以及海岸线上。在当下的城市文化建设中，可以此为基础，发展禅修小镇以及都市民俗表演等文化产业形态。

关键词： 大湾区 历史文化 空间 再生

粤港澳大湾区具有丰富的历史文化资源，并以古典民居、古城、古村落、宗祠、寺庙、教堂等物质形式以及民俗、节庆等非物质文化形式广泛分布于珠江三角洲以及港澳地区的都市与村落空间中。随着城镇化建设的逐步推进，越来越多原本远离都市的乡村被纳入城市的版图，原本为传统村落所保存的历史文化资源如何在都市化的处境下重新焕发生命力，是当下城镇化建设中面临的现实问题。

20 世纪 80 年代，Cnater 和 wheatley 曾注意城乡边缘带的综合性，认为

* 谢健，哈尔滨工业大学（深圳）人文与社会科学学院助理教授，研究方向为区域文化。

应在都市形态学以外，从更多的层面研究城乡边缘带的演变①。较早针对都市村落区域提出的文化思考来源于法国文学家罗兰·巴特（Roland Barthes）关于“作者已死”的理论。② 该理论认为，作品的意义来源于读者而非作者，读者对作品的注解远比作者自身的阐释更具意义，且更能影响社会未来的消费行为。巴特的理念在1984年由哲学家Certeau所继承，并用于“在地感”的阐释当中去。Certeau认为地方带给人们的意义感并非与生俱来，而是来源于生活其中的人对这一地方空间的再使用（re-appropriation），也就是空间的消费行为。③ 这一理论为城市建筑规划界所认同，空间的文化价值并不能被固化为特定文本，它是多元化并且一直处于改变之中的。

在国外学者着眼于理论思考的同时，国内学者更多地将眼光投入当下的都市村落历史文化资源的建设问题之中。有学者认为，城中村作为兼具乡土社会与法理社会性质的混合性区域，应当以空间文化形态改造为突破口，在改造中逐步解决社区转型和城乡文化融合问题④，在社会融合视角下就城中村文化建设模式展开探索⑤，已然达成国内学界的共识。

概而言之，都市村落具有丰富的历史文化资源，具有独立的空间文化意义，这种意义是由活跃其中的各类人群所赋予的。然而都市村落的历史文化创新发展也是复杂的问题，如何在权衡各利益方博弈的前提下，最大限度保存原有的村落的社会文化肌理，并将其转化为都市文化的构成部分，让其与都市现代文化异质共生、相得益彰，非常值得学界深思。本文将结合元明清时期新安县（辖地包括今天的深圳、东莞及香港区域）的佛寺、道观及民间信仰场所空间分布情况以及相关都市文化演进理论来探讨这个问题。

---

① 袁燕：《关于城中村问题的国内外研究现状》，《卷宗》2016年第6期，第1011页。

② Roland Barthes, *Image*, *music*, *text* (London: Fotana, 1977).

③ Michel De Certeau, *The practice of everyday life*, trans. by Rendall, Steven F (Berkeley: University of California Press, 1984).

④ 窦殿毅：《城中村改造过程中的社区转型与城乡文化融合问题研究》，《住宅产业》2016年第1期，第68~72页。

⑤ 于卓扬、李敏：《社会融合视角下城中村文化建设模式探索》，《重庆城市管理职业学院学报》2016年第4期，第23~26页。

一　元明清新安县佛寺（庵）、道观及民间信仰场所空间分布

在现存的古文献资料中，康熙二十七年（1688）靳文谟所修之《新安县志》、嘉庆二十四年（1819）舒懋官与王崇熙所修之《新安县志》以及近年新编修的《宝安县志》是较全面记录宝安县（深圳、东莞、香港从前皆为新安县辖地，1914 年后更名宝安县）坛庙、胜迹的主要文献。本节重点整理上述三种文献中所提及的主要佛寺、道观及民间信仰场所的分布情况。

（一）元明清新安县的佛寺、佛庵空间分布

原新安县的辖地拥有丰富的佛教文化资源，元明清三朝载于文献的佛寺、佛庵将近数十所。从地理空间分布来看，这些佛寺、佛庵主要位于现今深圳市境内，多星罗棋布地分布在新安县境内的山麓、山岭以及新安县城门外区域等地方，远离尘嚣。值得注意的是，元初与明初，新安县当地的佛教建筑以寺院为主，当时修建寺院仅两座，即凤凰庙与东山寺，至今仍是声名远播的大寺。然而从顺治十八年（1661）重修的永寿庵开始，佛寺、佛庵的数量迅速增多：康熙年间新修的佛寺、佛庵就有六座；乾隆、嘉庆年间新修的佛庵达到了十余座。始建于清嘉庆年间的福永凤凰村文塔见图 1。

顺治、康熙年间，佛庵多由僧人修建。顺治十八年（1661）重修的永寿庵，“僧雪浦募化，里人郑文科重修”；康熙十一年（1672）建成的神溪庵，为“僧六湛化建”；康熙十六年（1677）建成的甘溪庵，“创于僧阒堂”①；西源庵建于康熙十九年（1680），“创于僧觉度”②。这些由僧人创建的佛庵，规模不大，但环境清幽，是修行佳处。如甘溪庵，“周数亩，环以

① 《宝安文史丛书》编纂委员会编《嘉庆新安县志校注》，中国大百科全书出版社，2006，第 643 页。

② 《宝安文史丛书》编纂委员会编《嘉庆新安县志校注》，中国大百科全书出版社，2006，第 643 页。

图 1　始建于清嘉庆年间的福永凤凰村文塔

图片来源：笔者摄于 2019 年 2 月 15 日。

竹木，内莳花果”，然而“虽堂止数楹，而高厂轩朗，气象爽豁；前对梧桐，青碧如画。阒堂又号‘破有’，以诗称，好游，尝曰：‘足不遍名山，负此生矣！’庵成数年，旋授其徒主持，杖锡渡岭而北，有见之于长安者，或曰‘西入秦’云”①。西源庵“数亩许”，但“树林葱郁，颇有山林胜概；而前逼海滨，万里澎湃，岛屿拱峙，鸥鸟回翔，风雨晦明，皆成奇观。右有亭，翼然屹立”②，山海呼应，风光旖旎。建于康熙三十七年（1698）的观瀛庵，位于新安县城东门外，其内部建筑“中为佛殿，前为山门；又前凿方池，

① 《宝安文史丛书》编纂委员会编《嘉庆新安县志校注》，中国大百科全书出版社，2006，第 643 页。

② 《宝安文史丛书》编纂委员会编《嘉庆新安县志校注》，中国大百科全书出版社，2006，第 642 页。

储水植荷；左、右列僧房数所，东为客厅，后筑菜园”，规模不大，但“丛木森秀，尘氛俱远”[①]。这一时期的新安县，因其独有的自然风光，为宗教人士所青睐，纷纷云游至此修行。新安县亦由此成为个体清修、协理身心之胜地。

至乾隆、嘉庆年间，新建之庵堂、佛寺达十余所，数量大为增加，然清幽的环境与僧人的加持仍是这一时期新安佛教建筑的突出特征。如嘉庆年间于赤湾修建的竹林寺，“僧淡然建”；正觉庵，位于在潭头、雾岗之间，是“境颇幽静，亦禅林之胜地也”；祥溪庵，“门外江流环绕，林树十二年翳”[②]。乾嘉时期，以乡人为代表的地方民众建寺庵热情颇高，并为寺庵援引种种美丽传说，亦是该时期新安县兴建佛教建筑的一大特色。如位于东坑的宝月庵，即为“里人邓熙挺建，僧古鉴主持”[③]，是僧俗共建之典范；海光寺的兴建，在当地传说中就是因为“相传南汉时，有铁佛在海中，夜有光，因祀之于寺，故以为名”[④]；慈云寺的兴建，是因其“内有石洞，洞中有石，如神像。旧传此石偶于一夕飞来，乡人由是建慈云阁于其上，至今祷祀，多灵异云”[⑤]。这些传说的构建、援引，让新安县的清修文化传统更丰富、立体。元明清宝安县主要佛寺（庵）空间分布演变见表1。

表1　元明清宝安县主要佛寺（庵）空间分布演变

名称	地点	兴建年代	备注
凤凰庙	福永	元初	清同治甲戌《凤凰岩古庙重修》序：原观音庙者，元初时，我三世应麟公所建也[①]

① 《宝安文史丛书》编纂委员会编《嘉庆新安县志校注》，中国大百科全书出版社，2006，第643页。

② 《宝安文史丛书》编纂委员会编《嘉庆新安县志校注》，中国大百科全书出版社，2006，第643页。

③ 《宝安文史丛书》编纂委员会编《嘉庆新安县志校注》，中国大百科全书出版社，2006，第643页。

④ 《宝安文史丛书》编纂委员会编《嘉庆新安县志校注》，中国大百科全书出版社，2006，第642页。

⑤ 《宝安文史丛书》编纂委员会编《嘉庆新安县志校注》，中国大百科全书出版社，2006，第643页。

续表

名称	地点	兴建年代	备注
东山寺	大鹏所东门外山岭	明洪武二十八年(1395)	“中为观音堂,左上帝殿,右文昌阁,前三宝殿。”②
丰庵	长圳村	明万历丙辰年间(1616)③	
永寿庵	旧新安县城外天后庙旁	顺治十八年(1661)重修	
神溪庵	清湖村前	康熙十一年(1672)	
香林庵	油榨头	康熙十二年(1673)	
甘溪庵	南头崇镇铺	康熙十六年(1677)	
西源庵	旧新安县城西门	康熙十九年(1680)	
观瀛庵	旧新安县城东门外	康熙三十七年(1698)	
潮音庵	旧新安县城西门	康熙四十年(1701)	
白云庵	大浦村后	乾隆十六年(1751)	
慧善庵	杯渡山瑞应岩	清嘉庆年间已毁	
海光寺	旧新安县南门外	清乾隆、嘉庆年间	
云溪寺	旧新安县归德场参里山麓	清乾隆、嘉庆年间	“嗣改‘万寿寺’,今复改为‘云溪寺’。”④
灵渡寺	旧新安县灵渡山	清乾隆、嘉庆年间	
杯渡庵	杯渡山瑞应岩	清乾隆、嘉庆年间	
福如庵	旧新安县城内	清乾隆、嘉庆年间	嘉庆年间改名为“观音阁”⑤
祇园庵	羊台山下	清乾隆、嘉庆年间	
福缘禅院	旧新安县六都福田村后	清乾隆、嘉庆年间	
慈云寺	新桥尖峰顶山	清乾隆、嘉庆年间	
慈石古寺(乌石岩庙)	石岩	清嘉庆年间	
石岩古寺	大鹏观音山	清嘉庆年间	
宝月庵	东坑	清嘉庆年间	
祥溪庵	燕川村侧	清嘉庆年间	
竹林寺	赤湾庙左	清嘉庆年间	
正觉庵	潭头、雾岗之间	清嘉庆年间	
观音院	南山		
观音庙	大帽山		
佛化大圣庙	梧桐山		

①宝安县地方志编纂委员会:《宝安县志》,广东人民出版社,1997,第776页。

②《宝安文史丛书》编纂委员会编《嘉庆新安县志校注》,第643页。

③宝安县地方志编纂委员会:《宝安县志》,第776页。

④《宝安文史丛书》编纂委员会编《嘉庆新安县志校注》,第642页。

⑤《宝安文史丛书》编纂委员会编《嘉庆新安县志校注》,第643页。

（二）明清新安县的道教及地方信仰主要祭祀场所空间分布

从现有文献来看，新安县的道教及地方信仰祭祀场所见诸文字记载的历史始于明永乐年间官方修建的赤湾天妃庙。总体而言，明清时期的新安县道教及地方信仰主要祭祀场所空间分布呈现出以下特征。元明清新安县道教及地方信仰主要祭祀场所空间演变见表2。

1. 具有显著的祭祀文化区域

以赤湾天妃庙为中心的天后文化祭祀圈是新安县至今仍保存完好的祭祀文化区域。据康熙版《新安县志》所记，赤湾天妃本姓林，“世居蒲阳湄洲屿，生宋元祐间；或云生宋建隆元年三月二十三日，在莆田县贤良港；未知孰是”，是一名生长在福建海岛的渔家少女。其灵应事迹发生于宋宣和年间。当时“给事中高允迪出使高丽，中流震风，八舟七溺，独公舟神降于樯，获济”[①]。自此之后，天妃屡屡显灵，“明洪武元年，立庙于五羊驿之东，敕加赐额，有司春秋与南海神同致祭，至今海上累应”[②]，完成了从人鬼向正统神明的转变。赤湾港是中国通往东南亚的重要门户，“三佛齐者，诸国海道往来之要冲也。三佛齐之来中国也……欲人广州者，入至屯门（即赤湾）”[③]。赤湾是海上要塞，且有东莞守御千户官兵防守，往来使节、王公大臣途经此处时均作致祭，以示对天后福佑平安的感恩之意。永乐初，中贵张公源使暹罗国，“先祀天妃得吉兆，然后辞沙。天妃旧有庙，公复建庙宇于旧庙东南，岁久岿然尚存”[④]。“辞沙”是一种祈求海神庇佑，免遭触礁的祭祀仪式。现时赤湾天妃诞在政府的支持下，每年仍举行大型“辞沙”祭典，纸扎太牢、纸船、鬼王等仪式物品均极具观赏性，已然成为一道亮丽的都市风景线。

---

① 《宝安文史丛书》编纂委员会编《康熙新安县志校注》，中国大百科全书出版社，2006，第166页。

② 《宝安文史丛书》编纂委员会编《康熙新安县志校注》，中国大百科全书出版社，2006，第166页。

③ （宋）周去非：《岭外代答·航海外夷》卷三，屠友祥校注，上海远东出版社，1999，第70页。

④ 《宝安文史丛书》编纂委员会编《嘉庆新安县志校注》，第826页。

2. 道教及民间信仰祭祀场所集中分布于城内繁华热闹的县治、街道、圩镇之中

建于明万历年间（1573～1620）的四侯祠位于新安县三都云林圩附近，关帝庙位于新安县治（南头）东北隅；乾隆五年（1740）重修的五显庙位于五通、迎恩二街；乾隆四十二年（1777）重修之报德祠，祀天后，位于旧新安县治（南头）聚秀街；乾隆四十九年（1784）重修之康王庙，位于旧新安县城西永盈街；清嘉庆年间的王巡抚祠，“祀国朝广东巡抚王来任”①，在西乡、沙头圩、石湖圩均享祀奉。相比于佛寺、佛庵远离尘嚣，新安县道教及民间信仰祭祀场所显得烟火气息更浓。

3. 乡绅、官员成为兴建主体

如明万历年间（1573～1620）兴建的四侯祠和黄孝子祠，分别由“绅衿潘甲第等”“潘甲第、汪桂等”② 建。报德祠虽祀天后，然而“凡知县有功德于民者，其禄位牌悉祀于此”③，也使得官府营造道教及民间祭祀场所的积极性大为提高。至于清嘉庆四年（1799）于宝安书院旧址兴建的水仙庙，则完全是在官方主导下让潮汕的神灵移居新安的典型例子。水仙庙所祀之神，生前原是潮州人，“总角能知雨阳之侯，殁而乡人立祠以祀。祷雨辄应。乾隆丙午、丁未，广郡大旱，总督孙士毅自潮迎至广，奉祀于越秀三元宫，知县李大根复迎居观音阁以祷雨，果应如响”④。

表2　元明清新安县道教及地方信仰主要祭祀场所空间演变

名称	地点	兴建年代	备注
天妃庙	赤湾	明永乐年间(1403～1424)	“赤湾神，自明永乐年建。”
城隍庙	旧新安县城西门内	明万历元年(1573)	“明万历元年，知县吴大训建。”①
汪刘二公祠	旧新安县南门外	明万历元年(1573)	“明万历元年，知县吴大训、耆民吴祚等建。祠内有田租、铺租、艇租供应。”②

① 《宝安文史丛书》编纂委员会编《嘉庆新安县志校注》，第369页。
② 《宝安文史丛书》编纂委员会编《康熙新安县志校注》，第167页。
③ 《宝安文史丛书》编纂委员会编《嘉庆新安县志校注》，第369页。
④ 《宝安文史丛书》编纂委员会编《嘉庆新安县志校注》，第369页。

续表

名称	地点	兴建年代	备注
黄孝子祠	旧新安县三都大钟山下	明万历元年(1573)	
四侯祠	旧新安县三都云林圩侧	明万历年间(1573~1620)	
关帝庙	新安县治(南头)东北隅	明万历年间(1573~1620)	
北帝庙(见图2)	西乡河西	清康熙年间(1662~1722)	庙内《重修北帝古庙立碑》碑文曰:"真武玄天上帝庙建于我朝康熙……"③
五显庙	五通、迎恩二街	乾隆五年(1740)重修	
北帝庙	旧新安县城东显宁街	乾隆二十二年(1757)重修	
报德祠	旧新安县治(南头)聚秀街	乾隆四十二年(1777)重修	
康王庙	旧新安县城西永盈街	乾隆四十九年(1784)重修	
三官堂	旧新安县城西门内	清乾隆年间(1736~1795)	"前座为三官堂、后座为佛堂,僧六湛主持。乾隆三十七年,知县杨士玑重修。"④
元坛庙	旧新安县城南门外	清乾隆、嘉庆年间	
车元帅庙	甜水坑	清乾隆、嘉庆年间(1736~1820)	
沙岗古庙	沙岗海岸边	清乾隆、嘉庆年间(1736~1820)	"庙前旧置有饷渡⑤"⑥
沙河古庙	沙河	清乾隆、嘉庆年间(1736~1820)	"岁旱祷雨,必应。"⑦
水仙庙	旧新安县东门,宝安书院旧址	清嘉庆四年(1799)	
王巡抚祠	西乡/沙头圩/石湖圩	清嘉庆年间(1796~1820)	
三界庙	旧新安城南门外	清嘉庆年间(1796~1820)	
车公庙	沥源村(今福田区)		

①《宝安文史丛书》编纂委员会编《康熙新安县志校注》,第166页。

②《宝安文史丛书》编纂委员会编《康熙新安县志校注》,第167页。

③宝安县地方志编纂委员会:《宝安县志》,第777页。

④《宝安文史丛书》编纂委员会编《嘉庆新安县志校注》,第643页。

⑤使用小轮拖带的渡船,每年须向广东海防善后局缴纳"轮拖渡饷",航商即可有条件地合法经营某条航线内河轮运,缴纳过"渡饷"的渡船也因此被称为"轮拖饷渡"。易源:《史志上的梧州航运》,《梧州日报》2014年5月3日,岁月版。

⑥《宝安文史丛书》编纂委员会编《嘉庆新安县志校注》,第369页。

⑦《宝安文史丛书》编纂委员会编《嘉庆新安县志校注》,第369页。

图2　始建于清代的深圳宝安西乡流塘北帝庙

图片来源：笔者摄于2019年2月15日。

概而言之，明清时的新安县中，佛教寺院、庵堂多分布于县城之外，远离尘嚣，多为僧人依山而建，环境清幽，是协理身心的胜地；道教及民间祭祀场所则恰好相反，多位于县城内繁华热闹的县治、街市及绮丽的滨海空间，为民众与官员筹建。佛教与道教相互辉映，共同构筑了元明清新安县都市文化的精神内涵和景观表象。

从现时城市空间布局来看，曾作为新安县文化中心的深圳市，文化资源的分布格局发生了一定程度的变化。一方面，城区内保留了大量羊台山公园、东部华侨城等以休闲休憩为主题的公园、游乐园，其得以在城区内大量分布；另一方面，深圳市城中的各种道教神诞仍在如期举行，且近年来在国家与地方政府的共同扶持下，深圳成功申报了麒麟舞等非物质文化遗产。但是如何基于元明清时期丰富的历史文化资源和文化传统，将现时作为大湾区核心城市的深圳打造为更富体验性、大众性的文化空间，促使都市历史文化资源的创新性再生，是值得思考的问题。

二　大湾区视域下都市历史文化资源创新利用的思考

（一）日常修行与都市精神生活形塑

作为元明清时期新安县宗教文化聚集地的深圳，在发展营造禅意悠闲的生态之都方面，有着得天独厚的自然优势与历史传统，或可作为未来都市发展的方向之一。

在都市中，修行已然成为一种流行的、被淡化宗教色彩的自我协理身心的日常生活方式。近年来，全国各地纷纷打造禅修小镇，亦可见对人们养身修心的关怀，已然成为都市文化建设的重要考虑元素。无锡灵台的拈花湾小镇、河南信阳灵山禅养古镇、江苏宜兴西渚禅居小镇、重庆金佛山天星小镇等都是富有代表性的开发个案。现以生态环境、人文环境与新安县县境较为接近之无锡拈花湾小镇与江西西渚禅居小镇为例，分析其在营造禅修小镇时之得失利弊。

无锡拈花湾小镇有“中国最具禅意美”小镇之称。该项目位于无锡太湖边灵山大佛旁，名称取自“佛祖拈花，迦叶微笑”的典故，其地块形状亦类似五叶莲花，隐喻禅宗传法时“一花开五叶”的历史，于2015 年 11 月建成。拈花湾小镇的规划可概括为“五谷一街一堂”，分别为鹿鸣谷、禅心谷、银杏谷、竹溪谷、云门谷和香月花街以及胥山大禅堂。

拈花湾小镇注重造景。鹿鸣谷的主要功能在于展示富有禅意的自然生态，旨在通过林木、溪水、湖泊、栅栏、舟楫等元素的配搭，在无遮挡的大型空间中造出“野渡无人舟自横”的大景观。在禅宿的安排上，亦匠心独运。每座客栈皆以一个禅门典故命名，且有抄经、禅修、焚香等主题体验。

拈花湾小镇尤其擅长借助科技手段造景。夜幕降临时，拈花湾入口处的拈花湖即投放大扇面的水幕电影，营造出巨大的灯影效果，与湖面的荷花灯及远近的柔和灯光相互辉映。五灯湖上以高科技手段投影出以“禅行”为主题的灯光秀，极富禅意。

拈花湾小镇无疑是近年来最成功的禅修主题文化项目之一，然而它也存在一些欠缺，值得当下的都市文化工作者注意。其一，对禅文化的提炼过于极致。拈花湾的香月花街除了食肆，一律只准经营与禅文化相关的业务，如茶道、花艺、佛教用品等。这种单一极致的文化形态塑造具有一定的排他性，与中国人“海纳百川”“求同存异”的开放式文化心态是不相融的。其二，“体验式”景观深度仍然不足。从历史上禅宗的修行方式来看，禅法往往是从粗陋的日常苦役中磨砺获得，精致的宫室反而容易让人滋生攀缘之心。所谓佛门精舍，乃是指内心的精进勇猛，非指外部环境的精致华丽。游客在精心布置的禅境中对禅文化有初步体验后，往往缺乏进一步留驻于此修身养性的动力。故如何增加修行文化产业的内涵，拓深旅行文化的深度，仍是我们在活化宗教文化资源和形塑都市精神文化时的思考重心。

（二）民俗仪式表演与都市景观营造

关于传统乡土祭祀向城市文艺的转化，日本著名学者田仲一成曾指出，只有具有市场祭祀性质的同乡联欢文艺才能对脱祭祀化的评弹、会馆剧场等城市文艺形式形成强势的流动。[①] 带有民俗性质的仪式表演若要演进为适应都市环境的文艺景观，高参与度和高市场化是必要条件。

带有乡村祭祀色彩的“中元抢孤”活动在香港得到广泛的社会认同，并成为当地都市文艺的构成部分，这与其市场化的转型是密不可分的。“中元抢孤”是潮汕族群在农历七月的盂兰盆祭祀的重要环节。盂兰盆节，又

---

① 〔日〕田仲一成：《论乡村祭祀演进为城市文艺的机制》，李莉薇译，《文化遗产》2010 年第 3 期，第 1～13 页。

称为中元节，民间多于农历七月十四或十五进行。盂兰盆节缘起于西晋的竺法护翻译之《佛说盂兰盆经》。从经文内容来看，盂兰盆节的形成与佛陀大弟子目犍连尊者下地狱救母的故事密切相关。在盂兰盆节祭仪完成后，潮汕人多会将拜祭后的祭品散发给穷人或任人抢夺，作赈灾慈善之用，称之为“抢孤”。

在潮汕地区，抢孤是当地规模极大的民众活动，数百人“抢孤”的情况时有发生。2011 年，香港潮人盂兰盆胜会成功申报为国家级非物质文化遗产。为更好地推广盂兰盆文化，“中元抢孤”也演变成了一项大众化的体育竞技活动。在每年一度的盂兰盆文化节上，工作人员站在数米高的“孤棚”上，将盛有大米的“福米包”向下投掷，供参赛队伍用竹篾做的容器“孤承”抢载，在规定时间内以抢载数量最多的队伍为获胜者。根据主办方的介绍，2018 年的盂兰盆文化节上，共有 54 支队伍参加“抢孤”竞赛，当中不乏海外参赛队伍。“抢孤”正由一项族群性、地域性极浓的农村祭祀仪式演变成一项获得广泛社会认同的都市文化活动。

台湾中部的宜兰地区，每年均把中元节时期的“头城抢孤”竞技性比赛打造成吸引游客前往观光的文化节目。“头城抢孤”的孤棚由三部分构成：

> 下段先由十二根合抱粗大，高约十丈的杉木为支柱，柱顶在筑个名为“倒塌棚”的平台，其平台是为了增加抢孤者上棚之难度而建，倒塌棚上再竖立十三座状如金字塔的竹编孤栈，高约四十三台尺左右，孤栈周围将系绑鸡、鸭、猪肉、肉粽、鱿鱼、米粉、虾、红蟳等祭品，最后孤栈顶端有其大小各式的金牌和一面“顺风旗”，据说此旗若竖立于船头，将可庇佑渔船一帆风顺，满载盈舱。①

孤棚庄严、巨大，并在十二支孤柱上涂抹牛油，抢孤者在比赛中可体会普度众生之辛劳。且在竞赛表演过程中，主办方穿插了台湾本地艺人表演团

① 佚名：《2017 头城抢孤 · 舞台》，《兰阳资讯网》，http：//j7. lanyangnet. com. tw/tcclimb/。

队和兰阳剧团的表演，增加了活动的趣味性和观赏性。台湾宜兰的“头城抢孤”活动既是都市观光项目，又颇具传统文化内涵，是都市民俗仪式展演的成功案例。

结 语

粤港澳大湾区具有丰富的历史文化资源，并以古典民居、古城、古村落、宗祠、寺庙、教堂等物质形式以及民俗、节庆等非物质文化形式广泛分布于珠江三角洲以及港澳地区的都市与村落中。这些文化资源经过历史积淀，对当下的城市文化建设仍具有积极意义。

以原新安县中的佛寺、庵堂、道观及民间信仰庙宇为例，佛寺、庵堂主要分布于新安县的山麓之中以及县城外远离尘嚣之地；道观、民间庙宇则多分布于繁华热闹的街市以及海岸边。这种空间分布有利于在当下的城市文化建设中发展出禅修小镇、民俗表演相结合的“静－动”“山－海”文化产业格局，实现历史文化资源的创新性再生，形塑湾区都市精神文化与文化景观。

参考文献

袁燕：《关于城中村问题的国内外研究现状》，《卷宗》2016 年第 6 期。

Barthes, Roland. *Image*, *music*, *text*. London: Fotana, 1977.

De Certeau, Michel, *The practice of everyday life*, trans. by Rendall, Steven F (Berkeley: University of California Press, 1984).

窦殿毅：《城中村改造过程中的社区转型与城乡文化融合问题研究》，《住宅产业》2016 年第 1 期。

于卓扬、李敏：《社会融合视角下城中村文化建设模式探索》，《重庆城市管理职业学院学报》2016 年第 4 期。

《宝安文史丛书》编纂委员会编《嘉庆新安县志校注》，中国大百科全书出版社，2006，第 643 页。

宝安县地方志编纂委员会：《宝安县志》，广东人民出版社，1997。

《宝安文史丛书》编纂委员会编《康熙新安县志校注》，中国大百科全书出版社，2006。

（宋）周去非：《岭外代答》，屠友祥校注，上海远东出版社，1999。

〔日〕田仲一成著：《论乡村祭祀演进为城市文艺的机制》，李莉薇译，《文化遗产》2010 年第 3 期，第 1 ~ 13 页。

佚名：《2017 头城抢孤 · 舞台》，《兰阳资讯网》，http：//j7. lanyangnet. com. tw/tcclimb/。

理论前沿篇

Theoretical Frontiers Reports

B.9
艺术文化消费者的新定义与新特征的研究

弗朗索瓦·科尔伯特 著　李竞爽 译*

摘　要：　艺术和文化所产生的产品可以定义为体验产品，消费者在参观博物馆或观看戏剧表演时，本质上是在生活和体验。教育程度更高的人会寻找复杂而有意义的体验。而任何建立在艺术和文化或遗产基础上的旅游目的地都必须面对两种不同的游客群体，受过良好教育的和教育程度较低的。

关键词：　品牌　消费体验　体验　目的地市场

* 弗朗索瓦·科尔伯特（Francois Colbert），联合国教科文组织文化管理组主席，卡梅尔与雷米马尔库（Carmelle and Rémi-Marcoux）艺术管理研究中心主任，蒙特利尔高等商学院（HEC Montréal）国际艺术管理系主任；李竞爽，中国艺术研究院公共文化政策研究中心助理研究员，研究方向为公共文化政策及文化旅游。

与任何市场一样，文化可以被划分为很多形式。所谓的整体大市场是不存在的。根据对艺术文化的品位和偏好将消费者分成了不同的目标群体。在供应方面，文化领域是不同类别参与者争夺市场份额的地方。

一 大众文化与高雅文化

历史上，艺术文化市场一直有一个基本界限，该界限将大众艺术和高雅艺术区分开来。受教育程度较低的人更喜欢流行文化（即大众文化），而受教育程度较高的人和富裕阶层则对流行艺术形式嗤之以鼻，有教养的艺术（即高雅文化）才是他们眼中的瑰宝。

这一分类表明，热爱古典音乐和艺术博物馆的高等教育人群（大学本科教育程度以上）与喜欢流行文化的低等教育人群之间存在对立。这种对立存在于所有国家，尤其是工业化国家，统计数据显示这种界限至少在20世纪50年代就存在了。然而当高雅艺术的受众是社会小众群体的事实愈加凸显时，这些界限就更加明显了。在那个时代，上大学是有钱人的特权。然而随着中产阶级受教育程度的提高，对高雅艺术的需求量也大大增加。因此特权阶级不得不寻找另一种方式来显示他们的不同，以便将自己与大众区分开来。我们所说的“杂食”正成为其标新立异的方式。杂食被理解为大量消费不同种类艺术的能力，无论是高雅艺术还是低俗艺术。杂食也是一种寻找真实感的行为，它能让人展现出区分平淡无奇与枯燥无味的能力。对真实性的追求可以被视为高等教育人群的最高目标。

关于真实性的理解我们可以在文献中找到很多种说法，通常可以分为四类。

（1）指向性真实，艺术品是由既定的艺术家创作的（而不是由其他人模仿）；

（2）形象性真实，艺术品符合预期的特征或技巧；

（3）指向性真实，艺术品是不是真正的“原作”；

（4）艺术家的真实，艺术家被认为是忠于艺术本身，忠实真实的自我，而不是别人的理想①。

建造于过去的历史遗迹被认为是真实的，无论时间远近。因为它们能揭示历史，能引发对另一个时代的珍爱与怀念，并因能激起敬畏感等效应而富有吸引力。由此看来，人们访问遗迹的原因可能很复杂，但可以借此细分市场。

一般来说，要吸引内地或海外游客，目的地必须牢记区分这两大文化（大众或高雅）群体的关注点，并挖掘遗产地或文物本身的真实性，有目标地投放市场。“真实”的东西通常比仿造或复制品更加具有吸引力。考虑到部分国际旅行者的受教育程度和富裕程度都高于平均水平，因此这一概念非常重要。当然，也不能忽视低收入、低教育群体的存在，他们往往跟随旅行社体验低价旅游。

二　品位与偏好

一个人的品位和偏好通常是在童年时期形成的，即使艺术文化方面也是如此。例如，古典音乐的吸引力源于家庭价值观。重视高雅艺术的家庭可能会把这种价值观传给他们的孩子，反之那些在生活中不重视这类艺术的家庭的孩子就没有这方面的爱好。但是在这个问题上，学校老师经常代替家庭的角色。一个对古典音乐充满激情的老师可以把他的激情传递给自己的学生，即使热爱古典音乐不是这个孩子家庭价值观的一部分。另外还有两个因素会影响孩子未来的品位。比如那些年轻时接触过严肃艺术或者是业余时间学习过艺术的孩子在成年后有更多机会享受高雅文化。

对高雅艺术的偏爱也意味着有一部分人在寻找优雅的外出体验。例如舒适的酒店、美味的餐馆、完美的客户服务、个性化的私人定制等都是这类客户所看重的。由于他们宽绰富裕，因此有能力购买最好的产品。相反那些对低俗艺术感兴趣的人则没有那么高雅的品位，他们往往追求量大价廉的物

① Guidry Moulard J., D. Hamilton Rice, C. Popp Garrity, S. M. Mangus, “Artist Authenticity: How Artists' Passion and Commitment Shape Consumers' Perceptions and Behavioral Intentions across Genders,” *Psychology and Marketing* 31 (2014): 576 - 590.

品。显然，在这里我们面对的是两个截然相反的人群或游客，在基于文化的市场发展规划中这是必须要考虑的重要因素。观光者的品味类型可能会决定目标市场的细分或者旅游目的地的建设类型。

三　艺术与文化，一种生活体验

艺术和文化是一种体验。文化活动即是我们所谓的“体验产品”。这种体验不仅在于核心产品本身，还在于其传承以及现场展示。事实上这种体验由四个部分组成：

（1）艺术或遗产本身；

（2）参加同一活动的其他游客；

（3）周边服务（洗手间、票务、语言、仪态等）；

（4）与游客接触的员工。

参观者在接触一件艺术品或一处遗址时，会根据自己的生活经验与知识水平赋予所见之物以意义。参观者的心情，受当时其他在场游客的影响，也与工作人员对待游客的方式有关，这些元素都决定了参观者的体验质量。如果参观者由于语言障碍或知识匮乏而不理解观看的内容，那么他可能获得较差的体验感。再例如，如果参观人数太多导致所呈现的内容很难被观赏到，那么其他观光者的存在也会令人生厌。同样地，工作人员对游客的不当行为以及粗制滥造的商品也会降低体验的质量。试问有多少人曾因为工作人员态度恶劣而被拒之门外？当一个场馆有精彩的展出内容但参观环境却很差，这不能不说是一种欺骗！

因此面对建设世界级文化目的地的挑战，我们必须将以上四个因素纳入思考范畴。首先，要确保访问者对将要看到的内容有充分的了解，并确保内容标识是通俗易懂的，这样才能取得高水平的满意度。博物馆文物旁边所列的标识牌就是一个很好的例子：如果这些标识牌只有中文，外国游客将无法理解上面所写的内容，也无法从参观中获得完整的体验。其次，同样的道理也适用于控制最佳的游客数量。空间太拥挤会降低体验质量，并可能导致不满和坏口碑。任何去巴黎卢浮宫观赏《蒙娜丽莎》的人都有过这样的经历：在这幅人人都想看的小油画前人头涌动、拥挤不堪。最后，从参观者的角度来看，与参观者直接接触的工作人员代表着整个机构。一个缺乏耐心、态度粗鲁或面若冰霜的员工将影响到游客的满意度。卫生间和餐厅等基本设施也是如此，如果这些设施的质量没有达到游客的期望值，那么也无法与竞争对手抗衡。

旅行者对于目的地有很多选择。很多城市、地区甚至国家都在争夺这一不断增长的市场。使用成功地区的实践经验进行基准测试是一个良好的开端，它可以帮助构建观光者期望的非凡体验，或者让他们发现惊喜。

一旦这四个基本元素（核心产品、其他访问者、外围服务、忠诚的员工）到位，就足以让客户承认这种良好的体验价值，继而让观光者有向他人推荐该目的地的意愿（见图 1）。

为了向观光者提供良好的服务，主办机构计划采取的一些行动包括：

（1）提供最优质的服务；

（2）将目标消费者放在正确的位置和时间，并控制（能保证参观舒适度的）参观者数量；

（3）确保体验前、体验中、体验后的服务质量；

（4）培训好与游客接触的员工，让他们意识到自己是游客的伙伴，同样，像微笑这种简单的事情可能会给游客带来与众不同的体验。

四 粤港澳大湾区：文化创意产业与文化品牌

让我们从定义开始谈起。品牌是指产品在消费者心目中所占的地位①。品牌可以是一个国家，一个地区/城市，一个目的地。消费者对一个品牌的感知可能是通过营销而不是现实实现的，因为对消费者来说，他所感知到的即是现实。如果客户对一个产品印象不佳，即使他从来没有体验过，那么对这个消费者来说也是事实。消费者不会有兴趣购买一个不感兴趣的不良产

① Colbert，LIN，*Marketing Culture and the Arts*，*4th Edition*（Peking University press，2017）.

品。品牌的力量在于产品能给消费者带来的利益，它与竞争对手提供的东西相关，要获得成功就需要拥有他人不具备的竞争优势。这三个要素也说明了什么是定位，即与竞争对手相比，品牌在消费者心目中所占的位置。

因此在为大湾区等地区制定品牌战略时，必须明确这三个要素。本地区可以为每一目标组别（如本地市民、内地旅客以及国际旅客；高雅文化群体/大众文化群体）提供何种利益；竞争对手是谁（国内其他旅游目的地，还是世界其他旅游目的地）；相对于世界其他地区，该地区有何优势。

每个国家在消费者心目中都有一个形象，即使该消费者从未去过那个国家。当你从外部观察一个国家时会想到什么形象？当然，每个人对一个国家都有不同的认识，但总的来说，会有一个高度符号化的形象出现在我们的认知层面。当我们说到澳大利亚时，悉尼歌剧院和袋鼠将是大多数人脑中出现的形象；当我们说起法国时，人们眼前会闪现出埃菲尔铁塔或法国大餐；英国的形象符号是红色双层巴士或戴着高毛皮帽子的女王卫队；美国的则是自由女神像；加拿大的落基山脉是旅客的神往之地；而对于中国来说长城自然当仁不让，但秦始皇兵马俑却不是每个人都知晓的。那么珠江三角洲将何去何从？那里真的有珍珠吗？（这是一个朋友问我的问题）。

五　目的地开发：以加拿大蒙特利尔为例

笔者在专题演讲中列举了加拿大的蒙特利尔案例。如上所述，蒙特利尔文化中心的建设是公共当局和文化/旅游业所有参与者的庞大承诺。这项工作所面临的挑战异常艰巨。尽管与珠江三角洲相比蒙特利尔是个小城市，但即使对于这种规模的项目每个参与者都必须参与商讨。协同调和是工作的关键所在。必须明确如什么产品（目的地）针对什么消费者（群体）之类的问题。那么随之而来的问题就是：提供什么水平的客户服务，以及如何尽可能地提供最好的客户体验？每个人的职责是什么，以什么顺序进行？如何针对国内外的不同客户群发送特征鲜明的形象宣传？

蒙特利尔文化中心细分了不同的市场群体，如高端/低端、游客、居民或国际会议等。面对主题广泛的各种节日庆典（如动漫、艺术、主流文化等），美食是必不可少的一道风景，各种街道标志与拟议的形象保持一致，众多文物古迹也会参与其中。总之，每个观光者都可以找到自己想要的东西。在“蒙特利尔文化城市”的品牌之下，不同类别的产品围绕文化中心为重点保持自身的鲜明特性。

珠江三角洲地区的内容十分丰富。文化可以成为其主要收入来源，《珠三角规划纲要》可以为其发展提供一个非常有趣的定位。如今旅游市场是全球增长速度最快的行业之一，对于新参与者来说毫无疑问有着巨大的发展空间。

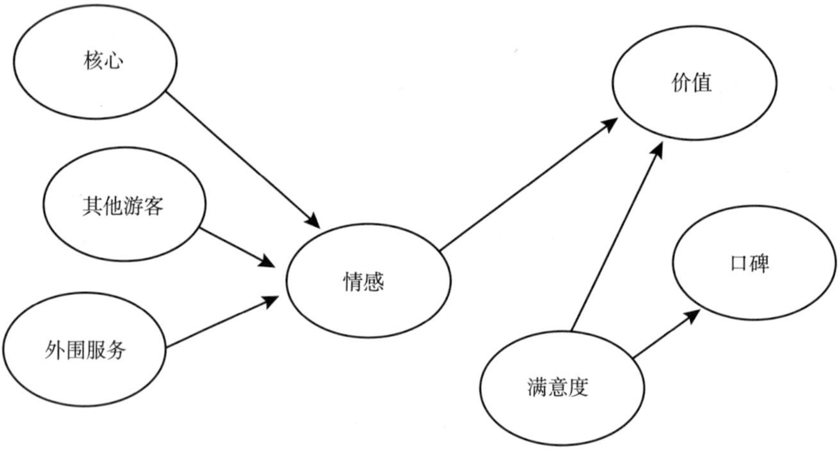

图1　满意度元素

结　语

中国具有很大的旅游潜力。它丰富的文化遗产和技术精湛的艺术家们对外国游客有着极大的吸引力。作为中国的一部分，珠江三角洲地区可以提供的有很多。文化因素可以成为一个主要的收入来源，珠三角可以据此发展出一个非常有趣的定位。旅游市场是全球增长最快的行业之一。可以说，国际市场仍然有接纳新参与者的空间。与合适的定位一样，良好的组织和周密的计划是必不可少的。

B.10

创意产业升级中的数字创意集群发展研究*

加文·萨德 著　李竞爽 译**

摘　要： 如今世界正在重新审视创意集群在文化创意产业发展中所扮演的角色。在英国，艺术与人文研究委员会（Arts and Humanities Research Council，简称 AHRC）宣布了一项雄心勃勃的议程，旨在通过创意集群促进高校产业联盟（university-industry consortia）的创新研发（AHRC，2017）。澳大利亚和世界各地的大学正在致力于推动创意中心的发展，并尝试与数字企业建立合作关系，以提高学术研究的参与度和影响力。与此同时，越来越多的大学引入了以创意产业为核心的学位课程。本文将讨论此类学位课程在英国和澳大利亚的发展，特别是如何通过重新组建创意产业学位课程的结构以应对数字创新和数字经济的挑战。

关键词： 创意产业　创意集群　学位课程

创意产业概念产生于英国文化、媒体和体育部（DCMS），最初源自政

---

* "要发掘文化创意产业的潜力，即意味着要提升社会的整体创造力，肯定文化创意产业繁荣领域与群体的独特性，提高人类的生活质量，为想象中的多元未来提供资源。"（联合国教科文组织，2013）

** 加文·萨德（Gavin Sade），澳大利亚昆士兰科技大学创意产业学院教授；李竞爽，中国艺术研究院公共文化政策研究中心助理研究员，研究方向为公共文化政策及文化旅游。

策领域。根据最初的定义，英国创意产业被划分为13个分类，范围包括从艺术文化活动到创意设计服务（DCMS，2001）等。而后范围又扩展到具有相同特征的门类，包括软件、玩具、游戏以及教育等，此外Howkins（2001）对创意经济的定义还包括了研究与发展，这也是本文讨论的重点之一。要理解为什么创意产业的定义范围如此广泛以及它为何经久不衰，就必须将视角转回其最初的定义。该定义认为创意产业是“源于个人创造力、技能和才能的产业，并通过对知识产权的传承与挖掘发挥创造财富和就业机会的潜能”（DCMS 2001：4）。这一定义的开放性和灵活性引发了各种解释，并被认为具有一种优势，因为它能够迎合创意产业的发展变化（Bakhashi，Freeman and Higgs，2012）。

如今创意产业被认为是一个国家的经济支柱以及国际竞争力强弱的关键因素。联合国教科文组织等国际组织已经认识到创意产业在发展中的重要性（UNESCO，2013），许多国家也持同样观点并制定了强有力的创意产业政策。比如早在2001年英国就制定了促进创意产业发展的政策，中国也将数字创意产业视为战略性新兴产业（Kenderdine，2017），此外还有《创意加拿大政策框架》（Creative Canada Polic）的出台（Canadian Heritage，2017），以及拉丁美洲和加勒比地区所谓的橙色经济（Buitrago et al.，Duque 2013）等。每一项计划都旨在培育和扶持充满活力的创意经济，并制定了多种支持创意产业发展的路径，其中很多方法路径都将发展产业集群作为重点。Cooke与Lazzeretti（2008）的研究对创意产业集群得到的扶持做出了肯定，文化创意产业全球地图（EY，2015）和创意城市研究（Florida，2002）对创意群体给出了高度评价。英国AHRC创意经济项目响应了《创意产业独立评论》（Bazalgette，2017）的主要建议，即采用城市交易模式（City Deals model）为将产业和大学结合在一起的创意集群提供投资。

这些发展重新引起了人们对创意集群的兴趣，无论是在英国还是在全球范围内，尤其是那些以创意产业发展研究为重点的大学还设立了创意产业学位课程。本文的首要观点是，高校创意产业学位课程不仅是人们进入创意产业岗位以及创意产业可持续发展的有力保障，还可以被视为一种增加创意集群知识密度的机制。以 Hausmann 与 Hidalgos（2013）的工作成果为指南，我们可以考虑将创意产业的发展与地区的产品服务建立起关系，以及如何缩小新产品与现有产品之间的差距。因此，要应对地区数字创新和数字经济的挑战，就需要确立有利于创意集群多样化发展的投资途径。尽管从事跨学科研究的校企联盟可以起到催化剂的作用，但为确保其可持续性，首先需要保证学位课程教育持续不断地向前发展。为达到这一目的，越来越多的创意产业学位课程与行业参与相结合，并持有饱满的创业精神。下一节我们将简要讨论创意集群，并思考如何从进化经济学角度审视这些问题，然后将继续讨论学位课程的发展。

一　集群、复杂性与进化

产业集群概念的产生早于创意产业，它起源于聚集经济理论。该理论认为，之所以产生活动聚集现象是因为企业能从彼此位置的接近中获益（Frenken et al.，2007）。20 世纪 90 年代初 Porter（1990）曾提出以下问题：为什么有些地区的公司能够持续创新？地理位置集中的产业如何在一系列相关行业中占有竞争优势？他认为一定程度上是因为竞争与合作促进了研究开发的多样性，而这种多样性又激发了公司与个人产生一系列可用于相关行业的新能力（Porter，1990）。我们可以从集群内的各种行业看到知识溢出现象，而从进化经济学角度来看，知识溢出被视为通向经济发展、复兴和增长的新路径（Asheim et al.，2011）。

对集群的研究揭示了创意集群对城市和区域发展（Edensor et al.，2010；UNESCO，2017）以及经济进化（Potts，2011）的贡献方式，除此之外还阐明了城市规划设计对创意产业发展的支持（Stevens，2016）。日益提高的数字技术和宽带网络速度造成了高度连接节点的集中，比如复杂的跨国生产体系以及通往全球创意和文化产品市场的新途径。创意群体的流动特性（佛罗里达，2002）以及创意产品的不断创新对创意生态系统的可持续发展提出了挑战，并且这一形势不仅限于全球领先城市。不管怎样，新的数字技术对创意集群提出了挑战，要求它们能够维持和提高生产新的数字创意产品和服务的能力，并在全球技术知识增长不均衡的情况下保持竞争力。

创意集群的多样性以及它们对一个城市或地区的经济、社会与文化发展的贡献方式已经在各种环境中得到了实践，并受到研究人员的观测和探寻。以中国为例，Keane（2011）研究了政府围绕媒体产业和创意艺术建立的产业园区，还有人研究了涉及区域经济发展方面的创意集群（Yu et al.，2014）以及创意集群与文化产业的关系（O'Connor and Gu，2014）。EY 在 2015 年出版的《文化时代——首张文化创意产业全球地图》（*Cultural Times*：*The First Global Map of Cultural and Creative Industries*）一书中揭示了亚太地区创意集群的增长情况。建立于英国的全球产业集群模式（Globally Industrial Cluster Models）（AHRC，2017）和欧盟的文化创意产业集群项目（Cluster in Cultural and Creative Industries Program，European Commission，2017）重点关注创意集群的增长和可持续发展方面。这项工作引起了世界各地城市规划者和政府决策者的兴趣，我们可以看到目前全球的创意产业政策包括如何确定集群以及激励集群活跃度的方法，还有如何创造各种有利条件以维持创意工作和吸引创意人才的途径。

在有关创意集群的研究文献中，我们发现研究人员开始对进化经济学及其复杂性产生了新兴趣。虽然本文并不是讨论经济学问题的，但有必要简要介绍这两个概念，特别是在讨论学位课程的背景下，因为这些概念为思考传统教育课程结构提供了新思路。进化经济学（Evolutionary Economics），顾名思义，借鉴了进化理论，试图利用该理论理解变化、竞争和创新的动态过程，这个过程可以被视为复杂经济学（Complexity Economics）广泛研究范围的一部分。在创意产业的背景下，Potts（2011）提出了一种基于创新的方法来理解艺术、文化和创意产业对经济动态过程的贡献。Potts 探讨了这些活动如何传承和接纳社会文化与经济体系新思想，并认为创意产业在经济进化中所起的作用十分重要。

其他研究者也采取了类似的研究路径，如 Comunian（2010）利用复杂性理论[1]来解释城市空间与创意文化生产和消费实践之间的相互作用。研究表明，创意城市可以被视为复杂适应性系统（complex adaptive systems），该系统旨在“以对（领域工作人员和机构生产活动中所产生的）新兴结构的深刻理解为基础，缩小自上而下模式中文化基础设施投资之间的距离”（Comunian，2010：174）。然而这一应用只是从复杂性理论的角度来思考创意产业，复杂性经济学还有一个正式的场域来衡量社会知识在商品中的表现强度。复杂性经济学假设“繁荣社会是指，拥有能够制造类型复杂且多样化产品的知识社会”（Haussmann and Hidalgo，2013）。Haussmann 的《经济复杂性图集——绘制繁荣之路》（*Atlas of Economic Complexity——Mapping Paths to Prosperity*）利用国际贸易数据生成了可视化地图，用来展示每个国家的经济复杂性。然而由于所使用的数据主要来源于双边贸易报告中的有形产品，因此不易观察到创意产业领域的内部活动，所以我们在此只讨论相关的概念性方法。

二 创意产业学位培养课程

自 20 世纪初以来，全球开设创意产业培养课程的高校数量一直在增长，其中以澳大利亚的发展最引人注目，目前澳洲共有六所大学设立了创意产业学士学位。这些学校包括：查尔斯特大学[2]、格里菲斯大学[3]、昆士兰科技大学[4]、

---

① 译者注：复杂理论研究，源于对网络经济环境下市场的认识及商业生态系统和混沌理论的研究。复杂理论的代表人物是 Moor，1996 年出版了其代表作《竞争的衰亡：商业生态系统时代的领导和战略》。他认为，网络经济世界的运行并不都是你死我活的斗争，而是像生态系统那样，企业与其他组织之间存在“共同进化”关系。在企业的商业生态系统中，为了企业的生存和发展，彼此间应该合作，努力营造与维护一个共生的商业生态系统。

② Charles Sturt University Bachelor of Creative Industries Course Page. http：//futurestudents. csu. edu. au/courses/communication – creative.

③ Griffith University Bachelor of Creative Industries Course Page. https：//www. griffith. edu. au/arts – education – law/creative – industries.

④ Queensland University of Technology Bachelor of Creative Industries Course Page. https：//www. qut. edu. au/creative – industries.

纽卡斯尔大学①、阳光海岸大学②、西悉尼大学③。预计这一数字还将增加，因为其他院校会根据变化预设新的学位，例如南澳大学就设立了创意产业学院④。

由于很难对创意产业学位下定义，因此也无法确定全世界设立该学位的数量。它是一个为创意产业提供毕业生的学位培养课程，还是应该将授课内容局限于名称中包含“创意产业”一词的课程？换句话说，它是否应该将商学院的课程容纳进来并且将课程设置重点放在创意产业中的管理、经济以及行政管理等方面？若要描绘创意产业学位课程的综合性方法，就应该涉及对毕业生能力或课程学习成果的衡量，这些是确定创意产业课程的重要因素，然后再根据类似的衡量结果对课程展开全面调查，这样就识别出了课程与创意产业的相关度，而不是仅根据课程的名称来判断，例如，许多设计专业的培养计划是受创意产业启发的，而并非单纯使用该名词命名。为了阐明本文的论述，我们将采取相对简单的方法，将讨论范围侧重于学位名称中含有“创意产业”的课程。具体来说，就是指在一级学科分类中以“创意产业”界定研究范围的课程，比如创意产业学士学位和硕士学位课程就属于这一范畴。

只有在澳大利亚，创意产业的发展势头才得以不断延续，并成为一级学科学位。虽然创意产业起源于英国，但迄今为止英国还没有一所大学引入创意产业学士学位，同样也没有创意产业硕士学位（Masters of Creative Industries，简称 MCI）。在一些大学，有很多特定的创意产业研究领域或专业，但这些专业分属于文学学士（BA）、艺术硕士（MFA）或理科硕士

① University of Newcastle Bachelor of Creative Industries Course Page. https：//www. newcastle. edu. au/degrees/bachelor – of – creative – industries e.

② University of the Sunshine Coast Bachelor of Creative Industries Course Page. https：//www. usc. e du. au/learn/courses – and – programs/bachelor – degrees – undergraduate – programs/bachelor – of – creative – industries.

③ Western Sydney University Bachelor of Creative Industries Course Page. https：//www. westernsyd ney. edu. au/future/study/courses/undergraduate/bachelor – of – creative – industries. html.

④ School of Creative Industries at the University of South Australia. https：//www. unisa. edu. au/ Education – Arts – and – Social – Sciences/School – of – Creative – Industries/.

（M. Sc）的结构之下。例如伯恩茅斯大学数字创意产业文学学士[①]，或者国王学院的文学硕士（文化与创意产业方向）。尽管英国南威尔士大学（The University of South Wales）有一个创意产业学院，但它并没有设立以创意产业为名称的学位[②]。其他国家也有类似的做法，比如加拿大瑞尔森大学（Ryerson University）设立了文学学士学位（创意产业方向），这些我们都将在接下来进行讨论。

随着2002年昆士兰科技大学（QUT）创意产业学院（首次以创意产业命名的高校机构）的成立，澳大利亚也设立了首个BCI和MCI。这是创意产业迈出的重要一步，因为该产业从没有被另一个（比如艺术）领域界定为明确的专业或研究范畴。相反，创意产业通常被认为是一个广泛的研究领域，并因此成为一个与多研究领域或专业合作的、具有灵活性发展的概念性框架。这意味着，在实践过程中对创造性经济和创造性劳动力的新理解，为多学科研究的可持续发展提供了专业知识与行业背景。因此，BCI的专业方向或学科都可以与创意产业建立关系。此外学位课程可以随着时间的推移演进和改变。为了应对专业知识或群体的变化，专业课程有可能会中止或增加，或借由对创造性经济和劳动力的研究被纳入新的公共课程。

澳大利亚BCI的发展路径利用了创意产业原始定义的灵活性优势，并经由广泛的创意经济研究为人所知，其结果是搭建了一种概念性教育框架，这种框架非常适合为进化中的创意经济供给多样化的职业人才。而且最重要的是，正如澳大利亚目前所展现的一样，这种路径可以规模化。例如，自2002年以来，QUT已经培养了近5500名BCI学生，其中有2000名毕业生取得了双学位。澳大利亚创意产业专业的毕业生人数远超其他国家，目前澳大利亚全国共有6个这样的学位培养课程。这里要说明的是非“创意产业”

① Bachelor of Arts (Hons) in Creative and Cultural Industries at Kingston University Offers Multiple Majors Designated in the Nomenclature. These Share Common Classes Covering the Creative Industries Material. https://www.kingston.ac.uk/courses/find-a-course/undergraduate/subject-areas/738-creative-industries/.

② Masters of Arts (Culture, Creativity and Entrepreneurship) at Leeds University. https://courses.leeds.ac.uk/f018/culture-creativity-and-entrepreneurship-ma.

名称的类似课程不在我们的统计范围之内，尽管它们也具备促进创意经济进化的能力。澳大利亚学位课程都采用了相似的结构设计，即学生需要先修读一系列以核心创意产业能力为主题的公共课程，然后可以从文化创意产业领域选择一个学科作为主修科目。大多数培养计划允许学生选修第二专业或辅修专业，以便灵活地结合学习。这与文学学士等大部分学位所采用的课程结构相似。

在英国，很少有类似于澳大利亚 BCI 结构的创意产业课程。其中金斯顿大学（Kingston University London）的创新与创意产业课程①是为数不多的一个案例。而文学硕士则主要侧重于单一方向的培养，比如利兹大学（The University of Leeds）的 MA②（文化、创造力与企业创业方向）或国王学院（Kings College）的 MA③（文化与创意产业方向）。伦敦大学金史密斯学院（Goldsmiths，University of London）的 MA④（文化创意创业方向）课程提供了丰富的学习“途径”，学生可以享受多个该大学的专业资源，包括计算机、设计、时尚、媒体与传播、剧场与表演以及管理等专业。尽管一些学位课程有着明确的创意产业方向，比如伦敦大学伯贝克学院⑤、金斯顿大学⑥和谢菲尔德大学⑦都设置了创意产业的硕士课程，但课程的重点多侧重于管理。

---

① Bachelor of Arts（Hons） in Creative and Cultural Industries at Kingston University Offers Multiple Majors Designated in the Nomenclature. These Share Common Classes Covering the Creative Industries Material. https：//www. kingston. ac. uk/courses/find – a – course/undergraduate/subject – areas/738 – creative – industries/.

② Masters of Arts （Culture，Creativity and Entrepreneurship） at Leeds University. https：//courses. leeds. ac. uk/f018/culture – creativity – and – entrepreneurship – ma.

③ Masters of Arts （Cultural and Creative Industries） at Kings College. https：//www. kcl. ac. uk/study/postgraduate/taught – courses/cultural – and – creative – industries – ma. aspx.

④ Masters of Arts （Creative and Cultural Entrepreneurship） at Goldsmiths University. https：//www. gold. ac. uk/pg/ma – creative – cultural – entrepreneurship/.

⑤ Masters of Science （Management with Creative Industries） at Birkbeck University. http：//www. bbk. ac. uk/study/2018/postgraduate/programmes/TMSMNCRI_ C.

⑥ Masters of Arts （Managing in the Creative Industries） at Kingston University. https：//www. kingston. ac. uk/postgraduate – course/managing – in – the – creative – economy – ma/.

⑦ https：//www. sheffield. ac. uk/postgraduate/taught/courses/sscience/management/management – creative – cultural – industries – msc.

所有澳大利亚的BCI课程都允许学生踏足不同的学习领域或专业。专业的可选择范围及数量因大学而异。虽然没有一个专业能触及文化创意产业的所有细分领域，但这种结构的灵活性才是至关重要的。这种方式不但为学生提供了发展独特协同能力的机会，也保证了课程的可持续发展。对于这6个BCI课程所涉及的每个专业，都有可以覆盖该专业的不同学位课程供学生选择。例如在昆士兰，如果一个学生对电影行业感兴趣，那么他就可以在QUT设立的一门主修荧幕内容制作的BCI与专业性的学位，如艺术学士学位（电影屏幕和新媒体生产方向）以及格里菲斯大学的电影与媒体制作学士学位之间进行选择。类似的情形发生在每一个设立BCI的高校中，而且往往是发生在同一所大学之内。因此从这个角度来看，每个BCI课程可供选择的专业并非其关键辨识特征。相反，正是这些课程的结构和特点，以及所有学生修读的公共课程才是区分澳大利亚BCI与其他国家不同的关键所在。

公共课程的核心能力对于培养创意产业毕业生至关重要，在课程培养计划中，公共课程的数量维持在30%～50%。公共课程占比超50%左右的培养计划只允许学生选修一个专业。在QUT，公共课程只占BCI课程计划的30%，此类BCI允许学生选修一门第二专业和两门辅修科目，或者一门辅修专业和四门选修课。这种有意识的课程设置来源于对21世纪专业人才的研究，研究结果显示他们并不符合“T型”人才的特征（Berger and Waren，2010），而是类属“关键型”人才，即具有掌控多个学科的能力（Bridgestock，2013；Bridgestock，2015）。在澳大利亚许多BCI课程中，第二研究领域的选择范围可以跨越整个大学。我们针对QUT学生的选择进行了研究，并记录了随着时间的流逝学生选择组合的变化。例如，近年来，我们看到学生将视觉交互设计与第二专业室内设计进行了结合，且这一趋势有着显著增长。这种结合能力的价值已经得到了行业合作伙伴的认可，他们越来越需要拥有这种协同能力的员工。比如，这种能力可用于跨越物理和数字环境的复杂服务设计项目，如医院、体育场或银行分支机构的重新设计。

虽然这6个学位培养计划的公共课程大有不同，但是通过回顾我们可以发现几个问题。那就是，所有这些课程都旨在培养澳大利亚青年基金会

（Foundation for Young Australians）所认同的可转化性“企业技能”，这种技能在职场的需求量越来越大，比如解决问题的能力、沟通能力、数字素养、团队合作能力、表达能力、批判性思维能力，当然还有创造力等（FYA，2016）。而且所有的课程都侧重于创业和创新，以及一些非常专业或顶尖的项目。大多数课程都以不同方式涵盖了一系列常见的专业，比如法律、商业、市场、数字化颠覆、技术和专业实践。但最值得注意的是，这些课程中必有一门侧重于文化创意产业创业和创新方向的课程。这种教学方法不仅是由教学内容主导的，而且是由于大多数学位课程都与产业和团体建立了合作关系，目的是通过加入跨学科式的创意团体以及数字网络实践培养学生的实战经验。所有课程都要求学生遵守互相协作、亲身实践，并且以项目为依托进行团队合作的工作规则，以应对行业合作伙伴提供的“实时简报”（Live Briefs）。而 QUT 的 BCI 课程与他者的不同之处在于，这种教学方法影响了整个公共课程的设计，它不包括内容导向单元，而是侧重于一系列以工作室教学为依托的创意企业单元。[①]

在 QUT，课程设计直接受到就业能力研究（Bridgstock et. al.，2015）的影响，并且可以从更广泛的参与转向背景下进行思考（Breznitz and Freldman，2012）。我们看到创意企业工作室（Creative Enterprise Studio）参与到了行业和创意团体工作中，我们可以借此评估学生对来自外部合作伙伴“实时简报”的回应。QUT 与外界建立了很多伙伴关系并合作了很多研究项目，这种多层次的合作方式对促进一个学习生态系统生机勃勃的良性发展至关重要。合作伙伴当下所面临的问题反映了行业运行的大概情况，而学校可以根据概况设计课程，以培养具有敏捷性、前瞻性以及自我导向性的创意毕业生，使他们能够在行业中使用自己的创新技能胜任多种角色。通过这种方式学生还可以学习创造性思维、项目开发和管理、市场营销以及利益相关者参与等方面的知识，从而让创意项目结出硕果。课程设计最大限度地提高了所

---

① For a Brief Overview of the Approach Seen the Description of Creative Enterprise Studio 1. https：//www. qut. edu. au/study/unit? unit = KKB185&year = 2019.

学知识的行业关联性，有助于确保学生发展元能力和自我导向的专业学习能力。它可以保证学生在毕业时拥有能够应对整个行业项目的综合能力。

与澳大利亚创意企业（Creative Enterprise Australia，简称 CEA）① 合作开设的创意创业课程，它是 QUT 承办的一项关于"学习与教学"的奖学金计划，旨在调查企业与创业者方向毕业生展现学习成果的方式。对初创企业以及学生创业多种支持方式的研究表明，初创企业是澳大利亚就业岗位的最大贡献者，至少有 4/5 的澳大利亚初创企业是由高校毕业生创办的（UA report，2017），同样，行业对具有创业能力毕业生的需求也在增加（FYA，2017）。而且行业希望这些能力最好是通过组建初创公司获得的实际经验。这成为 QUT 与 CEA 的合作方式导向，CEA 是 QUT 主办的公司，也是澳大利亚唯一致力于加速创意产业发展的机构。他们扶持了 500 多家公司，并设立了澳大利亚首个创意启动基金。

如今这项工作还处于起步阶段，目的是提供创意经济中的实战经验，并为学生创业开辟道路。它标志着思考创意产业的新方式，以及重新梳理学位课程、研究方法和高校创意经济体之间的关系。这些元素之间的互动使得生产性知识能够有效应用于由机构、学生、研究人员、创意团体和产业所构成的伙伴关系网络。

三　跨越创意产业之外

早期关于创意职业的研究中有一个重要观点，那就是职业三叉戟模型（Trident Model），它承认并量化了从业人员在其他行业中作为"嵌入式创意人才"的存在（Cunningham and Higgs，2009）。这项研究提供的经验证据表明，许多创意方向的毕业生并没有进入创意公司工作或成为文化制作人，而是在非创意产业行业工作。Freeman（2004）的研究捕捉到了其他行业的创意强度，随后 NESTA 将其用于英国创意产业地图的测绘工作中（Bakhashi

① 关于 Creative Enterprise Australia 的详细信息请登录网站 http：//qutcea. com/about - cea/。

et al. ，2012）。同样地，关于产业集群和经济复杂性的讨论也挑战了方向比较单一的学位课程，甚至是创意产业课程，这些课程在测绘工作中仍被归纳于传统学科分支框架之内。那么由此就产生了一个问题：什么类型的课程最利于毕业生在创意经济产业中求职，需要从进化经济学和复杂性的视角来分析吗？在本文的最后一部分，我们将着重探讨澳大利亚背景下的两个路径，它们提供的一些案例在某种程度上回答了这个问题。

许多澳大利亚大学还设立所谓的双学位，这是其他国家所没有的。双学位包括两个独立的学位课程，例如，学生可以同时申请攻读创意产业学士学位和商业学士学位，如果成绩合格，那么在毕业时他可以获得两个学位。如上所述，许多大学提供了双学位结合的 BCI。在 QUT，超过 50% 的 BCI 在读生正在攻读第二学位。其中最受欢迎的是商业学士学位，其他的还有信息技术学士学位、社会服务学士学位以及法律学士学位（荣誉）。原则上，BCI 几乎可以与大学的任何课程相结合。西悉尼大学设立的 BCI 将两个方向的新课程相结合，即创业学学士[①]和应用领导与批判性思维学士[②]，这两个项目都是创新发展性专业，旨在培养毕业生高瞻远瞩的能力。纽卡斯尔大学也设立了类似的双学位，如创新与创业学学士学位[③]。而查尔斯特大学的学生不但可以选修双学位，还可以在他们的课程中增加一门跨学科创新[④]专业。

就上述有关嵌入式创新人才和经济复杂性的讨论而言，双学位的意义非常重大。双学位毕业生的工作范围远远超出核心创意产业，通常合作学位只

① Bachelor of Entrepreneurship at Western Sydney University. https：//www. westernsydney. edu. au/future/study/courses/undergraduate/bachelor – of – entrepreneurship. html.

② Bachelor of Applied Leadership and Critical Thinking at Western Sydney University. https：//www. westernsydney. edu. au/future/study/courses/undergraduate/bachelor – of – applied – leadership. html.

③ Bachelor of Creative Industries/Bachelor of Innovation & Entrepreneurship at University of Newcastle. https：//www. newcastle. edu. au/degrees/bachelor – of – creative – industries – innovation – and – entrepreneurship.

④ Bachelor of Creative Industries Major Interdisciplinary Innovation at Charles Sturt University. https：//futurestudents. csu. edu. au/courses/communication – creative/bachelor – creative – industries – interdisciplinary – innovation.

是帮助他们为进入新的行业做好准备。BCI 也会培养他们相关的职业能力。这是一种交叉式的能力培养，或者说是溢出效应，也可以被视为一种增加复杂性的方式。与商业、法律和 IT 等专业的所传授知识的有限性或浅尝辄止不同，双学位毕业生的优势在于他们有将这些专业联合在一起的能力。尽管如此，BCI 双学位的框架仍然以现有的文化创意产业为重点，并且要求学生必须完成其中一个领域的专业学习。

是否有一种方法能将创造性能力融入不包括 BCI 学科研究的课程中？澳大利亚根据自身国情首次设立了一个只与其他学位相结合的专业，即悉尼科技大学（UTS）跨学科创新学院①（Faculty of Cross-disciplinary Innovation）设立的创造性智力和创新学士②（Bachelor of Creative Intelligence and Innovation，简称 BCII）学位。BCII 可以与其他 25 个项目相结合，包括生物医学、商学、通信、设计、工程、法医学、法律、管理、药物化学、护理学和科学等。其传授知识的方式也很独特，比如通过知识密度极强的课程，或者在学期之间的假期开课。虽然 BCII 的研究领域不包括创意产业文化，但它们有许多相似之处。其中最主要的相似点是注重对创造力以及创意实践和方法的培养。这些都可以与设计、系统思维、企业和创业等能力产生有效结合。

在 BCII 所取得的成就中，迄今为止其他任何一个创意产业课程都未达到的就是将文化创意产业的核心能力提炼成一个可以与任何其他学位相结合的课程。这是为数不多的几个旨在培养毕业生的创造性能力以适应快速变化环境（自动化和新技术正在改变产业结构、就业形势以及社会发展）的实际操作案例之一。它不仅仅是简单地将艺术作为一种常见的补充课程添加到 STEM 教育之中，而是一种培养毕业生新型综合能力的方法论，这种能力将能满足未来创造性经济的工作需求。

---

① Faculty of Transdisciplinary Innovation at UTS https：//www. uts. edu. au/future – students/transdisciplinary – innovation.

② BCII page https：//www. uts. edu. au/future – students/transdisciplinary – innovation/undergraduate – courses/creativeintelligence – and.

结 语

澳大利亚 BCI 所采取的路径已经形成了可以演进的项目结构，从长期来看，这种结构将比在 BA 或单一的研究生学科框架内开发的项目更加持久。但无论如何，澳大利亚的 BCI 还是受到学科逻辑的约束，因为它所专注的研究领域，仍与 DCSM 下属的核心创意类别保持一致。这种学科逻辑限制了课程设置及其之间交叉融合的协作机会，而这些却是创意集群取得成功的基本机制。除此之外，学科逻辑也会限制行业参与，无论是在课程设置方面还是在选择新课程的咨询过程中。

如果我们准备让毕业生投身于高度复杂的创造性经济体中工作，并且能够更好地塑造未来（FYA，2017），就需要确保他们的能力足以跨越传统学科界限，能够将创造力和想象力转化为行动。从进化经济学和复杂性的角度来看，BCI 课程被认为是一种为创造性经济提供可持续发展能力的机制。这种机制不仅是通过高校教育，更多的是通过从本科生到科研人员多层面地参与行业发展取得的。如此一来一种高度交互式的学习生态链便形成了，它超越了传统的课堂形式，取而代之的是通过孵化器实习、建立国际性的研究伙伴关系等方式培养创意产业人才。

参考文献

References AHRC-Arts and Humanities Research Council. （2017）, Creative Clusters Program. https：//ceprogramme. com/ （Accessed October 15，2018）.

Asheim，B.，Boschma，R.，& Cooke，P. （2011）. Constructing Regional Advantage：Platform Policies Based on Related Variety and Differentiated Knowledge Bases. Regional Studies，45（7），pp. 893 –904. http：//dx. doi. org/10. 1080/00343404. 2010. 543126.

Bakhshi，H.，Freeman，A. & Higgs，P. （2012） A Dynamic Mapping of the UK's Creative Industries. NESTA.

https: //media. nesta. org. uk/documents/a_ dynamic_ mapping_ of_ the_ creative_ industries. pdf (Accessed October 3, 2018).

Bazalgette, P. (2017) Independent Review of the Creative Industries. London, UK: Department of Culture, Media and Sport. https: //www. gov. uk/government/publications/ independent – review – ofthe – creative – industries (Accessed October 4, 2018).

Berger, W., & Berger, W. (2010). CAD Monkeys, Dinosaur Babies, and T-shaped People: Inside the World of Design Thinking and How it Can Spark Creativity and Innovation. New York: Penguin Books. Breznitz, S. & Feldman, M. (2012). The Engaged University. The Journal of Technology Transfer, 37 (2), pp. 139 – 157. https: //doi. org/ 10. 1007/s10961 – 010 – 9183 – 6.

Bridgstock, R. (2013). Professional Capabilities for Twenty-First Century Creative Careers: Lessons from Outstandingly Successful Australian Artists and Designers. International Journal of Art & Design Education, 32 (2), pp. 176 – 189.

Bridgstock R. (2015). KEY-shaped People, not T-shaped People-disciplinary Agility and 21st Century Work.

Future Capable. http: //www. futurecapable. com/? p = 102 (Accessed October 2, 2018).

Bridgstock, R., Goldsmith, B., Rodgers, J., & Hearn, G. (n. d.). Creative Graduate Pathways Within and Beyond the Creative Industries. Journal of Education and Work, 28 (4), pp. 1 – 13. https: //doi. org/10. 1080/13639080. 2014. 997682.

Buitrago, Pedro & Duque, Iván. (2013) The Orange Economy: An Infinite Opportunity. Washington, DC: Inter-American Development Bank (IDB).

https: //publications. iadb. org/handle/11319/3659? scope = 123456789/1 (Accessed October 3, 2018) Comunian, R. (n. d.). Rethinking the Creative City: the Role of Complexity, Networks and Interactions in the Urban Creative Economy. Urban Studies, 48 (6), pp. 1157 – 1179. http: //dx. doi. org/10. 1177/0042098010370626.

Cooke, P. and Lazzeretti, L. (eds.) (2008) Creative Cities, Cultural Clusters and Local Economic Development, Cheltenham: Edward Elgar.

Canadian Heritage. (2017) Creative Canada Policy Framework. http: // publications. gc. ca/pub? id = 9. 844574&sl = 0 (Accessed October 1, 2018).

Cunningham S., and Higgs P. (2009) Measuring Creative Employment: Implications for Innovation Policy.

Innovation: Management, Policy & Practice 11 (2): pp. 190 – 200.

DCMS-Department for Culture, Media and Sport (2001), Creative Industries Mapping Document 2001 (2 ed.), London, UK: Department of Culture, Media and Sport. http: // www. culture. gov. uk/reference _ library/publications/4632. aspx (Accessed October 3, 2018)

European Commission. (2017) Clusters in Cultural and Creative Industries.

https://ec.europa.eu/budget/euprojects/clusters-cultural-and-creative-industries_en (Accessed October 3, 2018).

EY. (2015) Cultural Times. The First Global Map of Cultural and Creative Industries. http://www.worldcreative.org/wp-content/uploads/2015/12/EYCulturalTimes2015_Download.pdf (Accessed October 3, 2018).

Florida, R. (2002). The Rise of the Creative Class: and How It's Transforming Work, Leisure, Community and Everyday Life. New York: Basic Books.

FYA (2016). The New Basics: Big Data Reveals the Skills Young People Need for the New Work Order. Melbourne: Foundation for Young Australians. https://www.fya.org.au/report/the-newbasics/ (Accessed October 4, 2018).

Foundation for Young Australians. (2017). New Work Order Ensuring Young Australians Have Skills and Experience for the Jobs of the Future, not the Past. https://www.fya.org.au/wp content/uploads/2015/08/fya-future-of-work-report-final-lr.pdf (Accessed October 4, 2018).

Freeman, A. (2004) London's Creative Sector. 2004 Update. London: Greater London Authority.

https://www.london.gov.uk/sites/default/files/creative_sector2004.pdf (Accessed October 4, 2018) Frenken, K., Van Oort, F., & Verburg, T. (2007). Related Variety, Unrelated Variety and Regional Economic Growth. Regional Studies, 41 (5), pp. 685-697. https://doi.org/10.1080/00343400601120296 Hausmann, R., & Hidalgo, C. (2013). The Atlas of Economic Complexity: Mapping Paths to Prosperity. Cambridge, Massachusetts: The MIT Press.

Howkins, John (2001), The Creative Economy: How People Make Money From Ideas, Penguin Keane, M. (2011). China's New Creative Clusters Governance, Human Capital, and Investment. Abingdon, Oxon;: Routledge.

Kenderdine, T. (2017). China's Industrial Policy, Strategic Emerging Industries and Space Law. Asia & the Pacific Policy Studies, 4 (2), pp. 325-342. https://doi.org/10.1002/app5.177.

O'Connor, J., & Gu, X. (2014). Creative Industry Clusters in Shanghai: a Success Story? International Journal of Cultural Policy, 20 (1), pp. 1-20. https://doi: 10.1080/10286632.2012.740025.

Porter, M. (1990). The Competitive Advantage of Nations. London: Macmillan.

Potts, J. (2011). Creative Industries and Economic Evolution. Cheltenham, UK;: Edward Elgar.

Universities Australia (2017) Startup Smarts: Universities and the Startup Economy.

Universities Australia Canberra. https：//www. universitiesaustralia. edu. au/ArticleDocuments/212/Startup_ press%20v2%20web. pdf. aspx（Accessed October 4）.

UNESCO（2013）United Nations Creative Economy Report 2013：Widening Local Development Pathways. http：//www. unesco. org/new/en/culture/themes/creativity/creative – economy – report2013 – special – edition/（Accessed October 3，2018）.

Yu，W.，Hong，J.，Zhu，Y.，Marinova，D.，& Guo，X.（2014）. Creative Industry Clusters，Regional Innovation and Economic Growth in China. Regional Science Policy & Practice，6（4），pp. 329 – 347. https：//doi：10. 1111/rsp3. 12051.

产业观察篇

Industry Observation Reports

B.11

版权保护、文化产业发展与经济增长的创新研究报告

——基于2005～2016年中国省际面板数据的实证研究*

陈能军**

摘　要： 版权保护、文化产业发展与经济增长有着重要的关联性。本文首先从理论上阐释了版权保护促进经济增长的作用机制，指出版权既可以作为一种高级生产要素直接推动经济增长，也可以通过促进文化产业发展这一中介变量间接推动经济发展。利用2005～2016年全国31个省（自治区、直辖市）的面板数据以及中介效应检验模型，研究发现：

* 本文系国家社科基金艺术学重大项目“文化产业的金融支持体系研究”（项目编号：16ZD08）的研究成果之一。

** 陈能军，中国人民大学经济学博士，博士后，经济师，副研究员，深圳市版权服务中心研究部主任，研究领域为版权经济、数字创意产业、国际经济。

第一，版权保护对经济增长存在直接推动作用，两者之间存在显著的正相关关系；第二，版权保护对经济增长存在间接推动作用，版权保护通过促进文化产业发展的方式推动了经济增长，且这种中介效应占总效应的比例为40.11%。本文的研究表明，现阶段推动经济发展，不仅需要重视版权理论研究和加强对版权保护力度，也需要加大对文化类企业的扶持力度。

关键词： 版权保护　文化产业　经济发展　中介效应

习近平总书记在党的十九大报告中强调，“完善文化经济政策，培育新型文化业态”。可以看出，党中央对文化产业的发展重视程度明显提高，对文化产业发展的实施路径做出了战略性安排。在推动文化产业发展中，版权产业作为文化产业实现市场价值的核心，在促进文化产业发展和推动国民经济增长过程中起到了重要的作用。

鉴于版权保护在中国经济发展中的重要性日益凸显，而当前相关研究实证分析较少。本文利用2005～2016年中国31个省（自治区、直辖市）的数据实证检验版权保护、文化产业与经济增长的关系。

本文的主要创新点体现在：理论上探讨了版权保护对经济增长的双重作用机制；实证上运用中介效应检验模型，验证了中介效应的存在，并且计算出现阶段版权保护对经济增长的直接作用要大于间接作用；现实指导上提出了重视版权理论研究、加大版权保护力度、培育和扶持数字文化产业发展的对策建议。

一　文献综述

版权保护主要指政府和社会对文学、艺术、科学作品的创作者及其作品享有占有、使用、收益和处分的排他性权利的保护力度①。狭义来讲，版权保护主要指对文化类著作作品的保护；广义来说，版权保护的范围除了对文化类著作作品的保护外，也包括对专利和商标等知识产权的保护，因为这些都是具有非排他性和非竞用性的人力资源要素②。

版权保护或版权资源与经济增长之间的关系，长期以来一直备受中外学者关注。Chin 和 Grossman 认为，发展中国家过强的版权保护政策会阻碍发展中国家学习发达国家的技术，阻碍发展中国家全要素生产率的提高，进而影响本国经济发展。③ Glass 和 Wu 认为，发展中国家的版权保护政策会影响本国可以享受的福利，弱版权保护可以提高产品质量而强版权保护可以丰富产品的种类。④ Suzuki 认为，过强的版权保护有利也有弊。利体现在可以增加被保护企业的利润，鼓励被保护企业创新；弊体现在阻碍了知识在全行业的扩散，降低整个行业研发部门的生产率，对不同国家来说，知识产权保护对经济的增长要看究竟是利大于弊还是弊大于利。⑤

我国正处于经济转型期间，建立符合我国国情的版权保护制度非常必要。陈凤仙、王琛伟通过构建双寡头垄断模型，研究不同发展阶段国家的最优知识产权保护力度，指出中国目前处于初级阶段、过渡阶段和高级阶段三个阶段中的过渡阶段，应加强对知识产权的保护。⑥ 曾鹏、赵聪用 2000～2013 年中国省际面板数据实证检验了版权数量对经济增长的影响，发现版

---

① 钟庆财：《版权经济学：构建与框架》，《广东社会科学》2016 年第 4 期，第 5～14 页。

② 张苏秋：《版权资源的经济增长效应及其作用路径——基于版权经济解释的定量分析》，《广东财经大学学报》2016 年第 1 期，第 60～69 页。

③ Chin J. C. , Grossman G. M. , "Intellectual Property Rights and North-South Trade," *Social Science Electronic Publishing* 13 (1988).

④ Glass A. J. , Wu X. , "Intellectual Property Rights and Quality Improvement," *Journal of Development Economics* 2 (2006): 393 - 415.

⑤ Suzuki K. , "Economic Growth under Two Forms of Intellectual Property Rights Protection: Patents and Trade Secrets," *Journal of Economics* 1 (2015): 49 - 71.

⑥ 陈凤仙、王琛伟：《从模仿到创新——中国创新型国家建设中的最优知识产权保护》，《财贸经济》2015 年第 1 期，第 143～156 页。

权数量虽然能够促进经济增长，但数量并不是越多越好。[①] 黄卫平、陈能军等用 1998 ~ 2010 年中国省际面板数据实证研究了版权贸易对经济增长的影响，将版权贸易分为版权输入及输出，研究发现版权输入和输出都对经济增长发挥了正向作用。[②]

目前，研究版权保护与经济增长之间影响机制的文章较少。理论分析主要集中在把版权资源作为一种生产要素带进模型来研究版权保护对经济增长以及社会福利的影响，包括韩玉雄和李怀祖[③]、董雪兵和朱慧[④]、屈晓娟[⑤]等。除此之外，有少数学者也在从文化产业发展的角度研究版权保护对经济发展的机理，如文小勇[⑥]，但偏重于描述性分析。现有版权经济的文献，定性分析主要集中在检验知识产权保护与经济增长的关系，并没有分析其作用机制，且主要考虑版权保护对经济增长的直接作用，忽视了版权保护通过促进文化产业发展这一中介效应对经济增长的间接作用机制。因此，本文拟在借鉴现有研究的基础上，进一步分析版权保护促进经济增长的效应机制，并通过构建相关模型对版权保护、文化产业发展以及经济增长这三者之间的关系进行定量分析。

二　版权保护促进经济增长的效应机制研究

版权保护对经济增长的推动作用可以分解为两个方面。第一个方面是直

---

① 曾鹏、赵聪：《知识产权对经济增长的影响——以专利和版权为例》，《统计与信息论坛》2016 年第 4 期，第 58 ~ 66 页。

② 黄卫平、陈能军、钟表：《版权贸易对经济增长的影响——基于 1998 ~ 2010 年中国省际面板数据的实证研究》，《河北经贸大学学报》2014 年第 3 期，第 121 ~ 125 页。

③ 韩玉雄、李怀祖：《关于中国知识产权保护水平的定量分析》，《科学学研究》2005 年第 3 期，第 377 ~ 382 页。

④ 董雪兵、朱慧等：《转型期知识产权保护制度的增长效应研究》，《经济研究》2012 年第 8 期，第 4 ~ 17 页。

⑤ 屈晓娟：《知识产权保护、技术差距与后发地区经济增长：一个分析框架》，《华东经济管理》2016 年第 10 期，第 50 ~ 56 页。

⑥ 文小勇：《版权经济：版权产业发展的一个解释框架——基于 2014 年广东省版权产业调查统计分析》，《广东社会科学》2016 年第 4 期，第 25 ~ 36 页。

接推动作用，这是从宏观的国民经济产出与投入的角度考察的，也是从版权的创新性角度考察的。版权在本质上就是创新的结果物，保护版权就是保护创新，通过创新提高全要素生产率，增加经济产出总量是经济增长最有效的选择路径。

然而，版权又是一种特殊的创新结果物，可以通过版权交易、版权分割、版权保护等产权运行机制，达到社会创新的分享（即使是有偿性分享），降低社会创新成本和缩短创新进程，加快社会创新的分工和持续深入。

版权保护对经济增长的第二个方面的推动作用，则是从具体产业发展角度考察的，版权在促进包括文化、教育、旅游、信息、制造等多个产业的发展中都能发挥重要的作用。本文主要是以文化产业为例，深入分析版权在文化产业的生产环节、流通环节和消费环节，探讨版权通过促进文化产业的发展推进整个社会经济的增长。

（一）版权保护对经济增长的直接效应

首先，版权的创新性是促进经济增长的内在动力。版权具有显著的创新属性，但不同于通常意义上的技术创新、管理创新、制度创新等生产或者管理手段（形式）上的创新，版权的创新性实质上是指文化、艺术或者计算机程序、科学作品等生产领域中内容上的创新，与科学理论创新一样属于内容创新，对于人类社会的发展具有更加本质的意义。版权保护就是对于创新的保护和激励，通过版权保护鼓励作者进行创作和创新，促进作品的传播，极大推进科学与文化事业的发展。就生产要素理论而言，版权已经逐步发展成为知识密集型的高级形态的生产要素，它是高度的智力创新活动的结果物①。通过版权保护实现创新驱动，可以提高全要素生产率，增加社会经济产出的总量，这是促进经济增长

① 波特提出生产要素的分级，将资金、原材料、生产设备、非技术工人等分为初级生产要素，将现代信息技术、高级人力资源等分为高级生产要素。

的最有效方式，也是保障经济增长具备可持续发展和高质量发展的强劲动力。

其次，版权在形成了一定的运行机制之后，对于经济增长的推动作用还体现在降低社会生产的投入成本上，尤其是社会创新的成本。版权保护与其他的知识产权保护是一致的，版权保护的最终指向不是垄断和限制，而是有序、适当和有条件地分享和传播。这种分享和传播，必须是建立在一定的版权运行机制的基础上的，即通过版权交易、版权分割和版权保护等完善的制度体系的构建，通过版权组织机构和版权专业人才的实际运作与管理而达成。

这种分享和传播，在社会经济增长中起到了十分重要的作用，它使知识内容的扩散成为必然，大大降低了后发型地区和组织的社会创新成本（全社会通过交易付出的成本总是远远小于各个地区、组织分别再创新的成本之和）。并且，它使社会创新能够立刻向更宽的横向分工和更深的专业领域发展，换句话说即是它促进了全新的社会创新分工革命。通过获得版权所有者的授权或者交易获得版权所有者的分享，有利于降低各类社会创新主体的研发成本和失败概率，使他们更加聚焦于自身优势的生产和销售环节。

（二）版权保护对经济增长的间接效应

从具体产业发展的角度，版权保护对于包括文化创意产业、旅游业、教育产业、信息产业以及服装、玩具、家居等相关制造业的发展都具有巨大的推动作用。上述产业都是版权保护推动整个社会经济增长的中介，而在文化创意产业的发展过程中，版权保护的推动效应是更加突出的。

第一，版权保护是文化产业核心内容生产的基础。文化产业是个极具广泛性意义的大产业概念，但是其核心永远都是内容的生产抑或称为 IP 的生产，只有保障核心层的生产，通过强化 IP 的原创版权保护机制，以产权边界确定收益边界，才能为外围层各类衍生品的生产提供不竭的源泉。这里的版权保护对于文化产业的推动效应，是通过版权保护机制在文化产业的生产环节中，对于内容生产的产权激励而体现出来的。

第二，版权保护是文化产品市场秩序保障的基础。市场体系是连通生产者与消费者的桥梁，保障市场秩序是任何产业发展都必须面临的。对于文化产业而言，一方面随着复刻技术的发展升级，文化产品更加具有可复制性的特点，另一方面文化版权的确权、维权机制都存在一定的模糊性。因而文化产品在市场中的流通存在较大的无序性，盗版、侵权等现象层出不穷，严重抑制了版权所有者的生产积极性，扰乱了市场秩序。通过源头上严格的版权保护机制，可以很大程度上保障文化产品的市场环境和市场秩序的有序、健康发展。

第三，版权保护是文化消费潜能激发与升级的基础。文化消费的潜能激发很大程度上取决于文化产品质量的提升和新的文化消费业态升级。文化产品质量的提升同时意味着超额利润的增加，版权保护作为文化产品质量提升和新的文化消费业态形成的关键因素，对于文化产业的消费环节具有积极的推动意义，主要表现在版权保护通过产品升级，激发文化消费潜能和升级文化消费模式。

三　版权保护、文化产业发展与经济增长的实证研究

（一）研究样本和数据来源

本文采用了我国31个省（自治区、直辖市）12年（2005～2016年）的面板数据。其中，版权保护程度用自愿登记作品数量来衡量，数据来源于中华人民共和国国家版权局网站（http：//www. ncac. gov. cn）；文化产业发展用文化产业收入来测度，数据来源于2006～2017年中国文化文物统计年鉴；GDP、固定资产投资、消费、劳动力等数据来源于国家统计局网站（http：// www. stats. gov. cn/），变量的描述性统计见表1。

表 1　变量的描述性统计

变量名	样本数	均值	方差	最小值	最大值
GDP	372	15502. 66	14390. 62	248. 80	80854. 91
版权保护	372	19520. 81	87726. 51	0	1004877. 00
文化产业发展	372	2804035. 00	3005288. 00	92945. 00	31300007. 00
固定资产投资	372	10127. 86	9399. 291	181. 39	53322. 94
消费	372	5900. 18	5910. 19	73. 20	34739. 1
劳动力	372	4304. 965	2720. 12	280. 00	10999. 00

（二）模型的设定

实证考察版权保护的经济增长效应机制，本文构造了以下两个实证模型。首先，为考察版权保护对经济增长的直接效应，在控制劳动力、资本、教育等变量的基础上，检验版权与经济增长之间的关系，具体模型如式（1）所示。

$$\ln gdp_{it} = \alpha + \beta_1 \ln bqbh_{it} + \beta_2 \ln control_{it} + \varepsilon_{it} \quad (1)$$

其次，为了进一步研究版权保护是否通过促进文化产业发展这一中间变量来推动经济发展，本文使用中介效应模型来进行检验，具体检验方程如式（2）所示。

$$\ln gdp_{it} = \alpha + \gamma \ln bqbh_{it} + \mu 1_{it} \quad (2-1)$$

$$\ln whcy_{it} = \alpha + \beta \ln bqbh_{it} + \mu 2_{it} \quad (2-2)$$

$$\ln gdp_{it} = \alpha + \gamma^{*} \ln bqbh_{it} + \delta \ln whcy_{it} + \mu 3_{it} \quad (2-3)$$

鉴于中介效应的检验方法比较多，且统计检验犯错误的概率和检验功效方面各有优劣，单一方法的可靠性较低[①]。温忠麟等[②]在结合 Judd 和

① Mackinnon D. P. et al. , "A Comparison of Methods to Test Mediation and Other Intervening Variable Effects," *Psychol Methods* 1 (2002): 83 – 104.

② 温忠麟、张雷、侯杰泰、刘红云：《中介效应检验程序及其应用》，《心理学报》2004 年第 5 期，第 614 ~620 页。

Kenny[①]、Sobel[②]、Baron 和 Kenny[③] 等提出的不同检验方法的基础上，构造了一个综合的中介效应检验程序，能在较高统计功效的基础上控制第一类和第二类错误的概率。因此，本文将采用该检验程序进行中介效应检验。具体检验程序见图 3。

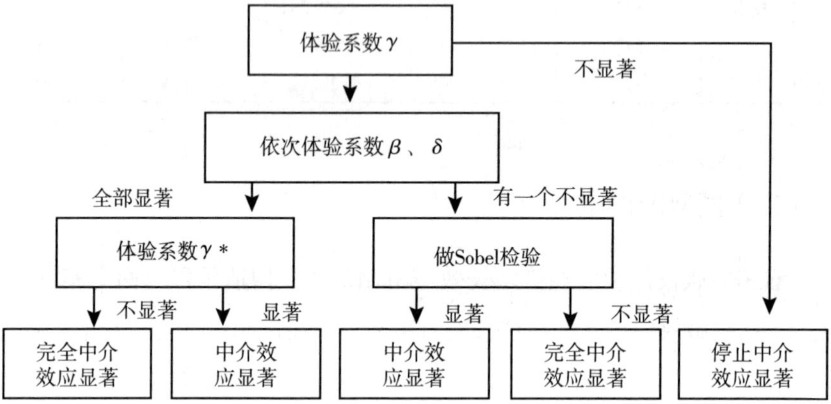

图 1　中介效应检验流程

其中，t 代表时间，i 代表各省级行政单位，$\ln gdp_{it}$ 是各省份不同年份的 GDP 的对数，$\ln bqbh_{it}$ 是各省份不同年份版权保护指数的对数，$\ln whcy_{it}$ 是各省份不同年份文化产业发展指数的对数，$\ln control_{it}$ 表示控制变量，α 是不可观测的固定效应，μ_{it} 、ε_{it} 是随机误差项。

按照这一检验程序，需要对 γ、β、δ、γ^* 等系数进行显著性检验，其中中介效应由 $\beta \times \delta = \gamma^* - \gamma$ 来衡量，Sobel 检验统计量为 $Z = \beta \times \delta / \sqrt{\beta^2 S_\delta^2 + \delta^2 S_\beta^2}$（$S_\delta^2$ 、S_β^2 为 δ、β 估计值的方差）。

---

① Judd CM, Kenny DA, "Process Analysis," *Evaluation Review* 5 (1981): 602 - 619.

② Sobel ME, "Asymptotic Confidence Intervals for Indirect Effects in Structural Equation Models," *Sociological Methodology* 13: 290 - 312.

③ Baron RM, Kenny DA, "The moderator-mediator variable distinction in social psychological research: Conceptual, strategic and statistical considerations," *Journal of Personality and Social Psychology* 6.

（三）变量的选择

1. 被解释变量

该指标采用国内生产总值（GDP）来衡量。国内生产总值指在一定时期内常住单位生产的所有商品和服务的价值总和，既包括新增价值，也包括转移价值。它反映常住单位生产活动的总规模。

2. 解释变量

（1）版权保护。本文用自愿登记作品数量来衡量版权保护程度，主要原因如下。首先，版权保护程度决定了版权登记方的登记意愿，由于是自愿登记，如果登记不登记的效果一样，企业通常没有理由选择登记。其次，在中国这样一个大国，企业可以做到“用脚投票”来选择登记省份，如果某地对版权的保护不够，盗版、复制猖獗，企业可以通过更换地址的方式迁移到对版权保护严格的地方，用以实现利益最大化。地方对版权保护的重视程度越深，企业越有动力在该地登记作品，保护自己的合法权益。自愿登记作品数量数据来源于国家版权局。

（2）文化产业发展。本文使用文化产业收入衡量文化产业发展，主要有两个原因。第一，文化产业的规模决定了文化产业收入。一般情况下，企业的规模越大，企业的收入往往越大，对于文化产业来说，在单个企业规模一定的情况下，文化产业里的企业数量越多，文化产业收入越大，文化产业的发展越好。基于此，从文化产业规模的角度来说，文化产业收入可以用来衡量文化产业发展。第二，文化产业内企业的发展质量决定了文化产业的收入，进而决定了文化产业的发展状况。对于文化产业里的单个企业来说，效率高的通常是能赚钱的企业，相反，一家企业能赚钱，发展质量肯定不会差。在文化产业里的企业数量保持不变的情况下，整个行业收入越高，行业的发展肯定越好。

3. 控制变量

（1）固定资产投资。固定资产投资是推动 GDP 增长的重要力量。首先，就支出法核算 GDP 的公式来说，作为 GDP 的组成部分，每增加一定量的投资，GDP 总量就会相应增加，形成投资对经济增长的直接推动作用。其次，投资具有乘数效应，对于微观个体企业来说，一家企业的一笔投资会增加其他企业的产品需求，而其他企业产品需求的增加会引起这些企业也扩大投资，如此循环传递，投资需求会不断扩大。最后，投资于新兴技术行业的固定资产，可以通过提升技术水平的方式，提高未来生产商品和服务的能力。按照马克思的生产理论，固定资产投资，一方面可以维持简单再生产，即弥补和消费对产出的消耗，另一方面也可以扩大再生产，即增加未来时期社会财富的创造能力。

（2）消费。消费按消费主体和消费活动，可以划分为政府消费和居民消费。居民消费主要是指居民个人用于生活的各项支出消费，既包括居民用于日常生活中的衣食住行等各项物质方面的消费支出，也包括教育、医疗、文化等各项服务的消费支出。政府消费指政府部门为全社会提供公共服务的消费支出以及免费或以较低价格向住户提供的货物和服务的净支出。不论政府消费和居民消费，都对经济增长有重要影响。消费既是社会生产过程的终点，也是生产的起点。消费作为一种需求，决定了生产者的生产水平，消费增加，生产增加，消费减少，生产减少。人类正是为了满足不断提高的消费水平的愿望，才解放且发展了生产力，推动了经济的极大发展。

（3）劳动力。人口与经济发展之间的关系不只是简单的正负关系，人口对经济具有多面的影响。一方面人口的增加给经济发展带来阻碍，会影响人均资本积累，另一方面又给经济的发展提供动力，人力资本给经济发展以巨大的推动力，人口发展带来规模经济等。总体而言，在现阶段的中国，人口也即劳动力的多少，是经济发展的重要推动力量。一定数量的人口是社会存在和发展的必要前提，人既是生产者，又是消费者。人口状况对社会的发展可以起加速或延缓的作用，与物质生产相适应的人口状况，有利于促进社会发展。

（四）实证结果及分析

本文的实证检验顺序是，首先，在控制固定资产投资等其他相关变量的基础上，考察版权保护对各省份 GDP 的影响。其次，利用温忠麟等①提出的中介效应检验方法，检验版权保护是否通过影响文化产业的发展而对经济增长施加了作用。版权保护对经济增长的直接影响见表 2。

表 2　版权保护对经济增长的直接影响

变量	模型一	模型二	模型三	模型四
常数项	7.2628*** (0.1130)	1.6478*** (0.1311)	0.5379*** (0.1244)	1.4519*** (0.0707)
版权保护	0.3042*** (0.0161)	0.1012*** (0.0076)	0.1059*** (0.0059)	0.0086** (0.0043)
固定资产投资		0.7885*** (0.0173)	0.6010*** (0.0181)	0.1217*** (0.0180)
劳动力			0.3344*** (0.0217)	0.0545*** (0.1439)
消费				0.7581*** (0.0244)
调整 R^2	0.4993	0.9266	0.9561	0.9883

表 2 是根据方程（1）所得出的实证结果。从表 2 的结果中可以看出，版权保护与经济增长之间存在显著的正向相关关系，这与本文的理论分析相一致。版权保护作为一种高级生产要素，通过促进创新、提高全要素生产率的方式直接促进了经济增长，这也与张苏秋等人的研究保持一致。版权保护的系数，可以表示为版权保护的经济增长弹性。在模型三中，版权保护的经济增长弹性为 0.1059，也即版权保护所带动的版权资源每增长 1%，经济增长将增加 0.1059%，且在 1% 的显著性水平上显著；在模型四中，版权保护的经济增长弹性为 0.0086，也即版权保护所带动的版权资源每增长 1%，经济增长将增加 0.0086%，弹性相比模型三来说有所降低，但是在 5% 的显著性水平上显著，有所降低。表 2 的结果说明，版权作为一种高级生产要素确

① 温忠麟、张雷、侯杰泰、刘红云：《中介效应检验程序及其应用》，《心理学报》2004 年第 5 期，第 614 ~ 620 页。

实对经济发展有着直接的促进作用。实证结果同时表明投资、消费以及劳动力的释放同样是促进国内经济增长的重要推动力。版权保护通过文化产业促进经济增长的中介效应见表 3。

表 3　版权保护通过文化产业促进经济增长的中介效应

被解释变量	(1)	(2)	(3)
	ln*gdp*	ln*whcy*	ln*gdp*
常数项	7.2628 *** (0.1130)	12.6647 *** (0.1075)	0.5379 *** (0.1244)
版权保护	0.3042 *** (0.0161)	0.1012 *** (0.0076)	0.1083 *** (0.0161)
文化产业发展			0.7199 *** (0.0407)

表 3 是根据方程（2）所得出的实证结果。表 3 第一列进一步强化了版权保护对经济增长有直接的促进作用，在不添加其他控制变量的前提下，版权保护对经济增长的弹性为 0.3042，且在 1% 的显著性水平上显著；由第二列可以得知，版权保护也能够促进文化产业的发展，版权保护对文化产业发展的弹性为 0.1012，即版权保护带动的版权资源每增加 1%，经济增长增加 0.1012%，弹性系数在 1% 的显著性水平上显著。由表 3 第三列可知，版权保护和文化产业发展与经济增长之间都为正相关，且系数都在 1% 的显著性水平上显著。根据中介效应检验流程图，当 β、δ、γ^{*} 系数全部显著时，中介效应显著，这说明版权保护确实通过促进文化产业发展的方式推动了经济发展。为了进一步验证中介效应的显著性水平，可以进行 Z 统计检验（见表 4）。

表 4　Z 统计检验

	T 值	标准差	P 值
Sobel 检验	-10.6382	0.0068	0
Aroian 检验	-10.6273	0.0068	0
Goodman 检验	-10.6491	0.0068	0

Baron 和 Kenny，Sobel，Goodman[①] 以及 Mackinnon、Warsi 和 Dwyer[②] 等各自提出过检验中介效应显著性水平的方法，如表 4 所示，P 值都为 0，Z 统计量在 1% 的显著性水平上显著，也即中介效应显著。

为了验证版权保护对经济增长的直接效应和中介效应哪一个对经济增长的推动作用更强，本文尝试计算中介效应占总效应的比例，按照 Mackinnon 等[③]提出的方法，通过计算 $\beta \times \delta$ 的方式计算中介效应占总效应的比例，计算结果为 40.11%，表明版权保护对经济增长的贡献当中，有 40.11% 是通过促进文化产业发展的方式推动经济发展。

四　结论与建议

（一）结论

版权保护对于文化产业发展以及经济增长具有重要推动作用，本文首先从理论上分析了版权保护促进经济增长的作用机制，指出版权作为一种高级生产要素不仅可以直接推动经济发展，也可以通过促进文化产业发展这一中介变量间接推动经济发展。在此基础上，利用 2005 ~ 2016 年的全国 31 省（自治区、直辖市）的面板数据以及中介效应检验模型，本文实证检验了版权保护、文化产业发展以及经济增长这三者之间的关系。研究发现，版权保护确实通过促进文化产业发展的方式推动了经济发展，且这种中介效应占总效应的比例为 40.11%。本文不仅在边际上拓展了对我国版权经济传导机制的研究文献，而且对思考版权强国背景下文化产业发展有一定启示意义。

---

① Goodman LA, "On the Exact Variance of Products," *Publications of the American Statistical Association* 292 (1960): 708 - 713.

② Mackinnon DP, Warsi G, Dwyer JH, "A Simulation Study of Mediated Effect Measures," *Multivariate Behav Res* 1 (1995): 41.

③ Mackinnon DP, Warsi G, Dwyer JH, "A Simulation Study of Mediated Effect Measures," *Multivariate Behav Res* 1 (1995): 41.

（二）政策建议

1. 重视版权理论研究

版权产业作为新型文化业态的一个呈现，要想取得可持续长远发展，离不开理论的不断研究探索。因此，建议以学术研究机构为主体，结合政府、版权相关行业、企业、金融机构平台等多方联合参与模式，共同对版权领域进行深入的探索研究。此外，也应该注重版权人才的培养。基础版权产业的深度发展以及融合，核心要素还是人才，目前既懂版权又深谙产业思维的专业人才尤为匮乏。因此，建议各高等院校开设相关专业课程，同时也希望社会上加强对版权专业从业人员的培训教育，通过多种方式培养和提高版权领域的综合类、复合型人才素质。

2. 加大版权保护力度

具体来说，一方面，加强对知识产权的保护力度和版权运营的宣传力度。版权部门可以利用相关资助政策鼓励原创企业积极保护作品的版权，政府相关部门可以将常规化的版权知识宣传和不定期的版权讲座和培训结合起来，将强制性学习和自愿性选修结合起来，普及社会大众版权意识。另一方面，加大执法力度，维护好原创文化企业的合法利益。要彻底解决“劣币驱逐良币”的市场恶性循环，主管部门一定要加大对于侵犯版权事件的执法和查处力度，要进一步净化文化产业市场，实现文化产业的优化发展。

3. 培育和扶持数字文化产业的发展

如前所述，版权保护通过文化产业发展这一中介效应，能够间接促进经济发展。党的十九大报告指出，要推动文化事业和文化产业发展。为此，不仅要鼓励发展电影、音乐、旅游、艺术等传统文化产业，也要培育和扶持创意园区、主题公园等新型文化业态，尤其要重视数字文化产业培育与扶持，数字文化产业因其创新内容和创新技术的融合于一体，已经成为整个文化产业中的创新链和价值链的核心所在。因此，新时代要进一步重视并通过“文化 + 科技 + 金融”融合发展数字文化产业。

参考文献

钟庆财：《版权经济学：构建与框架》，《广东社会科学》2016 年第 4 期，第5～14 页。

张苏秋：《版权资源的经济增长效应及其作用路径——基于版权经济解释的定量分析》，《广东财经大学学报》2016 年第 1 期。

陈凤仙、王琛伟：《从模仿到创新——中国创新型国家建设中的最优知识产权保护》，《财贸经济》2015 年第 1 期。

曾鹏、赵聪：《知识产权对经济增长的影响——以专利和版权为例》，《统计与信息论坛》2016 年第 4 期。

黄卫平、陈能军、钟表：《版权贸易对经济增长的影响——基于 1998～2010 年中国省际面板数据的实证研究》，《河北经贸大学学报》2014 年第 3 期。

韩玉雄、李怀祖：《关于中国知识产权保护水平的定量分析》，《科学学研究》2005 年第 3 期。

董雪兵、朱慧等：《转型期知识产权保护制度的增长效应研究》，《经济研究》2012 年第 8 期。

屈晓娟：《知识产权保护、技术差距与后发地区经济增长：一个分析框架》，《华东经济管理》2016 年第 10 期。

文小勇：《版权经济：版权产业发展的一个解释框架——基于 2014 年广东省版权产业调查统计分析》，《广东社会科学》2016 年第 4 期。

温忠麟、张雷、侯杰泰、刘红云：《中介效应检验程序及其应用》，《心理学报》2004 年第 5 期。

Chin J. C, Grossman GM, "Intellectual Property Rights and North-South Trade," *Social Science Electronic Publishing* 13 (1988).

Glass AJ, Wu X, "Intellectual Property Rights and Quality Improvement," *Journal of Development Economics* 2 (2006): 393－415.

Suzuki K, "Economic Growth under Two Forms of Intellectual Property Rights Protection: Patents and Trade Secrets," *Journal of Economics* 1 (2015): 49－71.

Mackinnon DP et al., "A Comparison of Methods to Test Mediation and Other Intervening Variable Effects," *Psychol Methods* 1 (2002): 83－104.

Judd CM, Kenny DA, "Process Analysis," *Evaluation Review* 5 (1981): 602－619.

Sobel ME, "Asymptotic Confidence Intervals for Indirect Effects in Structural Equation Models," *Sociological Methodology* 13: 290－312.

Baron RM, Kenny DA, "The Moderator-mediator Variable Distinction in Social Psychological Research: Conceptual, Strategic and Statistical Considerations," *Journal of Personality and Social Psychology* 6.

Goodman LA, "On the Exact Variance of Products," *Publications of the American Statistical Association* 292 (1960): 708 – 713.

Mackinnon DP, Warsi G, Dwyer JH, "A Simulation Study of Mediated Effect Measures," *Multivariate Behav Res* 1 (1995): 41.

B.12
线下游戏文化产业的热点分析与发展研究报告

高　昱*

摘　要： 本文考察的是目前新兴线下游戏文化产业之一——真人密室逃脱游戏。线下游戏文化产业是目前规模正在迅速崛起的产业。不同于以往线上互联网游戏以及传统线下只注重人机交互的游戏机，真人密室逃脱游戏依托故事情节，利用实景打造了代入感极强、适合真人团队协作的场域。本文运用文献法与参与观察法，结合访谈，阐述了真人密室逃脱游戏产业的发展历史、主要特点、产业现状以及客户体验，试图通过分析真人密室逃脱游戏迅猛发展的原因，了解年轻群体对于社会交往需求的心理。

关键词： 真人密室逃脱　线下游戏文化产业　社会交往需求

据广东省游戏产业协会《2018 年中国线下游戏数据报告》，2018 年商用游戏游乐产业规模达到了 1210 亿元，同比增长 7.8%，调研的线下游戏包括礼品机、模拟机和彩票机三类等①。礼品机主要是礼品抓取机，例如娃娃机；模拟机就是通俗意义上的闯关游戏机，还包含赛车、射击以及音乐类型的产品机；彩票机就是奖励成绩高或者技术好的玩家彩票，可用来兑奖的

---

* 高昱，德国汉堡大学汉学系博士研究生。研究方向为文化人类学和中国研究。

① 参见《2018 年中国线下游戏数据报告》，http：//www. sohu. com/a/291223739_ 120070992。

一类机器。“90 后”占到消费群体中的 56.5%。除却大众化的线下游戏种类外，该统计数据还包含一些新型线下游戏，如狼人杀、剧本杀等桌游，以及真人密室逃脱。在艾瑞咨询调研中[①]，电影院、KTV、网吧、电玩城、真人 CS 以及密室逃脱都被划归为线下新娱乐产业。根据 3122 份有效调研样本，“90 后”“00 后”已经超越“70 后”“80 后”，成为线下新娱乐产业的主力军。

目前，关于作为产业发展前景的密室逃脱主要是大型咨询公司在做市场调研。关于密室逃脱的学术研究价值也才刚吸引学者们的注意。大致来说，作为市场调研方向的密室逃脱研究报告包括产业结构前景以及消费群体构成。除包含以上两点外，学术研究兴趣涉及话题则较为广泛。例如将游戏视为一种新的流行文化从社会学角度解释群体行为[②]、基于不同国家密室主题的相关比较文化研究[③]、基于教育学将密室逃脱作为一种有利教学方式引入[④]，还有基于心理学取向主张通过游戏心理治疗[⑤]等。本文将以新兴线下游戏产业中的热点真人密室逃脱游戏为个案，分析当下线下游戏产业的主要产业状况、消费群体，主要采用文献法与参与观察法，试图在个案中总结当下新兴线下游戏产业的特征以及通过该特征分析年轻群体的社会心理。

---

① 艾瑞咨询：《2018 年中国新生代线下娱乐消费升级研究报告》，http：//www.199it.com/archives/755377.html，2018 年 7 月 31 日。

② 参见张泉《真人密室逃脱游戏中的卷入度及文化倾向研究》，硕士学位论文，上海师范大学，2016。

③ Penttilä，Katriina，History of Escape Games Examined through Real - Life - and Digital Precursors and the Production of Spygame（Master thesis，University of Turku，2018）.

④ 参见曹喜平《高校人力资源管理专业实践教学方法创新研究——以“真人密室逃脱”为例》，《湖南广播电视大学学报》2015 年第 4 期，第 79 ~ 82 页；谯艺、杨凯杰、张亚宁《儿童版真人密室逃脱的教育功能分析及建议》，《课程教育研究》2018 年第 6 期，第 222 ~ 223 页；李嘉慧、张燕琳、张艺函《儿童版真人实景密室逃脱的家长教育需求实证研究》，《课程教育研究》2018 年第 6 期，第 224 ~ 225 页。

⑤ 黄薇仰：《逃出牢笼——实境密室游戏中的经验与疗愈》，硕士学位论文，台湾交通大学，2016。

一　什么是真人密室逃脱

真人密室逃脱通常是指2～8个人被反锁在房间里面，按照游戏主题扮演不同的角色，限定时间内（通常是一个小时）在精心布置好的房间里寻找线索逃出房间。如果这是一间牢房，玩家扮演的一般就是囚徒，或者玩家是一名侦探，那么这间房多半是凶案现场，只有揭开谜题找出凶手才能不被凶手所害而逃出。又或者玩家是一名寻宝猎人，那么密室就被装饰成洞穴。线索通常会是一系列有逻辑联系的道具组成的字谜，或者设计的声音、影像给予玩家足够的提示进行下一步线索的探寻。玩家们通过集体协作进行寻找和思考，之后在特定的地方输入与线索有逻辑关联的答案或者把特定道具放在指定位置，又或者做出特定的动作手势即可引发机关一一解开密锁，最后打开通道逃出房间。

这种真人密室逃脱最开始的雏形是源于2004年日本人高木敏光（Toshimitsu Takagi）在互联网上发布的Flash小游戏TAKAGISM。在国内，它最通俗的名字是“深红色房间”（Crimson Room）。为了更加吸引人们点击，它给出来的简介是“全球只有不到4000人可以走出这间屋子，找到0～6件（道具），智力绝对低下，完全是个白痴；6～8件，智力有点弱，属于弱智；9～10件，正常人；11～12件，智商很高，属于智力超群；13件，全世界也只有不到4000人！”很明显，它给出的简介是由于这个游戏要用到逻辑推理能力，所以最直接地与智商相挂钩。然而这种小游戏只局限于一人玩家。最早开始有记录的真人密室逃脱起源是日本京都的SCRAP公司，它早在2007年就推出了供5～6人进行游戏的密室单间①，之后相继在中国台湾和韩国各地开办分店②。2012年到2013年是密室逃脱产业发展的高峰时期，真人密室逃脱产业传到欧洲（匈牙利

① Nicholson, Scott, “Peeking behind the Locked Door: A Survey of Escape Room Facilities,” (2015) White Paper, p. 3. available at http://scottnicholson.com/pubs/erfacwhite.pdf.

② 黄薇仰：《逃出牢笼——实境密室游戏中的经验与疗愈》，硕士学位论文，台湾交通大学，2016，第1页。

尤著)，再之后是澳大利亚、加拿大和美国①。

综合多篇期刊新闻的记录，考证密室逃脱进入中国大陆的时间大致是在2011~2012年。类似的，最开始中国大陆的密室引进也与元祖日本密室逃脱文化有关，2011年日本Badnews公司与上海Maolivehouse合资打造了第一间真人密室②。同年，密室逃脱也进入重庆③。2012年上海黄浦福滩投资联合日本Badnews公司共同打造的大型游艺旗舰品牌《超级密室》，作为真人密室逃脱品牌的X-ROOM开始风靡上海和杭州④。2012年，南京、沈阳相继由前个体玩家引入⑤。2014年以后，真人密室逃脱游戏店已经开始进军三、四线城市，还有国内的县级市及县城⑥。

据尼科尔森（Scott Nicholson）调研，密室逃脱的从业者最开始从事该行业的启发是各式各样的，有受到类似于《印第安纳琼斯》系列、《国家宝藏》、《古墓丽影》等电影启发，也有受到网络上的角色扮演（RPG）游戏启发，还有受到字谜游戏、魔术等启发⑦。

二　真人密室逃脱的特点

作为新兴线下游戏热点的真人密室逃脱与其他游戏相比无疑具有其自身的特点，主要包括代入感强、故事情节生动、逻辑推理运用强以及对团体协

---

① Nicholson, Scott, "Peeking behind the Locked Door: A Survey of Escape Room Facilities," (2015) White Paper, p. 3. available at http://scottnicholson.com/pubs/erfacwhite.pdf.

② 陈觉：《周瀚源：真人版密室逃脱之父》，《新商务周刊》2013年第16期，第59页。

③ 参见上游新闻讯《重庆50多家密室逃脱，他玩通关90%，还帮同事策划了密室求婚》，2018年10月15日，https://baijiahao.baidu.com/s?id=1614387866068187408&wfr=spider&for=pc。

④ 陈觉：《周瀚源：真人版密室逃脱之父》，《新商务周刊》2013年第16期，第59页。

⑤ 南京第一家参见陈敏《破锁而出——密室逃脱现实版》，《读者（原创版）》2012年第9期，第26页。沈阳第一家参见王丽《密室设计师张晓峰专职"坑人"》，《劳动保障世界》2014年第7期，第44页。

⑥ 引用自2015年的911鬼马工作室（现注册为兆联公司，专业从事密室设计与开发）调研报告《我国真人密室逃脱游戏发展历程及前景》，调研报告下载地址：http://qiniu.911mishi.com/wp-content/uploads/2015/03/911mishi.zip。

⑦ Nicholson, Scott, "Peeking behind the Locked Door: A Survey of Escape Room Facilities," (2015) White Paper, p. 3. available at http://scottnicholson.com/pubs/erfacwhite.pdf.

作性的要求。常见的几种密室主题分为以下几方面。

作为密室大类来说，按呈现方式可以分为剧情类和机关类两种。剧情类就是前文提到的玩家沉浸式挖掘故事情节，主要情节是一步步知晓线索，通过密码以及相关技巧行为进行闯关。机关类则比较考验身体的协调配合能力和体能，例如需要躲避大型激光阵、打鼹鼠般的反应打击能力、跑步机速率等。按主题类型则可分为侦探悬疑类，例如《福尔摩斯探案》《阿加莎侦探破案系列》《名侦探柯南》等；探宝类则包括《盗墓笔记》《国家宝藏》《印第安纳琼斯》系列等；逃生类则偏好塑造一种紧张感，敦促玩家用最少的时间脱身，像《越狱》《地牢围攻》《谍战》等；恐怖惊悚类则包括《电锯惊魂》《生化危机》《釜山行》《吸血鬼地牢》等；电影主题仙侠奇幻类像《哈利波特》《爱丽丝梦游记》《诛仙》《仙剑奇侠》《古剑奇谭》等；还有一种是自我探索类，类似电影《宿醉》《波恩的身份》《记忆碎片》，玩家一进入密室时失忆或者并没有给定特定的身份，而后根据相关线索的挖掘以及故事情节的推进陆续知道自己的身份、剧情以及任务。当然有些游戏主题本身就涵盖了几种类型，总而言之，都是要玩家自己解开机关打开密室进行逃脱。

很多密室并不是单一的剧情叙述模式，而是有着更多开放的多线剧情结局的模式。在关键点上通过不同道具的选择利用可以进行到不同的在线剧情，得到不同的结局。另外，不可忽视的是密室店中店员的引导作用，英文中叫作 Gamemaster（游戏掌控者），他们负责通过监控观察密室中的玩家，在机关出问题的时候负责维护，在玩家解密过程中求助时（为了增加游戏的紧张感一般进店时会提示说只有三次求助机会，但其实只要在规定的时间内是不限提示次数的）给予恰当的提示，以及监督玩家是否有足以造成密室损坏的不适当行为。在多线剧情中，玩家最后选择的结局跟店员的引导有很大的关系。

三　从业者眼中的密室逃脱

笔者采访过几年前一名由密室逃脱热血玩家升级做到店长的小明①。他介

① 小明（匿名），男，24 岁，2019 年 1 月 23 日 23 点深圳市龙华区红山地铁站附近剧本杀店内访谈。

绍到，做一家真人密室店基本上一年左右可以赚回成本价，但这个产业的瓶颈期是在两三年左右，当店内现有的四五间密室都已经被各路玩家玩过一遍之后，就面临着是开发新的密室还是继续维持旧的密室的情况。新的密室可能在设计上面没有旧的密室那么耐玩，以至于原有的口碑都会被败坏。但如果不开发新的密室，又无法吸引原来的顾客。为了解决此类情况，现在更多的是密室品牌的标准化效应。例如广州的 FDC 密室逃脱店做出了口碑，于是连锁分店又开到了深圳。还有就是例如广州 GDXZ 密室店有几个很不错的原创密室，全国其他品牌的密室店则对其设计图纸进行购买。据买方店的店长介绍①，他们以 10 万多的价格购买了一间密室设计，其中有各种装修、装饰图案的打印图纸以及道具、机关的设计图纸，音效音频录像等软件素材，但是这个价格不包括实际装修、装饰道具以及机关的制作费用。以笔者实际观察情况来看，这个密室属于总面积 70 多平方米 3 间房的中型密室，预定通关时间为两小时，每人每次费用约为 150 元，一场最少为 4 人，一天 6 场，基本上能保证一个月最少有五六万元的收入。一般一家密室店拥有 4 间到 6 间密室，所以一家店的月营业额应该最少能够达到 20 万元（小型密室给定时间为一小时，每次价格在 70 ~ 80 元，基本与中型密室的 2 小时 150 元均价吻合）。

四　玩家眼中的密室逃脱

像北上广深等一线城市，精品密室店非常多，而且不用担心客源问题。对于无工作收入来源的青少年学生来说，一小时 70 ~ 80 元的收费其实是有点高的。白领阶层虽然有收入但又不如青少年有那么多的时间，而且也很难找到同伴组队去玩。密室店的主要消费人群还是“90 后”“00 后”等正踏入或刚踏入社会的青年人，他们也是最有社交需求的人群。例如，一位沉迷

① 访谈时间：2019 年 2 月 20 日 19 点。访谈地点：深圳市南山区高新园地铁站附近密室逃脱店。

于密室的白领叙述自己在整整一年时间里，以每个月两到三次的频率玩遍上海的密室，还写了详细攻略介绍密室逃脱游戏的技巧①。有喜欢玩电脑游戏的玩家则表示，玩真人密室逃脱最后逃脱出来有智商成就感，剧情和机关的配合则带来新鲜感。有的玩家表示喜欢的是密室里面集体协作的配合感，仿佛又回到了念书时候忘却所有烦恼的课间游戏十分钟。有人则喜欢密室中的活泼气氛，大家聚在一起把房间内的道具乱玩耍宝。还有侦探小说的忠实粉丝，喜欢密室里面需要耗费脑力的推理剧情。

五　总结

真人密室逃脱是互联网时代兴起的新兴线下游戏产业。笔者认为此类新兴产业与互联网信息产业的线上线下交互体验发展趋势一致，例如虚拟现实（VR）技术的发展。但类似桌游，真人密室逃脱拥有不可取代的真人互动交流的特质，使得它在日益趋向于宅的青年人个体化群体中受到追捧。在有限的时间内，以逃出密室为共同目的的使命感赋予了团队成员存在的意义。本质上来说，不管科技发展到任何水平，人类还是不断寻求意义的社会性动物，心灵上需要与其他人的沟通交往。

参考文献

一　论文期刊

曹喜平：《高校人力资源管理专业实践教学方法创新研究——以“真人密室逃脱”为例》，《湖南广播电视大学学报》2015 年第 4 期。

陈敏：《破锁而出——密室逃脱现实版》，《读者（原创版）》2012 年第 9 期。

陈觉：《周瀚源：真人版密室逃脱之父》，《新商务周刊》2013 年第 16 期。

李嘉慧、张燕琳、张艺函：《儿童版真人实景密室逃脱的家长教育需求实证研究》，

① 原百度贴参见 https：//zhidao. baidu. com/question/1704163607987701540. html。

《课程教育研究》2018 年第 6 期。

黄薇仰：《逃出牢笼——实境密室游戏中的经验与疗愈》，硕士学位论文，台湾交通大学，2016。

谯艺、杨凯杰、张亚宁：《儿童版真人密室逃脱的教育功能分析及建议》，《课程教育研究》2018 年第 6 期。

王丽：《密室设计师张晓峰专职“坑人”》，《劳动保障世界》2014 年第 7 期。

张泉：《真人密室逃脱游戏中的卷入度及文化倾向研究》，硕士学位论文，上海师范大学，2016。

二 英文文献

Nicholson, Scott, “Peeking behind the Locked Door: A Survey of Escape Room Facilities,” (2015) White Paper, available at http: //scottnicholson. com/pubs/erfacwhite. pdf.

Penttilä, Katriina, History of Escape Games Examined through Real – Life – and Digital Precursors and the Production of Spygame (Master's Thesis, University of Turku, 2018).

三 新闻链接

上游新闻讯：《重庆 50 多家密室逃脱，他玩通关 90%，还帮同事策划了密室求婚》2018 年 10 月 15 日，https: //baijiahao. baidu. com/s? id = 1614387866068187408&wfr = spider&for = pc。

兆联公司：《我国真人密室逃脱游戏发展历程及前景》，2015，调研报告下载地址：http: //qiniu. 911mishi. com/wp – content/uploads/2015/03/911mishi. zip。

苏本立：《2018 年中国线下游戏数据报告》，http: //www. sohu. com/a/291223739_120070992。

艾瑞咨询：《2018 年中国新生代线下娱乐消费升级研究报告》，http: //www. 199it. com/archives/755377. html，2018 年 7 月 31 日。

四 网络链接

密室逃脱游戏之父高木敏光主页：http: //www. takagism. net/。

中文版深红色房间 Flash 游戏地址：http: //www. mysteryroom. cn/room11/。

玩家感受：https: //zhidao. baidu. com/question/1704163607987701540. html。

B.13

中国社交网站存在的问题与发展研究报告

庞书纬*

摘　要： 作为中国社交网站的“先驱”之一，人人网在短短十多年间，经历了由盛而衰的变迁。本文通过对其自身定位、营销策略等方面的分析和与全球最大社交网站Facebook的横向对比，尝试解析人人网从崛起到衰落的原因，着重呈现上述过程中全球传媒格局发生的深刻变革，并尝试对未来社交媒体的发展方向进行展望。

关键词： 人人网　社交媒体　用户

2018年11月14日，一则“人人网被卖了”的新闻引爆网络，作为人人网“东家”的人人公司于当日发布公告，称其子公司北京千橡网景科技发展有限公司已同意将人人网社交平台以2000万美元的价格出售。

消息一出，媒体和网友在惋惜之余，大多表示上述结果其实是在情理之中的。作为21世纪第一个十年国内最成功的大众社交网站，人人网的兴衰，折射出国内社交媒体从起步到发展的历程。同时在与脸书（Facebook）等全球知名社交网站的对比中，可以看出人人网后期在自身定位、营销策略等方面存在的偏差，值得后来者引以为戒。

---

* 庞书纬，青海师范大学新闻学院讲师，硕士学位，主要研究方向为新闻实务、中国现当代文学与电影。

一　人人网崛起之路

作为人人网的前身，校内网于2005年由王兴、王慧文、赖斌强等创办。2006年10月，校内网被北京千橡互动集团收购，同年年底千橡互动集团旗下的5Q校园网与校内网合并完成。2009年7月，校内网正式更名为人人网。为行文方便，文中将创立之后的该网站统称为人人网。

作为国内曾经最成功的社交网站，人人网曾一度占据国内75%以上的校园社交网络服务（Social Network Service，简称SNS）用户份额（见图1）。2011年，人人公司在纽约证券交易所上市，发行价14美元，最高市值74.82亿美元，按照当时汇率，大约折合为511亿元人民币；2012年人人网增值业务收入达到峰值1.223亿美元；2014年12月人人网独立登录用户数达到峰值4600万，一度被称为“中国的Facebook”。[①]

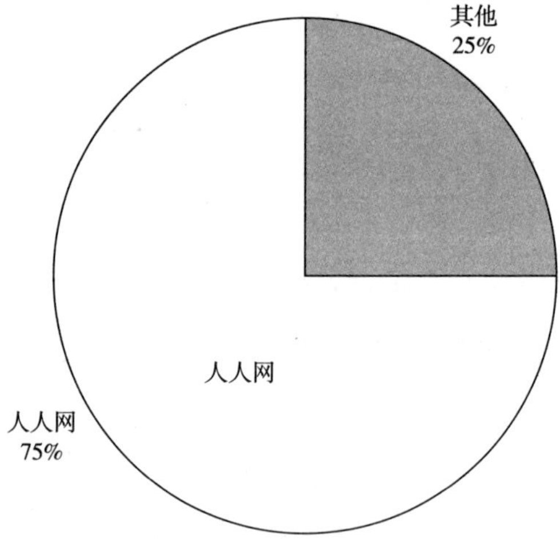

图1　校园社交网络服务用户份额

① 赵松岩：《浅析人人网衰落的原因》，《新闻研究导刊》2016年第12期，第306~307页。

在笔者看来，人人网在早期的成功，首先在于其抓住了21世纪初社交网络服务起步的历史契机，有效激活了中国网络用户特别是青年用户的参与。甚至可以说，正是随着人人网等一批早期社交媒体的产生，国内传媒领域才逐渐开启了从“受众时代”到“用户时代”的历史性变迁。

20世纪80年代，传播学中受众的概念随威尔伯·施拉姆（Wilbur Schramm）的传播学理论一道被引入内地学术界。施拉姆将受众（audience）定义为“在传播过程另一端的读者、听众与观众的总称”。在信息传播过程中，受众的角色类似于“自助餐厅里的就餐者”，信息提供者则类似于“厨师”。① 由此可见，在传统传播学理论中，受众对信息的接受以被动接受为主，媒体不仅掌握传播中议题设置的权力，而且对舆论导向也产生着举足轻重的影响。

上述格局随着21世纪互联网的加速发展而被打破，信息接受者由此获得了“技术赋权”。② 所谓“权力”，一方面表现为信息接受者更加个性化、分众化的选择权，包括对信息内容和信息接受时间、空间、方式等的选择。另一方面表现为信息接受者越来越多地扮演着“受传合一”的角色，不仅可以主动设置话题，而且可以通过关注、转发、评论等方式对信息进行“二次传播”。“技术赋权”的过程，使信息接受者突破了原先被动的、类型化的受众角色，成为主动的、个性化的、高度细分的用户。在“用户时代”，发布者/发布机构作为信息传播“中央控制系统”的作用被大大削弱，信息越来越依赖交互媒体以类似“蜂群传播”的方式得以扩散，具体表现为信息传播依赖一部分用户带动另一部分用户，用户群体中的“活跃分子”比例越高，信息传播速度越快、范围越广、影响越大。③

著名学者马歇尔·麦克卢汉（Marshall McLuhan）在其著作《理解媒

① Wilbur Schramm. *Men, messages, and media: a look at human communication* (New York: Manchester University Press, 1973), p. 307.

② 郑永年：《技术赋权：中国的互联网、国家与社会》，邱道隆译，东方出版社，2015。

③ 顾明毅：《网络舆情及社会性网络信息传播模式》，《新闻与传播研究》2009年第11期，第1~11页。

介》中指出："任何媒介（即人的延伸）对个人和社会的任何影响，都是由于新的尺度产生的；我们的任何一种延伸（或曰任何一种新技术），都要在我们的事务中引进一种新的尺度。"① 顺着这个思路不难看出，人人网早期的成功，缘于其在国内打开了信息传播的"熟人尺度"，即借助同窗、同事、友人等现实的、既有的人际关系传播彼此感兴趣的信息，并尝试拓宽现实中的人际关系圈。

脸书（Facebook）创始人马克·扎克伯格认为，社交网络发展应当更侧重如何让产品促进人与人之间的联系，而不是用户数量的增长和技术本身的普遍性。② 如果按照这一标准来衡量上升期的人人网，可以看出其用户设定和维系是比较成功的。作为重要的非血缘关系之一，同窗关系在人际关系中扮演着重要角色。人人网早期以在校大学生为主要目标用户群体，通过实名认证的方式进行注册，在注册信息中偏重于学生阶段信息，使其在现实中的主要作用是维持当下的同窗关系，同时找回多年未联系的昔日同窗，正如2009 年人人网在视频广告中使用过的一句广告语："找回你，曾经的真情。"

此外，人人网还充分利用了人与人之间的"情感互信"，较好地满足了用户"认识朋友的朋友"的心理需求，不仅实现了网络虚拟空间与现实人际关系的有效对接，而且为现实中人际关系圈的拓展提供了平台。由于我国在校大学生大多选择异地求学，拓宽交际圈的需求较为迫切，人人网为此专门开发了"热门好友"推荐等功能，向普通用户推荐与之存在交集（如校友、同乡、同专业等）且个人主页点击量较高（至少为 1 万人次）的好友，从而依托现实中人与人之间的多元聚合方式，扩大了社交网络的影响，因为"朋辈教育的渗透性、潜移默化性以及自由性与网络'意见领袖'的影响机制具有内在的一致性。"③

---

① 〔加〕马歇尔·麦克卢汉：《理解媒介》，何道宽译，商务印书馆，2001，第 33 页。

② 中国电子商务研究中心：《社交网络遭遇瓶颈？移动化或是救命良药》，http：//www.100ec.cn，2011 年 7 月。

③ 王嘉、戴艳军、王智宇：《大学生"网络意见领袖"研究——基于人人网》，《中国青年研究》2012 年第 7 期，第 85 页。

同时应当看到，人人网最初将目标用户定位为在校大学生的做法，有利于其在较短时间内收获较多用户。作为一个刚刚独立生活且时间自由度较大的群体，在校大学生在心理上大多渴望被关注，渴望获得“存在感”。人人网则及时抓住了上述心理，先后开通公共主页、“人人群”等功能，甚至出现了旨在增加个人主页点击量的“互踩群”。

综上所述，人人网在其上升期抓住了社交网络服务起步的历史契机，通过网络平台使原先作为“沉默大多数”的草根阶层在一个“半真实”的空间中，获得了话题设置与传播的权力。同时，人人网在内容设置上，较好地满足了作为主要用户群体的在校大学生的心理需求，使其在较短时间内收获了较多用户，并一度成为国内社交媒体的代表。

二　定位不清、应变不足导致“大厦将倾”

然而，从 2015 年开始，在人人公司总体业绩稳步提升的同时，人人网的业绩却大幅下滑，股票市值缩水 80% 以上。到 2018 年 3 月 31 日，人人网每月独立用户登录数下降为 3100 万人次，每日平均仅为 100 万人次。在其出售的前一天即 2018 年 11 月 13 日，其市值仅剩 7 亿元人民币，与其最高市值相比缩水竟达 98.6% 。[①]

在笔者看来，人人网“大厦将倾”，其实在此前已经埋下伏笔。从其诞生开始，自身定位就是必须面对的问题，即作为一个网站，人人网究竟是社交工具还是媒体？这一问题，随着移动互联网的发展而愈发棘手。

21 世纪的第二个十年，移动互联网的加速发展，成为影响传媒格局的标志事件。中国互联网络信息中心（CNNIC）官方网站 2018 年 8 月 20 日发布的第 42 次《中国互联网络发展状况统计报告》显示，截至 2018 年 6 月底，我国网民规模达 8.02 亿，其中手机网民规模达 7.88 亿，网民通过手机

① 佟亚云：《人人网落幕：从市值 500 亿到 7 亿，陈一舟都做错了什么?》，http：//www.sohu.com/a/275818163_ 100001551。

上网的比例高达98.3%，对绝大多数网民而言，移动终端已经成为其获取信息的首选途径。

对比移动互联网时代的重要社交平台微信，人人网的劣势可谓一目了然。从功能设计的角度而言，微信以智能手机为终端，通过发送微信、语音聊天和视频聊天等功能，实现人与人之间的实时交流。至少就效果而言，微信可以简单理解为一款集语音电话、视频电话和短信等功能为一体的社交工具，能够较好地满足人们社会交往的“刚性需求”。在此基础上的朋友圈等功能，事实上是在满足“刚性需求”的前提下，开拓用户社交的“柔性需求”。

反观人人网不难看出，尽管其较好地满足了用户维护、重建、拓宽人际关系圈的需求，但基本局限于“柔性社交”的层面。换言之，建立在人人网基础上的社交大多并非生活、工作所必需，随着微信推出朋友圈功能，“柔性社交”获得了更为便捷的平台，人人网被进一步边缘化。2015年，人人网关闭了其“站内信”功能，使其仅有的类似电子邮件的“准刚性社交”功能也被取消。

人人网在未能充分发挥社交工具作用的同时，其媒体的作用同样未能发挥，反观作为其“模板”的Facebook，人人网的上述缺憾变得更加明显。作为社交网络时代的第一次美国大选，2008年美国大选中，民主党候选人奥巴马的竞选团队很好地利用了刚刚兴起的社交网络，其宣传效果甚至超过许多传统媒体。如在竞选期间，奥巴马在Facebook上拥有的粉丝数超过200万，相当于竞选对手麦凯恩的3.5倍；其在Youtube上的竞选视频点击量超过1710万次，相当于麦凯恩同类视频的1.6倍；在具有选民资格的MySpace用户中，60%以上支持奥巴马，几乎是麦凯恩的两倍。[①]

与此同时，Facebook主动抓住美国大选这一在当时吸引美国乃至全世界关注的新闻事件。2009年1月20日，奥巴马宣誓就任第44任美国总统，由于其为美国历史上首位非裔总统，同时由于当时全球正在经历新一轮金融危

① 刘永春：《从奥巴马竞选的新媒体策略谈加强广播电视等新媒体建设》，《广播电视信息》2008年第11期，第41页。

机，自然饱受关注。Facebook 主动与美国有线电视新闻网（CNN）合作，联合推出奥巴马就职仪式报道主页，不仅大大丰富了报道的内容，[①] 更开创了社交媒体介入重大新闻报道之先河。此后，Facebook 先后抓住了 2012 年伦敦奥运会和美国总统大选、2014 年巴西世界杯等一系列重要新闻事件，不仅在美国国内用户数量稳步上升，更在全球范围内加速拓展业务。截至 2015 年，包括《纽约时报》、BuzzFeed、BBC 新闻、《美国国家地理》、NBC 新闻、《大西洋月刊》、《卫报》、《明镜周刊》和德国《图片报》等在内的欧美 9 家传统主流媒体先后与 Facebook 签署协议，通过后者的“即时文章”等应用程序直接发布信息，方便用户在 Facebook 网站内直接点击阅读。[②]

与之相比，人人网在上述领域显然未能进行有效开拓，尽管在 2009 年，作为国内主流媒体之一的人民网在人人网开通公共主页，但直到 2012 年，其好友数仅为 37 万人，共发表日志 2704 篇，平均每篇阅览量仅为 1500 余人次，放在中国的人口体量中几乎可以忽略不计。根据学者郭城春的统计，在人人网开设公共主页的主流媒体中，好友最多的是《中国日报》，总计为 115 万；其次是《环球时报》，为 93 万，其余国内主流媒体公共主页好友人数大多未能突破 50 万。[③]

此外，笔者认为，人人网在营销策略方面存在的问题，也在一定程度上加速了其衰落。正如前文所说，人人网在其上升期，目标用户主要是在校大学生，这种定位固然不错，但当其市场份额受到微信等新兴社交媒体冲击时，却将重点放在了维护用户“存量”而非拓展“增量”上，相关功能的开发依赖老用户的“怀旧情结”，而不是试图唤起新用户的新鲜感。如在

① Facebook 与 CNN 此次合作主旨是网页集成开发，在网页中，左侧显示来自 CNN 的直播视频画面，右侧则是 Facebook 网友的个人状态信息，下方则是其他好友对就职典礼的评论。（詹新惠、童珮茹：《国外传统媒体利用社交媒体的三种路径》，http://media.people.com.cn/n/2012/0719/c213309-18554684.html）。

② 魏明革、陈睿：《欧美传统媒体与社交媒体 Facebook 融合的思考》，《编辑之友》2016 年第 9 期，第 108 页。

③ 郭城春：《SNS 语境下党报拓展传播途径应更有作为——以〈人民日报〉“落户”人人网为例》，《新闻记者》2012 年第 10 期，第 68 页。

2012 年开通的“时间轴”功能，看似新颖，却很难对扩大用户“增量”有所帮助。2014 年人人网手机 App 正式上线，广告语却是“2005～2014，你的校园一直在这儿”。然而在稍早之前，Facebook 先后与 Skype 合作推出视频聊天服务，与 Youtube 合作推出视频上传服务，网站功能在原有的社交基础上更趋于“一专多能”。

三　结语与展望：社交网络的未来方向

2019 年 1 月 30 日，就在人人网被出售之后两个多月，Facebook 公布财报显示，2018 年第四季度，公司收入达到 169.1 亿美元，同比增长 30.4%，实现利润 68.8 亿美元，同比增长 61.1%。Facebook 季度营业收入趋势见图 2。目前，由于人人公司自身业务重点的转移，人人网“起死回生”的可能性不大，然而作为中国社交网站的“先驱”，其开拓意义依旧值得肯定，正因为此，其衰落引发网友特别是“80 后”一代大学生的集体怀旧。

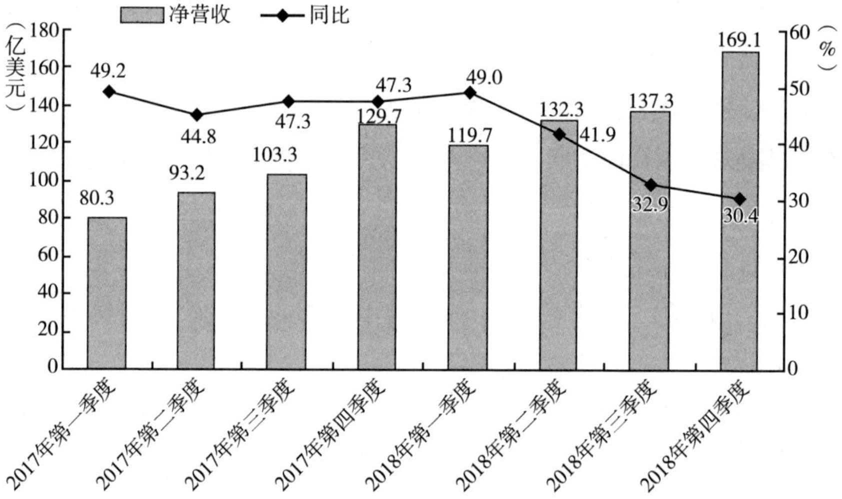

图 2　Facebook 季度营业收入趋势

资料来源：公司财报、见智研究整理。

笔者认为，在可以预见的未来，伴随移动互联网的日益普及，社交媒体一方面可能向着更加集成化的方向发展，即在社交之外满足用户多方面信息需求和娱乐需求。同时，随着大数据等技术日臻成熟，未来社交网络服务也将更加具体化、细分化，更好地满足用户个性化、便捷化的社交需求，优化用户体验，提升用户黏性［Facebook 季度末平均 MAU（用户黏性）分析见图 3］，在与用户的互动中不断发展。

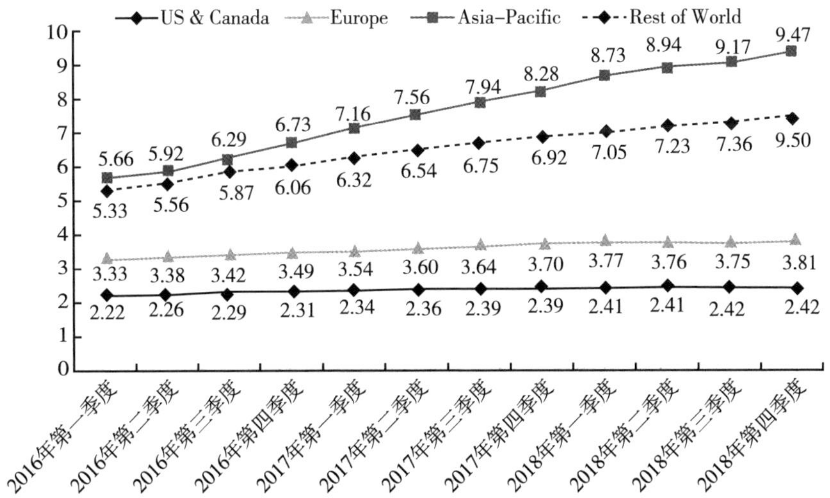

图 3　Facebook 季度末平均 MAU（用户黏性）分析

资料来源：公司财报、见智研究整理。

参考文献

〔加〕马歇尔·麦克卢汉：《理解媒介》，何道宽译，商务印书馆，2001。

〔美〕沃尔特·李普曼：《公众舆论》，阎克文、江红译，上海人民出版社，2006。

郑永年：《技术赋权：中国的互联网、国家与社会》，邱道隆译，东方出版社，2015。

〔英〕丹尼斯·麦奎尔：《大众传播模式论》，祝建华译，上海译文出版社，1997。

〔美〕舒德森：《新闻社会学》，徐桂权译，华夏出版社，2010。

B.14
云游戏的回顾与展望研究报告

裴一宁*

摘　要： 随着5G时代的到来，原本热潮褪去的云游戏也越来越受到游戏开发商及硬件厂商的青睐。本文首先梳理了云游戏产业国内国外发展的脉络，并探讨云游戏行业过去的得与失。之后，结合笔者自身云游戏行业从业经验，对云游戏产业现状进行分析，并提出云游戏产业目前存在的行业壁垒及面临的困难。最后，总结近半年云游戏行业大事件，并展望未来行业发展潜力。

关键词： 云游戏　流媒体　云计算技术　云服务

日前，谷歌与育碧宣布《刺客信条：奥德赛（Assassin's Creed Odyssey)》将会加入谷歌推出的 Project Stream 计划，10 月 5 日后玩家即可通过 Chrome 浏览器的游戏流媒体服务进行试玩。

谷歌与育碧就这一事件分别进行了声明，表示将关注技术的进步，令《奥德赛》这样的游戏可以在 Chrome 浏览器上以流媒体游戏的形式供玩家游玩。虽然此次提供的试玩名额有限，但有幸被选中的玩家将可限时免费游玩这款游戏。

据悉，《奥德赛》将在 Chrome 浏览器上以 1080p/60fps 的标准运行，但是输入延迟与其他不确定因素也可能会存在。

---

* 裴一宁，华东师范大学人类学硕士，云游戏产品经理，研究方向为游戏产业研究。

——IGN 中国《CHROME 浏览器畅玩刺客信条奥德赛，但很多人会望而却步》①

谷歌和育碧的合作无疑是2018年引人热议的一件大事，在国内游戏媒体的宣传下，“云游戏”这个概念终于开始进入大众的视野。

尽管人们已经用惯了“百度云盘”“网易云音乐”“有道云笔记”，然而“云游戏”这个概念对于大多数非游戏行业从业者而言无疑仍是十分陌生的，也许是考虑到这个，新闻中选择了另一个因为 Netflix 而广为人知的称呼——流媒体（Streaming Media）。

一　何为云游戏

流媒体技术是指流媒体服务器按照一定的实时传输协议，把连续影像和声音信息封装成一个个独立的媒体数据包，向客户端连续、实时地发送，客户端创建并且维护一个缓冲区，一边将收到的媒体数据包放入缓冲区，一边读取缓冲区内的媒体数据进行播放。简单来说，流媒体技术就是一种可以使音频、视频和其他多媒体能够“边下边播”的网络传输技术，网络传输是流媒体技术实现的关键。②

现在已经普及的流媒体视频技术正是如此。如果网络不好，你会发现视频总是一段一段加载，播放一小段之后停止播放。云游戏也是如此，但比之流媒体技术又不那么相同。云计算使得性能差的机器变得智能并且高效。云游戏充分利用了云端资源把几乎所有的工作负荷转移到了云端，然后通过云计算，再把视频流传回给用户。③

① 王正：《CHROME 浏览器畅玩刺客信条奥德赛，但很多人会望而却步》，2018年10月2日，http：//www. ign. 中国/assassins - creed - odyssey/27077/news/chromeliu - lan - qi - chang - wan - ci - ke - xin - tiao - ao - de - sai - dan - hen。

② 王艳华：《流媒体传输技术综述》，《电脑知识与技术》2017年第28期，第99页。

③ 韩智培：《云游戏：一个基于云计算平台的新型产业》，《信息与电脑（理论版）》2017年第17期，第19页。

通过云游戏的方式，游戏玩家们可以彻底摆脱硬件的束缚，只要一款能够进行交互的电子设备即可变成“云游戏玩家”。PC 云技术流程见图 1。也就是说，任何一块触摸屏都可以成为你“吃鸡”① 的战场。目前的主机游戏市场由任天堂、索尼 PlayStation、PC 个人电脑三个平台三分天下。如果玩家想玩到所有的游戏，则必须拥有任天堂的游戏主机、索尼的游戏主机以及一台 Windows 系统的个人电脑，而且这台电脑还必须拥有一定的相对中高端的配置。如果玩家只拥有一台 MAC OS 系统、Linux 系统的电脑，或者是一台中低配置的 Windows 系统电脑便很难便捷地体验到想玩的游戏。在世界范围内，这样的硬件壁垒还对游戏行业本身造成了“反噬”。因为 3A 大作使用顶尖的技术，对于设备要求较高，导致用户的电脑或者设备无法支持最新的 3A 大作，这批用户就“流失”了，甚至许多原本想购买游戏的玩家选择在视频网站观看游戏实况，做一名只看不玩的“云玩家”。

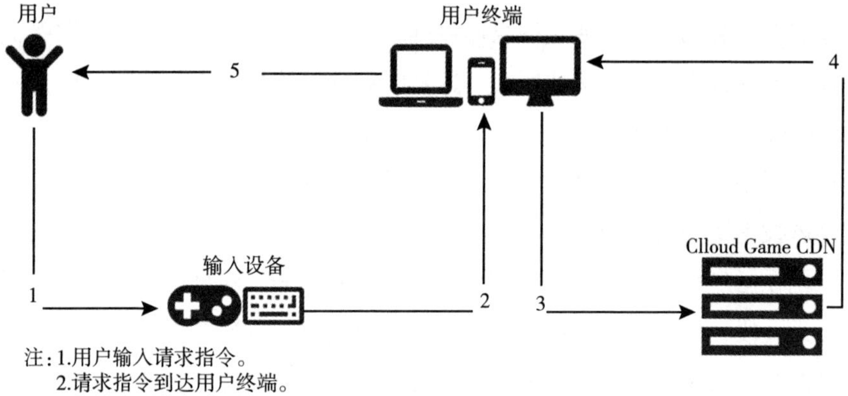

注：1.用户输入请求指令。
2.请求指令到达用户终端。
3.终端发送请求到云端CDN。
4.CDN发送游戏流媒体到用户终端来进行解码和渲染。
5.实现在终端玩游戏的操作。

图 1　PC 云技术流程

① “吃鸡”《绝地求生》（英语：Player Unknown's Battlegrounds，又译作“绝地求生：大逃杀”，直译为“无名玩家的战场”，或简称 PUBG），也常被称为吃鸡，是一款由韩国电子游戏开发商蓝洞（英语：Bluehole Inc.）旗下的 PUBG 公司所开发及发行的多人制大逃杀游戏。

二　云游戏的先驱者们

事实上，云游戏作为一种并不算太新的技术，在全球各地都有团队在试图利用这项技术改变人类游戏的进程。

早期的入局者包括曾经风光无限的 OnLive（在 2010 年 6 月 ~2015 年 4 月不间断的服务后宣布结束服务），Gaikai（2008 年 11 月 ~2012 年 7 月被索尼收购），英伟达的 GeForce Grid、GeForce Now、SHIELD（2012 年至今），索尼的 PlayStation Now（2014 年 1 月至今）等，及至近期不断放出云游戏消息的谷歌、腾讯，都令云游戏呈现出了一个新兴朝阳产业的面貌。

然而，历史总是惊人的相似，在新兴产业布局中，第一个吃螃蟹的人总是后来者的垫脚石。

OnLive 平台 2009 年发布测试版本伊始，有媒体打出“取代主机”① 的口号，当时人们便畅想假若基于 71% 美国家庭超过 2Mbps 带宽的网络基础，OnLive 通过传输游戏（Stream Games）即能提供给用户同 PS3 一样质量的游戏体验。该项技术于国际级盛事 Game Developers Conference（GDC）首次披露至 2010 年 6 月正式宣布提供服务再到 2012 年大批裁员，一度估值 18 亿美元的被寄予颠覆游戏行业使命的 OnLive 最终还是没能实现理想，和同时期竞争的 Gaikai 一样落得了一个被大厂收购的命运。

要说为什么先行者们会失败，一方面与云游戏本身要求的重资产投入有关，OnLive 缺乏技术支持导致一台服务器同时只能服务于一名用户，这样便要求投入大量的服务器；另一方面和内容提供有关，在当时（2010 年前后）即便是发达国家的网络也并没有好到可以令玩家在世界各地像体

---

① Thomas Ricker, OnLive Killed the Game Console Star? 2019 - 3 - 24. https://www.engadget.com/2009/03/24/onlive-killed-the-game-console-star/.

验本地游戏一样低延迟甚至是无延迟地体验游戏，而且 OnLive 无法第一时间供应最新的游戏，对于主机普及度高的欧美玩家而言吸引力不足。综合影响下，号称 200 万注册用户的 OnLive 实际同时在线人数不超过 1600 人。

也许是意识到云游戏是一个高壁垒的行业，游戏行业的巨头们纷纷入股。

英伟达（NVIDIA）的 GeForce Grid 云游戏技术——“凭借革命性的 NVIDIA GRID 云游戏技术，大家很快将能够以流的形式传输 Web 上的视频游戏，就像传输任何其他媒体一样。GRID 可以在云端服务器上渲染 3D 游戏，即时为每一帧进行编码，将结果以流的形式传输至任何接驳了有线或无线网络的设备。[①]” 作为长期为众多游戏开发商提供技术支持的服务商且通过自家过硬的图像处理技术在游戏行业独领风骚的一家硬件厂商，英伟达对于云游戏的最大贡献在于虚拟化 GPU 技术，能极大降低云游戏的服务器成本。目前在 SHIELD 平台上可以实现 1080P/60fps 的超高清画质游戏体验。

2013 年 GeForce Grid 投入测试直至 2015 年 12 月 30 日正式揭露并改名为 GeForce Now，除了为游戏厂商提供 Gaming as a Service（GaaS）服务（云游戏服务）外，还推出了搭载 GeForce Now 功能的 SHIELD Portable 掌机（2013）、SHIELD Tablet 平板（2014）和 SHIELD TV 机顶盒（2015）（见图 2），均可通过流媒体技术 GeForce Now 获得云游戏体验，不过由于国内版本进行了阉割，对于国内玩家而言只能通过自己的电脑作串流获得类似的云游戏体验了。

家庭串流服务就像是微型的云游戏服务一样，只是差别在于云游戏是将服务器设置在外部机房，而家庭串流服务则通过局域网进行，其实就是将自己的电脑变成了服务器。就像 Valve 的 Steam 家用流媒体服务（Steam In-

① Chris Burns, NVIDIA GRID Revealed to Change Cloud Gaming Forever, 2013 - 1 - 6. https: // www. slashgear. com/nvidia - grid - revealed - to - change - cloud - gaming - forever - 06263511/.

图 2　SHIELD TV 产品

home Streaming）也是这样的技术逻辑。

英伟达的云游戏业务仍属于小众，不仅是因为过高的硬件售价，也是因为游戏内容的缺乏。目前云游戏大多基于 Windows 系统和安卓系统开发，能支持的游戏仅限于 Win 和安卓两个平台。但游戏玩家并非只有 PC 玩家和安卓游戏玩家。被玩家戏称为“世界主宰”的任天堂和“索尼大法”的索尼提供的主机设备及基于主机运行的独占游戏才是硬核游戏玩家的选择。

也许是发现了自己得天独厚的优势，2014 年索尼针对主机玩家推出 PlayStation Now 服务，旨在令玩家能在 PlayStation3（当时还是 PS3）之外的设备（包括索尼旗下 PS1、PS2、PS Vita、智能电视设备）上游玩 PS3 的游戏。然而，2014 年索尼已经推出新一代主机 PS4 了，但针对 PS4 游戏的云游戏服务直到 2017 年才正式推出。这也是 PS Now 广为玩家诟病的原因之一。不过索尼在 2017 年推出了针对非索尼用户的 PC 版本云游戏服务，能让非 PlayStation 用户的游戏玩家也能游玩“PS 独占”（即只在 PlayStation 平台提供）的游戏，对用户来说确实是更有吸引力。PS Now 定价策略见图 3。

图 3　PS Now 定价策略

三　云游戏发展现状

近几年，除了索尼、英伟达两家外，也有一些由于地区限制而不为国内所知的新兴云游戏服务商，比如 Vortex Cloud Gaming（2017 年 7 月至今）、Liquid Sky（2017 年 3 月至今）、Shadow（2018 年至今）。Vortex 注册即可免费体验自带授权的游戏，玩家也可在 Vortex 平台上游玩自己 steam 游戏库内的游戏。Liquid Sky 则是玩家只能玩自己电脑内有的游戏，比起云游戏更像是云电脑。Shadow 也是需要用户链接自己的其他游戏平台的账号获取游戏授权，但是承诺为用户提供 4K 品质的画面质量。当然，随着智能手机普及率以及应用率的提升，这些厂商也相应地推出了手机版本的客户端。

但是，难道中国人对于游戏的否定态度也影响到厂商对云游戏技术的探索了吗？当然不是。

中国的云游戏厂商除了笔者所在的小麦互动旗下的游戏 GO（2017 年 9 月）外，动视云旗下的格来云（2014）、海马玩旗下集游社（2017 年 9

月)、达龙云（2014 年 7 月)、极云普惠（2018 年 10 月）等依然存活。其中，小麦互动和格来云都选择从家庭场景入手，通过云游戏的方式使玩家使用智能电视进行游戏，以应对在客厅场景下基于中国市场游戏主机普及率不高、机顶盒内存偏小这样的现状，试图探讨家庭游戏解决方案。海马玩的集游社，号称是“云手游”，主打手机游戏云试玩，和其他云游戏厂商专注 PC 游戏或主机游戏的方案不同，也算是走出了自己的道路。达龙云主打概念是“云电脑”，不仅可以云游戏还可以云办公。极云普惠在达龙云的基础上更增加了线上网咖的概念，专门致力于解决大型网游用户的游戏需求。

然而，为什么云游戏依旧是一个小众概念呢?

四　云游戏面临的困难

综观这些入局云游戏市场的大厂小厂，尽管他们都有着高大上的网站，天花乱坠的市场文案，但是在通往成功的道路上仍有三座大山挡在前方。

（一）网络速度

首先，云游戏是将游戏数据以数据包的形式通过流媒体服务传送到用户设备上，再通过专门的客户端进行解码，那么如果网络速度慢，数据包传输不及时，丢包后无法快速响应补包，就会造成卡顿、延迟甚至无法继续进行游戏，对于许多即时反馈的游戏而言体验极差。就好比看视频，如果网络不好，视频总是要加载，看着也会十分不爽。

其次，在游戏画面传输到用户设备上后，用户的即时反馈也将实时传输到服务器端，那么如果有延迟，就会导致游戏响应不及时，在玩一些比较考验操作的游戏时就很难获得良好的互动体验。

因此宽带速度是使用云游戏服务的基础，同时还要求低 ping、稳定连接和低丢包。所以正常进行云游戏还需光纤或电缆，过去十几年常见的 ADSL 宽带就无法支持云游戏服务了。

此时回想当年 OnLive 竟然号称 1. 5Mbps 带宽就可以玩云游戏，2Mbps

带宽就可以流畅体验，确实是言过其实。笔者所在公司的游戏 GO 产品，若要流畅运行云游戏则需要至少 4Mbps 带宽，8Mbps 才可达到最佳画质。然而在实际使用中，家庭网络往往多设备共享，导致实际可用带宽不足，便会造成游戏画面的卡顿。

据著名统计机构 M-Lab 联合多家机构出具的报告显示，2017 年 5 月 30 日至 2018 年 5 月 29 日全球平均下行速度达到 9. 1Mbps。[①] 理论上已足够支撑云游戏的体验，当然现实中也未必能完美体验。比如 Shadow 使用的平均最小带宽为 5 到 25 Mbps。

不得不令人为 OnLive 扼腕，在平均网速为 2M 的时代就推行云游戏服务，的确给人以未来科技式的震撼，然而现实中太过超前的技术往往很难真正成为大众化的商品。

而国内方面，根据 M-Lab 发布的报告显示，中国的平均宽带速度是 2. 38Mbps，中国宽带发展联盟 2019 年 2 月发布的 2018 年《中国宽带速率报告》显示，固定宽带网络平均下载速率达到 28. 06Mbps[②]。然而中国各地网络条件差别较大，发达地区和欠发达地区网速差距不断扩大，因此在中国线下大范围推行云游戏还需慎重考虑网络问题。也许 5G 时代的到来能让中国云游戏走入千家万户。

（二）服务器成本

宽带速率是基础建设的客观条件，而服务器成本则是拖后各云游戏服务商发展扩张的最大问题。原本在用户高配电脑上才可运行的大型游戏现在放在云端的服务器进行运算、渲染，服务器本身便需要有较强的运算能力。服务器本身便是重资产投入。一台服务器能够并发的游戏线路数约 100 条，当年 OnLive 失败的主要原因是因为硬件成本非常高，它的一台服务器仅能服

① M-Lab，New America's Open Technology Institute，Google Open Source Research，Princeton University's PlanetLab，Cable. Worldwide Broadband Speed League 2018，2018 -7 -9. https：//www. cable. co. uk/broadband/speed/worldwide - speed - league/.

② 宽带发展联盟：《中国宽带速率报告》，载《中国：宽带发展联盟》，2018。

务一个用户，单个并发用户的成本就会比多线路并发的服务器高。

云游戏极度依赖网络实时传输，如果用户距离服务器过远，比如西北用户连接华东服务器，那么由于网络传输距离较长，云游戏服务的质量便很难保证。不考虑成本，最佳的选择是每个城市或者地区布置机房，并依据最大并发人数布置服务器，但是这样成本便会成倍增加。而且由于玩家特性，并发存在峰值和谷值。若根据峰值并发数量定制服务器，则谷值时段会造成资源浪费；若服务器不足，又会导致峰值时段用户持续排队的情况发生。

服务器多并发的情况还并不适用于一些联网游戏，通常这些游戏出于防盗考虑，同一 IP 下无法多开。比如 EPIC 的堡垒之夜（Fortnite）就有用户投诉由于使用 Vortex 的云服务导致被系统判定为作弊，以至于无法正常游戏的情况。

不过服务器的问题正是云游戏服务企业研究的重点，比如笔者所在的小麦互动，现已自主研发高密度 ARM 架构下云服务器，能够提供每用户数十路的算力，每路系统级芯片（SoC）均支持应用多开，可大大降低云游戏服务器成本。①

（三）游戏版权问题

目前提供云游戏服务的公司有两种内容提供模式：一种是 GaaS，即厂商自建内容库，用户购买服务后可玩库内所有游戏，典型例子如 PlayStation Now，这种服务通常为时长收费，游戏内容相对较少，只有几十到上百款；另一种则是只提供云服务技术，用户购买服务后，可以玩自己电脑内已经有的游戏，比如 Liquid Sky，这种模式的优势是可以规避版权风险，也减少了向游戏开发商和发行商购买游戏版权的成本。也有厂商选择折中方案，比如 Vortex 就使用了两种方式结合的模式。

在笔者看来，由于国外有合法的 Steam 游戏平台，国外的云游戏公司可以通过绑定用户的 Steam 账号识别用户是否对一款游戏拥有合法的使用权限，且依托于 Steam 庞大的内容库，也拓宽了用户可游玩的游戏数量，相比单一的云游戏模式，不仅减少了云游戏服务商大量购买游戏授权的成本，且相比 GaaS

① 小麦互动：《互动流媒体云服务》，http://mychtech.com/Index/arm.html，2018 年。

动辄 39.99 美元、49.99 美元的月费，二者结合模式下，用户可能只用 9.99 美元的月费成本即可体验云游戏，大大降低了体验云游戏的准入门槛。

但是在中国国内，由于没有成熟的游戏付费市场和完善健全的版权体系，厂商即便花大价钱购买游戏版权，最终用户也很难为此买单。而且中国游戏行业始终有一把达摩克利斯之剑悬在头顶，那就是政策监管。

结语：未来已来？

“2018 年 8 月 26 日，在本届 ChinaJoy 上，腾讯云、腾讯 WeTest 和英特尔，合作为游戏玩家、游戏开发者等业界人士联合展出了云游戏解决方案 Demo。”①

“2018 年 10 月 9 日，微软正式公布了旗下的游戏串流服务 Project xCloud，同时表示该服务会在 2019 年启动公测。”②

“2018 年 11 月，腾讯科技申请名称为‘WEGAME CLOUD’商标，或将逐步进军云游戏领域”。③

“2018 年 12 月 26 日，华为荣耀 V20 手机发布会上，官方现场演示了使用该手机玩《古墓丽影：崛起》和《极品飞车：热力追踪》。”④

“2019 年 2 月，在索尼公布 Q3 季度财报的发布会上，CFO 十时裕树认为‘云游戏会成为未来的趋势，硬件方面的收入也可能因此降低，不过这还需要很长的一段时间’。⑤”

---

① WeTest：《引领技术变革，腾讯云、腾讯 WeTest 和英特尔，合作布局云游戏》，https://wetest.qq.com/lab/view/397.html? from = content_ testerhome，2018 年 8 月 6 日。

② 游民星空：《微软正式公布云游戏服务　明年向公众开放测试》，https://www.gamersky.com/news/201810/1108400.shtml，2018 年 10 月 8 日。

③ 新浪科技：《腾讯申请 WEGAME CLOUD 商标或强化游戏云业务》，http://games.sina.com.cn/t/n/2018 - 12 - 19/hqhqcir8266451.shtml，2018 年 12 月 19 日。

④ 游民星空：《荣耀 V20 手机可通过云游戏玩〈古墓丽影：崛起〉和〈极品飞车：热力追踪〉官方现场演示》，https://www.gamersky.com/tech/201812/1138295.shtml，2018 年 12 月 26 日。

⑤ A9VG：《索尼 CFO 表示云游戏在 5 年内不会成为威胁　跨平台会带来挑战》，http://www.a9vg.com/news/201902/7824323685.html，2019 年 2 月 2 日。

"2019 年 2 月 27 日英特尔与'腾讯即玩'云游戏平台达成合作，为玩家提供 1080P/50～60FPS 画质的高品质云游戏。MWC 展会上还展示了《怪物猎人：世界》通过云端游戏运行的实机效果，可在 1080p 画质下达到 60 帧以及小于 40 毫秒的延迟。"①

回顾近半年的云游戏相关新闻，除了一直致力于云游戏服务的索尼以外，不难发现科技界的大厂比如微软、谷歌、华为、腾讯不约而同地在这段时期开始向市场再次推销云游戏的概念。难道云游戏的时代真的来了？

笔者认为，影响大厂动向的原因很大可能是 2018 年国家对于第五代移动通信技术（5G）的积极态度。而在 2019 年 3 月 3 日举办的全国两会上，5G 成为关注焦点，全国政协委员、中国联通研究院院长张云勇甚至称今年（2019 年）是 5G 元年。面对政策的支持，解决了网络问题的云游戏只剩服务器和内容两个问题。云服务器一直是科技公司近几年布局的重点，通过降低边际成本，事实上对于已经大面积布局云服务器的腾讯、阿里、百度而言，服务器成本也不再是问题难点。但是阿里和百度始终欠缺游戏公司基因，而近些年一直致力于做好游戏的腾讯在 WeGame 发布之后已经开始引入更多受核心玩家喜爱的游戏，并且腾讯的游戏工作室自研实力亦不容小觑。但并不是说腾讯云游戏可以通过高壁垒毫无竞争对手，笔者十分期待在 Steam 中国正式引进后，完美世界（Steam 中国引进合作企业）将会同阿里或者百度达成云游戏战略合作关系，将中国的云游戏带入新纪元。

参考文献

王正：《CHROME 浏览器畅玩刺客信条奥德赛，但很多人会望而却步》，2018 年 10 月 2 日，http：//www. ign. 中国/assassins - creed - odyssey/27077/news/chromeliu - lan - qi - chang - wan - ci - ke - xin - tiao - ao - de - sai - dan - hen。

① 多玩游戏：《腾讯推出云游戏平台腾讯即玩　PC 手机畅游大作》，http：//www. duowan. com/news/415190061042. html，2019 年 2 月 27 日。

王艳华：《流媒体传输技术综述》，《电脑知识与技术》2017 年第 28 期，第 99 页。

韩智培：《云游戏：一个基于云计算平台的新型产业》，《信息与电脑》（理论版）2017 年第 17 期，第 19 页。

Thomas Ricker，OnLive killed the Game Console Star? 2019 - 3 - 24. https：//www. engadget. com/2009/03/24/onlive - killed - the - game - console - star/.

Chris Burns，NVIDIA GRID Revealed to Change Cloud Gaming Forever，2013 - 1 - 6 https：//www. slashgear. com/nvidia - grid - revealed - to - change - cloud - gaming - forever - 06263511/.

M-Lab，New America's Open Technology Institute，Google Open Source Research，Princeton University's PlanetLab，Cable. Worldwide Broadband Speed League 2018，2018 - 7 - 9 https：//www. cable. co. uk/broadband/speed/worldwide - speed - league/.

宽带发展联盟：《中国宽带速率报告》，载《中国：宽带发展联盟》，2018 年。

小麦互动：《互动流媒体云服务》，http：//mychtech. com/Index/arm. html，2018 年。

WeTest：《引领技术变革，腾讯云、腾讯 WeTest 和英特尔，合作布局云游戏》，https：//wetest. qq. com/lab/view/397. html? from = content_ testerhome，2018 年 8 月 6 日。

游民星空：《微软正式公布云游戏服务　明年向公众开放测试》，https：//www. gamersky. com/news/201810/1108400. shtml，2018 年 10 月 8 日。

新浪科技：《腾讯申请 WEGAME CLOUD 商标　或强化游戏云业务》，http：//games. sina. com. cn/t/n/2018 - 12 - 19/hqhqcir8266451. shtml，2018 年 12 月 19 日。

游民星空：《荣耀 V20 手机可通过云游戏玩〈古墓丽影：崛起〉和〈极品飞车：热力追踪〉官方现场演示》，https：//www. gamersky. com/tech/201812/1138295. shtml，2018 年 12 月 26 日。

A9VG：《索尼 CFO 表示云游戏在 5 年内不会成为威胁　跨平台会带来挑战》，http：//www. a9vg. com/news/201902/7824323685. html，2019 年 2 月 2 日。

多玩游戏：《腾讯推出云游戏平台腾讯即玩　PC 手机畅游大作》，http：//www. duowan. com/news/415190061042. html，2019 年 2 月 27 日。

WeTest：《借力云计算，手机也能畅玩高品质游戏大作》，https：//wetest. qq. com/lab/view/443. html，2019 年 2 月 27 日。

B.15 网络游戏产业的发展机制与创新分析报告

温朝霞*

摘　要： 我国的网络游戏产业起步于20世纪90年代，并随着网络信息技术的进步而得到快速发展，现已成为文化产业的重要组成部分和文化“走出去”的主力军。然而，网络游戏产业在为社会创造了巨大经济价值的同时，也带来了不少问题，一度引发强烈的社会负面舆论。而要构建网络游戏正面的文化价值，实现网络游戏的正能量传递，就必须促进游戏产业健康有序发展。我国制定了一系列发展网络游戏产业的相关政策，也取得了一定效果，但目前的网络游戏生态依然不够完善。因此，必须从网络游戏产业的监管与规制、网络游戏产品的内容设计与开发、网络游戏企业的责任与担当等方面着手，实现网游产业社会效益与经济效益的双赢。

关键词： 网络游戏　产业政策　产业监管

随着网络信息技术的进步，我国网络游戏产业获得了快速发展，并成为文化产业的重要组成部分。2017年我国游戏市场实际销售收入达到2036.1亿

---

* 温朝霞，广东廉江人，博士研究生，中共广州市委党校（广州行政学院）教授、校刊部副主任、《探求》杂志副主编，主要研究方向为文化产业、文化传播。

元，成为消费人数接近6亿的巨大文化产业门类①。而我国网络游戏产业的出口也不断扩大，现已成为文化“走出去”的主力军，为国家经济发展做出了重要贡献。然而，网络游戏产业在为社会创造巨大经济价值的同时也带来不少问题，一度引发强烈的社会负面舆论。对此，我们必须加强研究，采取有力措施引导网络游戏产业的健康发展。

一　我国网络游戏产业的发展历程与概况

我国的网络游戏产业起步于20世纪90年代。从最早的PC单机游戏探索，到八位机FC兼容游戏的制作；从国产游戏机概念的诞生，到各种兼容山寨机的横行；从街机厅的盛行，到玩家们回归客厅，再到网吧的兴起、网络游戏的一日千里。中国的游戏产业随着时代的发展，经历了由荒芜到如今在中国经济中逐步崛起并举足轻重的过程，而这一变化仅仅历经二十余年的发展。我国的网络游戏产业日渐市场化、国际化、专业化和规范化，现已成为我国国民日常生活中重要的组成部分。总的来说，我国网络游戏产业的发展大体可分为三个阶段。

（一）1997～2003年：萌芽发展阶段

这个时期是代理运营为主和原创萌芽的产业形成阶段。1997年互联网广告业开始发展，同年国外游戏产品大举进入市场，“大型网络游戏”（MMOG）的概念浮出水面，联众、盛大、网易等一批网络游戏公司相继成立，中国网络游戏产业开始发展。

1999年4月，乐斗士工作小组在北京正式成立，一个月后推出了国内第一款简易的图形文字MUD游戏——《笑傲江湖之精忠报国》。1998年网吧业开始兴起，6月鲍岳桥、简晶、王建华始创的《联众游戏世界》是我国

① 陈超：《国内手游产业千亿红海背后的焦虑：高端研发人才紧缺》，环球网，2018年5月8日，http://finance.huanqiu.com/lingdu/2018-05/11991418.html。

出现的第一款真正意义上的互联网游戏。联众游戏是我国最早自主研发和提供网络棋牌及其他休闲网络游戏的综合网络休闲娱乐服务商。之后华彩软件代理的《万王之王》（2000-07）、智冠的《网络三国》（2000-09）和华义代理的《石器时代》（2000-10）相继进入内地网络市场。这个阶段，我国网络游戏主要以代理运营韩国和日本的产品为主。

2000年中国的网络游戏只有460万美元的市场收入，还不具备产业规模。2002年，网络游戏的内容生产商和网络游戏的平台运营商开始全面合作，网络游戏产业链开始建立。2003年，文化部开始正式介入对网络游戏的监管，5月文化部发布《互联网文化管理暂行规定》，将网络游戏产品纳入"互联网文化产品"，对"经营性互联网文化单位"实行许可制度，我国网络游戏产业开始进入政策监督时代。2003年，国家体育总局将电子竞技设为第99个体育项目。这一时期，网络游戏产业的特点是产业链初步形成，国家关于网络游戏的政策开始出台。

（二）2004~2006年：快速发展阶段

这个时期是快速发展与模仿研发的阶段。经历了代理阶段的资本、经验积累，我国网络游戏产业进入了快速发展的阶段。首先，产业规模大增。2004年，我国举办第一届ChinaJoy游戏盛会，标志着我国网络游戏产业已初具规模。2006年中国网络游戏消费者人数达到3260万，同期我国宽带上网人数为7700万①。

其次，自主研发成为产业发展的主导方向。代理运营既要受制于国外开发商，又会因为无自主知识产权而难以通过衍生品扩大获利渠道。此外大量国外游戏产品进入国内市场，既不利于我国网络游戏产业的可持续发展，也危及了我国文化安全。自主研发成为政府、企业、学界的共识。政府从技术、资金、人才、投融资、市场监管、配套设施等方面出台了一系列推动网

① 第18次《中国互联网络发展状况统计报告》，人民网，http://it.people.com.cn/GB/8219/68284/。

络游戏产业自主研发的政策。以游戏运营、游戏开发商、媒体、网吧及消费者等构成的完整主产业链，以游戏为载体而形成的周边市场（如玩具、食品、音乐、动漫电影等）开始受到关注。2003 年 8 月，腾讯公司推出“QQ 游戏”，2004 年 6 月，腾讯成为第一家在香港主板上市的中国互联网企业。这一时期，核心企业群基本形成，企业之间开始出现并购趋势。

（三）2007年至今：稳定发展阶段

以 2007 年 7 月 16 日正式启用“网络游戏防沉迷系统”为标志，我国网络游戏产业进入稳定发展阶段。

在此阶段，我国网络宽带逐渐完善，游戏开发技术飞速发展，网络游戏产业高速增长。尤其是在 2008 ~2009 年世界金融危机带来经济衰退的背景下，我国的网游业却依然呈现了强劲稳定的发展势头，表明了经济衰退期间人们减少了外出娱乐，反而会有更多的空闲时间花在网游产业上。2001 年我国网络游戏注册用户只有约 576 万人，而 2010 年用户规模突破 4 亿人①，其惊人的增长速度是传统产业所无法比拟的。

除了市场规模的持续扩大、产业环境的进一步优化、自主研发能力的进一步增强，还开始出现跨国界的产业合作及海外上市。2008 年 12 月 24 日，我国文化部与韩国文化体育观光部签订了《中华人民共和国文化部与大韩民国文化体育观光部关于游戏产业及文化合作谅解备忘录》，启动我国网络游戏产业的国际合作机制。盛大、完美、金山、巨人等大型网络游戏企业相继在海外上市。近年来，海外市场不断扩大，特别是东南亚、印度、中东、非洲等市场，用户明显增长。2018 年上半年，中国自主研发网络游戏的海外销售收入达 46.3 亿美元，同比增长 16%②。

比较 2008 ~2017 年我国游戏产业发展的数字，可以看到我国游戏产业在短短几年迅猛发展的势头。2008 年中国游戏市场实际销售收入只有 185.6

① 数据来自李大凯、于力《我国网络游戏产业消费行为与竞争战略研究》，经济科学出版社，2015，第 1 页。

② 邱智丽：《国内游戏行业红利消失　厂商出海找商机》，《第一财经日报》2018 年 8 月 3 日。

亿元，到2017年达到2036.1亿元，同比增长23.0%（见图1）；2008年中国游戏用户规模为0.67亿人，2017年达到5.83亿人，同比增长3.1%；2008年中国移动游戏市场实际销售收入只有1.5亿元，2017年达到1161.2亿元，同比增长41.7%。[①] 2017年全球游戏市场的收入规模达到近1160亿美元（不含游戏游艺机）。中国2017年的游戏收入规模达到近325亿美元（不含游戏游艺机），同比增长19.9%，连续三年成为全球游戏收入第一大国。2017年中国的互联网用户数已经达到8.14亿，其中71%是游戏玩家，约有5.74亿人，人均年度游戏消费约人民币951元。[②]

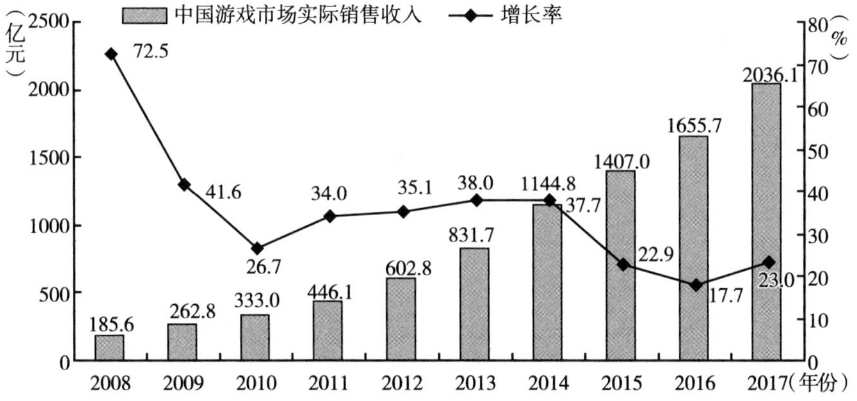

图1　2008～2017年中国游戏市场实际销售收入增长

资料来源：中国音数协游戏工委（GPC）、伽马数据（CNG中新游戏研究）、国际数据公司（IDC）：《2017年中国游戏产业报告》，中国书籍出版社，2017。

二　我国发展网络游戏产业的相关政策

在我国，网络游戏的迅猛发展给社会带来了深远影响，政府作为监管部

① 数据来自中国音数协游戏工委（GPC）、伽马数据（CNG）、国际数据公司（IDC）《2017年中国游戏产业报告》，http：//www.gameres.com/787780.html。

② 数据来自黄宙辉、朱文翀《2017年广东省游戏产业总产值1670.5亿元　继续位居全国第一》，http：//news.ycwb.com/2018－01/19/content_25909196.htm。

门，其制定的网络游戏产业政策对产业的发展起到了重要的引导、规范和建设作用。改革开放40年来，政府对网络游戏产业的态度，从早期的冷淡、压制到现在的积极对待、多方面扶持，管理体制从空白到初成体系，政府行为和政策的变化促进了中国网络游戏产业的良性发展。

（一）改革开放以来我国颁布的网络游戏产业政策

1994年，我国政府制定并颁发了我国历史上第一个关于互联网文化产业发展的政策文件《中华人民共和国计算机信息系统安全保护条例》。该条例在安全保护制度、安全监督、法律责任等方面做了相关规定。但此时中国刚刚接入互联网，不存在产业的问题，互联网的应用也仅限于官方和学术界，未能全面普及。1994年4月，中国与Internet全功能网络连接，标志着我国正式接入国际互联网络，从此进入网络时代。为了规范我国公民和机构的互联网行为，制定我国游戏产业发展标准，保护国家网络安全，国务院、信息产业部、公安部等部门先后出台了一系列政策文件（见表1）。

表1　1994～2016年我国网络游戏产业相关政策文件

序号	文件名称	颁布机构	颁布年月
1	中华人民共和国计算机信息系统安全保护条例	国务院	1994年2月
2	关于规范“网吧”经营行为，加强安全管理的通知	公安部、信息产业部、文化部国家工商行政管理局	1998年12月
3	关于开展电子游戏经营场所专项治理的意见	文化部、国家经贸委、公安部、信息产业部、外经贸部、海关总署、工商局	2000年6月
4	互联网上网服务营业场所管理条例	信息产业部、公安部、文化部、国家工商行政管理局	2001年4月
5	文化部关于加强网络文化市场管理的通知	文化部	2002年5月
6	互联网出版管理暂行规定	新闻出版总署、信息产业部	2002年8月
7	互联网上网服务营业场所管理条例	国务院	2002年9月
8	关于加强网络游戏产品内容审查工作的通知	文化部	2004年5月

续表

序号	文件名称	颁布机构	颁布年月
9	关于落实国务院归口审批电子和互联网游戏出版物决定的通知	新闻出版总署、国家版权局	2004 年 7 月
10	关于实施“中国民族网络游戏出版工程”的通知	新闻出版总署	2004 年 8 月
11	关于网络游戏发展和管理的若干意见	文化部、信息产业部	2005 年 7 月
12	防沉迷系统开发标准(试行)	新闻出版总署	2005 年 8 月
13	关于规范网络游戏经营秩序查禁利用网络游戏赌博的通知	公安部、信息产业部、文化部、新闻出版总署	2007 年 1 月
14	关于规范“网吧”经营行为加强安全管理的通知	公安部、信息产业部、文化部、国家工商行政管理局	2007 年 2 月
15	关于进一步加强网吧及网络游戏管理工作的通知	文化部等 14 部门	2007 年 2 月
16	关于规范进口网络游戏产品内容审查申报工作的公告	文化部	2009 年 4 月
17	关于加强网络游戏虚拟货币管理工作的通知	文化部、商务部	2009 年 6 月
18	关于加强对进口网游审批管理的通知	新闻出版总署	2009 年 7 月
19	文化产业振兴规划	国务院	2009 年 7 月
20	关于改进和加强网络游戏内容管理工作的通知	文化部	2009 年 11 月
21	关于金融支持文化产业振兴和发展繁荣的指导意见	中央宣传部、中国人民银行、财政部、文化部、广电总局、新闻出版总署、银监会、证监会、保监会	2010 年 4 月
22	网络游戏管理暂行办法	文化部	2010 年 6 月
23	关于加强网络游戏市场推广管理制止低俗营销行为的函	文化部	2010 年 7 月
24	“网络游戏未成年人家长监护工程”实施方案	文化部、中央文明办、教育部、工业和信息化部、公安部、卫生部、共青团中央、全国妇联	2011 年 1 月
25	关于印发《网络文化市场执法工作指引(试行)》的通知	文化部	2012 年 7 月
26	文化部关于实施《网络文化经营单位内容自审管理办法》的通知	文化部	2013 年 8 月

续表

序号	文件名称	颁布机构	颁布年月
27	国务院关于推进文化创意和设计服务与相关产业融合发展的若干意见	国务院	2014 年 2 月
28	文化部关于推动互联网上网服务行业转型升级的意见	文化部	2014 年 12 月
29	文化部关于加强网络游戏宣传推广活动监管的通知	文化部	2015 年 3 月
30	国家网信办 2015 年网上“扫黄打非”实施方案	国家网信办	2015 年 4 月
31	网络出版服务管理规定	国家新闻出版广电总局、工业和信息化部	2016 年 2 月
32	关于移动游戏出版服务管理的通知	国家新闻出版广电总局	2016 年 5 月
33	关于推动数字文化产业创新发展的指导意见	文化部	2017 年 4 月
34	国家“十三五”时期文化发展改革规划纲要	中共中央办公厅、国务院办公厅	2017 年 5 月

（二）对相关政策的审视

审视我国关于网络游戏产业的政策，可以看到中国游戏产业的发展环境在不断得到优化，政府的管理体制也从起初的空白发展到逐渐形成体系。如前所述，20 世纪 90 年代是我国网络游戏产业的萌芽发展阶段，国外游戏产品大举进入中国市场，在带来经济效益的同时也产生了不少社会问题，例如有些未成年人沉迷于电子游戏而无心向学，因此，早期社会民众对游戏的普遍态度是抵制，政府管理部门也一度有过打压、限制网络游戏市场的行为。如 1998 年出台的《关于规范“网吧”经营行为，加强安全管理的通知》，明确规定网吧“不得经营电脑游戏”；2000 年出台的《关于开展电子游戏经营场所专项治理的意见》，要求“大力压缩（电子游戏）经营场所的数量”，并严厉规定“面向国内的电子游戏设备及其零、附件生产、销售即行停止。任何企业、个人不得再从事面向国内的电子游戏设备及其零、附件的生产、销售活动”。

但是，从90年代末期开始，随着计算机的普及和互联网的快速发展，以及大量网游产品的进口和成本减低的推动，电子游戏市场并没有因为社会的非议和政府的压制而停步不前，反而在短短几年里迅速扩大市场规模，电子游戏玩家也在快速增长。面对这种情形，继续采用过去“打、压、禁”的方法来对待游戏产业显然不合时宜，也不符合市场经济发展的要求。但网络游戏带来的负面影响依然存在，且有越演越烈的趋势。为了更好地引导和规范网络游戏产业的发展，2001年4月信息产业部、公安部、文化部、国家工商行政管理局发布《互联网上网服务营业场所管理条例》，允许包括网吧在内的游戏经营场所合法经营“健康”游戏。2002年出台《互联网出版管理暂行规定》，开始把网络游戏作为互联网出版业务纳入法治轨道，并成立了游戏出版物专家审读委员会，制定了具体的审读办法。这些都标志着政府对游戏的态度已经从起初的抵制改为引导。2007年出台的《网络游戏防沉迷系统开发标准》，被认为属于中国政府管理部门的首创，得到社会的肯定。

进入21世纪，网络游戏产业进一步发展，一方面创造了大量的就业岗位，另一方面也实现了游戏产品的海外出口并带来经济效益，网络游戏产业已成为国民经济的一个新的增长点。此前，关于网络游戏的产业政策多以引导为主，开始转向政策扶持是在2004年，是年新闻出版总署出台了《关于实施“中华民族网络游戏出版工程”的通知》，开始对民族网络游戏出版进行扶持，鼓励自主研发设计。此后，为更好地扶持优质网络游戏尤其是本土游戏企业的发展，政府主要从税收优惠、专项补贴等方面进行扶持，出台了《关于金融支持文化产业振兴和发展繁荣的指导意见》（2010）、《国务院关于推进文化创意和设计服务与相关产业融合发展的若干意见》（2014）、《关于推动数字文化产业创新发展的指导意见》（2017）等文件，鼓励网络游戏产业的健康发展。

总的来看，改革开放以来，我国对于网络游戏产业的政策文件，主要涉及以下几个方面的内容。

第一，在对游戏文化传播媒介（网络）及重要传播场所（网吧）的规控与管理方面，相关文件有《关于开展电子游戏经营场所专项治理的意见》（2000）、《互联网出版管理暂行规定》（2002）、《关于加强网络游戏产品内容审查工作的通知》（2004）、《关于进一步加强网吧及网络游戏管理工作的通知》（2007）等。网吧安装监管软件、网吧实名制上网、网络游戏防沉迷系统在全国的推广，对网络游戏消费者的网络游戏时间进行了限制，在一定程度上防止了青少年沉迷游戏与沉迷网络。

第二，在对负面文化传播的监管，包括对青少年的保护及境外有害文化的防禁方面，相关文件有《互联网信息服务管理办法》（2000）、《关于加强网络游戏产品内容审查工作的通知》（2004）、《中共中央国务院关于进一步加强和改进未成年人思想道德建设的若干意见》（2004）、《文化部关于改进和加强网络游戏内容管理工作的通知》（2009）、《文化部关于加强网络游戏宣传推广活动监管的通知》（2015）、《网络出版服务管理规定》（2016）等。这些文件规定出版内容、传播内容不得含色情、淫秽、赌博、暴力、迷信、非法交易敛财和危害国家安全等不良信息；不得含有诱发未成年人违法犯罪行为和恐怖、残忍等有害内容；严把进口关，既要筛选进口外国的优秀文化产品，又要防止境外不良文化的入侵，等等。同时，除了要求相关职能部门要做好游戏内容审查、主体审批、经营监管等，还广泛发动社会力量来维护未成年人合法权益，例如由文化部联合七部委共同印发《“网络游戏未成年人家长监护工程”实施方案》，落实“家长监护工程”监管责任，协同解决未成年人沉迷网络游戏问题。

第三，鼓励游戏产业优化升级，打造民族品牌。随着网络游戏产业的发展，发展绿色网游、绿色上网成为社会的共识，不断出台的配套政策使得产业环境进一步优化。尤其是党的十八大以来所营造的政策环境，有利于促进新业态发展、激发新功能。党的十九大报告指出，“要坚持中国特色社会主义文化发展道路，激发全民族文化创新创造活力，建设社会主义文化强国”，“健全现代文化产业体系和市场体系，创新生产经营机制，完善文化经济政策，培育新型文化业态”[①]。这明确了新时代我国文化产业发展的总目标、总任务，当然也就指明了文化产业组成部分——网络游戏产业的前进方向。

从国家的宏观政策来看，发展方向是支持实施游戏精品战略。2017 年 5 月，中共中央办公厅、国务院办公厅印发了《国家“十三五”时期文化发展改革规划纲要》，要求“着力扶持优秀文化产品创作生产，推出更多传播当代中国价值观念、体现中华文化精神、反映中国人审美追求的精品力作”，同时还要求“加快发展网络视听、移动多媒体、数字出版、动漫游戏、创意设计、3D 和巨幕电影等新兴产业，推动出版发行、影视制作、工艺美术、印刷复制、广告服务、文化娱乐等传统产业转型升级，鼓励演出、娱乐、艺术品展览等传统业态实现线上线下融合”[②]。从“加快发展动漫游戏等新兴产业”的表述来看，国家游戏产业发展的态度是非常明确的，要求“加大内容创新”，实施精品战略，传承和弘扬中华优秀传统文化，提高产业发展的质量和效益。

从具体的政策实施和推进来看，为了适应计算机网络环境下的著作权保护，近年来我国修订了《著作权法实施条例》《信息网络传播权保护条例》，规定权利人享有的信息网络传播权受法律保护。国家新闻出版广电总局作为游戏出版归口管理部门，积极探索结构化、体系化监管改革，先后出台了《网络出版服务管理规定》《关于移动游戏出版服务管理的通知》等文件，加强游戏出版监管，做好网络出版管理，务求提升游戏出版的数量和质量。

文化部也出台了《关于推动互联网上网服务行业转型升级的意见》《关于加强网络游戏宣传推广活动监管的通知》等文件，推动上网服务行业健康有序发展，加强对网络游戏宣传推广活动的监管。

---

① 习近平：《决胜全面建成小康社会　夺取新时代中国特色社会主义伟大胜利——在中国共产党第十九次全国代表大会上的报告》，《人民日报》2017 年 10 月 28 日。

② 《中共中央办公厅　国务院办公厅印发〈国家“十三五”时期文化发展改革规划纲要〉》，http：//www.gov.cn/zhengce/2017 -05/07/content_ 5191604.htm。

三　对我国网络游戏产业的审思

过去，在国人的观念中，游戏产业一直登不得大雅之堂，处在社会主流文化的边缘地带，社会认同感较低。尤其是近年来，青少年网络游戏成瘾问题成为我国社会的热点问题之一，网络游戏甚至被认为是“电子海洛因”，饱受诟病。但是，游戏产业的发展速度之快超过了人们的预期，游戏 IP 泛娱乐化、电子竞技普及化、游戏直播平台全民化等诸多现象，以及强大的产业消费群体的快速增长和持续支撑，使我国成为世界上最大的游戏市场之一。在 2002 ~2017 年这短短十几年里，中国游戏产业实现了近百倍的扩张，对其他产业而言是难以想象的发展速度。如何在促进网游产业健康发展的同时，构建网络游戏的文化价值？如何实现网络游戏的正能量传递，从而实现社会效益与经济效益的双赢？认真审思游戏产业发展的相关问题，非常重要。

（一）网络游戏的原罪争论与文化身份合法性追问

网游是否为网瘾原罪？发展网游产业是否会导致“玩物丧志”？在我国网络游戏产业的发展过程中，关于网络游戏的原罪争论一直没有停息，其产业发展总是背负着社会道德伦理上的阴影，原因主要在于网络游戏本身的复杂性及其对部分青少年所产生的负面影响。譬如这两年围绕《王者荣耀》这款手机游戏的争论，反映的其实是网络空间的治理能力和治理手段不能与蓬勃发展的网络文艺活动相匹配的深层次矛盾。

从现有的研究成果来看，学界对网络游戏体现出了两种态度：一种是对网络游戏作为新教育平台的肯定，一种是对其给青少年带来的负面影响的担忧。有学者认为网络游戏本身并没有“原罪”，并往往从艺术和审美文化的层面来审视网络游戏产品的价值，认为从表现形式看，网络游戏具有网络艺术的特征。而另一方则认为，网络游戏产业的高速发展是市场逻辑和消费文化的胜利：网络游戏推动了消费文化的发展，在市场利益的驱动下，网络游戏产业不仅成功地吸引了大量年轻的消费群体，而且赢得了政府方面的默许甚至支持。

不管学界如何争论，客观的事实是：网络游戏产业一直随着网络技术和新媒体的发展而快速扩张，尤其是2008年之后，随着智能手机市场的兴起和3G网络的成熟，手机游戏产业得到快速发展，出现了网络游戏、移动电竞等融合发展。2018年8月，6个电子竞技项目列入印尼雅加达亚运会，备受关注。这是电子竞技第一次登上亚运会的舞台，虽然只是竞演项目，但反映了快速发展的电竞产业的巨大产值与影响力已经超越了很多传统体育赛事，这也成为一个让社会重新审视游戏产业的机会。因此，与其继续将网络游戏产业视为洪水猛兽，不如冷静观察和认真思考如何引导其健康发展的问题。

笔者认为，在新时代，应多管齐下，努力构建网络游戏正面的文化价值。当前，我国网络游戏产业出现了整合发展与融合发展的趋势：电子游戏、电视游戏、电脑游戏将借助技术平台深度整合；不同的文化艺术形态如文学、影视、动画、漫画、音乐等都可以和游戏在新媒体上实现融合发展。这客观上为优秀传统文化和社会主义核心价值观的传播，提供了更丰富的载体和媒介。实际上，游戏本身就是文化的传播载体。网络游戏不仅是新兴的朝阳产业，也应该是承载社会主义核心价值观的文化新业态，应该给网络游戏一个健康向上的新形象。虽然网络游戏是一把双刃剑，但只要我们利用得好，也可以使其成为承载与弘扬优秀文化、传播积极健康的主流价值观的工具。

文化价值导向、虚拟社会环境和用户身心感受，是评价网络游戏的基本维度。网络游戏的本质，是通过虚拟情境构建虚拟社会，再将现实社会中的人吸引到这个虚拟社会之中。一款网络游戏，就是一个虚拟社会。技术创新、内容创新，是网络游戏行业的基本特征。作为内容创意产品，精品内容与精妙创意，是网络游戏发展的关键所在。要构建网络游戏正面的文化价值，实现网络游戏的正能量传递，必须促进游戏产业健康有序发展。因此，必须从网络游戏产业的监管与规制、网络游戏产品的内容设计与开发、网络游戏企业的责任与担当等方面着手，努力构建网络游戏正面的文化价值。

（二）政府的监管与政策引导

打造良好的游戏环境、培养健康的游戏文化，应当以正面引导为主，从政府管理层面和企业的社会责任营建这两方面入手。政府作为管理者和社会各方利益的仲裁者，必须对网络游戏的负面作用进行规制。在网络游戏文化呈现的话语博弈体系中，政治话语体系占主导地位，在协调各方利益与话语矛盾的同时，政府通过规训性权力机制的监视、检查、管理，直接影响、引导、规划着网络游戏的文化呈现与文化生态。从 1998 年《关于“网吧”经营行为，加强安全管理的通知》发布，到 2013 年十八届三中全会提出深化文化体制改革，国家新闻出版广电总局正式成立并成为游戏出版产业最高主管部门，网络游戏文化在整个社会文化生态中，经历了一个“监管—监管与引导—监管、引导与建设—独立文化形态”的确认方式。

如前所述，对网络游戏存在或潜在的文化影响，尤其是涉及青少年保护、负面文化的传播、传播内容的审查，政府部门主要通过法规文件、行政公文等规训性权力机制来监管和审查。经过十多年的努力，政府逐渐建立起网络游戏的监管体系，通过出台一系列政策，提高游戏市场准入门槛，强化内容监管和网吧管理，打击各种违法违规行为，对网络游戏产业的快速健康发展起到了很好的推动作用。

从最新的行业监管情况来看，近年来主管部门、游戏开发商和运营商、电商平台等共同规范游戏市场，在一定程度上降低了不良网络游戏可能对未成年用户造成的负面影响。2017 年底，中共中央宣传部等八部门联合印发《关于严格规范网络游戏市场管理的意见》，整治违法违规的市场行为以及不良的游戏内容。2018 年 1 月，国家新闻出版广电总局数字出版司下发通知，要求各地开展网络游戏出版专项整治行动。文化部近期也指导北京、黑龙江、江苏、浙江等地查办网络游戏重大案件，并部署各地对辖区内网络游戏运营单位进行全面排查，规范网络游戏市场经营秩序。

政府部门在加强监管的同时，也着手对网络游戏文化形态与文化生态进行引导和规范。主要通过政策支持和保证，加大对民族游戏的扶持力度，引导网络游戏文化形态与文化生态朝着健康有序的方向发展。2004 年 8 月新闻出版总署发布《关于实施“中国民族网络游戏出版工程”的通知》，启动“中国民族网络游戏出版工程”（以下简称“民族网游工程”）。截至 2015 年 9 月，“民族网游工程”已分 10 批推出具有中华民族优秀文化特色、内容健康向上的网络游戏出版项目总计 214 个，入选的作品内容涉及中国历史、古典文学名著、神话传说、益智类游戏等。此外还推出了中国出版政府奖、“原动力”中国原创动漫出版扶持计划、中华优秀出版物奖、中国“游戏十强”等扶持与奖励措施。此外，还通过各相关主管部门官员在各种网络游戏行会上的讲话，来实施对网络游戏文化生态的引导。

在政府的监管规制、设计引导下，我国的网络游戏文化生态尤其是文化表现形式发生了根本性改变。2003 年以前，我国网络游戏以韩、日、美游戏为主，到 2014 年，无论是在符号体系还是游戏世界架构上，“民族”成为网络游戏的主要文化表现方式。政府部门在公开场合开始逐渐减少网络游戏与“未成年人保护”等负面话语的捆绑使用，更多地使用“民族文化传承与传播”“文化与科技融合”“新型文化业态”“网络强国”等词汇对网络游戏产业进行描述、要求、规划和引导。2017 年发布的《文化部“十三五”时期文化产业发展规划》提出：“‘十三五’期间，要培育一批具有较强品牌影响力和国际竞争力的骨干游戏企业，创作生产一批内容健康向上、富有民族特色的游戏精品。大力推进游戏产业结构升级，推动网络游戏、电子游戏等游戏门类协调发展，促进移动游戏、电子竞技、游戏直播、虚拟现实游戏等新业态发展。”[①] 同年 5 月发布的《国家“十三五”时期文化发展

① 《文化部“十三五”时期文化产业发展规划》，中国社会科学网，http：//www. cssn. cn/ysx/ysx_ ysqs/201704/t20170421_ 3494721_ 2. shtml，2017 年 4 月 21 日。

改革规划纲要》要求“加快发展动漫游戏等新兴产业”，实质上是在政治和政策上确认了网络游戏作为一种文化形态的独立性。

在政府引导和制度规制方面，目前虽然有网络游戏防沉迷系统，但不排除一些未成年用户使用成人身份账号来破解系统的情况，因此有必要进一步建设绿色健康的游戏制度。可考虑对游戏实施分级制，尤其是蕴含“暴力”“性”有关元素的游戏，应该分级在 16 + 档，因为这些游戏中蕴含的“暴力”和“性”元素，不管是显性的还是隐性的，对于 16 岁以下的未成年人以及年幼者来说都会带来不可忽视的负面影响。目前日本将网络游戏分为四个级别：全年龄对象、12 岁以上对象、15 岁以上对象以及 18 岁以上对象。并在第三方机构网络和手机终端均设立了审查监视机构，对不良信息进行监视。美国的 ESRB 为游戏以及游戏网站进行分级，并制定了具体的法规，诸如法律规定游戏卖场必须将 18 禁游戏挂到 1.5 英尺以上，以防被未成年人拿到。此外，也有对售卖 18 禁游戏的游戏卖场处以 2000 美元的罚金等措施。目前，我国对于游戏的分级内容仍为空白，这些国家的经验值得我们借鉴。

（三）企业的社会责任与产业内容的构建

网络游戏产业的主要参与者包括游戏开发商、游戏运营商、玩家等，周边产业还包括门户网站、平面媒体、游戏对战平台、视频网站、电商平台等。由于网络游戏时常被当作“精神鸦片”，因此游戏行业在我国国内的“地位”一直被边缘化。例如，2004 年 4 月，国家广电总局出台了《关于禁止播出电脑网络游戏类节目的通知》，彻底堵死了中国电子竞技产业通过电视转播盈利的渠道。这一问题的出现，与网络游戏产品参差不齐的质量有关，暴力、色情的游戏场面屡见不鲜、饱受诟病，从而影响了企业规模的扩大与资金的投入。从游戏产业的生态系统来说，政府、资本、技术和基础设施最终都要服务于用户，虽然出于不同目的，但他们均能从目标用户满足需求的过程中获益。因此，从服务游戏产业的用户尤其是未成年用户的终极目标来审视，为了营造健康良好的游戏生态，保障未成年用户的身心健康，除了政府的规制、媒体的导向外，更重要的是网游企业自身要担负起应有的社会责任，实现社会效益与经济效益相统一。

早在2009年，文化部出台了《关于改进和加强网络游戏内容管理工作的通知》，指出："网络游戏产品和服务承担着娱乐、审美、教育、交流等重要的文化使命和社会责任。网络游戏经营单位应当将社会效益放在首位，在游戏的研发运营中以社会主义核心价值体系为指导，增强产品的文化内涵，大力弘扬时代精神和民族优秀文化，为实现人的全面发展与社会和谐服务。"① 由此可见，网络游戏产品除了有娱乐的功能，还有"审美、教育、交流"的文化使命与社会责任。2015年，中共中央办公厅、国务院办公厅印发了《关于推动国有文化企业把社会效益放在首位、实现社会效益和经济效益相统一的指导意见》，也指明了文化企业的社会担当："文化企业提供精神产品，传播思想信息，担负文化传承使命，必须始终坚持把社会效益放在首位、实现社会效益和经济效益相统一。"② 网络游戏属于文化产业，对于网游企业来说，不管是国有企业还是民营企业、合资企业，因为文化生产领域具有精神文明建设的特殊性以及文化产品具有价值引导的特点，决定其作为生产或经营机构，必然有跟一般企业不同的特点。在中国特色社会主义文化建设中，文化产业必须兼顾社会效益与经济效益，营造健康的文化生态。因此，探讨文化企业的使命或者说社会责任是在新时代建设社会主义文化强国不能回避的问题，网游企业在吸金的同时，还须有更多的社会担当，不能见利忘义、唯利是图而忽略游戏生产的社会责任、文化效益与价值道义。

2017年3月以来，腾讯、百度、360、硬核联盟、阿里游戏等大型游戏运营平台企业均宣布游戏上线必须提供完备版权信息和游戏出版许可。"剑

① 《文化部关于改进加强网络游戏内容管理工作的通知》，http：//www.gov.cn/gzdt/2009－11/21/content_ 1470116.htm。

② 《关于推动国有文化企业把社会效益放在首位、实现社会效益和经济效益相统一的指导意见》，http：//www.xinhuanet.com//zgjx/2015－09/15/c_ 134624230.htm。

网2017”行动聚焦包括游戏出版业在内的网络版权保护，聚焦移动互联网程序（App）领域和电子商务平台的版权整治，集中整治电子商务平台、App商店版权秩序，强化互联网企业的主体责任，维护良好的网络版权秩序。建章立制、主动维权、打击侵权为中国著作权市场提供比较充分的保护，尊重创作、保护版权是长期方略，游戏产业会是最直接的受益产业之一。

对于我国的网游企业来说，要使网络游戏产业得到持续的良性发展，必须从内容做起，用心打造积极健康的虚拟世界，方可持续发展。也就是说，在政府的引导和政策法规的规制下，游戏开发商、游戏运营商、网络运营商、内容提供商以及各类相关企业必须担负起应有的社会责任，共同营造良好的游戏生态环境，开发出一大批既有自主知识产权，又内容健康、符合主流价值观、形式丰富多样的优秀游戏产品，这样才能使我国的网游产业健康发展，真正在国内外享有良好声誉。发展的方向是鼓励与开发优秀题材，实现文化与教育并重。例如近年来青少年关注的新宠——网游文学，作为新兴的文学类别，可以在疏导青少年沉迷网络的同时提升其文化内涵，实现网络游戏与阅读书籍的有效结合，实现社会效益与经济效益的双赢。

为此，网络游戏企业一方面应扎根于中国优秀传统文化与先进文化，对网络游戏内容进行净化和优化，配合政府管制发展绿色网游，开发健康积极的网络游戏产品。另一方面，更要根据网游的主要消费群体——青少年这个特殊人群的特点进行网络游戏的开发，实现教育与文化传播并举。要按照国家的教育内容，在游戏中加入人文教育的元素，让游戏成为有效的教育工具，促进未成年人健康成长。将游戏转化为教育的载体，让青少年在良好环境中进行网络游戏，可以既满足他们的娱乐需要和精神享受，也能使他们在游戏中阅读到丰富的文化内涵，在潜移默化中感受和培养起高尚的道德情操和文化品格。

参考文献

关萍萍：《互动媒介论：电子游戏多重互动与叙事模式》，浙江大学出版社，2012。

吴玲玲：《网络游戏生态系统研究》，福建人民出版社，2016。

孙立军、刘跃军主编《中国游戏产业发展报告（2017）》，社会科学文献出版社，2017。

李文明、吕福玉著《网络文化产业研究》，经济科学出版社，2014。

刘胜枝：《网络游戏的文化研究》，北京邮电大学出版社，2014。

龙莉、蔡尚伟、严昭柱：《中国互联网文化产业政策研究（1994～2015）》，四川大学出版社，2017。

创新实践篇

Innovation Practice Reports

B.16 "人文型智慧城市"的基本形态和发展规划报告

——兼论未来城市发展的理想形态*

李 林 龙 宇**

摘 要： 智慧城市是我国重要的国家发展战略，"人文型智慧城市"是集人文城市与智慧城市为一体，新兴的城市形态。它既具有智慧城市的基本特征，又具有人文城市的本质内涵，是智慧城市的高级形态，也是智慧城市建设的最高目标和城市文明演进的最终阶段。"人文型智慧城市"也是以人为本、质

* 本文为国家社会科学基金艺术学项目"我国智慧城市建设与传统文化传承创新互动共赢的路径研究"（项目编号：15BH118）成果。

** 李林，华中师范大学国家文化产业研究中心教授，研究方向为传统文化的保护与利用，智慧城市与文化建设；龙宇，华中师范大学国家文化产业研究中心硕士研究生，研究方向为文化资源与文化产业。

量提升和智慧发展的城市化，是对传统城市发展的扬弃，追求幸福、智慧、低碳及可持续发展，是人文精神在城市化中的体现，也是未来城市发展的理想形态。

关键词： 智慧城市　“人文型智慧城市”　武汉

一　引言

智慧城市建设已成为当今世界城市发展不可逆转的潮流，成为各国经济转型、产业升级、城市提升的新引擎。2014 年，智慧城市正式成为国家战略；2017 年，党的十九大报告提出建设“数字中国”、创新型国家，创建“智慧社会”的发展远景，对我国城市建设提出了新的要求和更高的标准。随着全球物联网、新一代移动互联技术、云计算等信息技术的迅速发展和深入应用，城市向更高阶段的智慧化发展已成为必然趋势。[①] “人文型智慧城市”是智慧城市高级形态，一种新的城市发展理念，可为我国城市建设和新型城镇化深入推进带来新的发展思路。

二　智慧城市的概念及内涵

1990 年以来，伴随信息技术的快速发展与普及，一些欧美国家先后出现了“智慧城市”的概念，以期通过信息技术与通信技术（Information Communications Technology，以下简称 ICT）在城市生活中的“智慧化”应用，解决新时期的“城市病”问题，提高城市管理效率和人民生活质量，从而推动城市的可持续发展。

① 毛明、符媛柯、李佳熙、曹阳：《智慧城市发展现状及趋势浅析》，《物联网技术》2015 年第 9 期。

“智慧城市”（Smart City）一词最早起源于美国，拉斯维加斯一家名为“智慧城市”的产业技术协会首提这一概念。1992 年，由美国环保主义者们发起了历史上第一次智慧城市建设实践，即“智慧增长”运动。2010 年，美国 IBM 公司承袭其原有的“智慧的地球”这一理念并创新地提出了“智慧城市”的发展愿景，以期为包括中国在内的世界各国的城市发展助力，自此之后，以城市为主体形态的智慧城市建设迅速展开。① 目前世界上已有超过 50 多个国家正在进行智慧城市建设试点和实验，大约形成了 1200 多个解决方案，并广泛应用于交通、能源、环境、医疗、物流、行政管理等多个领域。②

国外对于智慧城市概念的界定，以学界、行业协会和企业界的理论及实践为主，其中具有代表性的分别是维也纳理工技术大学、智慧社区论坛（Intelligent Community Forum，以下简称 ICF）、美国 IBM 公司。学界对于智慧城市概念界定的初次尝试起源于欧洲，欧盟是最早制定智慧城市建设框架的地区，对智慧城市的界定以维也纳理工技术大学给出的内涵定义最为常见，该定义指出：“当一个城市将人和社会资本、传统和现代交通基础设施的投入作为支撑经济持续增长的动力，实现高质量的人的生活，并通过参与性管理达到生态和谐时，那么它就是一个智慧城市。”③ 行业协会对于智慧城市内涵的定义以智慧社区论坛（ICF）的界定为标准，该定义认为：“智慧城市是重视广域的经济发展，利用低成本、高速的通信和信息技术来促进经济发展及公众福利。”④ 企业界对于智慧城市的理论实践则以美国 IBM 公司为代表，该公司是世界上最大的信息工业跨国公司，也是倡导

---

① IBM 商业价值研究院：《智慧城市在中国》，IBM 官网，http：//www. ibm. com/cn/services/bcs. iibv，2016 年 11 月 9 日。

② 徐延安：《智慧城市亟须顶层设计——上海交大城市科研院院长刘士林访谈录》，中国经济社会理事会官网，http：//www. china - esc. org. cn/c/2015 - 12 - 02/639644. shtml，2015 年 12 月 2 日。

③ Giffinger R，Pichler-Milanovi N，Smart cities，*Ranking of European medium-sized cities*（Center of Regional Science，2007）.

④ 智慧社区论坛：《智慧社区理念》，智慧社区论坛官网，http：//www. Smart communicaties. org，2011 年 11 月。

全球建设智慧城市的最早发起者，提出：“智慧城市可充分运用信息和通信技术手段感测、分析、整合城市运行核心系统的各项关键信息，从而对于包括民生、环保、公共安全、城市服务、工商业活动在内的各种需求做出智能的响应，为人类创造更美好的城市生活、工作、休息和娱乐的环境，使城市变得更加智慧。”① 从以上三个定义中可以看出，国外对于智慧城市的界定主要从促进经济发展和改善公众生活质量两方面展开，强调智慧城市是通过技术手段对城市各方需求做出的智能响应，从而实现人们生活的智能化。

我国国家工信部将智慧城市定义为：“智慧城市是利用新一代信息技术来感知、监测、分析、整合城市资源，对各种需求做出迅速、灵活、准确反应，为公众创造绿色、和谐环境，提供泛在、便捷、高效服务的城市形态。”② 学者们对于智慧城市概念的界定大致可以分为技术化定义、城市化定义、系统化定义三类。

李德仁从技术角度出发，认为“智慧城市 = 数字城市 + 物联网 + 云计算，智慧城市是城市全面数字化基础上的可视化和可测量的智能化城市经营和运营”。③ 邬贺铨院士从城市化角度出发，认为“智慧城市是城市化进程的下一个阶段，数字化、网络化、智能化是城市信息化的必然过程，信息通信技术对经济社会和民生服务固然具有一定影响，但社会资源、环境对于城市发展的作用也不应忽视”。④ 高新民从系统角度出发，认为“智慧城市是一种全面智能的城市建设式，通过对互联网及物联网等交互工具的利用整合城市系统，覆盖城市经济、生活、环境及管理等各个方面”。⑤ 国内对智慧城市概念的界定，主要从政府、技术、城市化、系统等角度展开，强调智慧城市是以技术为基础，以城市发展为目标的高级城市发展模式。

---

① 李宁、龚恺、颜鹰：《智慧城市评价指标体系探讨》，《标准科学》2014 年第 10 期。

② 郝迎聪：《智慧城市迎来发展新契机》，《中国科技财富》2014 年第 5 期。

③ 李德仁：《智慧城市中的大数据》，《武汉大学学报》（信息科学版）2014 年第 6 期。

④ 邬贺铨：《浅谈智慧城市建设的基础与内涵》，《中国信息化周报》2013 年 6 月 10 日，第 5 版。

⑤ 高新民、郭为：《中国智慧城市建设指南及优秀实践》，电子工业出版社，2016。

综合上述定义，可见智慧城市是通过运用信息及通信技术手段感测、分析、整合城市运行核心系统的各项关键信息，从而对包括民生、环保、公共安全、城市服务、工商业活动在内的各种需求做出的智能响应。① 智慧城市是以泛在、绿色、惠民为主要特征的现代城市可持续发展形态，其实质是利用先进的信息技术，实现城市智慧化的管理及运行，以期为人们创造更美好的生活，促进城市的和谐健康成长与可持续发展。

三　我国智慧城市建设及“人文型智慧城市”的提出

智慧城市是继“数字城市”“智能城市”之后，信息化城市建设的更高级形态，具备极大经济成长驱动力，是支持未来世界经济发展的重要力量，能为国家经济转型提供战略机遇。2012 年 11 月 22 日，我国住房和城乡建设部出台《国家智慧城市试点暂行管理办法》和《国家智慧城市（区、镇）试点指标体系》；2014 年，国务院发布的《国家新型城镇化规划（2014～2020 年）》要求大力推进智慧城市建设，标志着智慧城市已正式成为我国国家战略。截至 2015 年，国家各部委共发布了三批国家智慧城市试点名单。② 数据表明，目前全国 95% 的副省级以上城市、超过 76% 的地级城市，超过 500 座城市，已明确提出或正在建设智慧城市。③

几年来，智慧城市建设热潮席卷全国，我国智慧城市建设取得了令人瞩目的成就，但也存在不少突出问题。如，有的城市单纯把智慧城市建设当作技术问题，忽视顶层设计，缺乏统筹规划，长期以来存在“重硬件、轻软件”“重建设、轻应用”“重技术、轻人文”的建设导向，造成盲目建设、信息孤岛、人文关怀不够、民众获得感低等诸多问题；也有的城市规划定位不准确，忽略本地区的文化底蕴和经济条件等现实因素，造成智慧城市建设

① 张凌云、黎巎、刘敏：《智慧旅游的基本概念与理论体系》，《旅游学刊》2012 年第 5 期。

② 李林：《互动共赢——智慧城市与传统文化》，华中科技大学出版社，2017。

③ COWO 创业孵化基地：《500 城规划、“PATH”入局　智慧城市建设升温》，搜狐网，http://www.sohu.com/a/253231836_100013555，2018 年 9 月 11 日。

逐渐趋于“千城一面”，智慧城市“不智慧”“没文化”的现象更是比比皆是。[①] 张书成分析了我国智慧城市建设存在的主要问题并提出了建议，他认为应更加关注“人”对于智慧城市建设的贡献，将人、科技、文化与智慧城市建设融为一体，通过加强文化城市建设丰富智慧城市内涵，为智慧城市困境解围。[②] 他指出城市化不可逆转，智慧城市是未来城市化发展的选择，但是现在的智慧城市发展不仅存在“智有余而慧不足”的现象，而且建设面临很多问题：如简单依赖技术堆积、忽视“以人为本”，以作用代替需求，资源浪费和重复建设，城市运转内耗等。[③]

2015 年，上海交大学者刘士林率先提出“人文型智慧城市”的概念，他把“智慧”分为“真”“善”“美”三类，与之相对应，智慧城市也可分为“科技型”、“管理型”和“人文型”三种类型。他认为，从发展趋势来看，智慧城市将逐步从重视科技智慧、强调物质文明的“科技型智慧城市”到重视管理智慧、强调制度文明的“管理型智慧城市”再到重视人文智慧、强调精神文明的“人文型智慧城市”，最终将回归城市的本质——文化城市，主张通过三者的包容性发展实现智慧城市的理想模式。[④]

人文型智慧城市为解决“千城一面”的问题提出了一剂良方，这是一种创新型、理想型的城市发展模式，为人们提供了一种“有价值、有意义、有梦想”的生活方式。“人文型智慧城市”也是以人为本、质量提升和智慧发展的城市化，是对传统城市发展的扬弃，[⑤] 其追求智慧、幸福、低碳及可持续发展，是人文精神在城市化中的体现，对我国智慧城市建设的人文转

① 李林、吴田田、杨诗婕：《智慧城市与中国传统文化的耦合互动》，《沈阳师范大学学报》（社会科学版）2017 年第 4 期。

② 张书成：《“人文城市”理念为智慧城市建设解围》，《学术界》2014 年第 5 期。

③ 刘士林、马娜、赵思雨：《标准化视角下智慧城市建设面临的问题及发展路径》，《上海交通大学学报》2012 年第 8 期。

④ 刘士林：《智慧城市建设更应追求“真善美”》，《人民日报》2015 年 5 月 31 日，第 5 版。

⑤ 杨再高：《智慧城市：推进广州新型城市化发展的重要引擎》，《城市观察》2012 年第 4 期。

向，从经济型城市化向文化型城市化的战略转型，[①] 由城市规模扩张到城市内涵建设以及城镇建设质量和水平的提升具有重大意义。

四 “人文型智慧城市”：未来城市发展的理想形态

“城市的诞生、演变和消亡的历史循环反映了人类文明演进过程的规律。城市在不同的阶段具有不同的外在显现特征和自身的内在发展特征，是不同时期生产力水平和城市文化发展到不同程度的体现。”[②] 从传统城市－工业城市－数字城市，再到智慧城市，城市的发展正是顺应了这一规律而不断进步。理想城市是人类追求的永恒梦想，亚里士多德（Aristotle）曾描述过理想生活的成胚时期，理想城邦自其出现便推行“Paideia”（裴迪亚），即完人教育，主张城市与市民合而为一。[③] 古希腊哲学家柏拉图（Plato）也曾在其著作中阐述了关于“理想城市”的主张，包括城市制度、城市政治与经济、城市规模与城市物质形式等内容。[④] 1516 年，托马斯·莫尔（Thomas More）在他的《乌托邦》（Utopia）中描绘了一个人人平等、自由、财产公有、按需分配的美好社会。1902 年，英国学者埃比尼泽·霍华德（Ebenezer Howard）在其享誉世界的著作《明日的田园城市》（Garden Cities of To-morrow）中，提出应该建设一种兼有城市和乡村优点的理想城市，即田园城市（Garden Cities），这是为人们健康、生活以及产业而设计的城市，它的规模足以提供丰富的社会生活。[⑤] 帕特里克·盖迪斯（Patrick Geddes）在《城市发展》（City Development）、《进化中的城市》（Cities in Evolution）中强调人本主义规划思想，认为基于人们对城市具有多样的诉求，因此公众参与尤为重要，除此之外，他将乌托邦的概念转化为优托邦，指出理想城市

① 刘士林：《关于人文城市的几个基本问题》，上海交通大学城市科学春季论坛，2014。

② 〔美〕刘易斯·芒福德：《城市文化》，宋峻岭译，中国建筑工业出版社，2009。

③ 曲凌雁：《城市人文主义的兴起、发展、衰落和复兴》，《城市问题》2002 年第 4 期。

④ 〔古希腊〕柏拉图：《理想国》，郭斌和、张竹明译，商务印书馆，1986。

⑤ 〔英〕埃比尼泽·霍华德：《明日的田园城市》，金经元译，商务印书馆，2000。

是可实现的目标。[①] 总之，无论是沙里宁（Eliel Saarinen）提出“有机疏散论”，还是彼得·卡尔索尔普（Peter Calthorpe）创立“新城市主义”，抑或是刘易斯·芒福德（Lewis Mumford）揭示城市发展与文明进步、文化更新换代的联系规律……人类对理想城市的追寻从未停止。历史证明，城市是人类文明的标志，而“人”始终是城市文明演进中最厚重灵动的主题，以人为本，人与城市的和谐是理想城市建设的永恒命题。

我国在《国家新型城镇化规划（2014～2020年）》中正式提出了建设“人文城市”的目标。中国正从经济城市向人文城市转型，城市要以“人”为中心，发展要围绕“人”转。在西文语境里，无论是人文、人文精神都源于同一单词“humanism”。人文精神源于古希腊兴起于欧洲的一种文化传统，从古希腊时代开始直到现代，西方人文精神虽历经变迁，但追问人、关心人、解决人的教化问题一直是其所关注的核心命题。在汉语语境下，“人文”一词原指诗书礼乐等，后泛指人类社会的各种文化现象及人文科学。[②] 追溯早期，在《周易》《大学》《中庸》等国学著作中也有从人与自然、人与社会、人与神灵等关系的角度对“人文”概念的探讨。

1955年，哲学家唐君毅提出：“自有人类以来，人即是透过人文去看世界。”1996年，国内学术界曾围绕何谓人文精神的问题进行过一场激烈的辩论。不同学者提出了各自的论断：人文精神（humanism）是一种“对人的关注”；[③] 是一种追求人生意义时所体现的理性态度，即人文理性；[④] 是一种对人的存在、价值及生存意义的关注；[⑤] 是人的价值弘扬、自身完善、理想

① 〔英〕帕特里克·格迪斯：《进化中的城市》，李浩、吴骏莲、叶冬青、马克尼译，中国建筑工业出版社，2012。

② 中国社会科学院语言研究所词典编辑室：《现代汉语词典（第6版）》，商务印书馆，2012。

③ 杜维明、陈静：《新儒家人文主义的生态转向：对中国和世界的启发》，《中国哲学史》2002年第2期。

④ 王蒙：《人文精神问题偶感》，载王晓明编《人文精神寻思录》，文汇出版社，1996。

⑤ 王一川：《从启蒙到沟通——90年代审美文化与人文精神转化论纲》，载王晓明编《人文精神寻思录》，文汇出版社，1996。

实现和个性解放等内容[①]。正如英国著名学者阿伦·布洛克（Alan Bullock）所说：人文精神并非固定的哲学体系或者信条，而是一场从古至今都将提出截然不同看法的持续辩论。[②] 究其根本，“人文”的内涵终离不开“人”的自身这一核心。

随着现代化城市化进程的推进、资本的全球化扩张以及技术的快速更新，越来越多的机械与智能技术开始介入人们的生活，如物联网、云计算、大数据等，正如卡尔·雅斯贝斯（Karl Jaspers）所言：“技术和机器逐渐占据人们生活的主流。”[③] 人与人之间，人与城市之间的连接逐渐被技术所替代，城市的经济功能开始凸显，而城市的社会功能与教化功能正在逐渐被削弱。在刘易斯·芒福德看来，最优化的城市模式应该是关怀人和陶冶人，并使人性得以充分发挥。[④] 为防止出现以“经济社会建设上取得最高成就和人文社会发展走入最坏状况”为基本特征的“罗马化”陷阱，未来的城市形态需要兼具人文城市与科技城市的特性。

“人文型智慧城市”是智慧城市发展的理想状态和最终目标，它是以人为基本内核，以“文化”和“智慧”为两翼的城市发展新理念。“人文型智慧城市”兼具智慧城市和人文城市的基本特征，在推动信息技术促进城市建设的同时，更加强调城市的“人文”建设。一方面，强调“以人为本”，提倡城市的人文精神，“人”不仅仅是城市的重要组成部分，更是城市存在和发展的依据，在人文型智慧城市的建设实践中，应继承人本主义思想内涵和可持续发展的精神理念，提升城市的宜居度，彰显城市的人文关怀。另一方面，要重视城市文化内涵，注重文化在城市建设发展中的重要作用，如刘易斯·芒福德所言：“城市是文化的容器，专门用来储存并流传人类文明成

① 袁伟时：《人文精神在中国：从根救起》，载王晓明编《人文精神寻思录》，文汇出版社，1996。

② 〔英〕阿伦·布洛克：《西方人文主义传统》，董乐山译，生活·读书·新知三联书店，1997。

③ 〔德〕卡尔·雅斯贝斯：《时代的精神状况》，王德峰译，上海译文出版社，2008。

④ 〔美〕刘易斯·芒福德：《城市发展史——起源、演变和前景》，宋俊岭、倪文彦译，中国建筑工业出版社，2005。

果，储存文化、流传文化和创新文化，这大约就是城市的三个基本使命。”①文化既是城市的根基，展示出城市的价值品位和精神风貌；文化又是城市的动力源泉，催生了城市的自信心和凝聚力。“人文型智慧城市”旨在加强历史文化底蕴的生态性构建，推动城市人文的进一步繁荣，以形成富有特色的城市文化内涵。

人文主义是人类文明的起点，也是人类文明的归宿。在世界范围内如火如荼开展的智慧城市运动中，其人文化发展倾向日益凸显。无论是在开创智慧城市风气之先的美国，还是欧洲，抑或是亚洲的新加坡、日本、韩国，在智慧城市建设中都设计有加强人文建设的实施方案。人文型智慧城市正成为新的时代发展趋势，是人类社会文明演进和科技进步在城市发展中的体现。②

五　案例：武汉建设“人文型智慧城市”的思路

武汉是中国中部地区最大的都市，也是首批国家智慧城市试点城市。2013 年，随着《武汉建设智慧城市总体规划与设计方案》的出台及实施，武汉智慧城市建设步入快车道，先后获准成为首批“国家智慧旅游试点城市”及“智慧城市时空信息云平台建设试点城市”，并于 2018 年 4 月正式成立“国家信息光电子创新中心”。武汉智慧城市建设在全国名列前茅，其“红色引擎工程”“平安武汉”建设成效显著，获评全国“智慧城市领军城市”。2017 年，武汉第三次当选“中国十大幸福城市”，荣登“中国十大幸福城市”榜首，武汉的获得感、安全感、幸福感“民生三感”显著增强，彰显了武汉城市建设所取得的重要成就。

在新的国家战略中，武汉被定位为“国家中心城市”，要在长江流域发挥核心引领作用，成为“中部崛起”的战略支点。围绕“复兴大武汉”、世

① 〔美〕刘易斯·芒福德：《城市文化》，宋峻岭译，中国建筑工业出版社，2009。
② 李林：《互动共赢——智慧城市与传统文化》，华中科技大学出版社，2017。

界城市发展中的“亮点城市”战略目标，武汉明确提出了推进“历史之城、当代之城、未来之城”的建设目标。[①]“十三五”规划中更明确提出要“打造面向未来的智慧城市”的目标。本文提出，“人文型智慧城市”应当是武汉当前重要的战略选择，这一新兴的城市发展理念可引领我国城市建设的新趋势，加快武汉现代化、国际化、生态化建设步伐，推进人文城市建设，更是武汉智慧城市转型升级的必然选择。具体建设思路为以下几方面。

首先，规划引领，以“人文型智慧城市”的先进理念引领武汉城市建设。第一，可制定《武汉“人文型智慧城市”总体规划》，融科技智慧、管理智慧、人文智慧于新型城市规划中，形成三者相互作用、相互依赖、协调发展的“人文型智慧城市”有机系统；第二，将人文型智慧城市理念融入武汉城市总体发展规划以及城建、文化、民生、公共服务等领域规划中，做好规划的横向衔接融合，并加强与国家、中部地区、省域规划等纵向规划的衔接与融合；第三，在“人文＋智慧”引领的武汉人文型智慧城市规划中，要更加强调尊重人的价值，强调武汉“敢为人先、追求卓越”的城市精神和文化内涵，凸显城市特性。

其次，融合互动，以“人文型智慧城市”建设推动武汉城市建设与传统文化的和谐共生。第一，应加强公共服务领域智慧科技与城市人文的融合互动，加强物联网、互联网、云计算、VR技术等高新技术在城市公共建设领域中的应用，打造多元、立体、交互的公共文化服务体系，实现智慧城市与城市人文的互动发展；第二，应挖掘武汉优秀传统文化内涵，大力发展文化创意产业，以数字内容文化产业、新兴互联网文化产业和现代休闲娱乐业为载体，将创新创意融入文化资源产业开发，实现文化资本向经济资本的转化和优秀传统文化内涵、文化价值的传播，促进文化产业的全面升级，释放城市经济活力，促进武汉智慧城市建设与优秀传统文化传

① 张隽、关喜艳：《武汉全面开启复兴新征程　建设现代化、国际化、生态化大武汉》，人民网，2017年1月23日，http://hb.people.com.cn/n2/2017/0123/c337099-29633533.html。

承的互动融合;[①] 第三，可以以武汉“红色引擎”工程智慧化为契机，依托武汉现有智慧政务平台和网格化管理，以中国特色社会主义文化为引领，以智慧社区为阵地，全面加强红色文化、红色精神和以人民为中心的思想在社区党建、社区治理中的作用，开创我国智慧政务与红色文化融合的基层治理新模式，提升武汉的城市文明。

最后，形象塑造，以武汉“人文型智慧城市”形象引领国际国内城市建设新趋势。围绕建设国家中心城市，立足“复兴大武汉”的战略目标，武汉应以打造国内首个以“人文型智慧城市”为定位，通过对城市基本理念系统、城市行为系统、城市视觉识别系统的构建，塑造武汉人文型智慧城市的整体形象。第一，基于武汉丰富多彩的历史人文资源，打造“人文武汉”，强调人文精神，重视人文关怀，重视城市的文化内蕴，以营造人文宜居环境和开放包容、兼容并蓄的城市气质；第二，基于智慧技术、科教、人才等突出优势，打造“智慧武汉”，强调以先进的信息技术实现城市的智慧化，引领国际智慧城市发展新趋势，塑造新型智慧城市形象；第三，基于武汉区位和生态环境优势，打造“宜居武汉”，塑造环境优美、文明进步、生活舒适、美誉度高的宜居城市形象。以国内外首个人文型智慧城市形象引领城市建设新趋势，通过智慧城市实践，将武汉打造成为具有中国特色的“人文型智慧城市”的国际形象，扩大城市对外的影响力和吸引力。

结　语

波澜壮阔的中国城市化进程，将给世界带来广泛而深刻的影响。近两年，新型智慧城市正引领我国城市建设浪潮，北京提出了建设“世界级的智慧城市”，上海提出了建设“人文之城”，南京提出了建设“中国智慧城市示范引领者”。“人文型智慧城市”作为未来城市建设发展的理想形态，

① 李林、吴田田、杨诗婕:《智慧城市与中国传统文化的耦合互动》，《沈阳师范大学学报》(社会科学版) 2017 年第 4 期。

虽已引起学界和业界的关注，但国内外尚无城市明确提出建设“人文型智慧城市”的目标。本文希望借此引起各界对这一新城市形态的重视，有条件的城市可充分利用智慧城市迭代升级的契机，打造人文型智慧城市标杆，推动我国建成更多具有国际影响力、全球竞争力和可持续发展能力的世界级城市，走有中国特色的智慧城市建设之路。

参考文献

宋刚、邬伦：《创新 2.0 视野下的智慧城市》，《城市发展研究》2012 年第 9 期。

〔日〕水野祐：《文化的定义》，载庄锡昌、顾晓鸣等编《多维视野中的文化理论》，浙江人民出版，1987。

夏宇：《人文精神研究概述》，《华中理工大学学报》（社会科学版）1999 年第 2 期。

高瑞泉、袁进：《人文精神寻踪》，载王晓明编《人文精神寻思录》，文汇出版社，1996。

B.17 5G多场景应用的现状与前景分析报告

曹桂芹*

摘　要： 5G是第五代移动通信技术，采用超密集网络、D2D（设备到设备）通信、MIMO（多路输入多路输出）技术、频谱共享等关键技术，使得5G可支持用户数、数据传输速率、频谱效率、信令效率等多方面性能显著超过4G。随着网络切片技术的日趋完善，5G网络能支撑各类垂直行业的多元化场景，包括VR/AR、自动驾驶、智能制造等4G时代无法实现的场景应用，从而更好地发挥5G技术的优势。

关键词： 5G　网络切片　多场景应用

一　5G概述及标准

5G是第五代移动通信技术的简称，在瑞士日内瓦召开的2015年无线电通信全会上，国际电联无线电通信部门（ITU-R）正式确定了5G的法定名称是“IMT－2020”①。目前，ITU-R已针对5G的近期发展进行了规划。移动通信市场中，IMT-Advanced（包括LTE-Advanced与WMAN-Advanced）系统之后的系统即为“5G”，未来的5G也将大力发展物联网应用。5G网络应

* 曹桂芹，重庆铜梁人，本科，中国移动通信集团，研究方向为通信技术。

① 刘剑宇：《不同应用场景下的5G关键技术探讨》，《中国新通信》2017年第19期，第91页。

满足以下标准：（1）可提供 10Mbit/s 的带宽支持以万为单位的用户使用；（2）可提供 1Gbit/s 的带宽给单一楼宇的人员网络服务；（3）可同时支撑数十万的终端接入，可用于支撑大规模传感器网络的部署；（4）频谱效率应当相比 4G 显著增强；（5）长距离通信能力显著强于 4G；（6）信令效率优于 4G；（7）延迟比 LTE 大幅降低①。

二　5G 关键技术

为了达到 5G 的标准，5G 在网络技术和传输技术上都有了长足的进步。在网络技术上，采用更优化的组网模式；在传输技术上，采用能提升网络容量的最新技术，极大增强频谱效率，促进网络性能的提升。下面介绍几项 5G 关键技术。

（一）超密集网络

超密集网络（Ultra Dense Network，UDN）（见图 1）能提升 5G 网络覆盖率，大幅增加网内终端接入的数量，在网络优化上有更多的可选方案。超密集网络主要通过增加小基站的数量和覆盖密度，以此提升覆盖率，并实现 5G 网络要求的同时接入高用户数及高带宽的标准。

（二）设备到设备通信

设备到设备通信（Device - to - Device，D2D）（见图 2）是 5G 网络的一种关键技术，指两个同级别的 5G 终端之间，可不通过基站实现直接通信。该技术提供了一种新的终端通信的通道，避免占用基站资源，提升了通信的效率。同时还具有高通信质量、高带宽、高传输速率、低延迟、低能耗的特点。

---

① 佘静：《5G 网络的关键技术及其应用场景》，《中国新通信》2018 年第 20 期，第 93 页。

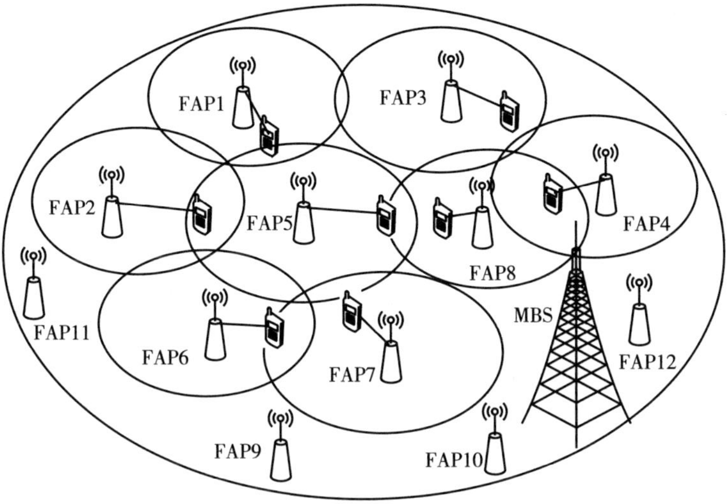

图1　超密集网络系统模式

资料来源：谭博文、张振凤、威欢、范彬：《超密集网络中基于分簇的资源分配算法》，《重庆邮电大学学报（自然科学版）》2018年第30期，第465页。

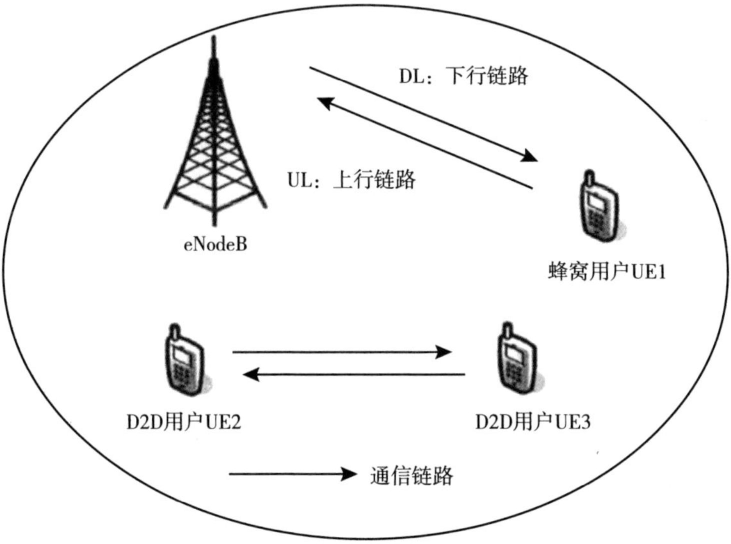

图2　D2D系统模式

资料来源：杜建俊：《面向5G的D2D资源优化算法研究》，《信息技术》2019年第1期，第80页。

（三）多路输入多路输出

多路输入多路输出技术（Muhiple – Input Multiple – Output，MIMO）（见图3）是5G通信技术的一项革命性的创新。其将以往基站的单天线模式优化为多天线，组成天线阵列，通过多重天线传输划分成多份的资料。接收端的设备也能够通过多重天线接收。如此既最大限度地提升了信道的利用率，又扩大了信号的覆盖面。在以往，2×2的多路技术可以提升2倍容量，在5G时代的MIMO基站，最多可使用256根天线，可实现3D波束成型，极大地提升了信道的容量，扩大了信号覆盖面。

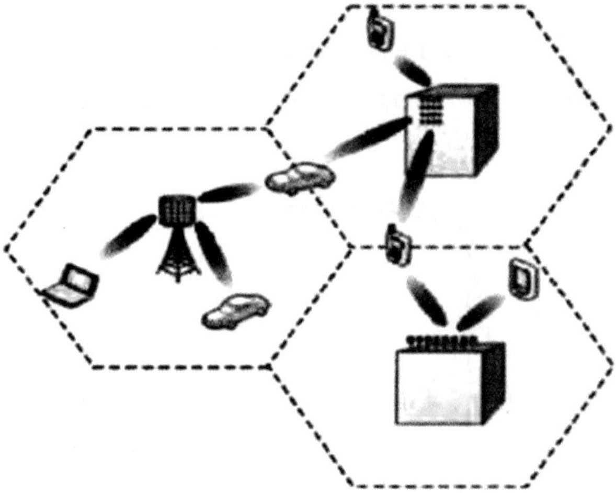

图3　MIMO基站天线布局

资料来源：张锁兴、陶涛：《Massive MIMO关键技术进展》，《信息通信》2018年第11期，第236页。

（四）频谱共享

频谱共享指在时间和空间域中最大程度上实现频谱资源的共享，使频谱利用率得到提升。其主要使用共享频谱，而不是授权频谱。可扩展5G的频谱，从而起到提高网络容量的效果，实现各种新应用场景的网络要求。

三　网络切片技术是多场景应用的基础

（一）网络切片技术综述

5G网络可满足多元化的业务需求，可支撑各种垂直行业的业务场景需求。如全球眼、安全监控，以及为医疗、驾驶、家居等方面提供远程服务。各类业务场景对网络有着不同的要求，比如网速、费用、安全保障、差错率等方面都有个性化的需求。ITU-R综合各类需求，为5G定义了三大应用场景：增强移动宽带，大规模机器类通信，超高可靠低时延通信。增强移动宽带，主要为用户密集区域或高流量需求区域提供服务，通过MIMO技术、新型多址和波束赋形等技术，大幅提升网络容量和数据传输速率，在用户密集区域能够为单个用户提供1G带宽和10G的峰值速率。在高流量需求区域，能提供每平方公里数十Tbit/s的流量密度①。大规模机器类通信，通过边缘计算和物联网等技术，可实现各类终端之间的万物互联，还能够为智慧社区、环保工程、水电智能抄表等数据获取和传感器等为主的应用场景提供服务。超高可靠低时延通信，以其低时延的特性，利用人工智能技术，可用于远程驾驶、远程管理和远程医疗等对时延和精密性要求很高的应用场景。

网络切片技术，是保证5G以高带宽、高速率支持多场景应用的关键核心技术。传统的网络结构通常只能支撑单一的移动业务需求，无法支撑5G时代多样化应用场景的网络需求。多业务场景叠加的情况下，单一网络不敷使用，如果为每个场景建设一套各自物理隔离的专用网络，势必导致成本昂贵且维护难度较大。因此，5G网络要求能建设一个可以同时支撑多场景不同网络需求的网络，这就是网络切片技术。通过该技术，能根据客户的不同需求，将同一个网络切分成多个“切片”，满足5G时代多样化的业务需求。

① 王睿、张克落：《5G网络切片综述》，《南京邮电大学学报（自然科学版）》2018年第38期，第19页。

（二）网络切片实施方案

NGMN 最早将网络切片的概念加入 5G 通信领域，定义为在通用物理基础设施上运行的多个作为独立业务操作的虚拟网络。其概念和云计算模型中的“基础设施即服务”有关，即不同用户的虚拟网络架设在公共底层的基础设施上，实现网络、计算和资源存储的共享。每个网络切片是处于逻辑隔离的状态，由一组网络功能和相应资源组成，面向不同的业务场景需求，提供独立的端到端服务。比如远程手术需要极低的时延和精确性，为了达到理想效果，核心网功能和相关服务器会部署到边缘云。比如各类终端接入的切片基站被虚拟化后可架设在边缘云，核心网功能虚拟化后架设在核心云。

现有的通信网络通过优先级和 QoS 策略（Quality of Service，服务质量）为用户提供差异化服务。但是在即将来临的 5G 时代，差异化服务面临的情况更加复杂，网络不仅要为用户提供服务，还要为海量接入网络的终端和设备提供服务。既要满足不同应用场景的网络个性化需求，又要兼顾用户使用网络的安全性等问题。网络切片技术与现行的 QoS 策略以及虚拟转网的结构类似，均可在网络上提供客户需求的差异化服务，最大的不同点在于网络切片技术为客户提供的是全面的端到端虚拟网络，除了满足网络的功能，还提供了计算和存储的功能，以实现运营商对物理网络进行划分，供给客户对同个基础设施进行复用。

网络切片可以很大程度提高网络的安全性和稳定性，因为每个切片之间都处于逻辑隔离的状态，如果其中一个发生错误或故障，其他切片仍可正常工作，确保整个网络的稳定和安全性。通信运营商通常通过网络切片模板来创建新的 5G 网络切片，并且通常需要网络切片实例来进行动态监管。网络切片实例生命周期通常包括准备阶段，实例化、配置和激活阶段，运营阶段以及下线阶段等 4 个阶段①，描述如下。

① 王睿、张克落：《5G 网络切片综述》，《南京邮电大学学报（自然科学版）》2018 年第 38 期，第 21 页。

（1）筹备阶段：在筹备阶段包括建立和检验网络切片模板，准备支撑网络切片实例生命周期管理所必需的网络环境及其他必要条件。

（2）实例化、配置和激活阶段：在实例化、配置期间，建立并假设网络切片实例需要的所有资源和功能。激活阶段是指的使网络切片实例上线的所有必需步骤。

（3）运营阶段：在运营阶段，网络切片实例能够进行业务处理，以支持特定类型的通信服务。运营阶段包括监控、报告以及与升级和重新配置相关的活动。

（4）下线阶段：该阶段包括取消网络切片，将网络切片实例从有效工作中删除以及有关设备的回收。

四　5G多场景应用主要类型

（一）5G网络的技术优势及适应场景

5G比现行的通信技术有几项明显的优势，将大大改变用户的通信体验，其体现在以下几方面。

（1）网络容量大幅提升：5G的网络容量相较4G在同等单位面积下数据流量增长1000倍。

（2）网速明显提升：5G单一用户的网速相比4G提升10倍到100倍，峰值网速可达10Gbit/s，约等于4G网速极值的100倍。

（3）时延显著缩短：5G比4G时延缩短500%。

（4）可接入终端数量显著提升：可接入的终端数量增加10倍到100倍。

（5）能耗显著降低：每BIT的功耗降至千分之一，电池使用寿命增加10倍。

基于上述五大优势，5G网络能够满足增强移动宽带、大规模机器类通信、超高可靠低时延通信三大场景需求。

（二）主要应用场景分析

目前运营商和很多物联网公司都发布了5G应用场景的推广计划，主要的场景包括VR/AR、自动驾驶、智能制造、远程医疗以及物联网家庭应用、无线城市管理应用等。下面将各类应用主要分为四个场景进行介绍。

1. 实时VR/AR

AR意为“增强现实”（Augmented Reality，简称AR），VR意为“虚拟现实”（Virtual Reality，简称VR），VR/AR技术与5G网络融合提供的多场景应用，即是实时VR/AR服务。IDC的报告显示，2016年AR设备的总营收为2.09亿美元，在2021年有望突破487亿美元。而VR设备在2016年的总营收为21亿美元，在2021年会增长到186亿美元①。AR及VR技术在国内仍属于蓝海市场，数年内会持续保持高增长状态。AR对技术要求更高，比VR更具有可挖掘的市场空间。AR可实现虚拟信息扩展到现实空间，可实现把虚拟的东西添加到现实空间中，将虚拟的事物与真实环境相结合，让体验者产生虚拟的事物存在现实中的一种错觉。VR意为“虚拟现实”，体验者通过头戴式VR眼镜，可以看到一个虚拟的3D空间，产生自身沉浸于真实环境的一种错觉。

VR/AR是否有理想的体验，取决于画面质量和视场角。画面质量取决于显示器4K或是8K的分辨率，视场角决定了画面的沉浸感和深度，视场角越大体验越好。目前的4G网络的传输速率不足，无法满足上述要求，只有5G网络才能实现理想效果。VR/AR在移动的过程中显示高清视频，须通过云处理技术，在网络侧进行负责的计算，再传输到VR/AR终端。完成这一步骤，需要5G网络的高传输速率和低时延特性，为了最大限度降低时延，5G网络会将部分内容部署到基站，提供给体验者就近访问。

目前的4G网络条件下，VR体验者普遍会觉得头晕，因为4G网络无法

① 郑巍：《5G主要应用场景思考》，《信息通信》2018年第2期，第261页。

解决时延过大、刷新率低的问题，必须提高刷新率、降低时延，才能为客户带来更好的体验。5G 网络技术完美地解决了这一问题，理论上可将刷新率提高到 100Hz 以上，时延低于 20ms，也能一并解决语音识别、运动轨迹追踪、眼球跟踪、动作感应等功能对低时延的要求。

2. 自动驾驶

4G 时代，物联网在车辆方面的应用，由于受到网络时延和网速的限制，仅限于视频监控、车辆定位、路线查询等功能。在 5G 时代，网络切片技术的成熟，尤其是低时延的实现，使自动驾驶汽车的普及成为可能。

将传感器密集布放在道路沿线，车辆即可通过 5G 网络实时获取广大范围内的路况信息，实现更可靠、安全性更高、成本更低的环境信息获取。由于安全性及低成本易于普及的特点，在未来自动驾驶可作为一种基础设施，纳入公共服务体系，并产生驾驶服务商这种新兴行业，有望从高速或城际公路开始优先发展。

3. 智能制造

广义上，智能制造改变了传统制造业人力密集型的模式，广泛采用自动化和智能化技术，大量节约人力成本，是一种更先进、更高效的制造业模式的总称。具体来看，智能制造是通信技术将制造过程的各链条串联起来，实现传统制造业结构的重新整合，如边缘计算、大数据、万物互联等技术。智能制造过程中，需要信息平台和生产车间之间低时延通信，并且大量的自动化设备需要接入通信网络，实现高效的终端交互、人机交互，对网络有很高的要求，必须引入低时延、稳定性高的通信技术。

在智能制造系统中，对低时延性的要求标准最为严格。比如对应精密仪器的生产制造、易燃易爆品的生产等场景，根据制造类型场景的不同，厂区的网络环境内可能有几万台终端设备接入，需要高承载能力的网络。5G 网络的高传输速率、高网络容量和低时延的优势，能为智能制造带来以下应用。

（1）工厂无线自动化控制。数以万计的自动化设备终端需要接入 5G 网络，满足不同应用中时延和带宽的差异化需求。

（2）工厂机器人。自动化机器人通过5G网络连接到云服务器，基于超高计算能力的控制平台，并通过大数据和人工智能对生产制造过程进行实时监控。借助5G网络低时延和高稳定性的优势，大幅压降机器人的硬件成本和能耗，并实现机器人自由移动的需求。

（3）工业AR应用。可通过连接5G网络的AR设备，对工厂厂房及设备工作状态进行实时监控，并处理故障等。

4. 传媒产业

5G通信技术在传媒场景的应用，将极大地改变现有传媒行业的工作模式，对传统媒体业产生重大冲击，诞生传媒新物种，重构传媒行业生态，并对社会文化产生深远影响。世界著名的媒体文化研究者尼尔·波兹曼曾说过“通讯模式中的技术变化比交通模式中的技术变化更能影响人们的意识形态……如果把光年速度的图像传送引入文化，你就会发动一场文化革命”①。时下方兴未艾的5G通信技术作为一种强势技术力量，足以重新定义现实世界，甚至重新塑造时代的文化精神，具备不可预估的强大能量，这种强大的能量，将特别明显地体现在传媒产业上。

对于传媒产业，5G绝不仅是网速更快，而是将传媒的移动场景化、时间碎片化、服务垂直化、声音伴随化等特点发挥到极限，给予客户极不同于传统媒体的全面体验。用户可使用电视、视频、音频业务的直播及点播②；用户可实现UGC（用户原创内容）上传、社交平台、交互式广告等功能；用户可以在各种场景下使用各类终端，使用5G媒体进行无处不在的媒体内容消费。

5G将催生一系列新媒体，并极大地改变用户的使用和消费习惯。由于5G网络的传输速率及稳定性的极大提升，以及智能化创作软件的日趋成熟，个人或小团队运营的媒体经济成为现实，催生出直播、短视频及网络红人等新媒体，其逐渐进入专业化和产业化运作阶段，促进了大

① 〔美〕尼尔·波兹曼：《娱乐至死》，中信出版社，2018，第188页。

② 李杨：《5G技术与广播传媒的融合展望》，《视听》2019年第2期，第233页。

众媒体的发展，也显著改变了用户获取信息的习惯，使用户通过自媒体获取新闻信息，使用视频方式获取信息的模式大幅度增加。此外，AR/VR 技术的成熟也将极大丰富用户的体验模式，各类 5G 新媒体都可广泛应用虚拟现实和增强现实技术，并可实现全景交互视频，给用户以全新的体验。

结　语

5G 将在移动通信领域和行业应用领域带来一场革命，在各种行业应用场景满足用户不同需求，将极大地改变传统的行业产品体验。网络切片技术，是带来这一改变的颠覆性技术。网络切片是将 5G 物理网络切分为多个逻辑隔离的端到端虚拟网络，可更好地满足不同场景的业务需求。5G 网络切片技术目前仍有许多关键问题需要突破，比如对基础网络进行划分、逻辑隔离和资源分配，还亟待开展深入研究。5G 网络高传输速率、低时延的行业应用将作为 5G 产业发展的最大卖点。8K 高清视频、实时 VR 等沉浸式体验家庭产品以及自动驾驶、智能制造等将成为最有潜力的热点领域。5G 时代，运营商、互联网企业、通信设备厂家及终端提供商紧密合作，打造良好的 5G 产业生态圈，共同促进国家信息化、智能化建设。

参考文献

一　论文期刊

郑巍：《5G 主要应用场景思考》，《信息通信》2018 年第 2 期。

刘剑宇：《不同应用场景下的 5G 关键技术探讨》，《中国新通信》2017 年第 19 期。

佘静：《5G 网络的关键技术及其应用场景》，《中国新通信》2018 年第 20 期。

王睿、张克落：《5G 网络切片综述》，《南京邮电大学学报（自然科学版）》2018 年第 38 期。

李杨：《5G 技术与广播传媒的融合展望》，《视听》2019 年第 2 期。

谭博文、张振凤、威欢、范彬：《超密集网络中基于分簇的资源分配算法》，《重庆邮电大学学报（自然科学版）》2018 年第 30 期。

杜建俊：《面向 5G 的 D2D 资源优化算法研究》，《信息技术》2019 年第 1 期。

张锁兴，陶涛：《Massive MIMO 关键技术进展》，《信息通信》2018 年第 11 期。

二　专著

〔美〕尼尔·波兹曼：《娱乐至死》，章艳译，中信出版社，2018。

B.18 人工智能艺术的发展及创新实践研究报告

高梦雪*

摘　要： 在近五六十年间人类迎来了人工智能迅猛而快速的发展，技术的崛起带来了人工智能时代的到来。“人工智能艺术”的诞生引发了人们对这一新兴领域的关注与研究，人工智能艺术已成为当前热门的讨论话题。如今有关于人工智能艺术这一理论的学术研究还存在缺乏前沿的译著型作品、对人工智能创造物艺术性认识不清和深度不够的问题。针对这一现状，人们有必要对人工智能艺术领域的相关研究进行梳理和总结，关注人工智能技术给艺术生态带来的具体影响，把握人工智能艺术未来的发展趋势。

关键词： 人工智能　人工智能艺术　艺术研究

一　人工智能艺术研究的背景

（一）国内外人工智能研究的现状

1950 年艾伦·麦席森·图灵（Alan Mathison Turing）发表了一篇具有划

* 高梦雪，深圳大学文化产业研究院硕士研究生。

时代意义的论文，预言了创造出智能机器的可能性，图灵测试也成为人工智能哲学领域第一个严肃的提案，图灵奠定了人工智能产生的思想基础。1956年，马文·明斯基与约翰·麦卡锡、克劳德·香农等人发起组织的“达特茅斯会议”，第一次明确提出了“人工智能”的概念，这次会议也被誉为“人工智能”的起点。

人工智能产生至今，从寒冬到野蛮生长，在这60年里实现了惊天大裂变和大发展。近两年，谷歌公司研发的人工智能程序“AlphaGO”先后打败世界围棋高手、韩国棋手李世石和世界围棋冠军柯洁，将人工智能再次推到了公众的眼前。在人工智能发展十分迅速的时代，世界各国关于人工智能的竞争也日益白热化。自2015年起，美国接连出台了《美国国家创新战略》《2016美国机器人发展路线图——从互联网到机器人》《国家人工智能研究和发展战略计划》等。2018年4月25日，美国白宫成立AI专门委员会，在召开的AI研讨会上动员美国人工智能领域要确保世界第一。欧盟于2014年就启动了“欧盟机器人研发计划（SPARC）”，2018年4月25日，欧盟委员会计划将在未来的四年向人工智能领域投资240亿美元。2014年日本政府提出了要推动“机器人驱动的新工业革命”，发布《日本机器人战略：愿景、战略、行动计划》，而在过去的30年里，日本也因其巨量的机器人用户及机器人设备、服务生产商被誉为“机器人超级大国”。2017年9月1日，普京更是在演讲中提出了“未来谁率先掌控人工智能，谁就能称霸世界”的论断。

在世界各国加紧布局人工智能战略的同时，我国也从未放松对于人工智能领域的关注。自2015年人工智能被写入《国务院关于积极推进“互联网+”行动的指导意见》；2016年，人工智能进一步上升为国家战略，被写入了“十三五”规划纲要；2017年7月，国务院印发的《新一代人工智能发展规划》，提出“人工智能”将“无时不有、无处不在”，到2030年中国要成为“人工智能”创新中心。种种迹象显明，全球范围内人工智能的春天即将到来。

（二）人工智能的艺术探索历史

目前，人工智能在生产生活领域广泛渗透，已经在自动驾驶、智能机器人、智能医疗、智能家居以及图像分类、语言识别领域取得了巨大的成功。在文艺领域，研究者们已经尝试用人工智能写诗、谱曲、绘画，探索机器的创造天赋。人工智能在艺术领域的探索自人工智能诞生之日起从未停止过，并且不断获得了突破性的进展。

最早开始有意识地运用计算机进行音乐创作的是20世纪40年代末的美国哥伦比亚普林斯顿电子音乐中心和德国的中央广播局。1956年作曲家理查伦·希勒尔与数学家伦那德·艾萨克合作的《伊里阿克组曲》，被视为真正的“计算机音乐”。1957年，美国电器工程博士马修斯与他的同事在贝尔实验室研制成功了能够合成音乐的计算机程序（见图1）。20世纪80年代美国加州大学的音乐理论教授大卫·库柏设计出一个可以谱写类似于“大师”风格乐曲的音乐智能程序，该程序通过对已有大师音乐作品的旋律、曲调分析，模仿其风格进行创作。而在绘画领域，1952年美国贝尔电话实验室的拉波斯基已用计算机成功创作了《波形》等作品。美国加州大学的另一位艺术教授哈罗德·科恩研制出艺术创作软件“Aaron”，该软件能够创作出具有独特风格的静物画和人像画（见图2）。

图1　马修斯和IBM－7904计算机

在文学艺术领域，1962 年美国加利福尼亚州的沃西等人设计出了名为“Auto-beatnik”的诗歌创作软件，并发表了由其创作的《玫瑰》《孩子们》《风筝》等诗作。1998 年，美国纽约伦斯勒“头脑和机器实验室”的布伦斯沃德等人，研制成功了小说创作电脑软件“布鲁特斯”（Brutus），它能够写出“背叛”题材的小说。科学家们不断探索机器与艺术融合的种种可能性。

图 2　艺术创作软件“Aaron”创作的作品

（三）当前人工智能在艺术领域的探索实践

不管人们是否接受、看法如何，研究者们一直在进行人工智能在艺术领域的开发与应用，挑战人类传统的创作格局和文艺观念。当前专注于人工智能技术领域研究的主要有谷歌、微软、清华大学等公司和研究机构，并且获得了引人注目的研究成果。谷歌公司的人工智能研究涉及视觉艺术、音乐创作等领域。2015 年谷歌将原来用于图像生成、归类和整理的人工智能技术应用于艺术创作，创造出了“Deep Dream”艺术生成器，它无须人工指令和调试就可自动对图片进行风格化处理、创作作品。2016 年谷歌为那些用神经网络创作的艺术作品举办了一场为期 2 天的展览，并为 Gray Area 艺术基金会筹集了 8.4 万美元资金。谷歌的深度神经网络的技术成果还应用在音乐领域，为每一门乐器建立特定矢量，创造出可以随意设置各种乐器音色比例的混响乐音。

微软公司在这一领域则是参与投资了一款名叫“另一个伦勃朗”（Next Rem brandt）的软件，该软件通过复制伦勃朗的所有画作，对伦勃朗的画作风格特征进行分析提取，可以随机生成全新的、具有创造性的伦勃朗风格式的艺术作品。微软公司另一个具有代表性的成果就是“小冰”的诞生，微软小冰通过对中国现代诗人的作品进行分析学习，获得了现代诗的创造力，并且拥有自己的创作风格和技巧。2017 年 5 月，微软和湛庐文化合作推出了小冰原创诗集《阳光失了玻璃窗》，成为人类历史上第一部完全由人工智能创作的诗集，轰动一时。微软小冰不仅具有创作现代诗的才能，还能进行音乐创作和表演，2016 年 8 月微软宣布第四代小冰出道，并且发行原创单曲加入虚拟歌手市场的竞争当中。在综艺节目《机智过人》中，微软的聊天机器人小冰创作的一曲中国风歌曲《桃花梦》“险胜”人类对手，歌词“茫茫夜雨中，往事如风，耳边桃花笑春风，梦里你我相逢”更是让人沉醉不已。除了这些国际知名的公司和研究机构涉足人工智能领域之外，国内的一些高校和互联网公司也取得了一定的研究成果，例如清华大学计算机科学与技术系孙茂松教授带领学生团队研制出的作诗机器人“九歌”，天津大学计算机科学与技术系孙济洲教授研制出的“中国水墨画效果的计算机模拟与绘制系统”能够实现水墨画效果的计算机模拟生成等。

人们不断地将人工智能技术的研究成果带入艺术领域，原因不仅是出于人类对机器创造力的好奇心，而且是因为人工智能的艺术探索所具有的巨大影响力。2018 年 10 月，佳士得拍卖行成功拍卖了人工智能创造的艺术品“Edmond de Belamy 肖像”，并且取得了35万美元的好成绩，远远高出了此前的估价。时隔数月之后，人工智能艺术再次登上了主流拍卖行的舞台，一件名为“路人记忆1”（Memories of Passersby I）的艺术装置，由世界著名的拍卖行伦敦苏富比拍卖。人工智能创造的艺术品除了进入拍卖领域外，还被作为创作辅助工具开发出多款商业应用软件，并影响到当前艺术和文化产业领域。例如Google公司研发的Quick Draw，可以自动识别用户画的简笔画像是什么（见图3）；还有当前流行的Prisma、Deep Art等软件可以保留目标图片的语意内容，转换源图片的艺术风格；还有在2017年淘宝网的“双11”购物节上，阿里公司的AI设计师“鹿班”通过对数据库的学习，实现了每秒钟8000张海报设计，极大地提高了效率，解放了人力。而爱奇艺公司也积极应用AI辅助综艺节目制作，通过人脸识别、声纹识别、情感识别、景别识别等技术，实现智能听打字幕、精彩画面查找等功能，极大地提升了大型综艺节目的制作工艺，提高了娱乐生态系统的效率。

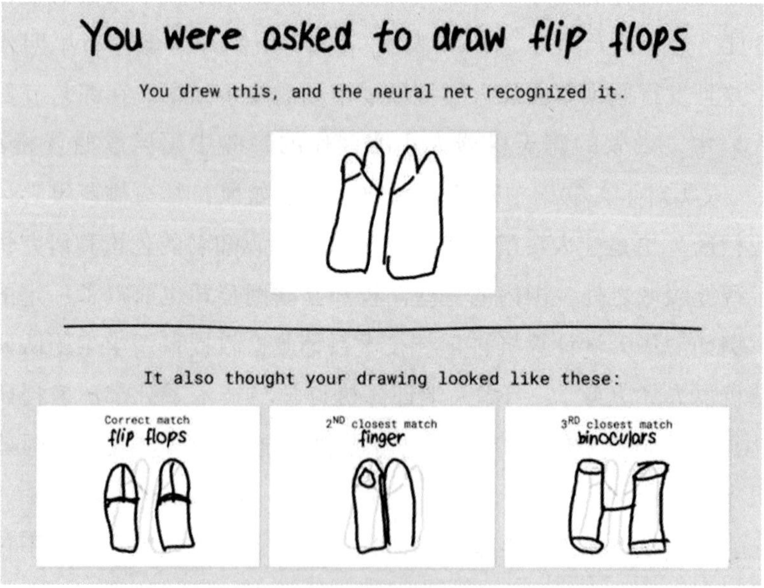

图3　Quick Draw应用界面

二　人工智能艺术研究现状

（一）国外人工智能艺术的前沿动态

当前人工智能的研究已经成为社会一大热点，出现了许多相关的专业书籍和文献资料，例如，《与机器人共舞》《情感机器》《人工智能的未来》《脑机穿越》《图灵的大教堂》等书，系统地介绍了世界上人工智能前沿领域的研究成果。但有关人工智能技术在艺术领域应用的研究较少。伟大的发明家、未来学家雷·库兹韦尔在其著作《奇点临近》和《机器之心》中提出了大胆的论断，即科技正以史无前例的速度发展，人机结合是未来发展的趋势。作者在《机器之心》中描述了机器写诗、谱曲、绘画的创造天赋，认为人工智能在创作层面还缺少“背景”（人类所拥有的现实世界的经验）和人类的情感。著名艺术家、“奇点艺术”概念的提出者和布道者谭力勤，在其《奇点艺术：未来艺术在科技奇点冲击下的蜕变》一书中指出，随着强人工智能时代的降临及“人机交互艺术”的产生，强人工智能艺术将重构艺术家创造力、挑战艺术的本质和特征，并且憧憬了未来的人工智能艺术、虚拟现实艺术、纳米技术和4D智能打印艺术的具体形态和应用。《奇点艺术》一书与雷·库兹韦尔的《奇点临近》、凯文·凯利的《科技想要什么》和《失控》有着相同的思想，均乐观地认为机器人和其他非生物智力同样可掌握艺术和艺术创造力。

总体而言，国外对于人工智能艺术领域的研究较具有前瞻性，倾向于认为技术智能在开发艺术家创造力的同时也在重构艺术。技术启发了艺术家的思维模式，也在重塑艺术意识的技术和语言，触发更多具有颠覆性的新艺术语言和形式出现。不得不说，国外的研究者们对于未来艺术做出了非常美好的设想和预言，但我们想要从弱人工智能向强人工智能方向发展还有很长的一段路要走。虽然强人工智能艺术短期内还不能实现，但对于现今人工智能艺术的研究仍有启迪作用。

（二）国内人工智能艺术的相关研究

从国外学者的研究成果和内容可以很明晰地看出，有关人工智能艺术领域的研究非常具有前瞻性，并且对于人工智能的未来有着较为伟大、乐观的猜想和预设。当前国内有关人工智能相关的成果有：腾讯研究院与工信部高端智库倾力创作的《人工智能：国家人工智能战略行动抓手》、李开复的《人工智能》以及资深传媒人士杨澜的《人工智能真的来了》等。这些著作列举和分析了人工智能技术在翻译、写作、绘画等人文和艺术领域所进行的若干尝试，但都倾向于认为人工智能虽然能够在越来越多的行业协助甚至取代人类劳动力，但在个别领域，例如艺术创作方面，人工智能还是缺乏艺术创造力和情感共鸣。未来思考的应该是让人工智能来帮助人类做更多的事情，例如可以利用机器超强的学习能力和对大数据的储备，给人类艺术家的创作提供素材支撑等。

相较于国外的研究，国内有关人工智能艺术的研究专著较少，但相关的专业论文文献资源丰富，成果颇丰。许炎骏和陈端端《人工智能艺术领域阶段性应用调研报告》、中国文联理论研究室庞井君《人工智能的发展与审美艺术的未来》等文章探讨了当前人工智能技术在艺术领域的应用现状，中南大学欧阳友权《人工智能之于文艺创作的适恰性问题》以及中山大学翟振明访谈录《艺术创造和自由意志不能被机器取代》等文章对人工智能创造物的艺术性进行了探讨，东南大学楚小庆《技术进步对艺术生态变化与作品形式表现的影响》、陈端端《艺术传播的人工智能应用需求研究》和华东计算技术研究所张激《AI 来了！算法艺术史解析》等文章研究了人工智能技术对于艺术作品本身、艺术史研究的影响。

三　人工智能艺术研究的若干问题

（一）人工智能艺术的主体性问题

在人工智能艺术领域的研究范畴下，一个非常重要的问题就是界定

“人工智能艺术”的主体，主体性问题的探讨最终指向的乃是对于人工智能作品艺术性的质疑，即人工智能创造的作品究竟是不是艺术作品的问题。当前学术圈之所以还没有对“人工智能艺术”这一概念达成共识，就是因为人们对人工智能的主体性和人工智能作品的艺术性存疑。

针对这一问题学术界存在多种不同的声音，一种较为普遍的观点认为人工智能创作的作品不具备艺术性，例如欧阳友权（2018）从人工智能之于文艺创作的恰适性问题出发，从两个方面否定了人工智能创造物的艺术性。作者分析人工智能艺术归根结底还是人的创造，乃是基于人类千百年来审美经验的积淀，是人的人文情怀和艺术智能在技术系统中达到的“本质力量的对象化”，是对人类已有的艺术成果的利用。另外，作者认为人工智能的创作无法带给人情感上的“心灵颤动”，也没有那种包含生活感悟、精神信仰、历史意识、哲学思辨的艺术想象力，更无法做出对社会现实和人伦道义的价值判断，因此作者从这两个方面否定了人工智能艺术的“恰适性”问题。翟振明教授（2017）则从人工智能与艺术的未来出发，点明艺术创造和自由意志不能被机器取代，人工智能作为一种辅助性工具替代的只是人的脑力劳动。杨守森（2011）分析了人工智能的发展前景，认为本质上属于机器的电脑尚无法创作出真正具有人性境界的作品，当前的人工智能并不具有情感能力、知觉能力、回忆经验和思维能力，因此人工智能性的文艺创作还是一个梦想。

学术界对人工智能艺术的未来持乐观态度的人亦有之，在雷·库兹韦尔提出“奇点”理论的基础上谭力勤积极预测了未来艺术将会在科技奇点的冲击下实现新的蜕变，奇点艺术将是人类智能与人工智能高度融合阶段的艺术。庞井君（2018）也认为人工智能作为人类智能和科学技术发展演变的必然结果将会为审美艺术带来新的发展，他认为人工智能时代将会进化产生新的艺术主体，这一主体乃是随着脑神经科学、脑机接口技术和生物科技的深入发展实现的“人机一体”，人和机器融为一体，人工智能注入人的精神和灵魂中，大大增强人的智能，提升艺术创造力和鉴赏力。曹再飞（2018）在分析了当前人工智能艺术创作领域所取得的成绩后，预测在未来人机共存的世界里，人工智能也能拥有自我意识，创造出有价值的艺术作品，给人类提供精神文明。但作者认为人工智能并不会替代那些真正富有创造力的艺术家，因为人类艺术家的自我反思能力、内心的灵性、天才与灵感是很有价值的，未来有价值的多元艺术将是人机协作的成果。苏露露和苏峰（2018）也认为人工智能创作具有极大的复杂性，虽然人工智能艺术创作的核心是“数据”和“算法”，但由于“深度学习”，人工智能在创作过程中也开始表现出一定的能动性，能够创立创作出设计者预料之外的艺术作品，因此很难创作主体。另外，作者认为人工智能创作的作品虽不完全具备现代艺术观念上对艺术品的特定要求，但也不能将其排除在艺术之外。人工智能创作是技术发展的产物，而且是站在人类智能的起点上发展而来的，未来有可能将改写艺术的定义，成为一种新的艺术模式。还有一些学者将人工智能艺术视作数字艺术或者数字媒体艺术的自然延伸，例如张海涛认为人工智能艺术的最终作品是由计算机创作的，即是由人工智能系统产生的，而艺术家是作品的设计者，艺术家所做的工作主要是创造产生艺术作品的系统，然后这个人工智能系统再创造艺术作品。但是人工智能系统对产生作品的艺术价值的判断，还需要艺术家的把握，最终才能实现艺术创作。

还有很大一部分学者搁置争议，不纠结于人工智能创造物艺术性的问题，而是具体分析人工智能创作作品的原理，以及分析新兴的人工智能技术给我们的艺术生态领域所带来的影响，具体的研究成果将在下文细述。

（二）人工智能艺术的技术性问题

人工智能在艺术领域的应用乃是奠定在人工智能技术发展的基础之上，技术性问题的研究将有助于我们了解人工智能创作的原理及其本身的复杂性和艺术性。许炎骏和陈端端《人工智能艺术领域阶段性应用调研报告》一文，不仅分析了随着人工智能技术的发展所催生的一批与艺术存在直接或间接关系的软件应用，而且为我们分析了其背后具体的算法和技术。作者认为人工智能艺术不同于当前计算机与艺术结合的 CG 艺术（computer graphic，是通过计算机软件所绘制的一切图形的总称），人工智能算法的应用触及的是原本被认定只有人类才能够实现的艺术表达层面。基于深度学习的人工智能艺术应用软件具有学习能力和创造性，可以自己学习并呈现更多艺术家的笔触与色彩风格，并不需要通过软件设计人员对之进行升级或程序修改。文章分析在人工智能数字绘画领域主要是图像识别，图像识别的技术基础是具有深度学习能力的人工智能算法，被称为“卷积神经网络”的算法工作原理模仿了人类的视觉系统来工作，而人工智能绘画得以实现的另外一个技术基础乃是机器视觉的语义识别。

冯寅、周昌乐《算法作曲的研究进展》属于计算机科学领域的专业文章，文中讨论了当今算法作曲这一研究领域中存在的一些主要问题，评述了其中的关键技术，包括 Markov 链、随机过程、基于音乐规则的知识库系统、音乐文法、人工神经网络技术和遗传算法。作者认为当今的作曲系统应朝着集多种方法为一体的混合型系统的方向发展，创新人机交互手段，并且建立具有民族特色的计算机作曲系统。

（三）人工智能艺术的应用性和影响性问题

人工智能的应用将会促进艺术领域的创新，同时成熟的人工智能艺术应用也会促进艺术创作、艺术领域产业化的发展。刘晓莉（2015）分析了人工智能在内的新媒体艺术具有的观念性、互动性、虚拟性、技术性和连接性等特征，对人类文化的影响乃是呼唤人性化和个性化的回归。静涵（2017）认为新科技与艺术的结合已经成为当代艺术创作领域的一个新趋势，以“人工智能”为代表的“黑科技”能够为艺术创作的媒介和预言提供更多可能性，例如提供图像创作和鉴别等。张激《AI 来了！算法艺术史解析》一文独辟蹊径，研究人工智能对于艺术史研究的重大意义，作者认为依托于当前巨量的图像数据库以及人工智能识别技术、无监督学习方法、机器学习艺术史知识模拟计算机自然语言处理，人工智能将成为优秀的数据挖掘工具帮助人们处理巨量的艺术作品，承担图像志检索、分类、对比等工作，并且提供客观的相似性测量和创造力估算。张苗（2018）认为人工智能将会带来艺术创作新时代，人工智能的兴起将会使当代艺术放低门槛向大众开放，帮助没有专业艺术技能的普通人借助于数字艺术程序发挥自己的灵感并进行创作。人工智能将带动网络文学、创意写作、智能音乐产业的发展，全面满足大众文艺创作的需求。陈端端《艺术传播的人工智能应用需求研究》主要研究了人工智能技术在艺术传播领域的应用，借助计算机的联网、精确与高速的识别与处理信息、计算与存储的云端巨量化以及快速索引等优势，人工智能能够快速、准确地从海量艺术信息中分辨和选择受众更喜爱的艺术作品，实现目标受众的精准化推荐。王新喜的微信文章《AI 创作会给数字音乐平台带来第二春吗?》认为在当前优质音乐内容无法满足庞大的受众市场需求的情况下，引入 AI 音乐介入数字平台将重建音乐产业。AI 能够辅助音乐人高效地参与创作一些曲目生成歌曲，鼓励普通用户及音乐行业人士借助平台的 AI 能力自主创作，降低音乐创作门槛，使得作曲大众化，降低音乐产业的音乐制作部分如母带处理、后期混音等的成本，提高效率，这种以 AI 为卖点的功能可以带动音乐产业生产力的解放。还可以通过 AI 音乐的娱乐化模式吸引更多普通大众，进一步刺激音乐内容创作，带动平台内容生产者与消费者以音乐为媒介，产生更深层次的社交互动。

四　人工智能艺术研究的不足与缺乏

（一）缺乏前沿的译著型作品

笔者通过查阅相关资料发现，国内有关“人工智能”的书籍和资料较多，主要侧重于人工智能的技术原理分析和产业化发展现状、对策研究，针对人工智能在艺术领域应用的相关资料缺乏。随着越来越多的人工智能技术应用在艺术领域，科技给艺术带来的影响将是多领域、多层面的，人工智能艺术也将成为一个频繁被提及的话题。由于当前有关人工智能艺术研究的著作较为缺乏，因此也急需更多的研究者们关注这一领域，积极译著和引进国外前沿研究成果，深化人工智能艺术研究相关的理论深度。

（二）缺乏对人工智能创造物艺术性的研究

由于学术圈面向人工智能艺术的研究较少，至今还没有实现对人工智能艺术的主体进行明晰地界定，甚至还缺乏明确的概念界定。一些学者始终坚持认为所谓的人工智能艺术品归根结底还是人类的创造，由于缺乏情感和自由意志而不具有艺术性，也有一些学者提出人工智能基于神经网络的深度学习能力，已具有一定的能动性和创造性，虽然人工智能不同于人类艺术家的创作方式，但也不能将其排除在艺术之外。在这种主体混乱的情况下各路学者对于人工智能创造物的艺术性存在质疑，还缺乏对人工智能艺术本质性问题的探讨。

（三）缺乏完善地介绍人工智能对艺术领域的影响性研究

虽然已有一些学者开始研究人工智能给艺术生态领域所带来的影响，但涉及篇幅较少且较为分散，研究浮于表面不彻底。很多研究者困在人工智能的艺术性这一问题上，忧虑人工智能的发展替代人类艺术家的存在，于是很难跳出这一藩篱，但其实我们可以不纠结于此，走向更广阔的研究领域。人工智能作为技术发展的自然产物势必会影响人类生产生活的各个领域，作为深刻反映社会现实和人类思想的艺术自然也在其中。对于艺术生态而言有着多个参与主体和组成要素，例如艺术家、受众、艺术作品本身、艺术制度等，人工智能技术的介入对于艺术生态的影响将是多方面、多角度的。我们不能只看人工智能对于艺术创作的影响，还要从艺术传播和艺术接受等多个角度探讨这一问题，同时还要注意人工智能带给艺术生态的不仅有正面影响，而且人工智能艺术在其本身的发展中还有很多的局限性。

在当今这个全球多元文化竞争的时代，科技发展与艺术创新并行，人工智能艺术的产生乃是适应人工智能时代语境下新的艺术范式。人工智能的发展已成为各个国家关注的要点，艺术研究已成为新的热点话题，立足于当前技术研究的前沿动态和前人的研究成果，理应对这一领域予以重视。相较于当前的对于 VR、AR 等技术在艺术的传播和消费上产生的影响，人工智能乃是在根本上动摇了艺术的存在，通过影响艺术生态当中的艺术家、艺术作品、受众和艺术制度等重新定义艺术生态的存在。因此笔者计划下一步通过分析人工智能艺术产生的背景及其内涵，梳理人工智能技术在写诗、画画、音乐等具体文学艺术领域的应用与实践，从多角度、多层面分析人工智能给艺术生态带来的影响，最终探讨未来艺术的发展如何拥抱人工智能技术。

参考文献

〔美〕明斯基：《情感机器》，王文革等译，浙江人民出版社，2016。

腾讯研究院等：《人工智能：国家人工智能战略行动抓手》，中国人民大学出版社，2017。

庞井君、薛迎辉：《人工智能的发展与审美艺术的未来》，《艺术评论》2018 年第 9 期。

杨守森：《人工智能与文艺创作》，《河南社会科学》2011 年第 1 期。

张苗：《人工智能带来艺术创作新时代》，《中国社会科学报》2018 年 3 月。

〔美〕库兹韦尔：《奇点临近》李庆城等译，机械工业出版社，2011。

〔美〕库兹韦尔：《机器之心》，胡晓姣等译，中信出版社，2016。

谭力勤：《奇点艺术：未来艺术在科技奇点冲击下的蜕变》，机械工业出版社，2018。

杨澜：《人工智能真的来了》，江苏凤凰文艺出版社，2017。

欧阳友权：《人工智能之于文艺创作的适恰性问题》，《社会科学战线》2018 年第 11 期。

孟繁玮、缑梦媛：《艺术创造和自由意志不能被机器取代——翟振明谈“人工智能与艺术的未来”》，《美术观察》2017 年第 10 期。

杨守森：《人工智能与文艺创作》，《河南社会科学》2011 年第 1 期。

庞井君、薛迎辉：《人工智能的发展与审美艺术的未来》，《艺术评论》2018 年第 9 期。

曹再飞：《人工智能时代的艺术图景》，《艺术广角》2018 年第 1 期。

苏露露、苏峰：《人工智能艺术刍议》，《大众文艺》2018 年第 5 期。

张海涛：《未来艺术档案》，金城出版社，2012。

许炎骏、陈端端：《人工智能艺术领域阶段性应用调研报告》，《艺术学界》2017 年第 1 期。

冯寅、周昌乐：《算法作曲的研究进展》，《软件学报》2006 年第 2 期。

刘晓莉：《新媒体的人工智能作品对人类文化的影响》，硕士学位论文，大连工业大学，2015。

《“黑科技”为艺术创作提供多种可能》，中国文化传媒网，2017 年 7 月 23 日，http：//www. ccdy. cn/keji/201707/t20170725_ 1347708. htm。

张激：《AI 来了！算法艺术史解析》，《新美术》2017 年第 5 期。

张苗：《人工智能带来艺术创作新时代》，《中国社会科学报》2018 年 3 月。

引自微信公众号文化产业评论《AI 创作会给数字音乐平台带来第二春吗?》，2018 年 12 月 9 日。

B.19
文化科技中的新技术与新业态应用发展态势报告

耿　琦*

摘　要： 科技与文化的深度融合产生了“化学反应”，科技创新为文化领域带来了诸多新变化，为社会经济发展注入活力。本文从2018年以来科技创新的角度出发，介绍了人工智能、区块链等技术模式，并着重阐述其在文化领域的典型应用案例，对未来文化科技的进一步发展做出趋势性预测。

关键词： 文化科技　人工智能　区块链　AR/VR 现实处理

“科学技术是第一生产力”，当前时代科技创新是提高全社会生产力和国家综合国力的战略性支撑力量。科技与文化的深入融合，使得科技已经深入渗透至文化产品创造、生产、传播、消费的全生命周期中，成为文化发展的中坚力量。随着以 ABCD（人工智能、区块链、云计算、大数据）等为代表的新兴技术的快速发展，相关的科技创新也已成为文化发展的重要引擎，推动文化产业的持续健康发展。

图 1 呈现出文化科技领域中应用到的主流技术，其中核心支撑层将算力与数据做统一的汇聚，以结构化的形式呈现并保证数据的安全可靠，是文化

---

* 耿琦，北京邮电大学硕士，度小满金融高级商业分析师，研究方向为人工智能在金融科技、文化建设、生命健康、社会生活等领域的应用，发表过多篇署名文章，喜马拉雅直播号“跃文老师”。

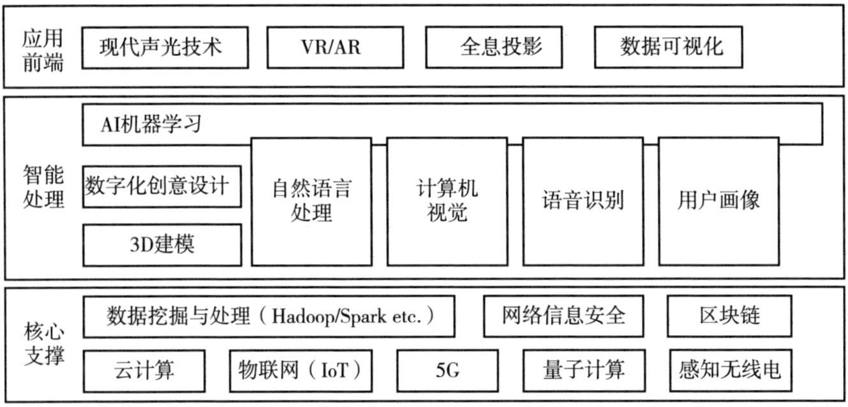

图1　文化科技技术框架体系

科技的基石；智能处理层依托人工智能技术，通过机器学习算法应用在自然语言处理、语音图像识别等多个领域并构建系统性的关联网络，洞察出数据之间的内在关联；应用前端层依托前端显示的前沿技术将结果多维立体化地呈现出来。

在众多支撑文化科技业务的技术中，AI 机器学习、区块链、AR/VR 现实处理这三类技术成为文化科技领域热点应用技术，产生出丰硕的成果，是本文重点介绍的内容。

一　AI 机器学习

机器学习即设计和分析一些让计算机可以自动“学习”的算法。作为人工智能的核心，机器学习随着大数据、算力、算法技术上的发展，也得到了极大的发展，赋能多个文化场景中。

二　机器学习 +为人工智能构建广阔的应用空间

（一）机器学习算法分类

作为人工智能区别于传统计算机程序的标志，机器学习将计算机从仅仅执行命令，升级到具有提升自我，举一反三学习的阶段。按照学习的方法角度，机器学习主要分为监督学习和非监督学习两大类。

1. 监督学习算法

这类算法基于预先给定的数据集，包括数据输入和输出，也称为标记好的训练数据集，将监督学习算法基于训练数据进行学习，调整相应参数与训练数据匹配，最终预测新的数据的结果。一系列数学指标如 Gini 系数、KS 值等用于衡量算法的区分度，通常情况下模型的预测效果取决于以下两部分因素。

（1）训练数据的量级及典型性。通常情况下绝大多数训练数据是由人工标注或者经过长期的积累形成的，训练数据的数量与模型效果呈强相关。以新闻类舆情正负向分类算法为例，训练出一个比较理想的分类算法通常需要基于百万级人工标注的新闻舆情训练数据。

（2）监督学习算法的适配性。不同的算法通常对应不同的需求场景：如 kNN 算法基于特征空间中已知相邻节点的属性判断新节点的属性，通常用于文本分类场景；LR 算法基于为函数找到最适配的参数，使函数的值最接近样本的值，通常用于内部特征之间相关性较小的线性场景。因此，在实际的应用阶段需要基于不同的需求，有针对性地选择监督学习算法以达到最优的效果。目前绝大多数人工智能应用背后均基于监督学习算法。

2. 非监督学习算法

这种模式下，并不存在全量已知结果的训练数据，而是基于原始数据本身进行处理，找出其内部的关联。如电商网站基于某一用户大量的行为数据，使用非监督学习算法进行用户数据的层次化，如哪些购买了知识类（图书、音像）、哪些购买了衣帽类、哪些购买了家用电器类等，在实际的应用过程中由于没有训练数据，非监督学习对于数据处理的精准程度肯定逊色于监督学习。由于不需要人工标注，在实际的应用过程中非监督学习算法通常被用于对数据进行初步处理（数据关联特征提取 & 数据降维），之后供监督学习算法做进一步的精细化处理。常见的非监督学习算法以聚类算法为典型，聚类算法通过寻找数据的关联，将相似的数据放为一组，如常见的

K-Means 算法、层次聚类算法、生成式对抗网络算法等。

此外，还存在诸如半监督学习算法，即针对少量标注样本以及大量未标注样本进行学习，结合了监督学习与非监督学习的优势，得到了人工效率与数据精准的平衡。近些年来随着技术的进一步发展，出现了强化学习、迁移学习等前沿机器学习算法，进一步提升了计算机学习的能力。

三　机器学习在文化科技中的应用

人工智能技术即将机器学习算法应用至包含语音、图像、自然语言处理以及用户画像的各个领域，以下逐一介绍。

（一）语音处理技术

语音处理技术主要包含语音识别、语音合成以及声纹检测等技术，传统的语音处理技术主要基于对语音特征的分析，AI 时代下机器学习通过引入复杂神经网络等高级算法支持复杂声学处理模型，极大提升了语音分析的准确度。如可识别针对各个民族的语言、各个年龄阶段的发音以及不同地区的方言，结合后自然语言处理（NLP）技术可以提供语音机器人服务，在文化领域中拥有广阔的应用空间。

案例 1

AI 机器人“入职”湖南省博物馆

实体博物馆拥抱科技，将古老的文物与新潮的科技紧密联系在一起。2018 年 11 月 29 日，由百度公司研发的“小度”机器人在湖南省博物馆正式亮相，成为开发接待部的一员，为湖南省博物馆提供博物馆导览、文物介绍等服务。“小度”通过语言识别技术将游客的语音转化成机器人可以识别的语言，利用自然语言处理技术识别出游客的问题，通过多轮对话技术准确判断游客意图，最终通过语音合成技术将信息转化成语言反馈给游客。“小度”的部署将显著提升博物馆的服务水平，推动“人工智能 + 中华文明”的建设。

（二）计算机视觉（图像识别技术）

计算机视觉是用摄像机和计算机代替人眼，对目标进行识别、跟踪和测量，并对图形进行电脑处理，建立能够从图像或者多维数据中感知“信息”的人工智能系统。AI 时代机器学习算法的引入将显著提升图像的识别精度，OCR 识别技术将印在纸上的文字识别成电子格式；图片结构化技术可对图片中的人、车、物进行结构化信息提取，可用于人脸识别、工业视觉检测，还可用于以图搜图、车辆特征识别、物体/场景识别、人体属性识别等应用场景；视频结构化技术将视频图像中的人、物转换成结构化的可被计算机识别的对象。该技术在图形图像修复、图像视频创作、文物展示体验等文化领域拥有比较广泛的应用空间。

案例 2

国家文物局联合百度启动“AI 博物馆计划”

5 月 18 日是国际博物馆日，2018 年的主题为“超级连接的博物馆：新方法、新公众”，这一主题彰显着如何用科技的力量助力文物保护与传播。2018 年国际博物馆日，国家文物局联合百度公司联合启动“用科技传承文明：AI 博物馆计划”，其中重要的技术应用即文物图像识别，游客发现带有“AI 图像识别”标识的文物，就可以直接对文物进行拍照识别并利用语音合成的技术将相关信息播报出来。这一功能背后即为针对文物的精准拍照识别功能，该技术的应用极大丰富了游客游览的信息，提升了文物的传播价值。

（三）自然语言处理（NLP）

自然语言处理是研究人与计算机之间用自然语言进行有效通信的理论和方法。将语言学、计算机科学、数学等融为一体的科学，是通过编码器实现形式化描述到数学模型算法化再到程序化，最终实现实用化的过程。具体而言，包括语言翻译技术、情感识别技术、人工智能对话（多轮对话）技术、知识图谱技术等，如果说前面所述的语音处理技术类似于机器人的“耳朵”和“嘴”，计算机视觉技术类似于机器人的“眼睛”，那么NLP技术类则类似于机器人的“大脑”。

案例3

Giiso（智搜）AI写作机器人赋能金融媒体行业

传统媒体工作者往往要花费较大的精力在阅读、撰写、发布等处理新闻稿件环节中，难以保证新闻传播的准确性与时效性。由Giiso公司开发的AI写作机器人并不是一个实体机器人，而是一套软件系统，是专门写稿的“大脑”。整合了自然语言处理中语义识别以及知识图谱等技术，聚合全网信息，通过融合各领域知识，对数据进行深度分析，可以实现对资讯内容的全自动智能化采编，提高了资讯的采集、加工、分析处理效率，应用在财经领域可支持新闻稿件的秒级撰写与发布，解放了媒体工作者处理日常新闻速递等烦冗复杂的工作，提升了媒体工作者的工作效率并保证了新闻的及时准确传播，目前已经在金融媒体领域得到了广泛的应用。

（四）用户画像

用户画像是根据用户社会属性、生活习惯和消费行为等各类数据，从中抽象出的一个用户标签化的模型。AI时代下的用户画像的构建包含了多维度用户数据的搜集、用户特征的挖掘、用户模型的构建以及数据可视化的分析，基于用户画像可以针对文化受众群体进行分析，预测其偏好并进行精准传播，目前在新闻推送、影视作品内容创作、文化衍生品营销等领域得到了广泛的应用。

案例4

以今日头条、抖音为代表的“千人千面”的内容分发产品成为主流

打开今日头条或者抖音，用户会发现自己感兴趣的文章或者短视频会持续推送，这背后即通过AI机器学习算法构建用户画像，综合整合用户阅读内容、阅读时间、视频点击习惯等信息构建用户标签，形成个性化的推荐算法，实现用户总能看到自己想看的内容，极大地提升了用户体验，开创了内容分发生态的新玩法。

四 区块链

区块链技术本质上作为一种去中心化的分布式共享记账技术，技术上可依托其诸多特性为文化行业赋能，保证数据的真实准确，在应用层面结合智能合约的技术可以极大提升文化行业的运营效率。

（一）区块链的特征解析

区块链最早作为比特币的底层实现机制，在过去 10 年逐渐发展壮大，由于其具有与生俱来的去中心化、加密共识机制、不可篡改等特性，得到了除数字货币之外其他领域的关注。近年来智能合约技术的发展使区块链作为一种底层的构建信任的机制与各类应用紧密结合，各行业“上链”的进程明显加快，那么如何深入理解区块链的这几类特性？区块链拥抱各领域的主要的点究竟是什么？

1. 区块链的技术本质以及实现机理

技术上看，区块链就是一个由计算机代码所构建的分布式的账本，或者分布式的数据库。它的技术核心是一种基础数据架构和一类网络协议的组合体。这里的基础数据结构是指一些列用来存储信息的由“区块”构成的“链”表结构，每一个区块包含了特定时间段（如果是比特币区块链的话是 10 分钟内）全网发生的相关信息交易或者转移记录的合集。每一种区块均包含块身和块头两部分，块身是相关的信息的记录合集；块头是前一区块头的哈希值（特定数学问题的解）以及时间戳。块头的信息使得创始块（第一个区块）到当前时点区块可以连接在一起，形成首尾相连的一条长链。这里的网络协议是指对等网络协议，依据该协议建立了无中心的网络通信拓扑结构与相应的共识机制。独特的技术赋予了区块链如下四方面的特点。

去中心化。由于采用了对等网络协议协同账本记录过程，拓扑中的每个节点除了参与记录全网信息，同时也验证其他节点记录结果是否正确，这一过程并不依赖传统中心化节点或者中心化的数据库。全网节点之间的权利和义务是对等的，即使受到攻击部分节点遭到损坏，也不会影响整个系统的正常运行。

不可篡改。一方面区块链采用的公私钥加密算法的复杂度很高，外部破解的计算复杂度与成本极大，保证了数据的不可篡改。另一方面区块链采用的共识协议机制使得只有全网大部分节点都认为这个记录正确的时候，记录的真实性才能得到全网认可并被记录到区块链中。这相当于把日志和数据保存在一起，使得区块链在保证数据安全的同时也保证了数据记录时间的不可篡改。以比特币区块链为例，单个节点要想提供虚假信息需要欺骗至少 51% 的节点，未来随着全网可靠节点数量的增加，数据的安全性会越来越高。

透明性。除了信息交换双方的私有信息和信息被加密以外，区块链上的其他信息都是公开透明的，任何节点均可以通过接口查询区块链上记录的信息，维护相关的信息转移记录，过程透明可追踪。

自动化。以太坊引入的智能合约技术极大地推进了区块链的发展，将区块链由底层账本升级为可编程的运行环境，当合约参与方满足触发条件后，合约条款将自动执行，智能合约技术使得各类脚本代码、算法实现操作并可提供公开一致的可信合约主体。如以太坊的交易依赖于脚本的内容，脚本规定了交易的方式和各项细节，这种特性使以太坊成为一种可以编程的智能合约主体。

2. 区块链的类型与行业发展现状

区块链伴随着数字货币产生，最初应用于数字货币的支付、转账、汇款等应用场景，这一阶段通常称为区块链 1.0 阶段；随着智能合约的引入，区块链逐渐与数字货币解耦，以一种底层的技术机制应用在金融、大宗商品交易、公益等诸多领域中，相关的区块链的开发调试工具、服务、系统、指导原则以及社区应运而生，这一阶段称为区块链的 2.0 阶段。目前按照区块链主要的行业应用范围划分主要包括以下几方面。

公有链。是指任何人（节点）在任何地址都能参与共识、加入网络及写入或者访问数据的区块链。作为最早的区块链模式，公有链被形象地称为“区块链世界的操作系统”，典型的应用最广泛的公有链平台为以太坊，以太坊提供了图灵完备的编程语言，允许开发者通过智能合约处理复杂的业务流程，支持99%以上的公开区块链应用。

联盟链。针对特定业务，由政府或企业联盟建立，应用方向清晰、业务价值明确。节点通过准入机制得到授权后方可加入，不同节点对应的权限有所区别。由于联盟链能够体现区块链通过数据共享建立了多方信任的核心价值，并且可以在权限上通过差异化配置保留一定的灵活性，因而成为目前区块链应用的优先方向。国际上典型的联盟链组织包括 Linux 基金会牵头发起的超级账本（Hyperledger），吸引了包括 IBM、百度在内的科技企业，其发布的 Fabric 产品可应用于供应链管理、金融交易、资产账目和社交网络等行业领域。其他的国际组织还包含由银行业金融机构加盟的 R3、微软牵头成立的企业级以太坊联盟（EEA）等。我国也成立了诸如金链盟、China Ledger 联盟等行业组织，探索联盟链的行业应用。

私有链。是指区块链的适用范围仅在一个公司的范围内，由于是“私有”使用，数据的信任问题并不存在，引入私有链主要提升数据的可审计性，从本质上讲现有技术架构也可以解决类似问题，私有链的应用前景并不是很大。公有链、联盟链、私有链示意见图2。

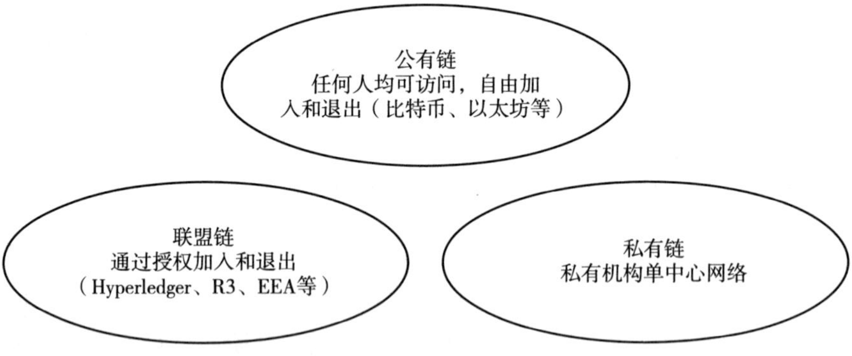

图2　公有链、联盟链、私有链示意图

（二）区块链在文化科技中的应用

随着用户为知识付费习惯的逐渐养成，版权保护在知识经济的发展中显得愈加重要，运用区块链技术，对版权特别是线上版权进行有权登记和声明，可以帮助作者更好地保护自己的权益，同时为版权交易提供了权利认证保证，为版权保护和防止欺诈提供了技术层面的保障。

案例5

百度超级链助力内容版权保护

2018年7月18日，百度公司宣布上线基于区块链技术的原创图片服务平台“图腾”，这一覆盖了图片生产、版权存证、图片分发、交易变现、侵权监测、维权服务等全链路版权服务平台，目的是更好地帮助图片原创作者释放价值并保护好自己的权益。后续将会拓展至包含文字、视频、音频等在内的更多的数字内容领域，让这些优质的原创内容可以得到更好的保护，让原创作者们可以更专注、更放心地生产内容并获得收益，构建全社会健康的文化传播生态。目前图腾已应用在百度熊掌号、Veer图库、百科博物馆计划等场景中。

五　AR/VR现实处理

（一）AR/VR现实处理技术特征解析

VR是Virtual Reality的缩写，即虚拟现实技术，是一种可以创建和体验虚拟世界的计算机仿真技术，它利用计算机生成一种交互式的三维动态视景，将用户沉浸到该环境中。

AR是Augmented Reality的缩写，即增强现实技术，是一种实时计算摄影机影像的位置及角度并加上相应图像、视频和3D模型的技术，目标是在屏幕上把虚拟世界套在现实世界并进行互动。

此外还包含融合 AR 与 VR 技术的混合现实技术（MR），介于 AR 与 VR 之间，其目的均为通过提供给用户虚拟的环境，给用户贴近真实的感受。目前以 AR/VR 为代表的现实处理技术已广泛应用在医疗、教育、军事、工业维修、网络视频通信、市政建设规划等领域。

（二）AR/VR 现实处理技术在文化科技中的应用

AR/VR 现实处理技术在文化领域拥有广泛的应用。在出版传播领域，AR/VR 现实处理技术与传统的出版技术结合丰富了出版内容的呈现方式，提升读者阅读的兴趣；在演出、体育赛事中，AR/VR 现实处理技术实现多角度切换、更广视角现实场景，丰富了观赏性；在文物保护、展览、展示领域中，AR/VR 现实处理技术保存了原有文物的重要信息，实现濒危文物的科学保存，并穿越时空将文物再现于观众眼前；在游戏领域中，AR/VR 现实处理技术为玩家创建了更加真实的游戏世界，带给玩家身临其境的感受。

案例 6

继昆曲、故宫、长城之后，腾讯携手敦煌莫高窟，
科技携手文化旅游

2017 年 12 月 29 日，腾讯与敦煌研究院签署合作协议，腾讯利用其最新科技文化生态，与敦煌研究院科研成果深入合作，腾讯“博物官”和“数字敦煌智能景区”等小程序先后上线，到达莫高窟的游客可通过 AR 导览更深入地了解莫高窟的历史、艺术和科技价值，无法到达莫高窟的游客也可通过 AR 导览来深度体验敦煌文化。此外腾讯也推出了 VR 眼镜让更多的人感受到飞天之美，通过网络动漫与网络游戏来演绎壁画里的英雄和故事，“AR/VR + 文创”的新型传播路径为敦煌的数字化保护添砖加瓦。

结　论

“科学与艺术在山脚下分手，在山顶上汇合。”福楼拜先生在 100 多年前已经准确阐述了科学与包含艺术的文化的关系。当今科技已经深入社会生活中的方方面面，创新成为时代的主旋律，科学与文化的融合将会愈加深入。

技术孕育新的业态。伴随着技术创新的力量，直播、二次元、体验经济、共享经济、泛娱乐等新文化生态形式已应运而生，满足了人们对于文化消费的深层次需求，为整个社会持续注入新鲜的活力。

创新引领新的发展。伴随着技术浪潮的应用，全息摄像、物联网、3D打印等技术也逐渐与文化亲密接触，未来必将在设计、教育、产品制造、生活服务等领域诞生新的文化服务形式。

未来，随着科技与文化的进一步融合，一批有竞争力的文化科技企业将会逐步走向舞台中央，一批有特色的文化科技服务模式将会深入文化发展各个领域，文化科技将会为我国的文化各领域健康发展发挥更大的作用！

参考文献

肖怀德：《十大文化科技融合的产业发展趋势：未来将诞生新兴的文化服务业态》，《文化产业评论》2017 年 11 月。

白杨：《科技赋能传统文化：腾讯携手故宫重现经典 IP》，《21 世纪经济报道》2018 年 1 月。

韩凯英：《博物馆公共服务智能的完善路径》，《企业改革与管理》2013 年 5 月。

B.20

通信网络基础建设的优化升级分析报告

——以中国移动为例

阎奕铮*

摘　要： 通过中国移动公司5G技术发展、综合网络覆盖情况、重难点地区网络覆盖、数字化应用发展、网络扶贫、重大项目通信保障等方面工作推动进展的情况，阐述了中国移动近年来的通信服务工作。以通信运营商的视角，论述了优质网络创造社会价值的发展理念。

关键词： 中国移动　家庭宽带　“互联网+”　网络扶贫　通信保障

中国移动从2000年成立起，始终贯彻注重网络覆盖的核心工作，通过锲而不舍的技术革新和管理水平提升，逐步发展壮大，成为现今全球网络规模和客户规模最大的通信运营商。中国移动在普遍服务方面颇有担当，信号覆盖的广度和深度都堪称中国第一，并通过优质网络和发展应用，在数字化、农村服务、重大活动通信保障、抢险救灾等方面为全社会提供通信及信息化服务。如今，全球的通信运营商都在从管道运营向内容服务运营转型，中国移动致力于以优质的网络、完善的覆盖、卓越的体验以及多样的数字化应用，创造社会价值，引领通信技术发展，向社会提供优质通信服务，努力履行当今时代背景下通信运营商的社会责任。

---

* 阎奕铮，山东荣成人，硕士研究生，中国移动通信集团，研究方向为通信技术。

一 打造优质网络，铸就服务基石

在2G时代，中国移动打造了全球最大的2G网络，让2G网络真正做到了覆盖全国各地；在4G时代，中国移动打造了一张不仅有广度，而且有深度的精品网络，让中国移动用户拥有卓越的使用体验，不仅在城市山村信号满格，而且在地铁、场馆，甚至是大型演出、赛事等人口密集场景中，都能流畅使用。然而对致力于要做精品网络的中国移动来说，覆盖好并不是服务的终点，而是起点。在5G时代，中国移动积极推动5G网络建设，提出了“5G网络领航计划”，为5G网络的明天描绘出美好蓝图。中国移动的目标是通过优质的网络，为社会创造价值。

（一）领航5G技术，推动产业发展

2018年2月，中国移动在巴展上提出“5G SA突破行动”，包括三个目标，即完成标准、基于三层解耦产品、标准向产品快速转换。2018年6月，中国移动在上海展上提出“5G SA（独立组网）启航行动”，目标是完成SA标准、实现端到端切片系统、演示SA全息通话。2018年12月，中国移动于广州召开的合作伙伴大会上，提出技术、能力、服务三维度领航5G SA发展。

在5G关键技术引领上，中国移动提出5G SA标准，描绘5G概念蓝图，制定5G发展目标。中国移动作为5G标准主要贡献者之一，携手运营商及设备商，推动5G SA的实施。在5G网络覆盖上，中国移动也占领先机，取得了长足的进步。中国移动领航国际标准，助力5G设计，在六大国际组织中，进行了47项国际标准制定；完善企业标准，推动产业成熟，完成了90本中国移动企标/规范；充分开展5G试点，积极筹备商用投产，第一批在5个城市开展5G试商用，在12个城市开展5G网络体验①。

（二）实现无线网络全方位覆盖

中国移动在2015～2016年投入3927亿元进行大规模4G网络建设，实

① 程琳琳：《中国移动5G网络从突破、启航到领航》，《通信世界》2018年第33期，第33页。

现4G网络全国性覆盖。在2017年和2018年投资3594亿元（约占行业总投资的55%）用于优化4G网络，让中国移动的4G网络不仅拥有超过340万个基站，成为全球最大的4G网络，并且实现了深度覆盖，满足人们在各种场景下的通信需求，从珠穆朗玛峰到南海的三沙市，从万米高空的飞机到穿梭地下的地铁，中国移动实现了全方位的4G信号覆盖。

（三）家庭宽带用户数跃居全国第一位

从2013年12月4日，中国移动获得固网牌照后，有线宽带业务一直处在高速发展的状态。截至2019年2月，中国移动光纤到户覆盖家庭用户数4.2亿户，覆盖率由2014年的21%提升到了目前的76%（见图1），均具备100M以上的带宽接入能力，并正式在各地级市开展千兆小区试点。2018年9月底，中国移动家庭宽带存量用户数突破1.5亿，正式超过竞争对手中国电信公司，跃居中国家庭宽带市场第一位。截至2018年12月，中国移动宽带客户存量客户总数达到1.5569亿户，中国电信1.4579亿户，中国联通8088万户[①]（见图2）。目前，中国移动根据工信部要求，实施宽带免费提速，50M家庭宽带的平均价格降到了每月30元，100M家庭宽带的平均价格降到了每月36元。

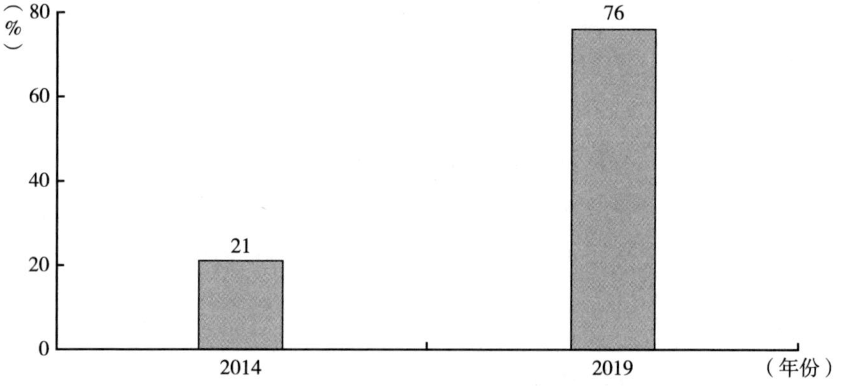

图1　中国移动光纤到户覆盖率

① 参见C114通信网新闻《三大运营商2018年运营数据：中国移动“配齐”三个第一》，http://www.c114.com.cn/news/16/a1077452.html，2019年1月22日。

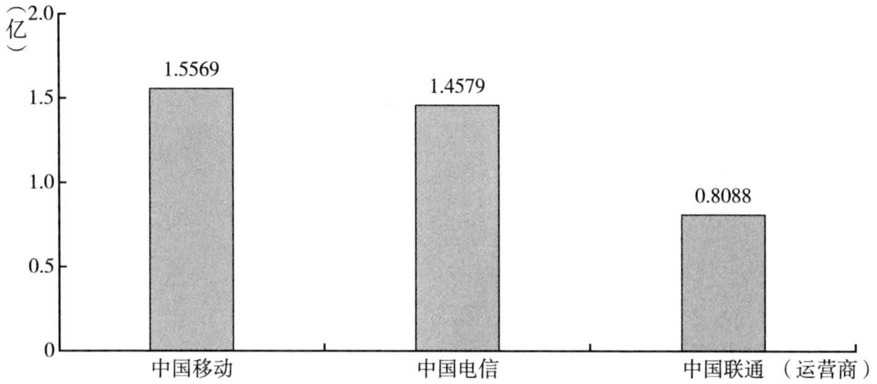

图2　2018 年 12 月三大运营商宽带用户数

二　攻克重点难点，实现全国覆盖

从南到北，从东到西，为了让全国群众都能用上网、用好网，中国移动人付出了辛勤的汗水。在偏远地区，中国移动人通过肩扛手抬把基站设备运送到位；在高铁沿线，中国移动技术人员夏天顶着高温、冬天顶着寒风攀爬到几十米高的铁塔顶部安装、调试设备，只为网络质量变好。通过中国移动人的不懈努力，中国移动的网络覆盖到了原来不可能有网络覆盖的地方。

2015 年 9 月，中国移动完成了西沙群岛中 7 个岛屿及附近领海的 4G 网络覆盖，用事实向世界宣告了中国的领土和领海主权。中国移动的西沙 4G 覆盖之路，开始于 2013 年 4 月，在海南博鳌论坛前夕，永兴岛 4G 基站与博鳌论坛 4G 网络同时开通。之后，中国移动抓紧时机，在 2014 年中全面开展西沙 4G 网络的覆盖工作。海岛建站环境恶劣，需解决高盐环境、潮汐及台风等对设备及通信传输的影响，为建站带来了较大挑战。中国移动组成三沙 4G 网络覆盖项目组，实地驻扎查勘，在工程建设、传输方案上采取了一系列优化措施，解决了建站难题①。

① 期刊通讯：《中国移动设计院助力中国移动实现西沙岛屿 4G 网络全覆盖》，《中国工程咨询》2015 年 12 月，第 82 页。

此外，中国移动在内蒙古、新疆等地域广阔、条件艰苦、居住人口稀少的区域，也实现了网络覆盖，为居民提供了良好的通信服务。内蒙古巴彦淖尔乌拉特后旗嘎查地区处于戈壁地带，土质坚硬，平均气温都在零下10摄氏度左右，整个嘎查地区共12户住户。艰苦的地理环境、零散的住户、不规则的布局、偏远的位置都给工程方案确定及施工带来了很大困难。中国移动工程项目组不断完善方案、攻克难题，短短7天时间便顺利完成了37公里新建杆路布放，嘎查地区住户全部具备网络接入条件。新疆叶城县试点村落距离县城最远超过270公里，塔县所建村落距离县城最远超过220公里。中国移动的建设队伍克服路途遥远、复杂地貌、体能透支等困难开展建设，让这两个边远村落第一次有了网络覆盖。

三　推广数字化应用，助力“互联网+”产业转型

在构建优质网络的基础上，中国移动致力于数字化应用的推广，通过多行业的数字化服务，助力交通、医疗、政务、环保等多产业的“互联网+”转型。

1. 强化数字化生产支撑

中国移动一直致力于促进信息技术与实体经济深度融合，强化数字化生产支撑。中国移动打造的工业互联网云平台，实现超过1.6亿台设备连接，“互联网+交通”应用为4500万辆机动车、2800万辆共享单车提供连接服务；推出物联网开放平台，接入终端超过5300万台，服务开发者超过7.2万人，中小企业超过8600家[①]。

2. 推出数字化生活服务

中国移动牵头筹建了健康医疗大数据股份有限公司，“互联网+医疗”

① C114通信网新闻：《中国移动：精品网络不仅用户体验好　还能为社会创造价值》，http://www.c114.com.cn/topic/5450/a1071594.html，2018年11月20日。

为1.4亿医患提供服务；“互联网+教育”为超过9000万师生及家长提供服务；支撑建设“国家政务服务平台”，与350多个城市开展“互联网+政务”合作；推出“智慧党建”云平台，服务15省近300万名党员。增强数字内容供给能力，弘扬社会主义核心价值观，为超过4亿用户提供高质量内容服务。

3. 开展污染防治行动

中国移动持续开展绿色行动计划，深入推进节能减排，单位电信业务总量综合能耗较2015年底下降64%，连续两年作为唯一内地企业入选全球权威碳排放组织（CDP）最高评价A级名单。同时，中国移动基于物联网、人工智能、大数据等信息技术打造“蓝天卫士”信息化应用，为200多个地市政府提供大气污染防治信息化支撑，提高了环境监控的实时性和准确性。

四　网络扶贫、精准扶贫，助力脱贫致富

中国移动在打造精品网络，为社会创造价值时，还不忘自己国企的责任，大力推进电信普遍服务发展。尤其是在中国移动获得固网宽带牌照后，更让贫困地区的宽带覆盖率突飞猛进。

在2004~2015年，中国移动累计投资458亿元，开展信息通信网络“村村通工程”建设，占三家基础电信企业建设总量的54%。2016年以来，累计投资约80亿元建设电信普遍服务试点民生工程，前三批试点占基础电信企业及广电、社会资本建设总量的32%。目前开展的第四批试点任务主要针对偏远行政村、边疆地区、海岛4G网络覆盖。通过努力，中国移动的4G网络已覆盖我国53.3万个行政村，覆盖率超96%，有线宽带覆盖农村区域1.1亿户家庭住户，覆盖率达59%。

与此同时，中国移动还大力推进网络扶贫。加强全国建档立卡贫困村的信息基础设施建设，实现4G网络覆盖11.2万个村、固定宽带覆盖5.9万个村，覆盖率分别约为91%和48%。面向建档立卡贫困户推出扶贫资费优惠

政策，根据与国务院扶贫办签署的协议，2018 年 7 月起建档立卡贫困户每月可免费领取 1G 流量或 100 分钟主叫通话。自主研发精准扶贫系统，为 11 省 73 万扶贫干部、743 万贫困群众提供精准扶贫信息化服务，该系统在 2018 年联合国信息社会世界峰会上荣获电子政务类项目最高奖项[①]。

此外，中国移动不仅将网络带给这些地区的人民群众，还为他们提供新的创收能力，如在农业生产、流通、电商等领域打造一系列标杆项目和平台，提供一体化解决方案，推动农业生产方式更加智能、农村电子商务蓬勃兴起、农民信息服务进村入户。

五　重大项目保障通信

除了日常的网络建设和维护外，中国移动还在每次重大活动时都冲到网络质量保障的一线，为每次重大活动的优质网络质量提供可靠的保障。

（一）港珠澳大桥网络覆盖

在港珠澳大桥建设中，中国移动为了保证大桥开通就有网络覆盖，施工人员忍耐酷热，争分夺秒地施工。珠海移动公司综合考虑港珠澳大桥 22.9 公里的桥体长度、龙门架的数量、气象环境等因素，创新采用了 C-RAN 网络架构，制订了个性化的施工方案，确保后续技术升级和演进。并根据大桥的施工进度，于 2018 年中施工完毕，确保港珠澳大桥实现信号全覆盖[②]。同时，为了保障海底隧道贯通仪式和媒体报道活动通信畅通，中国移动累计投入现场施工人员 39 名，后台网络技术人员 27 名，连续奋战 53 小时，成功实现了现场的网络信号覆盖，成为当时唯一为贯通仪式提供 4G 网络服务的通信运营商。

---

① C114 通信网新闻：《中国移动：精品网络不仅用户体验好　还能为社会创造价值》，http://www.c114.com.cn/topic/5450/a1071594.html，2018 年 11 月 20 日。

② 付海芹、洪潮、赵永峰：《港珠澳大桥线性场景覆盖方案及应用案例》，《电信快报》2018 年第 3 期，第 14～15 页。

（二）中国国际进口博览会率先开通5G体验

在首届中国国际进口博览会上，中国移动组织了百人专家团队，充分联动，为进博会打造一张安全、精品的无线通信网。此外，中国移动还率先完成国展中心连续性规模5G覆盖，同时还在应急通信车上部署了360度的高清视频的摄影头，利用5G超大带宽，实现多路高清视频传送①。

在“进博会”中国移动5G有特别出色的表现。上海移动在上海多个区域已建设了5G体验网络，“进博会”期间，上海移动在国展区开放了21个5G基站，在主展馆架设了全球第一个一体化5G小基站，展示多场景应用的组网方案，首次打造5G网络支撑的智慧展馆。

（三）九寨沟地震抢险救灾，保障灾区通信

2017年8月8日，四川九寨沟发生7.0级地震，造成大量旅客滞留灾区，当地基站大面积停电退服，根据8月9日14时统计，地震造成233个通信基站退服，通信中断，灾情危急。四川移动第一时间成立抗震救灾保障工作组，迅速对抢险保通工作进行部署，投入大量人力物力参与抗震救灾工作。截至8月9日1时，九寨沟县沟口通信基本恢复畅通，应急站紧急开通，受损基站逐步修复；8月9日12时，震区移动宽带基本修通，保障了灾区对外的通信畅通②。四川移动在灾区还持续开展多项通信便民服务，包括强开机服务、免停机服务、应急服务点24小时免费提供电话及手机充电、10086及12580寻亲救助电话、发送灾害预警信息等多项服务。此外，中国移动还投放了一套国际领先的无人机高空基站，迅速恢复了景区方圆30多平方千米的受灾区域的通信信号，这是全球无人机高空基站在地震灾区的首次应用。

---

① 程琳琳：《世界互联网大会与“进博会”召开5G成“最亮的星”》，《通信世界》2018年第30期，第10页。

② 宗文：《四川九寨沟7.0级地震通信业众志成城保畅通》，《中国电信业》2017年第8期，第10～13页。

结　语

在中国电信业发展史上，中国移动一直扮演着行业引领者的角色，具有举足轻重的地位。纵观全球，中国移动的网络覆盖水平一直处于领先地位，从珠穆朗玛峰到西沙群岛，从帕米尔高原到矿井底部，移动信号都实现了覆盖。中国移动也为社会提供着优秀的普遍服务，实现了广度和深度都值得称道的网络覆盖。如今即将进入5G时代，中国移动更是引领潮头，占据主导。随着中国移动“大连接”战略的升级以及5G生态圈的逐步繁盛，中国移动将大步迈进5G时代，以优质网络和服务为社会不断创造价值。

参考文献

一　期刊论文

程琳琳：《中国移动5G网络从突破、启航到领航》，《通信世界》2018年第33期。

付海芹、洪潮、赵永峰：《港珠澳大桥线性场景覆盖方案及应用案例》，《电信快报》2018年第3期。

程琳琳：《世界互联网大会与“进博会”召开5G成“最亮的星”》，《通信世界》2018年第30期。

宗文：《四川九寨沟7.0级地震通信业众志成城保畅通》，《中国电信业》2017年第8期。

刘启诚：《中国移动正在迈进5G时代》，《通信世界》2018年第32期。

期刊通讯：《回顾改革开放历程，众咖纷纷点赞中国移动》，《通信世界》2018年第33期。

期刊通讯：《中国移动设计院助力中国移动实现西沙岛屿4G网络全覆盖》，《中国工程咨询》2015年1~2月。

二　专业网站新闻

C114通信网新闻：《三大运营商2018年运营数据：中国移动“配齐”三个第一》。http：//www.c114.com.cn/news/16/a1077452.html，2019年1月22日。

C114通信网新闻：《中国移动：精品网络不仅用户体验好　还能为社会创造价值》。http：//www.c114.com.cn/topic/5450/a1071594.html，2018年11月20日。

B.21

科技博物馆的新技术应用与机遇分析报告

郭文钠*

摘　要： 随着新媒体、新技术的发展，其在科技博物馆中的运用也愈来愈广泛，除了对内具有藏品管理保护和研究的功能外，更主要的是应用于对外公众服务，在展示、宣传和科普教育等方面发挥重要作用。新媒体、新技术的运用，应立足于办馆宗旨和目标，结合不同年龄层和群体观众需求，充分发挥其交互性强的技术特质，开发出沉浸式、实验室式等体验产品。

关键词： 新媒体　新技术　科技博物馆　实验室式体验

近年来，新媒体、新技术在社会各个领域中的运用十分广泛，在博物馆领域也是如此。2016 年底，国家文物局联合四部委印发了《“互联网 + 中华文明”三年行动计划》，在文物信息资源共享、数字化展示利用等方面，均做出了重要部署。新媒体、新技术的应用是其中的核心。

何为新媒体、新技术？这是一对有所区别又密切相关的概念，由于这两个名词是在比较、相对的语境下产生的，所以定义众说纷纭。大体而言，新媒体指的是在计算机信息处理和互联网技术基础上出现的媒体，它在技术上呈现数字化、传播上呈现高度互动性特征，包括网络类、数字广播电视类和

* 郭文钠，佛山市博物馆文博馆员。

移动类（手机）媒体。①

新技术更是一个不容易定义的概念，在不同领域，它可以指代不同的内涵。在博物馆数字化应用领域，新技术对应的是传统的藏品保护管理技术和展示手段等博物馆技术体系。具体而言，它可以包括虚拟技术、三维技术等。

新媒体和新技术从技术层面上而言是紧密相关的，而它们的应用更是相辅相成的，3D 网上虚拟展览便是新媒体和新技术结合应用的一个典型例子。与传统的博物馆技术体系相比，新媒体、新技术更加强调互动性，这与博物馆的教育职能不谋而合，因而，自其出现便受到了博物馆界的关注。从数字化博物馆到智慧博物馆，博物馆界对于新媒体、新技术的认知也在不断加深。

科技博物馆作为博物馆的其中一个类别，也同样受到新媒体、新技术的深刻影响，甚至从某种程度上来说，它对新媒体、新技术的渴求更为强烈。

一　挑战抑或机遇？从“中年危机”说起

科技博物馆是传播、普及自然科学知识，承担科普教育工作的博物馆。在我国博物馆的类别中，科技博物馆较为特殊，除了部分冠名为“博物馆”之外，还有科学馆、天文馆、科技中心等名义，且所辖属的上级行政管理部门各不相同。当然，无论是哪一种命名方式，其本质是一致的。

新媒体、新技术不仅给博物馆带来了改变，还对科技博物馆造成了冲击。实物性是文物类博物馆的最大特征，文物是历史的产物，属于不可再生资源，也不可复制，这决定了它的不可替代性。网上虚拟展览等新媒体、新技术的出现仅是一种辅助手段，用“眼睛”观看“实物”仍然会是未来最主流，也不可能被取代的一种观展方式——尽管数字化呈现能够使观察文物变得更为清晰准确，但是“亲眼所看”这种行为蕴含的情感因素才是最大程度拉近人和文物关系的途径。

而科技博物馆不同，它展示的是自然世界和自然科学现象及其原理。除

① 匡文波：《“新媒体”概念辨析》，《国际新闻界》2008 年第 6 期。

了少数动植物、矿物等自然资源之外，其展示对象在不同的科技博物馆具有很强的同质性。事实上，这也正是科技博物馆的特点，它最大的职能是科普教育。

以互联网技术为基础的新媒体、新技术的出现，极大地改变了我们的生活，甚至改变了教育方式。以往人们接受非正规教育多是在博物馆、科学馆等馆舍中实现，但是现在人们可能会倾向于在互联网上搜索、查找关于自然、天文、地理和科技发展的知识，这种方式更为快速、便捷和互动性强。文物类博物馆以文物继续留住观众，而科技博物馆由于改陈慢等原因，不能及时响应社会关注热点，遭受到一定的冷遇。

因此，有些学者认为科技博物馆遭到了“中年危机”（Mid-life Crisis）和“持续性挑战”（The Great Sustainability Challenge）。①

不可否认，当下科技博物馆的确存在这一问题。但是新媒体、新技术不应该成为科技博物馆发展的阻碍，而是应该成为其动力。科技博物馆面对的不仅是挑战，还有机遇。它需要做的，不是与新媒体、新技术对抗，而是选择拥抱。

事实上，科技博物馆使用科技手段进行科普教育并不少见，甚至在博物馆的所有类别中，它与科技的结合度最高。以往博物馆中常用的“声光电”技术，在科技博物馆中运用得极为广泛。最为观众所熟知的例子便是自然博物馆中常见的摇头摆尾、高声咆哮的恐龙。

新媒体、新技术的发展，为科技博物馆的展示手段提供了更多更好的选择，这一点已受到公认，与此同时，它也扩大了科技博物馆的受众范围。互联网的出现，开创了一个人人都能获得知识、人人都能发掘潜质的时代，这个时代也是一个求“知”、求“智”若渴的年代。人们渴望获得权威的科学知识，新媒体打开了需求的渠道，但是能够真正满足这一需求的却为数不多。

受到互动性强特质影响，互联网上的知识充满了不可确定性，信息庞大

① 详见黄翔《从认识方式的视角理解科技博物馆的发展趋势》，《科学与社会》2018 年第 1 期。

繁杂影响了知识获得的有效性。因此，科技博物馆承担的科普角色不但没有削弱，反而得到了加强。科技博物馆的实地感以及能够提供系统知识和实践操作更是它优于互联网的突出特点。

新媒体、新技术的勃兴，固然会为科技博物馆带来一定的挑战，科技博物馆迫切需要推出更好的展览和教育活动去吸引观众，但这也正是一种动力。科技博物馆拥有了更大的发展空间及工具，借助新媒体、新技术这一把利器，它能够走得更远，发展前景广阔。

二　新媒体、新技术的作用和意义

目前，博物馆领域中常见的新媒体、新技术主要有以下几种。

移动互联网应用技术，是借助手机、平板电脑等移动终端实现互联网功能的技术。这一技术与普通的互联网技术相比，及时性、互动性更强，能够最大限度拉近互联网和用户的距离，信息传播也更为高效。其产品有App、小程序、微博、微信等，这些应用程序越来越呈现出与社交媒体的高度联系性。

三维技术（Three Dimensions），简称3D技术。在这一基础上发展起来的3D扫描技术在博物馆中运用颇多，它多用于博物馆藏品的研究和展示方面，例如为藏品建模，建立文物信息资源库，其成果可以用于网上虚拟展览，进行数字化展示，观众在网上不仅能够看到三维立体的藏品形象，还能够从各个角度全方位地观察藏品的每一处细节。此外，3D打印技术在博物馆中的应用也逐步增多。3D打印技术在各大领域的应用如此广泛，甚至专门为此建立了专业博物馆。[①]

增强现实（Augmented Reality，简称AR）技术和虚拟现实（Virtual Reality，简称VR）技术这一对新兴技术如今越来越受到博物馆领域的瞩目。这两种技术有所不同，简单地说，AR是虚拟套加现实场景，观众感受到的

① 朱丽：《中国3D打印文化博物馆的示范应用——打造3D打印技术与应用相结合的博物馆》，《博物馆·新科技》2018年第2期。

是真实世界和虚拟世界的融合，而 VR 是创建虚拟世界，观众在其中的体验与现实世界有阻断感。但是它们有一个共同的特征，即强调交互性。

在科技博物馆中，新媒体、新技术可用于藏品管理和保护、展示、教育、信息传播、观众服务等方面。在博物馆各个工作领域，它发挥着不同的作用和意义，主要表现为以下几方面。

第一，对内起到藏品保护和研究的作用。科技博物馆和其他博物馆一样，同样承担着收藏、研究和教育的职能，其收藏既可以是物质的，也可以是非物质的，既包括自然标本、工具机器，也可以是科学知识本身。对于科技博物馆的实物类藏品，3D 扫描技术和计算断层扫描技术可以让研究人员在无损标本的情况下，研究其内部结构，并能够看到更多的细节。另外，藏品管理系统等软件也为博物馆的业务管理提供了便利。

第二，对外起到展示、宣传、教育的作用。新媒体和新技术的运用有所侧重，新媒体主要运用于宣传、服务等方面，而新技术作为一种手段，除了辅助新媒体发挥新时代宣教职能，它本身还是展示的主要辅助手段。

新媒体、新技术带来的好处显而易见。科技博物馆展示的是自然科学、科技现象和原理，其内容相对抽象，传统的文字与图像展示和阐释手段，往往难以解释清楚，尤其是在解释专业术语较多、知识专业性强的科学原理方面，更是捉襟见肘。新媒体、新技术的出现，跨越了传统的 2D 领域，得以更加翔实和准确地描述和解释自然科学，并且以更加直观、更加通俗易懂的形式传达信息，大大提高了科普工作的有效性。

此外，新媒体、新技术也扩大了科普工作受益面。根据科技部发布的信息统计情况显示，截至 2017 年底，全国共有科普场馆 1439 个，其中科技馆 488 个，科学技术类博物馆 951 个，全国平均每 96.6 万人拥有一个科普场馆。尽管科普场馆数量发展迅猛，但是基数低、总量不足，且存在分布不平衡的状况。

新媒体、新技术是解决这一问题的良策。通过互联网技术发布产品，例如网上虚拟展览、网上课程等，能够让空间和时间不再成为一种障碍，并使更多的人受惠，更大程度扩大公共文化服务的覆盖面，实现共享原则。

三　新媒体、新技术的运用

新媒体、新技术在科技博物馆中的前景毋庸置疑，但是在现有的应用层面，还存在一定的不足，例如形式大于实质、应用性不强等。因此，新媒体、新技术的运用应有的放矢、用之有度。

（一）新媒体、新技术产品的研发应结合办馆目标和要求

科技博物馆是科普科学知识的场所，有学者认为，此类博物馆的代表性展品应该为观众揭示三层科技内涵信息。第一层是展品本身的科学原理、科学知识；第二层是科学家是如何发现该科学原理、发明该技术或产品；第三层是该科学发现、科技发明给当时的科技、经济、文化、社会带来的影响。[①]

新媒体、新技术产品应该按照这三个层次的目标和要求进行研发，层层揭示展品内涵。此外也要认识到，科技博物馆科普教育不同于正规教育，它必须要与其他娱乐活动争夺观众，因此在全程贯穿问题意识，引导观众认识问题，并尝试回答问题的同时，也要以一种寓教于乐、活泼生动的形式将信息潜移默化地传递给观众，培养公众对科学探索的兴趣。

（二）根据不同年龄层和群体研发各类产品，提高产品针对性

一般来说，科技博物馆的观众绝大多数是未成年人，其中很大部分又是低龄孩童，由家长带领参观。由于这一观众群体特征，所以现有 AR、VR 产品普遍存在低龄化的特点。然而，随着时代的发展，科技日新月异，社会对科技的接受度越来越高，不同年龄层和群体观众对自然科学的兴趣也有所提高，特别是年轻人。因此，要根据不同年龄层和对象群体需求研发不同类

---

① 朱幼文：《基于科学与工程实践的跨学科探究式学习——科技馆 STEM 教育相关重要概念的探讨》，《自然科学博物馆研究》2017 年第 1 期。

型的产品，包括儿童、青少年、成年人、老年人和家庭等。

需留意，新媒体、新技术产品并不是最终的输出物，将其运用至科普工作中，应有配套的、相应的课程开发。产品是承载和输出知识的工具，而不是单纯的成果，这一点可能是目前的 AR、VR 等产品研发、应用过程中需要留意的。

（三）强化沉浸式、实验室式体验功能，引导公众参与科学前沿课题

科技博物馆的优势在于有实地、实物、实景，能够给观众带来更丰富的体验，除视觉之外，还有听觉、嗅觉、触觉甚至重力等多感官体验。AR 或 VR 技术产品是为观众创造体验的重要工具，例如科技博物馆中常见的太空体验和人体奥秘体验等，AR 和 VR 技术的出现改变了原有模式，带来了更为真实和互动性强的沉浸式体验。这种沉浸式体验，无疑为观众和展示对象之间建立了更为密切的联系。

新媒体、新技术的应用方向还应将科技博物馆打造成实验室式体验的基地。众所周知，近代自然科学是在科学实验的基础上建立的。为了揭示自然现象背后的原理，科学实验法是最主要的研究方法之一。

以往科技博物馆中也多设置科学实验体验，但是因安全、设备、经费等原因，多是以工作人员演示为主、观众参与为辅的课堂式形式出现，即便是可以动手操作，也较为简单，设置的实验变量不足。而虚拟技术产品除了解决安全问题之外，还可以提供众多变量，观众参与其中得以充分发挥自己的想象力，尝试更多的实验方法，甚至参与到科学前沿课题中，与科学家们共同探讨科学的发展方向，让科技博物馆成为每一个人的实验室。这种科普教育形式或称为“基于实物的体验式学习”“基于科技实践的探究式学习”。①

① 朱幼文：《科技博物馆应用 VR/AR 技术的特殊需求与策略》，《科普研究》2017 年第 4 期。

结 语

现下，3D、AR、VR 等新媒体、新技术在科技博物馆中的应用尚处于起步阶段，其技术发展还未成熟，受到运行环境、硬件设备等因素影响，还达不到预期目标和效果。不过，新媒体、新技术大有发展空间，随着相关技术及设备的发展，它将成为未来科技博物馆展示、科普教育的重要手段。

新媒体、新技术除了可以在线下，即在科技博物馆馆舍内运用之外，还可以在线上通过网上 3D 虚拟展览等形式，延伸科技博物馆的科普深度和广度。这一点，伴随着 VR 眼镜、VR 可显示头盔等穿戴装置，以及动作捕捉装置、语音识别装置，甚至在科幻小说电影中早已出现、现实中也呼之欲出的体验仓等体验工具的成熟和发展，会显得越来越重要。

值得注意的是，新媒体、新技术不仅能够实现藏品保护、研究、展示、宣传教育等职能作用，帮助科技博物馆达到普及科学知识、科学方法和科学精神的宗旨和目标，它也将与其他自然科学知识和技术一样，成为科技类博物馆展示解释的对象。

B.22

香港图书馆数字化的创新探索研究

罗　丹*

摘　要： 在过去的几十年中，随着科技的发展，互联网、数字化的议题已渗透至各行各业，而作为以纸质存储为主要对象的图书馆，也正经历翻天覆地的变化。现今的图书馆，服务的种类和履行的职能都比以前更多更全面。从传统的纸质印刷品到科技数位，数字化已成为众多图书馆不可或缺的必经之路。其中，大学图书馆系统顺应科技发展的趋势，开始利用数字化科技的成果，建设其图书馆资源的运用、存储，并建立一些富有特色的数据库，丰富了信息资源的共享容量，也加快了知识的传播和更新速度。本文以香港中文大学图书馆的发展历程为例，试图分析其数码化计划的三个重要举措——馆藏电子化、数码典藏以及数码学术研究服务，并在此基础上讨论数字图书馆发展过程中所面临的问题。

关键词： 香港　图书馆　数码化　创新科技　典藏数据库

一　引言

图书馆在公众的印象中一向是保守的、四平八稳的感觉，而且以印刷品

* 罗丹，中山大学哲学系（珠海）副研究员。

为主。但在过去的几十年中，随着科技的发展，互联网、数字化的议题已渗透至各行各业，而作为以纸质存储为主要对象的图书馆，也正经历翻天覆地的变化。现今的图书馆，服务的种类和履行的职能都比以前更多更全面。从传统的纸质印刷品到科技数位，数码化已成为众多图书馆人员间的流行术语。此外，随着电脑科技应用的迅速增长和普及，传统的图书馆不仅需要肩负书籍的流通，更需要管理复杂的电子资料，为读者提供多元化的存取方式。① 从某种意义而言，在电子化及全球一体化的当今社会，只计算藏书量并不足以代表一个图书馆的规模，它的实际内涵往往比有形体的馆藏量丰富得多。

在图书馆系统中，高校及研究机构图书馆面对及提供服务的多为研究人员、教师及学生，肩负着知识的传播、资料存储，以及为文化研究、科技创新提供学术性支援的责任。可以说，一所高校的图书馆为高校的科研、教学发展起着保驾护航的作用。② 近三十年来，全球的大学图书馆系统顺应科技发展的趋势，开始将数字化科技的成果，运用至图书馆资源的存储，并建立一些富有特色的数据库，丰富了信息资源的共享容量，也加快了知识的传播和更新速度。可以预见的是，数字化图书馆将成为图书馆系统的一个重要组成部分。从传统到科技，图书馆体系正在经历着一场变革，而数字科技也成为图书馆发展的一个持续性议题。本文以香港中文大学图书馆的发展历程为例，试图分析科技创新与数字化在图书馆系统的运用和影响。

二　香港中文大学图书馆的发展历程

香港中文大学成立于 1963 年，因最初由崇基学院、新亚书院及联合书

---

① Chowdhury, S., Landoni, M., and Gibb, F., Usability and Impact of Digital Libraries: A Review. Online Information Review 6 (2006), pp. 656 - 680. doi: http://dx.doi.org.easyaccess2.lib.cuhk.edu.hk/10.1108/14684520610716153.

② Vignesh, S. N., "The Future Scenario of Digital Library Era.," *SRELS Journal of Information Management* 46 (2009): 25 - 28.

院合并成立,[①] 所以拥有数个图书馆，其建立的时间并不一致。直至2018年，全校共有7个图书馆：大学图书馆成立于1965年；新亚书院图书馆成立于1949年；崇基学院图书馆成立于1951年；联合书院图书馆成立于1956年；医学图书馆成立于1980年，位于沙田教学医院；建筑学图书馆成立于1994年；法律图书馆成立于2004年。[②]

自20世纪70年代末期始，香港中文大学图书馆开始着手探索电脑、软件及网上目录的应用，并尝试从一个未经训练的读者角度出发，设想他们可以怎样利用资讯科技搜寻和借阅书籍，并在网上收集相关资料。[③] 经过数十年的发展及探索，其图书馆建立了一系列资源数字化的举措，并于1995年起正式确定发展数码化计划。在这个基础上，制定了详细的“数码化政策”，明确规定了数码化计划的目标、内容、资金来源、策略、实施过程与标准、市场推广、相关管理政策等条例。[④] 总体概况而言，香港中文大学图书馆数码化建设体现在以下三个方面。

三　馆藏数字化

电子化革新了学术书籍出版业的发展，这为图书馆的工作带来了巨大的影响。在西方国家，因学术专著价格昂贵，且印数不多，所以出版商会首先出版电子版书籍，而图书馆也相应地先备列电子书的购买工作。可以说，当代电子书的出现改变了图书馆的采购模式。[⑤] 而电子书籍的发展及普及也影响了图书馆的发展模式，如在一定程序上改变了取用、借还及阅读等方式。

---

① 《概览及统计资料（2018）》，香港中文大学资讯处，第6~7页。

② 《概览及统计资料》，香港中文大学图书馆，http：//www. lib. cuhk. edu. hk/sc/about/library/facts。

③ 《十方吐露》，《中大通讯》2010年6月19日，第360期，香港中文大学资讯处，第8页。

④ 详细内容关于“数码化政策”请参阅“The Chinese University of Hong Kong Library: Digitisation Policy 2015－2017”，http：//repository. lib. cuhk. edu. hk/sc/digitisation-policy。

⑤ 《李露丝谈图书馆发展》，《中大通讯》2013年5月19日，第418期，香港中文大学资讯处。

在此意义上，对于图书馆而言，书籍的保存及存档将有不同的意义，并会面对新的挑战。

香港中文大学图书馆在近二十年以来，随着电子书科技的发展，也加入建设馆藏数字化的行列中。他们在持续增加印刷品馆藏的同时，馆藏数字化也一直在飞速增长。现任图书馆馆长李露丝女士表示："最新统计显示九成新增馆藏已有电子版，包括期刊、书籍或原始档案资料。我们大部分的期刊和学报都备有电子版，向同一出版商大量订购电子版及印刷版，让我们可较轻松地添购更多书籍及旧期号，支出也可省减些。"①

从数据上看，香港中文大学图书馆的电子馆藏在近数年以来增长迅速。2014 年，电子书馆藏总数为 4053751 册，至 2018 年增至 4399769 册，在将近五年的时间内增长了 346000 多册电子书。与此同时，2014 年至 2018 年，电子期刊总量增加 1 万多种，电子资料库从 767 个增加至 923 个（见表 1、表 2）。

表 1　2014 年至 2015 年度图书馆馆藏

馆藏(册)	2650044
期刊(种)	8853
电子期刊	132996
电子书(册)	4053751
电子资料库	767

资料来源：《香港中文大学图书馆 2014/15 年报》，香港中文大学图书馆，第 15 页。

表 2　2017 年至 2018 年度图书馆馆藏

馆藏(册)	2737105
期刊(种)	4892
电子期刊	143108
电子书(册)	4399769
电子资料库	923

资料来源：《概览及统计资料》，香港中文大学图书馆，http：//www. lib. cuhk. edu. hk/sc/about/library/facts。

① 《李露丝谈图书馆发展》，《中大通讯》2013 年 5 月 19 日，第 418 期，香港中文大学资讯处。

图书文献资源电子化，在一定程度上改变了读者的阅读习惯以及阅读空间。① 传统的图书馆空间演变成网络空间，纸质阅读过渡至数码化阅读，文化的获取和传播在空间上得以扩展。在此基础上形成了以网络世界为中心的线上阅读行为，远程存取就成为主要手段，这为图书馆使用人群的扩大奠定了重要基础。随着信息科技的应用推广以及电脑、平板电脑等工具的普及，电子化资源的使用者正在持续增长。从2014年至2018年，电子资料库的使用量从5821488次增长至8708626次，增多了288万多次；电子书使用量由2732763次增长到3222550次，增加使用了将近49万次；而书、视听资料借阅总数从879075次减少至771734次，减少了10万多次（见表3、表4）。

表3　2014~2015年度图书馆使用量

电子资料库*	5821488
电子书*	2732763
电子期刊*	5765724
电子音/视频点播*	1569
书、视听资料借阅总数	879075

注：＊只包括COUNTER计算的使用量。COUNTER为计算网上资源使用量的国际标准。
资料来源：《香港中文大学图书馆2014/15年报》，香港中文大学图书馆，第15页。

表4　2017~2018年度图书馆使用量

电子资料库*	8708626
电子书*	3222550
电子期刊*	5339930
电子音/视频点播*	705
书、视听资料借阅总数	771734

注：＊只包括COUNTER计算的使用量。COUNTER为计算网上资源使用量的国际标准。
资料来源：《概览及统计资料》，香港中文大学图书馆，http：//www.lib.cuhk.edu.hk/sc/about/library/facts。

① Han，L.，Zhang，G.，Yong，B. et al.，Statistical Study of Characteristics of Online Reading Behavior Networks in University Digital Library. *World Wide Web*（2018）. https：//doi-org.easyaccess2.lib.cuhk.edu.hk/10.1007/s11280-018-0593-y.

电子资源使用量的增多，以及书、视听资料使用量的减少，从一定程度上表明图书馆使用者的阅读、使用方式的变化。图书馆根据科技以及使用者阅读方式的改变，在这数年内亦相应做出一些调整。如增加了视听室、网络空间的配备，以及推出 Kindle 阅读器的免费借用服务①。

除了新出版的书籍及期刊，图书馆亦把一部分精力放在他们所收藏的善本文献上，将其数字化。“我们亦在善本书数码化，特别是元清两代及关于中国东南部文化、历史和民俗学的书籍。善本数码化十分重要，除有助保存，亦可供世界各地学者和读者阅读。”② 根据图书馆制定的数码化程序指引，图书馆优先对较易受潮变质的古代文献进行处理。现在，馆藏中明代（14 世纪中叶至 17 世纪中叶）的雕版印书藏本、中医古籍、清代书画藏品等均已数据化。③

四　数码典藏

香港作为一个融汇中西文化的地区，因其历史发展的特殊性，一些珍贵的历史文献得以保存在香港。香港中文大学图书馆自建立以来，便有志于收集具有历史价值的文献资料。在其发展过程中，逐渐形成了具有香港特色的特藏。自 1995 年起，香港中文大学图书馆开始大力发展数码化计划，目的在于保存图书馆的珍贵特藏及各界人士捐赠给图书馆的重要学术作品。2015 年起，大学图书馆“研究支援及数码创新组”开始筹备馆藏数码化计划，并成立“香港中文大学数码典藏”。现图书馆目下已创建了数百万个档案，内容涵盖广泛，包括文学、文化、艺术、政治、社会及宗教等。如以藏品格式分类，

① 从 2016 年，香港中文大学内的两所图书馆（新亚及联合书院）提供 Kindle 电子书阅读器的借用服务。阅读器内预载 50 本同时教育特藏的经典书籍，凭借书证可借用 Kindle7 天。

② 《李露丝谈图书馆发展》，《中大通讯》2013 年 5 月 19 日，第 418 期，香港中文大学资讯处。

③ 《走进“文化万花筒”——大学图书馆特藏》，《中大通讯》2016 年 11 月 14 日，第 486 期，香港中文大学资讯处，第 2 页。

主要可分为古籍、善本、期刊文章、书信、手稿、甲骨、相片及视听文件等。[①]

数码典藏通常从图书馆馆藏创建数码馆藏。这些藏品大部分来自收藏家、学者与社会知名人士的捐赠，他们大多与香港中文大学有联系，或出于欣赏认同学校的人文精神。特藏的文献内容并不只限于中国古代历史与文化，馆内还收集了刘以鬯、卢玮銮及余光中等本地或曾寓居香港作家的手稿、信件及书籍等。[②]

图书馆数码典藏现已建成 19 个典藏数据库，以下为详细列出。

中医古典文库

中国古籍库

华人妇女与香港基督教口述历史

中国现代戏剧馆藏

卞赵如兰音乐特藏

土地契约文书

基督教中国宗教文化研究社资料目录

大学档案

广州的讽刺宣传画

电子期刊

盛宣怀档案

联合书院甲骨

联合书院通识教育学生专题研究

英国国家档案馆公开档案

诗绪沙田：香港英诗选读

道教经典文库

霍克思资料库

香港中文大学博硕士论文库

---

① “关于香港中文大学数码馆藏”，香港中文大学图书馆：http：//repository. lib. cuhk. edu. hk/sc/aboutus。

② 《走进“文化万花筒”——大学图书馆特藏》，《中大通讯》2016 年 11 月 14 日，第 486 期，香港中文大学资讯处，第 2 页。

香港文学资料库

香港中文大学图书馆在数码典藏的使用权方面，引入了“开放存取政策”（Open Access Policy）。“开放存取”强调让公众免费使用资源，近年来此政策在国际出版业及图书馆业内引起了热烈的讨论。“开放存取”是近十年席卷全球学术界的运动，其中原因是回应学术期刊订费不断上升的问题，加上互联网发展带来机遇，但它涵盖的范围不仅限于学术期刊，而是遍及开放存取档案、毕业论文、数据、单行本及开放式教育资源等，其精神是在网上自由取用学术研究成果，不设任何再使用权限制。[①] 现在香港中文大学图书馆内的数码典藏，除了某些根据版权人的要求，并需要在香港法例第528章《版权条例》的规定下进行访问限制，其他的数码典藏内容均向公众开放。[②]

其中，“中国古籍库”为图书馆首个“开放存取”资料库。香港中文大学图书馆收藏善本900多种、古籍4000种，为香港地区主要古籍收藏馆之一。其于2006年开始挑选自元朝以来的古籍善本珍品，加以数码化，建成“中国古籍库”。为进一步支援大学的教学与全球研究，图书馆率先把“中国古籍库”向公众开放。现已于“开放存取”目录平台上登记及可供阅览，包括OpenDOAR（Directory of Open Access Repositories）、Registry of Open Access Repositories（ROAR）、OCLC WorldCat OAIster、Open Archives Initiative（OAI），及BASE。至今，“中国古籍库”的古籍已超过6200多册，全文图像数量已近百万，数量仍不断增长。[③]

五　数码学术研究服务

近十多年以来，学术研究的方式从传统模式逐渐发展至依赖数码化工

① Kuriyama, Masamitsu, “A Literature Review on Open Access: From the ‘Subversive Proposal’ to Recent Discussions,” *Journal of Information Science and Technology Association* (*Joho no Kagaku to Gijutsu*) 60 (2010): 138 - 143.

② “开放存取”，香港中文大学图书馆网页：http://repository.lib.cuhk.edu.hk/sc/openaccess。

③ “中国古籍库”，香港中文大学图书馆数码馆藏：http://repository.lib.cuhk.edu.hk/sc/collection/chi-rarebook。

具、方法的数码学术研究。这种新形式越来越受学术界重视，不仅受到艺术和人文学科领域的学者青睐，甚至自然科学和社会科学的研究者们也开始接受数码学术研究。[①] 在这个背景下，香港中文大学图书馆建立了一系列的数码学术研究服务，利用数码证据、数码工具、方法及程序帮助教研人员及学生完成其学术研究。

经过数年的建设，他们现提供的数码学术研究服务包括以下几个大类。[②]

1. 数码学术研究项目支援

（1）发掘研究数据资料：图书馆内的相关职能部门人员协助教研人员去寻找和取用各种适合的研究数据和资料。

（2）咨询服务：此项服务包括数码学术研究工具及方法；软件应用；数据可视化；研究数据资料的版权咨询服务；元数据创建；项目计划及管理；技术支援。

2. 数码学术研究室

研究室为教研人员提供数码学术研究的实验场地、栽培具有潜质的研究项目及促进不同学科合作的相关服务，扩展数码学术研究服务。研究室位于大学图书馆地下，为大学的研究人员提供先进设备、专门软件、协作空间和专业知识。

数码学术研究室面积约 180 平方米，由视觉室和研讨室组成。视觉室重点为一幅可以协助资料显示、数码学术研究工作的数码显示屏幕，使用者可自携自己的手提电脑、MacBook、iPad、tablet 等设备，把资料特别是高解像度的图片显示出来作讨论。研讨室则备有高效能电脑，安装了不同的数码学术研究软件作资料分析及研究。

3. 软件及工具

图书馆提供各种数码学术研究软件及工具作绘图和地理空间分析、文本

---

① Vinopal, Jennifer, and Monica McCormic, "Supporting Digital Scholarship in Research Libraries: Scalability and Sustainability," *Journal of Library Administration* 53 (2013): 27 - 42.

② 详细内容请参阅香港中文大学图书馆网站。

勘探、数据勘探、数据可视化、统计分析及决策分析等。

4. 讲座及研讨会

图书馆每个学期举办各种有关数码学术研究工具及方法的讲座，也会根据研究人员的需要协助他们获取相关的新知识技能，以及提供现场练习的小班讲座。讲座主题包括地理信息系统使用、利用 Omeka 展示数码藏品、使用 Voyant Tools 作文本分析，及数据可视化。

5. 数码学术研究咨询服务

图书馆的工作人员就如何进行数码学术研究、数据分析、使用数码学术研究软件工具等提供咨询服务，也有专门的联络专员负责联系各科研究专业人员以提供各种研究支援。

6. 数据服务

图书馆设有专员协助研究人员使用各种数据分析工具，进行各种数据分析、视觉化以及梳理数据。

香港中文大学图书馆所提供的数码学术研究服务，虽然建立的时间尚短，但已有一批教职人员尝试采用其提供的研究服务。与此同时，越来越多的学者希望利用图书馆提供的数据工具，将平台和实践模式运用至科研和教学工作中。作为一种新的模式，数码学术研究逐渐代替传统的研究方法，成为研究者的首选方式。在这个意义上而言，从申请项目经费、撰写项目计划、数据收集整理、数模建立，到数据分析及可视化，数字化图书馆正在研究人员的工作中扮演着越来越重要的角色。

六　从传统到数位：图书馆数字化的探索之路

香港中文大学图书馆从建校自今，经五十多年的历程，已成为东亚地区领先的研究型图书馆。① 其数字化进程早于 1970 年末期就已然开始进行，是数字化信息建设起步较早的高校图书馆之一。后于 1995 年明确致力于数

① 《香港中文大学图书馆通讯》，香港中文大学图书馆，2017 年 5 月。

码化计划，并制定了“数码化政策”。在这个政策中，详细规定了各种数字图书馆发展的规章制度以及发展策略。在这个计划中，香港中文大学图书馆首先发展的是馆藏数字化，将新进馆藏以及现有的馆藏最大可能性地电子化，使得读者人群以及阅读空间得到扩展，让远程存取成为可能。其次，将珍贵的现有馆藏电子化，建立数码典藏数据库。数码化是保存古籍的方法之一，数码化后不仅可以减低人员处理的需要，亦使古籍资源的受众面扩大，让读者通过电脑便可接触古籍文献，使更多的读者成为受益者，而大学也能因此提高其社会声望和地位。最后，图书馆作为大学研究以及教学最重要的学术机构，数码学术研究服务的推出已逐渐成为教职人员在科研教学工作中的重要合作伙伴。此项服务将会给这个学校的科研人员提供更为高效的学术研究方法，为大学的科研教学提供强大的助力。

然而，香港中文大学图书馆在发展其数字化进程的同时，也面临着诸多的问题。第一，电子化资源的便利存取，导致阅读习惯正在改变。从现有的数据分析，随着电子出版物的使用量迅速增长，纸质出版物使用量正在逐年减少，这种阅读习惯的变化将会对学生的学习模式以及未来的出版业产生何种影响，我们尚需要观察。第二，越来越多的电子数据库采用了“开放存取”政策，虽然它扩大了取用学术研究资源的自由度，但这个政策也具有相当的争议性，其中一个争议就在于它具有破坏传统学术交流模式的潜在危险。第三，数码学术研究可以说代表了学术研究的总体趋向，但其发展需要图书馆源源不断地更新自我，保持高水平发展，在数据库、研究工具、软件、分析平台等方面提供最新最全的帮助。

遗产保护篇

Heritage Protection Reports

B.23

澳门舞醉龙文化传承与历史发展研究报告

梁敏平　王 忠*

摘　要： 本文通过对澳门舞醉龙传统习俗历史发展的考察，以行动者网络理论作为基本视角，研究舞醉龙行动者网络的联系特征及互动过程，揭示其网络的内在建构及外部行动，解析融个人、组织、制度和措施于一炉的舞醉龙异质联盟，探索澳门舞醉龙与社会变迁之间的作用机理，从而寻找出其文化价值的转变及传承发展所存在的问题，并提出相关的完善建议。

关键词： 澳门　非物质文化遗产　舞醉龙　行动者网络

* 梁敏平，女，澳门城市大学文化产业管理课程硕士，澳门基金会工作人员，主要从事非物质文化遗产、文化产业研究；王忠，通讯作者，男，哲学博士，澳门城市大学文化产业管理硕士课程教授，主要研究文化产业、消费文化、非物质文化遗产研究。

一 引言

舞醉龙作为澳门一项独特的民间习俗，至今有超过150年历史，传承从未中断，发展过程中还被不断赋予新的内涵以及文化意义，除了充分体现出澳门丰富的文化内涵外，它还超出民间祭祀娱乐的功能，成为团结行业、惠及社群的文化符号，蕴藏着中华民族优秀的文化精神、民族情感以及当代审美价值观。然而，随着全球化、现代化和城市化进程的不断加快，非物质文化遗产都免不了受到时代的冲击及洗礼，如何将这项独具特色的民俗文化完整保存，并持续传承及创新发展成为迫切的问题。

行动者网络理论（Actor-Network Theroy，简称ANT）是由社会学家米歇尔·卡龙（Michel Callon）、布鲁诺·拉图尔（Bruno Latour）及约翰·劳（John Law）等人创立的一个社会学方法论。自拉图尔提出后，ANT便被广泛运用到许多领域中，如管理学、经济学、地理信息系统、乡村发展和传统文化的传承和创意发展等。[1][2][3][4][5] 近年来，开始有大量国外文献指出了科学社会研究对文化的关注，特别是行动者网络理论对文化语境的扩展。这些研究都不约而同地导出了ANT的核心主张——“广义对称性”及“同等重要性”原则。[6] ANT理论认为，一件事物的生成及发展都是由关联行动者相互作用所形成的，而当中的行动者则是由人类与非人类主体的异质元素所构

---

① 林善浪、王健：《基于行动者网络理论的金融服务业集聚的研究》，《金融理论与实践》2009年第10期。

② 李承嘉：《行动者网络理论应用于乡村发展之研究：以九份聚落1895～1945年发展为例》，《地理学报》2005年第39期。

③ 王红昌：《神垕钧瓷的社会意象——一项传统技术的行动者网络分析》，博士学位论文，南开大学，2011。

④ 王小君：《行动者网络理论视角下陇东传统文化继承发展研究》，《兰州文理学院学报》（社会科学版）2016年第1期。

⑤ 叶仲超：《文化创意产业行动者网络研究：以数字游戏产业为个案》，《嘉南学报》（人文类）2009年第35期。

⑥ 赵万里：《科学的社会建构》，天津人民出版社，2002，第238～241页。

成，在如何看待事物与社会的关系的问题上，行动者网络理论无疑给我们提供了截然不同的理论基础和分析方法，将事物与更微观的社会因素有机联系起来，对于本研究有重要的启发意义。

目前，将 ANT 应用在非物质文化遗产上的研究并不多，尤其是将 ANT 应用在澳门舞醉龙的传承和发展研究上更是前所未见，故本研究创新尝试，以 ANT 作为理论视角，应用在非物质文化遗产的研究上，试图重构澳门舞醉龙习俗的社会构成及运作机制，并将舞醉龙延伸到一个更大的社会场景当中，综合研究分析其与自然、社会、文化、经济、政治、技术、市场、人群相关联的各个层面，并将舞醉龙传承与发展的参与者纳入同一个网络结构当中，观察各个行动者在网络中所担任的角色及产生的作用。

本研究将解构出一个传统习俗发展的内部结构及外部行动的运作机制，发现包含经济、政治要素等的社会结构观，揭示出各个行动者尤其是澳门政府在网络中所扮演的角色，并重申社会学的宏观社会决定论，即外部环境的变化直接影响文化发展的自然进程。

二　澳门舞醉龙发展模式的转变

根据《香山县志》记载，由昔日香山澳，到今日澳门，舞醉龙已经有超过四个半世纪的历史，舞醉龙的发展亦经历了巨大的转变。它从一个中山渔业界传统的民间习俗，逐渐发展成澳门的官方节庆——澳门鱼行醉龙节；又随着申报非物质文化遗产的成功，上升至国家级非物质文化遗产的层次，逐步被打造成为澳门的文化名片，知名度大大提升；再发展到现在社会各界大力推动其保育、传承和创新的阶段，得到愈来愈多人的重视和广泛关注。

为了进一步讲明舞醉龙行动者网络的变化，以下将舞醉龙分成“早期”、“发展”及“推广”三个阶段来说明舞醉龙发展模式的转变。

（一）早期阶段

舞醉龙起源于中山的一个传说，是乡民信仰的表现，以祈百病消除，老少平安，大吉大利。在19世纪中叶至20世纪中叶，由于中国内地战祸不断，大批的中山渔业行友们为了逃离战火，纷纷移居到澳门并继续从事渔业谋生，他们联同澳门的同业将中山舞醉龙这个传统习俗根植在澳门，延续了四月初八这个传统节日。后来行友们为了壮大整个鱼行的力量，终于在1991年联合成立了鲜鱼行总会，该会的成立标志着舞醉龙的发展踏入了新的阶段。

（二）发展阶段

澳门回归前，鲜鱼行总会每年借着四月初八“鱼行团结日”，以舞醉龙来表达对乡土的思念之情以及对回归祖国的期许。舞醉龙凭借其丰富的文化含意，在澳葡政府时期已经备受关注，据说以前的葡国节日活动曾经邀请过舞醉龙演出助兴。

1999年12月20日及21日，在前澳门新华社副社长宗光耀先生邀请及推荐下，鱼行醉龙队参加了由澳门各界庆祝澳门回归祖国活动委员会主办的“迈向美好明天大巡游”及“濠江欢歌大汇演”，这次是舞醉龙首次在大型舞台上亮相，不但大大加深了人们对澳门这个传统民间习俗的印象，同时，透过大批海内外电视台、报章、杂志的记录成功向世界展示了澳门舞醉龙的英姿风采。

随着知名度的提升，自2000年起，澳门鲜鱼行总会醉龙队开始参与支持社会上的其他大型慈善活动，每年均参加澳门的慈善盛事——“公益金百万行”。2003年12月，还组织了由小朋友担纲的“小醉龙”参与演出，培养了年轻的继承人，为薪火相传创造了必要条件。

在文化政策上，我国于2004年确认加入《保护非物质文化遗产公约》，标志着中国的非物质文化遗产保护工作开始走向全面、系统的保护阶段。澳门作为祖国的一分子，亦积极参与相关工作。2006年，行政长官公告《公约》在澳门正式生效，文化局随即开展一系列工作，全面挖掘具有本土特色及历史价值的民俗文化，有系统地建立澳门非物质文化遗产名录。为配合相关申报工作，特区政府在2008年正式将“农历四月初八”重新定名为“澳门鱼行醉龙节”。2009年，“澳门鱼行醉龙节”被列入《澳门非物质文化遗产预备名录》，及后于2011年被列入《国家级非物质文化遗产名录》，属非遗中的民间信俗类，“澳门鱼行醉龙节”因而名气大增。2014年3月1日，澳门《文化遗产保护法》正式生效，非物质文化遗产被纳入受澳门法律保护的对象，此举明确了特区政府对澳门非物质文化遗产保护的重视。

在国家政策的扶持以及特区政府部门的参与下，舞醉龙得到了长足的发展。当然，我们不能忽视澳门当时的经济环境对舞醉龙发展所起的重要作用。2003年，中央对港澳地区开放“自由行”以“复苏”非典过后的港澳经济。在“自由行”政策的带动下，澳门旅游业有了新的起色，加上2005年“澳门历史城区”成功列入教科文组织的《世界遗产名录》，吸引了大批内地旅客来澳观光消费，博彩业更是盛况空前。根据2006年一项调查研究①指出：内地“自由行”游客选择到澳门的最主要原因是赌场（47%）和购物（47%），其次才是观光（37%）。研究发现，内地“自由行”游客非常青睐赌场，澳门的发展开始演变成博彩业一业独大，经济过于单一的局面。2008年底，国务院公布的《珠江三角洲地区改革发展规划纲要》首次明确澳门“世界旅游休闲中心”的发展定位；2011年3月，国家“十二五”规划纲要更明确提出了“支持澳门建设世界旅游休闲中心，促进经济适度多元发展”。

为了适应国家对澳门经济社会发展的需要，同时配合“世界旅游休闲中心”的定位，特区政府致力于将澳门打造成为高质素的旅游城市。“澳门鱼行醉龙节”作为澳门本土特色的民间习俗，是吸引旅客的重要旅游资源之一，故旅游局在对外宣传澳门旅游资源时，都有加大力度推介澳门的舞醉龙，在旅游局的官方网站及近年拍摄的宣传片中，都可以寻找到舞醉龙的身影。此外，旅游局还会定期安排一些颇具特色的本土民俗技艺在澳门历史城区的多个著名景点演出，以丰富旅游景点的节目、活跃本土文化氛围，使市民及旅客认识澳门传统文化。

在文化局和旅游局引领下，舞醉龙还经常受邀在一些大型活动中亮相。如2009年的“澳门回归祖国十周年文艺晚会”、2010年的“上海世界博览会

① 曾忠禄、张冬梅：《北京赴澳门游客特征研究——与内地游客比较》，《旅游学刊》2006年第9期。

澳门文化活动周”、每年举办的“拉丁城区幻彩大巡游”等。2013 年 2 月，澳门鲜鱼行总会受邀前往法国参加世界三大嘉年华之一的法国尼斯嘉年华大巡游，舞者们凭借出色的功架以及醉态舞姿，深得当地观众的喜爱。由此可见，文化局和旅游局都致力将澳门鱼行醉龙节打造成为澳门的文化名片。

（三）推广阶段

随着舞醉龙文化地位及文化价值的不断提高，社会各界开始思考它的传承及发展问题。近年，澳门鲜鱼行总会在澳门基金会、文化局、旅游局等政府部门的大力支持下，舞醉龙文化得到了显著的推广。如 2012 年，鲜鱼行总会成立鲜鱼行文化体育促进会，体育发展局为其提供场地，让他们能够进驻中区工厦，开设舞醉龙培育基地，为舞醉龙的传承及长远发展培育新血；2013 年 6 月，澳门鲜鱼行总会首次开展“鱼行醉龙节”校园薪传活动，到本澳的学校推广舞醉龙；鲜鱼行总会自 2015 年起打造“澳门鱼行醉龙节”品牌活动，举办包括小区展演、专题讲座、摄影比赛及全澳中学生观后征文比赛等，希望以不同方式吸引社会各阶层的人认识舞醉龙；还透过邀请其他国家的龙队与舞醉龙一同演出，搭建起本澳与其他国家的文化交流平台，宣扬本澳非物质文化遗产。

此外，有作家将舞醉龙元素置于文艺作品中在舞台上呈现，创新了舞醉龙的传承模式。如 2014 年首演的大型本土京剧《镜海魂》，便以舞醉龙及醉龙精神贯穿了整套剧目，让观众通过京剧认识澳门独有的舞醉龙习俗。

在文化保育及打造旅游城市的双重背景推动下，澳门舞醉龙在一定程度上得到了传承发展，取得了阶段性的成果。

三　舞醉龙行动者的变化

从行动者网络理论的角度来分析，舞醉龙的发展过程其实涉及了各种自然和社会因素，这些因素都视为行动者（包含人与非人）。行动者之间透过内部联系相互“结盟”构成了舞醉龙传承与发展外部行动的网络，而网络的运行，拉图尔解释为“是一个包含着联盟和考验的运作过程，一个从弱修辞到强修辞、从弱点要塞、从短网络到长网络的转译过程”。①

按照米歇尔·卡龙的说明，转译的五个关键的内容如下：问题呈现（problematisation）、利益赋予（interessment）、征召（enrolment）、动员（mobilisation）和异议（dissidence）。行动者网络经过“转译”而构成，这些行动者最初是杂乱无章的，需要有一种共识将他们连接起来，从而建立成相对稳定的“联盟”。从舞醉龙传承与发展行动者网络的形成机制看，可以从以下几方面来分析网络行动者的变化。

（一）舞醉龙文化内涵的扩充

任何一个族群到一个陌生的地方都需要互相帮助、团结一致，除了要寻找外界对族群的认同之外，亦要显示族群在社会上的存在感，拓展生存发展的空间。中山的居民来到澳门后，他们的身份便成了移居者、移民，面对要重新适应和融入澳门的社会环境，必定存在各种惶恐和不安，亦充满了对乡土、对家园的思念之情。由于民俗文化是族群的精神支柱，具有极大的族群凝聚力，而农历四月初八舞醉龙作为中山渔业界的信俗传统，正好成了他们的精神寄托，表达出他们的乡土情怀，亦支撑着他们生存发展。

舞醉龙早期是中山移居者酬神祈福的信俗传统，亦是他们闲时娱乐以及抒发思乡之情的方式。中期因社会政局动荡，行内混乱一片，舞醉龙便成为团结行内人士，唤起他们宗族记忆的一面旗帜。后期为了扩大行业影响力，他们联合本地的渔业界成立了鲜鱼行总会，一方面延续四月初八的传统，另一方面透过举办各种活动，如龙船头饭的派发，表现出鱼行人无私奉献、守望相助、救贫济弱的胸怀。在这个发展过程中，舞醉龙被不断赋予了新的文化含意。

因历史传说，赋予了舞醉龙“消灾解难”的内涵；因社会环境，赋予

① 〔法〕布鲁诺·拉图尔：《科学在行动：怎样在社会中跟随科学家和工程师》，刘文旋、郑开译，东方出版社，2005。

了舞醉龙“团结凝聚”的意义；因龙船头饭的派发，赋予了舞醉龙“无私奉献”的精神。舞醉龙由代表鱼行族群的文化符号，转化为澳门人的文化精神，再发展成为澳门地方的文化名片。这项民间信俗的文化内涵有了新的变化，得到了扩充。

从舞醉龙传澳的行动来看，当中所涉及的主体包括了舞醉龙历史本身及其传承人－移居者和本地渔民。在当时社会环境影响下，这些主体相互作用，从不同方面赋予了舞醉龙更多的文化内涵，为其日后在澳门得以传承发展打下了结实的根基。

（二）澳门鲜鱼行总会的角色

澳门鲜鱼行总会是由海产鱼商总会（鱼商）以及鲜鱼市贩职工联合会（鱼贩）两个工会在 1991 年合并而成的。成立这个总会的目的主要是团结鱼商及鱼贩，消除他们为了各自利益而衍生的内部矛盾，扩大行业的力量，属工会团体的性质。

鲜鱼行总会成立以后，一直继承过往行内人士的传统，每年筹办农历四月初八的活动，又积极参与各种慈善活动。当中最为触目的，就是醉龙队在 1999 年 12 月 20 日参与的澳门回归大型活动“迈向美好明天大巡游”，这个活动使澳门舞醉龙得以扬名海外，为人所知。

随着舞醉龙文化日益受到人们的重视及认同，醉龙队的演出机会也越来越多，还经常受邀在大型活动上表演，如每年一度的“拉丁城区幻彩大巡游”“公益金百万行”等，使得鲜鱼行总会的角色渐渐从工会团体向艺术团体演进。

鲜鱼行总会亦致力为澳门发展成为文化城市、旅游城市出一分力：（1）在 2009 ~2011 年配合政府的需要，将鱼行醉龙节申报成为国家级非物质文化遗产；（2）配合专家学者对舞醉龙文化内涵、套路模式、历史起源等进行口述历史访谈，试图科学规范有关数据；（3）配合政府组织澳门舞醉龙民间习俗的搜集、整理、研究和传播工作，如澳门基金会于 2012 年与国家文化部民族民间文艺发展中心合作启动的“十部文艺集成志书·澳门卷”大型编纂出版项目，就得到鲜鱼行总会会员的大力支持。

鲜鱼行总会长期以来培育了众多鱼行子弟成为舞醉龙的传承人，又通过参与各种活动对外推广、传播舞醉龙文化，在舞醉龙的传承发展上贡献良多。可以说，鲜鱼行总会不单单是团结行内人士的工会，它更是舞醉龙文化传承的载体，担任起传承以及发展舞醉龙的重要使命。

（三）政府的作用

在舞醉龙传承与发展的过程中，政府绝对起着主导作用。政府从忽略无视到积极推广，主动发起打造文化城市、旅游城市的经济发展策略，是一个逐步觉醒的转变过程，具体可以表现在以下几方面。首先是政治方面，随着外界对非遗关注度日渐提高，国家乃至特区政府亦跟随国际步伐，开展了关于保护非遗的各项工作。在这个过程中，政府的行动有主动亦有被动。主动是由于眼见邻近地区凭借文化软实力获得更多经济成果的成功经验；被动则是由于受到外界舆论压力的影响要实施关注和保护非遗的行动。政府参与到舞醉龙传承与发展行动者网络当中，对其进行挖掘、抢救、保育及创新发展，并申报成为国家级非物质文化遗产，与上述因素均有密切关系。

其次是经济方面，澳门打造旅游城市的定位对舞醉龙的发展起着关键作用。此前，在2002年“赌权开放”以及2003年“自由行”政策的推动下，澳门博彩业得到了蓬勃发展，人均GDP达到前所未见的增长，造成了产业单一的局面。由于博彩业为澳门带来了庞大的经济收益，因此政府搁置了开发其他产业的想法。后来，国家政策将澳门定位为“世界旅游休闲中心”，推动了政府思考澳门城市吸引力的问题，开始着力拓展旅游资源，期望以各种节庆盛事、文化活动来提升澳门城市的综合魅力，同时借着宣扬本土的民俗文化，打破澳门赌城的刻板印象，从而更好地招商引资引客，使澳门经济获得更大成果。

最后是文化方面，自2005年澳门历史城区列入世界文化遗产名录后，政府便一直秉承保护文化遗产的传统，还加大了对非物质文化遗产的整理、保护和宣传力度，直接促进了包括舞醉龙在内的民俗文化的发展。舞醉龙作为国家级非物质文化遗产，其价值和影响力主要源于其深厚的文化内涵与意义，体现了澳门人守望相助、救贫济弱的传统美德。文化是一个地区的核心竞争力，澳门地域很小，必须加强挖掘文化元素，丰富文化内涵才能凸显其价值。随着经济繁荣，又给舞醉龙这类活动更多的表演机会和更大的表演舞台。

四　舞醉龙传承与发展行动者网络的组构

（一）转译

舞醉龙传承与发展行动者网络是需要透过转译才能构成的，这种转译由五个关键构成：第一是“问题的提出”，即在国家的文化及经济政策定位上，政府全面挖掘、研究本土具有特色的民间习俗，开始意识到非物质文化遗产保育的重要性，提出了将澳门打造成为文化旅游城市的议题；第二是“利益赋予”，即通过弘扬舞醉龙深厚的文化底蕴及文化精神，呈现以特色文化节庆发展文化旅游的构想，重塑澳门作为历史文化名城的鲜明形象，聚集文化界、旅游业界、渔业界、专家学者、市民大众、媒体的关注和参与；第三是“征召”，即将那些支持保育、传承澳门舞醉龙文化的行动者，以及有利于该文化发展的人或事招募为网络的成员，置于相互关联的网络结构中；第四是“动员”，即达成共识，每一个行动者都同意在网络中担任彼此可接受的角色；第五是“异议”，此一部分不一定会发生，只有当结果背离了原来主体的目标，或是网络行动者之间出现矛盾，网络才会瓦解，并重构成新的网络。以下将详细说明转译过程的各个关键点。

1. 问题的提出

各行动者共同面对的问题是“如何将澳门发展成为文化旅游城市”，为了解决这个问题，舞醉龙传承与发展行动者网络被建构出来。

2. 利益赋予

由于网络的关联行动者都相信舞醉龙拥有丰富的文化内涵，为了使他们愿意加入成为网络一员，故有必要让其知道他们各自都可以从网络中获得利益。在这个网络中，舞醉龙能被打造成为澳门的文化名片；澳门鲜鱼行总会可以更加巩固澳门渔业界的力量；特区政府能够借此深化本土文化内涵及建立更多的旅游资源，形塑澳门文化城市及旅游城市的新形象，提升澳门的国际知名度并带动经济发展；市民大众可以借舞醉龙寄托对身体健康、平安吉祥的期盼，并丰富其文娱节目；醉龙舞者可以借此显示渔业界在社会上的存在感，并凸显与其他族群文化的区别；专家学者因被舞醉龙文化所吸引，开始投身研究，得到发表文章及出版相关书籍的机会。上述行动者都可以从网络中得益，但他们必须排除障碍。如舞醉龙必须增加曝光率以及创造更多的文化内涵来提升社会关注度；澳门鲜鱼行总会要透过宣传及推广舞醉龙以壮大影响力；特区政府要推出政策支持、推动非物质文化遗产的保育以及透过资助来扶持舞醉龙的发展；市民大众需被舞醉龙文化吸引而积极参与到有关活动当中；醉龙舞者则需要培养接班人，以达至薪火相传。

3. 征召

在这个网络中，各个行动者都担任着不同的角色，被赋予不一样的任务，他们相互作用，才能使网络顺利运行。首先，在国家政策牵引下，特区政府征召了舞醉龙作为重点保育和发展的对象之一。其次，为进一步了解舞醉龙的历史，征召了作为舞醉龙载体的澳门鲜鱼行总会，提供关于舞醉龙的一切数据，并以“澳门鱼行醉龙节”之名将舞醉龙申报成为国家级非物质文化遗产，借此提升其知名度及影响力。再次，又征召了醉龙舞者，负责培养新人，舞者们在参与各种各样的小区活动及外访交流过程中，使市民大众被征召进来作为观众欣赏他们的演出和参与有关活动。最后，由于舞醉龙文化影响力日增，开始引起了专家学者的兴趣，他们亦被征召进来研究舞醉龙。这些被征召的行动者，对促进舞醉龙的传承与发展有着深远而且重要的意义。

4. 动员

当所有行动者都能够落实到自己的岗位当中，网络才得以成功运行，即特区政府动员了澳门鲜鱼行总会推动舞醉龙的发展，澳门鲜鱼行总会又动员了醉龙舞者参与各种活动增加知名度，并且肩负培育新血的重任，市民大众、专家学者因受舞醉龙文化吸引分别参与到活动和研究当中。

5. 异议

在这个已经成形并运作的行动者网络中，由于特区政府大力宣传和推广，使得舞醉龙由一个民间传统习俗，发展成一个受官方认可的节日——澳门鱼行醉龙节，随后再演变成舞蹈性的娱乐表演。舞醉龙突破了只有农历四月初八才舞的传统，慢慢由一个信俗性的民俗活动，发展到一个兼具娱乐性的民俗活动。因此，有学者认为，舞醉龙性质的转变使其原有的内涵逐渐消失，开始被功利化，社会大众包括澳门鲜鱼行总会开始思考以公开表演形式来传承舞醉龙是否可行。网络的稳定性受到冲击，面临瓦解的危机。

（二）舞醉龙传承与发展行动者网络与社会的互构

行动者网络的组成是受到网络内部及外部因素的影响，他们相互重构，形成了行动者之间身份的转变、网络内部的运作机制，以及网络外部与社会的建构。

在网络内部的建构上，一方面，特区政府推出一系列的政策措施来支撑舞醉龙的传承与发展。如文化局推出《澳门非物质文化遗产申报评定暂行办法》《文化遗产保护法》等以表示对非物质文化遗产的重视。同时，还透过旅游局来加强澳门非物质文化遗产的宣传推广，将舞醉龙打造成为官方节庆以及本土特色的舞蹈艺术，以增加本澳旅游资源。此外，澳门基金会加大了对澳门鱼行醉龙节活动的资助金额，体育发展局又提供场地给予澳门鲜鱼行总会作为舞醉龙培训基地等。政府在网络内部运作中可以说是从被动到主动，多管齐下主导网络的整体运作。在政府的措施以及澳门鲜鱼行总会的积极配合下，舞醉龙从渔业界的传统习俗，发展成大众广泛参与的群众性民俗文化，再逐步演变成为澳门的文化名片。澳门鲜鱼行总会原本只是一个团结渔业职工的工会，但在族群传统——舞醉龙的加持下，慢慢转变为一个艺术团体，成为延续舞醉龙文化的重要载体。舞者们初期只是为了兴趣及继承乡土传统习俗才舞醉龙，在外界的推崇下，逐渐从表演者转换到传承者的角色，肩负起培育下一代的使命。而市民大众在参与及接触舞醉龙的活动中，其角色渐渐由文化参与者向文化传播者迈进。专家学者从研究员的角色转变成解释及定义舞醉龙文化的专业人员、相关书籍的作者。

另一方面，外部的社会环境亦是促成舞醉龙传承与发展行动者网络建构的重要原因。回归前，澳门是一个默默无闻的小城。可以说，在回归的过程中，澳门人、澳门事才真正受到外界的广泛关注。回归后，在国家政策的推动下，澳门逐渐发展成一个国际化的城市，其历史文化开始吸引世人的目光。在这一社会环境下，舞醉龙传承与发展行动者网络被建构起来。自联合国教科文组织正式通过《保护非物质文化遗产公约》后，中国便开始正式参与到非遗保护的工作上。为了跟随祖国的政策步伐，政府文化局展开了全面挖掘本土民俗文化的工作，并推行一系列政策措施保护非遗，舞醉龙因此被推荐并成功申报澳门非物质文化遗产，名气大大提升；澳门鲜鱼行总会为了团结职工及扩展总会力量，一直保存及坚持舞醉龙文化；由于澳门受到区域局限性的影响，本土的地方特色甚少有人知道，而对外传释澳门的历史文化，能够重塑澳门以至中国历史文化在亚洲以及世界上的地位，故一批专家、学者纷纷加入研究包括舞醉龙在内的本土文化；同时，为了改变澳门博彩业单一的局面，2008 年国家将澳门定位为世界旅游休闲中心，促使旅游局加大力度宣传及推广舞醉龙，给予了舞醉龙更多展示的机会；市民大众因受到社会整体文化氛围的影响，亦参与到舞醉龙的活动中。

从整个网络的大致面貌来看，我们可以发现舞醉龙传承与发展行动从一项民间信俗逐渐变成一项政治行动，该网络的形成虽然涉及各种自然和社会要素，但关键之处主要是民俗文化要素和政治要素的联盟。同时，我们发现各个行动者相互作用形成了一种共同促进的关系。行动者身份的转变亦揭示了他们利益的变化，从个体利益延伸到族群利益，再到地区利益乃至国家利益，不断向上层递进，明确了他们致力促进澳门生存发展的共同目标，过程中又不断吸纳更多的行动者参与行动，从而使网络不断扩大、状态更加稳固。

五　结论及启示

（一）主要结论

本文以舞醉龙传承与发展的行动作为个案研究，通过文献的收集、整理，结合深度访谈的资料加以分析，通过研究舞醉龙传承与发展的行动者网络，解构出一个传统习俗发展的内部结构及外部行动的运作机制，得到了如下结论。

第一，通过分析舞醉龙的文化内涵，揭示了传统习俗在澳门社会的实践过程，即诸如舞醉龙这样的传统习俗是人类社会的创造物，社会环境在演变过程中不断赋予了它新的文化含义和价值。本研究的重点在于突出舞醉龙得以传承发展的因素，让舞醉龙在澳门城市的发展脉络中呈现出来。舞醉龙文化起源于中山的一个传说，其后发展成为一个族群的传统习俗再到后来演化成城市的文化符号和名片，具有非常多的外赋性质。

第二，通过观察舞醉龙的文化发展，发现了包含经济、政治要素的社会结构观，即社会的外部因素诸如经济发展方向、文化保育政策的转变调整成为舞醉龙文化发展的契机。

第三，通过文化 - 社会行动者网络的建立，揭示出各个行动者尤其是澳门政府在网络中所扮演的角色。同时，将澳门鲜鱼行总会的成立、非物质文化遗产的成功申报、世界旅游休闲中心的发展定位，作为舞醉龙传承与发展的重要“转译”点，揭示了其从弱修辞到强修辞、从短网络到长网络的转化和延伸。

第四，通过观察舞醉龙的历史发展脉络，发现文化的变迁主要受到外部环境影响，外部环境的变化直接影响了文化发展的自然进程，这种决定性的影响有可能加快文化的发展，亦有可能加速文化的灭亡，重申了社会学的宏观社会决定论，即国家政治格局、经济环境、自然因素的变迁均会左右传统文化的发展，这亦可用以解释大部分传统文化兴衰的现代命运。

历史文化是澳门社会一个重要的组成部分，更是城市生存发展的根本要素，是使得一个国家、地区、民族可以延续下去的力量。然而，若传统文化不被保护以及传承下去，澳门将失去原有的文化面貌，失去独有的文化特质，最后反倒会阻碍澳门的生存发展。

在城市急速发展、现代科技日新月异的环境下，传统文化因时代转变而产生变异，甚至只能部分传承，是无可奈何的现象。一些普及性极高的传统节日诸如中秋节、端午节等亦敌不过时代的洗礼，被浓厚的商业气息掩盖沦为“月饼节”“粽子节”。但有趣的是，群众不但对这些节庆十分熟悉，对其文化意义及内涵亦不陌生，可以说是传统节庆传承发展的成功例子。现时，不用特意推广，人们都知道中秋节、端午节的存在。这些都跟文化教育的普及和社会氛围的形成有密切的关系。

回到舞醉龙传承与发展行动上，各行动主体相互作用，相辅相成，网络内外运作使舞醉龙得到了长足的发展，获得了阶段性的成果。然而，在不断普及、创新和发展舞醉龙的同时，开始有人质疑以娱乐化的方式来推广是否就能够达到传承效果？年轻一代是否真的了解舞醉龙的文化本质及意义？在渔业式微的境况下，舞醉龙会否从此只成为一个文化符号，内容愈来愈空洞化？醉龙文化传承的最佳途径又是什么？这些问题都值得我们加以思考和探索。

舞醉龙历经数个世纪的变迁，仍然历久弥坚，可见文化有其承续性。我们相信舞醉龙的网络已经基本成形，只要不断努力，将传承与创新发展相结合，使网络不断扩大，未来将可以如中秋节、端午节般稳定地自生发展。

（二）相关建议

由于澳门鱼行醉龙节被列为国家级非物质文化遗产中的民间信俗类别，民间信俗讲求原真性和节日性，有地域以及时间的限制，有特定的祭祀仪式及礼拜习俗，不能随意产业化，常态性的表演反而会使其失去了原有的文化意义。因此，本文认为农历四月初八的节庆传统有必要原汁原味、完整地保留下去。

可是，舞醉龙作为该节庆最核心的部分，它更偏向于以表演的形式呈现在大家眼前。通过常态性的表演活动，不但能够拓展舞醉龙的活动空间，而且还能透过舞醉龙来扩大四月初八醉龙节的辐射面。我们都知道，文化保育重在推广，文化的发展是需要传承和创新，必须透过定期展示、展演的方式对外传播，亦要适度创新以适应新一代人的口味以及审美观，这样舞醉龙文化才能深入民心，得到人们的认同，达至宣传推广的真正效益。

虽然舞醉龙的性质有所改变，但只要保持农历四月初八的传统，醉龙精神的核心价值依然是凝聚民心、积蓄力量、团结和谐、守望相助，是澳门独一无二的民俗活动，更是推动澳门城市发展的原动力。

本文认为，只有在社会环境潜移默化下，大众才会对舞醉龙有归属感，才能培养出文化自觉性。要先了解才能传承，能传承才可发展。因此，现阶段较有效的途径就是加强宣传推广，让舞醉龙融入日常生活当中，使大家明白舞醉龙不单单是澳门历史文化的重要组成部分，更是澳门经济发展的原动力之一，特别是其与澳门文化旅游、文化创意产业的结合已经初步显现出良好的成效，这与澳门经济适度多元化发展、社会的可持续发展是息息相关的。要让更多人了解到自己是舞醉龙的利益相关者，有必要将舞醉龙薪火相传，不断发展壮大，使之愈来愈有生命力。

B.24

民俗文化节中原真性对游客满意和忠诚的影响分析报告

张 涛　温慧君*

摘　要： 明确民俗文化节的原真性和游客态度与行为之间的关系，确保原真性和商业化和谐共存，对民俗节庆发展至关重要。本研究探讨原真性的组成并考察它们对游客满意度和忠诚度的影响。研究以便利抽样方式对那达慕文化节的游客进行问卷调查。结果显示民俗文化节的原真性包括“冷”和“热”两方面。冷原真性有“节庆文化”和“配套产品”两个维度，热原真性有“内省原真性”和“人际原真性”两个维度。“节庆文化”和“配套产品”对热原真性、满意度和忠诚度都有直接影响，热原真性则直接影响游客满意度。研究表明传统文化是民俗文化节原真性的核心，商业化配套是原真性的补充。冷原真性对提升忠诚度最有效，而提升满意度则需同时关注原真性的冷和热两个维度。

关键词： 民俗节庆　原真性　满意度　忠诚度　那达慕

非物质文化遗产包括传统表演艺术、工艺美术、民俗与民间文学等，是

* 张涛，博士，澳门城市大学国际旅游与管理学院助理教授；温慧君，博士，内蒙古工业大学经济管理学院讲师。

民族传统文化的重要组成部分。非物质文化遗产具有无形性、活态流变性、地域性和脆弱性等特点，容易随着人的主观意识、社会环境的变化而变化。一旦遭受破坏，其价值难以恢复甚至面临毁灭性的消亡。民俗文化节是非常重要的非物质文化遗产。从文化产业角度，对民俗文化节进行文化创意和开发，不但能实现非物质文化遗产的合理利用，发挥出其应用的价值，也能保障整个文化旅游的可持续发展。

当代消费者渴望原真性体验，原真性已成为情感消费的关键①。民俗节庆作为独特的文化遗产，以互动形式展示所在地居民的传统文化和风土人情，为游客提供原真性的体验，因而在创造真实体验、复兴传统文化和发展地方经济方面，作用不可替代②。原真性已成为节庆地居民和游客共同创造的商业化环境和有效益的资产，也成为游客消费的决定因素③。然而有研究认为，节日庆典的世俗化和日常化既损害原真性，也降低游客和居民满意度。针对这一问题，本研究以国家级非物质文化遗产那达慕为例，分析民俗节庆原真性的内在维度，考察民俗文化节的商业化发展与原真性是否有和谐存在的可能，通过考察原真性各个维度对游客满意度和忠诚度的影响，为文化节商业化和原真性和谐共存提供思路，也为保护和发掘传统节庆文化、开发节庆配套产品、提升冷原真性和营造出热原真性提供具体指导。本研究的理论贡献有三点：一是从节庆文化和配套产品两方面，明确了民俗节庆冷原真性的主要表现方式；二是从内省原真性和人际原真性两个角度，探讨了民俗节庆热原真性的形成方式；三是明确了民俗节庆冷原真性、热原真性、游客满意度和忠诚度之间的内在作用机理。

---

① Pine B. J. , Gilmore J. H. , "The Eight Principles of Strategic Authenticity," *Strategy & Leadership* 3 (2008).

② Castéran H. , Roederer C, "Does Authenticity Really Affect Behavior? The Case of the Strasbourg Christmas Market," *Tourism Management* 1 (2013).

③ 李春霞、彭兆荣：《彝族“都则”（火把节）的仪式性与旅游开发》，《旅游学刊》2009 年第 4 期。

一 原真性及其冷与热两个维度

20世纪六七十年代，大众旅游中“伪事件”和“舞台化”的原真性引起了学术界广泛关注。原真性研究除了首先考察博物馆展览品之外，也逐渐延伸到文化遗产旅游领域，以及美术工艺、文化节庆、仪式、烹饪、服装、建筑等的评判上，原真性也逐渐成为旅游研究的核心内容。英文单词“authenticity”有“原真性”“真实性”“本真性”等多种中文翻译，原真性最初是从文化遗产保护领域转入遗产旅游研究范畴的。在文化遗产保护领域，原真性既指遗产产生之初的“原真”，也指建成以后，在各个历史阶段维护、维修中，遵循的可以识别的“原真性”原则，以保持所有存在时期的“本色”的含义。在旅游研究领域，原真性既指旅游者对目的地旅游产品（包括旅游活动、文化等）是否本色的评判与追问，也指旅游者在旅游过程中获得原真性自我的主观体验状态。旅游研究领域中的原真性不仅包括旅游吸引物的本真性，也常常用于刻画游客游览之中和之后所持有的一种有关景点“真实与否”的感知与体验。这种感知与体验可以从两个方面进行理解：一是指客观事物的物质形式体现了其原有的本质，二是指游客在旅游过程中，体验到的一种心理状态。

对于民俗节庆旅游来说，原真性并非都是节庆内在属性，而是还包含游客对节庆的感受和体验过程。供给层面的原真性关注旅游景点和民俗节庆的客观原真性，即冷原真性。需求层面关注游客和旅游吸引物的互动原真性，即热原真性。冷原真性基于证据，是作为知识的原真性；热原真性基于信念，是作为感受的原真性[①]。这种光谱化的原真性是从冷原真性感知到热原真性体验的过程：前者是理性感知，后者是感性体验。理

---

① Cohen E., Cohen S. A., “Authentication: Hot and Cool,” *Annals of Tourism Research* 3 (2012).

性原真性基于判断，而审美原真性基于游客感受[①]。理性原真性描述旅游组织方式，可视为基于标准、规范而形成的冷原真性；而审美原真性描述旅游价值意义，游客得以追寻真我和真的人际关系，可视为基于判断的热原真性。

（一）冷原真性及其构成

冷原真性基于科学知识、专家技能或者个人经验提供的线索，借助各类证据或声明，将民俗节庆鉴定为原生的、地道的。线索的重要表现是景点或节庆的“博物馆化”，即传统、古旧，或传统服装、习俗，还包括杜绝现代建筑或者产品的干扰。这表明冷原真性是政府、企业和居民共同努力形成的，需要多方利益相关者协商。冷原真性包含有形和无形两类要素。无形要素包括节庆的设计、组织和管理，以及文化特色和氛围等；有形要素包括饮食、仪式和传统服装等内容，例如文化节的冷原真性常常表现为舞蹈、巡游、历史展示和旅游纪念品。其中旅游纪念品的独特性、工匠精神、美感和实用性、与历史文化的契合程度，以及购物体验，都是冷原真性的内在表现。综上分析，民俗节庆的冷原真性有两个维度：节庆文化和配套产品。节庆文化维度包括舞蹈、仪式、典礼、巡游等文化活动。它们建立在仪式和传统基础上，是真实性的原生型线索，属于原生的冷原真性。配套产品维度包括饮食、旅游纪念品、接待服务等商品和服务，是根据原生事物另行创造的，属于人造的冷原真性。这表明，尽管商品化的配套产品可能改变或者增加文化内涵，但它并不一定会破坏原真性。配套产品根据民俗文化内涵设计，供游客购买、使用、保存和转让，是节庆文化在物质、仪式和习俗等方面的具体展示。

（二）民俗节庆的热原真性

冷原真性的感知和解释，促发原真性的光谱化，实现原真性从客观到主

---

① 陈宇斌、翁时秀：《原真性的二元结构——一种现代性视角的解读》，《旅游学刊》2018 年第 1 期。

观的转移，节庆热原真性展现出来，因而热原真性是“游客自己的意想世界，……在这个世界他们关注自身和群体、追寻真实的自我和他者”[①]。热原真性基于情感，是存在原真性具体表现，因而是民俗节庆的必要元素。热原真性让旅游景点或者节庆活动更具有吸引力。观看表演、感受艺术，观赏工艺品、品尝和制作传统食物、参加传统仪式、购买纪念品、聆听传奇故事，都促成游客对自我的认识和对他人的关注，感受到热原真性带来的存在原真性体验。热原真性并不都来自外部证据，而更多的是倾注了游客情感和信念，涉及游客高度承诺和作为旅游群体一员的自我投入感，是一个不断累积和自我强化的存在原真性体验过程。热原真性让游客发现自我和寻求归属，产生存在原真性体验，包括内省原真性和人际原真性两个方面[②]。前者是游客亲身感受和自我定位，后者描述游客与旅游共同体（包括其他游客或者居民）的互动关系。抛开日常规律生活，感受节庆的不同寻常，让游客暂时放弃生活藩篱，体会自我存在感和参与旅游共同体。这一感受产生基于热原真性的存在原真性体验

节庆旅游的热原真性与冷原真性存在密切关系，例如节庆环境、氛围、仪式庆典、饮食等冷原真性线索都是游客的关注因素，是原真性的重要来源[③]。冷原真性的感知和解释为游客追寻热原真性，获得存在原真性体验创造了条件。据此本研究提出假设 H1。此外，内省原真性和人际原真性分别表征个人存在感和群体感受，即游客寻求内在自我的内省原真性，并据此观察他人，包括家人、朋友、当地居民和身边游客的原真性，获得人际原真性[④]。据此提出假设 H2。

H1：民俗节庆的冷原真性正向影响热原真性；

---

① Selwyn T, The Tourist Image: Myths and Myth Making in Tourism, Wiley,, 1996, p. 20.

② Wang N, “Rethinking Authenticity in Tourism Experience,” *Annals of Tourism Research* 2 (1999).

③ Robinson S., Clifford C, “Authenticity and Festival Foodservice Experiences,” *Annals of Tourism Research* 2 (2012).

④ Kim H., Jamal T, “Touristic Quest for Existential Authenticity,” *Annals of Tourism Research* 1 (2007).

H1a：节庆文化原真性正向影响内省原真性；

H1b：配套产品原真性正向影响内省原真性；

H1c：节庆文化原真性正向影响人际原真性；

H1d：配套产品原真性正向影响人际原真性；

H2：内省原真性正向影响人际原真性。

（三）原真性、满意度和忠诚度

原真性对游客满意度和忠诚度的影响不可忽视。高原真性体验的游客收获了满意的旅程，因为旅游的独特核心功能是观察真实自我、审视生活选择、寻求美好生活。原真性提升将带来旅游价值的提升、增强游客消费体验，进而提升属性满意度和整体满意度①。例如，在民俗文化节现场，提供的饮食采用地道食材和传统技法，可以提升现场游客的满意度。节庆及配套产品感知原真性越强，游客购买意愿和重购意愿越强②，据此提出假设 H3 和 H4。

H3：民俗节庆的冷原真性正向影响游客满意度。

H3a：节庆文化原真性正向影响游客满意度；

H3b：配套产品原真性正向影响游客满意度。

H4：民俗节庆的热原真性正向影响游客满意度；

H4a：内省原真性正向影响游客满意度；

H4b：人际原真性正向影响游客满意度。

对于物质文化遗产，如果游客对景点的原真性感知越强，随之对景点的

① Girish V. G.，Chen C. F，“Authenticity，Experience，and Loyalty in the Festival Context：Evidence from the San Fermin Festival，Spain》，” *Current Issues in Tourism* 15（2017）.

② Brida J. G.，Disegna M.，Osti L，“The Effect of Authenticity on Visitors' Expenditure at Cultural Events，” *Current Issues in Tourism* 3（2013）.

忠诚度也越高[①]。节庆关键环节的原真性可提升忠诚度，例如饮食原真性与忠诚度正相关、传奇故事和地道饮食提升满意度和忠诚度。而且原真性有效解释了游客的行为忠诚。切身感受、表达自我和发展人际关系等热原真性现象是理解游客忠诚度的核心概念。冷原真性的两个维度都和忠诚度密切联系。经常感受热原真性的游客有更高的忠诚度[②]，因而本研究提出假设 H5 和 H6。根据文献述评和研究假设，本研究的概念模型如图 1 所示。

H5：民俗节庆的冷原真性正向影响游客忠诚度。

H5a：节庆文化原真性正向影响游客忠诚度。

H5b：配套产品原真性正向影响游客忠诚度。

H6：民俗节庆的热原真性正向影响游客忠诚度。

H6a：内省原真性正向影响游客忠诚度。

H6b：人际原真性正向影响游客忠诚度。

H7：游客满意度正向影响忠诚度。

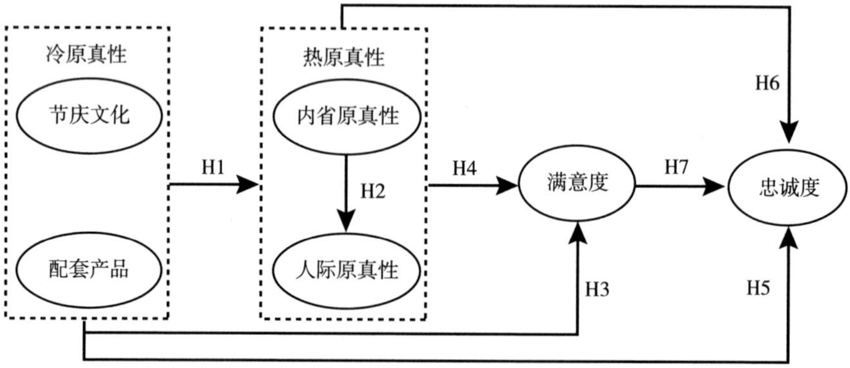

图 1　概念模型

① Yi X, Lin V. S. , Jin W. , Luo Q, "The Authenticity of Heritage Sites, Tourists' Quest for Existential Authenticity, and Destination Loyalty," *Journal of Travel Research* 8 (2016).

② Szmigin I. , Bengry-Howell A. , Morey Y, "Socio-spatial Authenticity at Co-created Music Festivals," *Annals of Tourism Research* 1 (2017).

二　研究设计

（一）样本来源和特征

那达慕是内蒙古的传统民俗节庆活动，在每年夏末秋初举行。学界对那达慕的起源有不同观点，多数学者认为其源于10世纪前后的北方游牧部落的军事或生产活动。1206年，铁木真统一蒙古期间，就有漠北草原各部落训练“布克沁”（摔跤手）、“乌努嘎沁”（骑手）、“哈热吗嘎沁”（射手）为狩猎和战争做准备的记载。和平时期各部落为了展示实力，也经常举办马术、摔跤、射箭三项竞技比赛，这是那达慕的雏形。《元史》记载，元仁宗时期规定蒙古族男子必须具备摔跤、射箭、赛马三项基本技能，并在国家机构中设置了专署三项竞技的部门——校署。蒙古族人举行重大庆典、征战、庆功或祭祀敖包之时都举办这三项比赛，逐渐演变成为集竞技、娱乐、集会、庆祝诸功能和目的为一体的民俗节庆，成为内蒙古、甘肃、青海、新疆等地的蒙古族人民的民俗节庆活动。

2006年那达慕被列入第一批国家级非物质文化遗产名录（国发〔2006〕18号）。那达慕举办期间，原真性通过比赛、演出、美食等方面集中表现出来。竞技比赛被视为蒙古男子力与技的较量，整个过程惊险刺激。那达慕举办期间还有民族音乐与舞蹈演出，传统食品如牛羊肉及其熏干制品、乳制品都会集中展示售卖。如今那达慕已经成为内蒙古自治区体育、文艺、经贸活动为一体的综合性品牌民俗节庆活动。

本研究对2017年7月和8月前往内蒙古参加那达慕草原文化节的游客进行调查。513名受访游客中，男性占44%，女性占56%；已婚游客占63.7%，未婚游客占36.3%；20岁以下游客比例为11%，21~30岁比例为37%，31~40岁比例为19%，41~50岁比例为14%，51~60岁比例为9.0%，60岁以上比例为10%；内蒙古省内游客比例为21.4%，自治区以外比例为78.6%；教育程度方面，高中以下学历比例为3.8%，高中学历比例为16.6%，大中专学历比例为29.9%，本科及以上学历比例为49.7%；公务员和事业单位人员比例为15%，企业人员比例为19%，农牧民比例为15%，个体经营者比例为14%，大中学生比例为23.5%，离退休人员比例为13.5%；月收入在2000元以下的游客比例为14.6%，月收入在2000～3000元的游客比例为18.3%，月收入在3000～4000元的游客比例为20.3%，月收入在4000～5000元的游客比例为25.3%，5000元以上的比例为21.5%。

那达慕游客群体的年龄结构、收入水准与目的地停留时间会对原真性感知、旅游体验等形成不同影响并依此分成不同的游客类型。总体而言，高学历、中高收入的中青年是主要游客群体，在原真性感知、旅游体验与行为意向等方面有稳定的表现。50岁以上的老年人以游览观光为主，中年和青年人群对新鲜事物抱有浓厚的兴趣。这说明民俗节庆旅游设计者需要对游客市场加以细分，根据不同游客的旅游动机、旅游需求与性格特点进行相应的体验设计。

（二）测度量表

研究以问卷调查方式进行，考察那达慕的原真性、游客满意度和忠诚度。原真性感知过程复杂，需多类线索评判。本研究以文献梳理和半结构化访谈得到民俗节庆原真性量表。Chhabra等人从节庆文化（舞蹈、巡游、历史、现场环境）、配套产品（旅游纪念品）、热原真性（家庭团聚、与人互动）三方面衡量原真性[①]。胡旺盛等人从文化和产品两个方面衡量冷原真性：前者包括民俗表演和庆典仪式，后者包括特产、饮食、旅游纪念品[②]。以上分析表明，物质文化遗产的冷原真性维度包括建筑遗产、传统商品和民俗文化，而热原真性分为内省原真性和人际原真性。传统商品即配套产品，

---

① Chhabra D., Healy R., Sills E, "Staged Authenticity and Heritage Tourism," *Annals of Tourism Research* 3（2003）.

② 胡旺盛、谭晓琳、潘理权：《古镇旅游原真性感知对游客行为意向影响研究——以安徽三河古镇为例》，《财贸研究》2014年第6期。

包括手工艺品、生活体验、传统饮食和旅游纪念品，民俗文化包括服装、装饰、绘画、雕塑和传统器具等。研究表明，文化旅游景点的原真性包括人工物品（服装、器具、活动地点）、精神物品（艺术、舞蹈、宗教、故事）和社交物品（与居民交流，缅怀往事）[①]。人工物品即配套产品，精神物品即文化维度，社交物品为人际原真性（与居民交流）和内省原真性（缅怀往事）。以上研究表明，游客可以从配套产品（民间艺术和手工艺品）、节庆文化（仪式和节目）、人际原真性（游客居民互动）三个方面衡量原真性。根据以上分析，本研究拟定了那达慕文化节的原真性测量条款。游客满意度和忠诚度的衡量则是分别参照 Lee 等人[②]和 Zeithaml 等人[③]的量表，分别设计三个问题项（见表 1）。

三 数据分析

（一）信度与模型内在质量检验

信度分析考察问卷测量条款内部一致性：冷原真性总体信度系数为 0. 91，热原真性的总体信度系数为 0. 89，而游客满意度和忠诚度的总体信度系数都是 0. 89，表明数据适合进行因子分析。随后对冷原真性的因子分析，得到两个因子，分别命名为“节庆文化”和“配套产品”，α 值分别为 0. 89 和 0. 88；对热原真性的因子分析也得到两个因子，分别命名为“内省原真性”和“人际原真性”，α 值分别为 0. 91 和 0. 86。探索性因子分析的结果理想，符合要求的标准。

---

① Andriotis K, “Genres of Heritage Authenticity: Denotations from a Pilgrimage Landscape,” *Annals of Tourism Research* 4 (2011).

② Lee H. , Lee Y. , Yoo D, “The Determinants of Perceived Service Quality and Its Relationship with Satisfaction,” *Journal of Services Marketing*) 3 (2000).

③ Zeithaml V. A. , Berry L. L. , Parasuraman A, “The Behavioral Consequences of Service Quality,” *Journl of aMarketing* 2 (1996).

表1 探索性因子分析结果

因子	均值	标准差	荷载	特征值	方差解释率	α值
节庆文化				5.20	57.78	0.89
传统节日	5.62	1.38	0.86			
举办时间	5.35	1.40	0.84			
祭祀仪式	5.44	1.33	0.82			
民族服装	5.51	1.44	0.70			
民族歌舞	5.46	1.45	0.71			
配套产品				1.31	14.54	0.88
纪念品	5.32	1.40	0.82			
手工艺品	5.40	1.40	0.85			
摊位设计	5.13	1.50	0.86			
商店外形	5.26	1.46	0.69			
内省原真性				3.90	64.90	0.91
发展自我	7.40	2.11	0.91			
愉快享受	7.29	2.02	0.89			
自我实现	7.34	2.01	0.83			
人际原真性				1.04	17.30	0.86
和当地居民	7.35	2.09	0.79			
和家庭成员	6.96	2.17	0.86			
和其他游客	7.26	2.13	0.88			
满意度				2.48	82.60	0.89
决策正确	5.24	1.35	0.93			
活动很好	5.25	1.37	0.90			
感觉很好	5.21	1.39	0.90			
忠诚度				2.45	81.80	0.89
推荐节庆	5.28	1.34	0.93			
介绍节庆	5.30	1.40	0.89			
还参加节庆	5.19	1.36	0.89			

（二）模型拟合与假设检验

结构方程模式需考察测量模型和结构模型。前者采用验证性因子分析（见表2）。各因素的荷载介于0.69至0.93之间，显示模型拟合度良好，指标能有效反映其要测度的变量；各指标的测量误差均为正数且达到0.05显著水准。分析表明，卡方值为532.233（$p=0.000$），卡方自由度比为3.059，RMSEA为0.063，RFI为0.912，CFI为0.954，NFI为0.934，PNFI为0.703，均达到或者接近建议的标准，表明测量模型适配度良好。随后是检查因子荷载的显著性、多元相关平方（SMC），以及平均方差抽取量（见表3）。除了路径系数被限制为1的条款，其他因子荷载都具显著性。SMC均大于0.5，说明测量指标对潜在变量具有足够解释力。节庆文化、配套产品、内省原真性、人际原真性、满意度和忠诚度的AVE值分别为0.70、0.65、0.78、0.68、0.75和0.73，都大于0.5，测量模型的效度可以接受。

表2　验证性因子分析结果

因子	因子负荷	标准误	t值	平均方差抽取量	组合信度
节庆文化				0.70	0.89
传统节日	0.76	0.052	17.93		
举办时间	0.77	0.052	18.09		
祭祀仪式	0.83	0.050	19.86		
民族服装	0.78	0.054	18.46		
民族歌舞	0.78	N/A	N/A		
配套产品				0.65	0.88
纪念品	0.82	0.057	18.41		
手工艺品	0.86	0.058	19.30		
摊位设计	0.78	0.061	17.53		
商店外形	0.75	N/A	N/A		
内省原真性				0.78	0.91
发展自我	0.90	0.042	26.67		

续表

因子	因子负荷	标准误	t 值	平均方差抽取量	组合信度
愉快享受	0.90	0.040	26.39		
自我实现	0.85	N/A	N/A		
人际原真性				0.68	0.86
和当地居民	0.83	0.44	21.30		
和家庭成员	0.77	0.47	19.53		
和其他游客	0.87	N/A	N/A		
满意度				0.75	0.90
决策正确	0.83	0.42	25.31		
活动很好	0.90	0.43	23.02		
感觉很好	0.85	N/A	N/A		
忠诚度				0.73	0.89
推荐节庆	0.81	0.46	23.64		
介绍节庆	0.90	0.48	22.17		
还参加节庆	0.85	N/A	N/A		

注：N/A 表示路径系数限制为 1，t 值不适用。

配套产品与人际原真性路径的 t 值为 1.833（<1.96），显著性系数为 0.067（>0.05），说明两者关系不显著；人际原真性与游客忠诚度路径的 t 值为 1.016（<1.96），显著性系数为 0.310（>0.05），说明两者关系也不显著。删除这两条路径得到修正模型。修改模型的卡方自由度比为 2.999，所有拟合指数都达到建议标准，且路径系数均具显著性，说明修正模型拟合度良好。除了假设 H1d 和 H6b，其他假设都获得验证（见表 3）。

表 3　原模型和修改模型的分析结果

研究假设	标准化系数和 t 值	检验结果
H1a：节庆文化→内省原真性	0.388(5.895)	支持
H1b：配套产品→内省原真性	0.217(3.352)	支持
H1c：节庆文化→人际原真性	0.235(3.685)	支持

续表

研究假设	标准化系数和 t 值	检验结果
H1d:配套产品→人际原真性	0.109(1.800)	不支持
H2:内省原真性→人际原真性	0.465(9.297)	支持
H3a:节庆文化→满意度	0.331(5.993)	支持
H3b:配套产品→满意度	0.171(3.392)	支持
H4a:内省原真性→满意度	0.273(5.681)	支持
H4b:人际原真性→满意度	0.213(4.211)	支持
H5a:节庆文化→忠诚度	0.246(4.264)	支持
H5b:配套产品→忠诚度	0.194(3.828)	支持
H6a:内省原真性→忠诚度	0.154(3.124)	支持
H6b:人际原真性→忠诚度	0.045(0.899)	不支持
H7:满意度→忠诚度	0.331(5.204)	支持

四 结果和讨论

（一）文化是最重要、最具影响力的原真性

节庆文化和配套产品是冷原真性的两个维度，它们都直接影响满意度和忠诚度，但配套产品只直接影响内省原真性，而节庆文化对内省原真性和人际原真性都有直接影响，且路径系数更高。所有其他原真性，包括配套产品、内省原真性和人际原真性，都以节庆文化的原真性为基础，并且对游客满意度和忠诚度的影响都低于节庆文化。这表明节庆文化原真性的提升，不仅提升其他原真性，而且更大幅度提升满意度和忠诚度。深入发掘节庆文化，用多种文化表现形式，包括仪式庆典、传统服装、民俗表演、传统饮食和制作等，激发节庆文化原真性感知，不仅实现节庆整体原真性的提升，更大幅提升满意度和忠诚度。节庆组织者、当地政府和居民，都要在节庆文化上狠下功夫，并以此为指导设计配套产品、营造互动节目。

（二）配套产品是不可或缺的节庆冷原真性

不同于以往对商业化和原真性两者关系的悲观看法，本研究发现配套产品不仅不破坏节庆原真性，反而是节庆冷原真性的必要成分。节庆文化可以让游客了解当地风土人情、感受历史文化，增强原真性体验，而配套产品则致力于文化传承、传统生活再现，以及传统民俗体验，更以虚拟现实、人工智能等现代科技，为游客全方位感受节庆文化提供了绝佳手段。显然，配套产品不可简单地用商业化来描述，而是以建构原真性为己任的设计，隶属于文化创意产业范畴。冷原真性的形成，就是节庆文化与节庆产业紧密结合共同发展的结果。忠于文化原真性，对本地特色产品和服务的创意性商业开发，将打造节庆旅游的核心竞争力，促进节庆产业发展。

（三）原真性提升游客满意度和忠诚度

原真性对游客忠诚度的影响方面，本研究与 Yi 等人的研究结果一致：人际原真性与游客忠诚度之间关系不显著。本研究表明，在对忠诚度的影响方面，热原真性只有一个维度（内省原真性）直接影响忠诚度，而且路径影响系数较低。热原真性对游客忠诚度的影响弱于冷原真性。这一结果可以从原真性的过程视角来分析：冷原真性激发游客原真性感知，首先促成热原真性的形成，随后又对游客满意度和忠诚度发挥更大作用。冷原真性形成游客理性认知，热原真性形成游客情感体验。本研究表明，游客忠诚度的形成是原真性理性认知，以及自我存在感（内省原真性）共同作用的结果。

无论是热原真性，还是冷原真性，它们的所有内在维度都直接影响满意度。对路径系数的分析表明，冷原真性和热原真性对满意度有同等的影响程度。虽然节庆文化对满意度的影响最大，但接下来是热原真性的两个维度对满意度有更多影响，配套产品对满意度影响最小。为了提升游客满意度，冷原真性和热原真性都必须获得同等程度的重视。不仅要从供应角度，提升节庆的冷原真性，还需要从需求角度提升热原真性：一是重视游客需求，实现游客自身存在感，创造内省原真性；二是重视主客互动，增加参与性节目和互动环节，提升人际原真性。供应层面的冷原真性和需求层面的热原真性，对满意度同等重要。

五 对策建议

（一）传统文化和配套产品是提升原真性的抓手

文化原真性除了在节庆现场获得，还可以根据消费者先前的个人知识、兴趣和经验获得，因而新闻发布、宣传介绍等各类节庆文化的推广活动，是提升冷原真性的重要手段。对于配套产品，节庆组织者、商店所有者和摊位所有者需要通力合作，需要从设计、生产和营销等方面，提供各类原真性线索，如原产地标志或者证明，也能增强节庆冷原真性。配套产品的设计应该能够反映节庆文化的特殊含义，具有故事性，能凝聚感情，具有文化特质，能够唤起游客的情感诉求。对纪念品、手工艺品、商店外形和摊位等元素施加创意性设计，让游客在形成原真性感知的同时，还实现对产品的购买，推动节庆所在地的经济发展。

通过以上研究发现，非物质文化遗产原真性保护与旅游开发和利用是相互协调发展的。为了增强原真性和提升游客体验，民俗节庆的规划要精准把握民族文化传统、表现形式与内容，不断充实原真性元素，丰富和提升节事旅游产品的内容和品位。例如，那达慕的客观原真性可以表现为祭祀仪式的庄严、神秘感，展示出传统和民俗，以及参赛选手服装、饰品的设计与制作，以及传统生产生活用具、工艺品、美食、服装、医药等原料与制造流程，从而满足游客对民族文化知识的体验需求，增强游客体验，进而产生积极的行为意向。

（二）提升原真性需关注冷和“热”两个层面

民俗节庆旅游原真性需要从原真性的“冷”和“热”两个层面，来提升民俗节庆的原真性。这需要政府、企业、居民和游客四类文化节庆的核心利益相关者都参与进来，进行分工协作。具体来说，政府从原真性的源头上，做好原真性的认证；举办文化节的当地居民做好民俗文化节的传承工作，关心、支持以及继承和发扬当地文化，尤其是要注重传统文化氛围的营造；参与民俗文化节的旅游企业则需要创造性地将商业化活动和民俗节庆原真性相结合，不可抛离原真性，只专注商业活动。举办民俗文化节，发挥文化创意，还需要关注游客体验、参与和互动，让游客在参与文化节的过程中，获得自身存在感、自豪感、愉悦感和归属感。这四类民俗文化节的核心利益相关者分别从原真性的“冷”和“热”两个层面提升民俗节庆的原真性。旅游企业将传统文化融入现代产品设计，居民参与节庆打造特色的民俗产品和服务，冷热原真性均得到体现，由此创造出满意的节庆活动，这种环境让游客逃离日常程式生活、寻觅相同志趣之人。总之，政府、企业、居民和游客之间的良性互动和多方合作，将使节庆原真性从冷到热的过程得以实现，创造出高满意度和忠诚度的节庆活动，实现文化复兴和经济增长。

B.25

非遗数字化生态建构创新与规划实施报告

——以抖音“非遗合伙人”计划为例

周钰愉*

摘　要： 过去产生并运用于生产生活的技艺与活动，在丧失了曾经依附的文化生态以后，成为如今的非遗。比起不可发生形变的物质文化遗产，非遗的赓续极富弹性，因此能更好地适应数字化，并借此实现创新。其中，以抖音为代表的内容运营平台，借助短视频这一日常消遣方式增加了非遗的公众曝光度，并用“内容传播+商品售卖”的方式把非遗和现代生活连接起来，建构起非遗的数字化生态。这一人为构建的文化生态，对当下非遗的传承与传播，起到了前所未有的推动作用，但同时也埋下了一些隐患。

关键词： 非遗　数字化生态　抖音　“非遗合伙人”

我国是非遗资源大国，延绵的历史、广袤的土地以及众多的人口孕育了丰富多彩的传统技艺和活动。然而时过境迁，科技的更迭、观念的变迁使得原本的文化生态支离破碎，这些传统技艺和活动逐渐遗产化，成为无源之水、无本之木。与历史文物、古建筑和人类文化遗址不同的是，非遗更依赖文化生态的承载，尤其是人的作用。数字技术改变了国民的生活和观念，非

* 周钰愉，女，深圳大学艺术学理论在读硕士研究生，研究方向为艺术与文化传承。

遗或被迫或主动地迈进了数字化生态的大门，好比植株移栽，非遗能否在数字化生态中“老木逢春”？能否在新土壤中适应并且进行自身内涵价值之间的平衡？下文将对以上问题进行初步探讨。

一 文化DNA——非遗赓续的秘诀

非遗凝聚了世代相传的文化血脉，连接着过去与现在。与物质文化遗产不同，非遗极其依赖于周围的文化生态，尤其是“人”这一核心载体，它是需要生命能源的活态文化遗产。因此，关于非遗要“活”起来的关键诉求，学界和社会常有不同的呼吁，例如“关注就是保护”“传播就是保护”“生产就是保护”“利用就是保护”等。

我国的非遗数量庞大，但面临着时代变迁的考验，其消失的速度也十分令人揪心。一方面，非遗走向衰亡的态势是不可逆的，人为的倡导和保护的作用只能是延缓其消亡的完成。但另一方面，非遗的消亡，在可控的时间内，也不会是完全的“魂飞魄散”和“灰飞烟灭”。因为只要有人和文化记忆，在特定的节点和条件下，它们还能根据集体记忆来恢复和重构起来，并通过新的手段和载体来传播，使其得到进阶的创新，同时增添新的时代面貌。有学者将这种现象归纳为“文化的母题重构”，其中“母题”是指文化传统中的文化因子，比如绣片上寓意美好的“五福临门”“龙凤呈祥”等纹样，映射出的是中国人对福、禄、寿、喜的崇拜，无论后世的表现形式如何变化，都传承着相同的文化内涵，变的只是“形”，而“神”——内含的文化DNA，在发展中传承。因此“当一种文化体系发生变迁时，一方面会产生许多新的文化因子，以适应时代的要求；另一方面，传统的文化母题作为一种结构元素，会以新的方式整合入新的文化体系中。因此，文化体系能够在变化和稳定之间保持一定的张力，使其既不断更新，又不致发生断裂。”① 这一点，使得非遗的保护具有比物质

① 陈建宪：《文化创新与母题重构——论非物质文化遗产在现代社会的功能整合》，《民间文化论坛》2006年第4期，第8~14页。

文化遗产更大的灵活性，但同时也暴露了它的“阿喀琉斯之踵”——害怕传承断层以及集体遗忘。大多数情况下，面临消亡的非遗都不可逃脱的命运是传承人老龄化，传承队伍后继无人。其中缘由，被提及的频率最高的无非有二：一是打磨手艺投入的时间与物质回报不成正比，所以没人愿意学习；二是现如今娱乐多样化，年轻人不喜欢这些“老奶奶的破烂”。

在国家大力弘扬优秀传统文化的号召下，越来越多的人关注到非遗的创新，近年来也有不少非遗“爆款”红遍网络，成为众人追捧的“香饽饽”。如2018年热播电视剧《延禧攻略》将昆曲、刺绣、缂丝①、绒花②、点翠③、打树花④等一系列非遗带入观众眼帘，在角色和剧情的加持下，出镜的非遗项目成功地吸引了大批粉丝。在戏中，女主角魏璎珞入宫后在绣房中缝制织品的片段，大篇幅、重细节地展示了传统刺绣的精美工艺，又如手推绣、打籽绣、盘金绣、盘绳绣、珠绣、圈金等。剧集热播后，“《延禧攻略》同款”一度成为同类产品的噱头，也由此推动了相关非遗产品的热销。如深圳市南山区留仙文化园内的中国满绣博物馆（见图1），展示出满族渤海靺鞨绣技艺制作的绣片及（宫女）挂饰（见图2），这些满绣作品曾作为剧组服饰出现在荧屏上，受到粉丝欢迎，因此馆中展销的同款物件成为游客热衷的伴手礼。与此同时，其他满绣服饰和工艺品也能从“粉丝效应”中分得一杯羹，受到青睐。

通过热播剧走俏的非遗在唤起老一辈人的回忆的同时，也烙印在新一代

---

① 缂丝，又称“刻丝”，是中国传统纺织业中经典的丝织品，主要产于江苏苏州。自宋元以来，缂丝一直都是皇家御用织物，常用以织造帝后服饰、御真（御容像）和摹缂名人书画。2006年，苏州缂丝织造技艺入选第一批国家级非物质文化遗产名录；2009年，缂丝又作为中国蚕桑丝织技艺入选世界非物质文化遗产。

② 绒花，是以蚕丝为原材料加工制作的饰品，历史可追溯到秦朝，自唐代以来被列为皇室贡品，明末清初开始流入民间。2006年，南京绒花被列为江苏省非物质文化遗产。

③ 点翠，是中国传统金银饰品的一项加工工艺，以翠鸟蓝羽为重要原材料，搭配金属工艺制作而成。清代点翠是皇亲贵族所用之物，随着翠鸟被列为国家级保护动物，点翠工艺替换材料、传承古法，代代延续。

④ 打树花，形成于春秋战国，鼎盛于明清，是河南省大型民间传统焰火，2008年，被国务院和文化部评定为“国家级非物质文化遗产”。

图 1　中国满绣博物馆（局部）

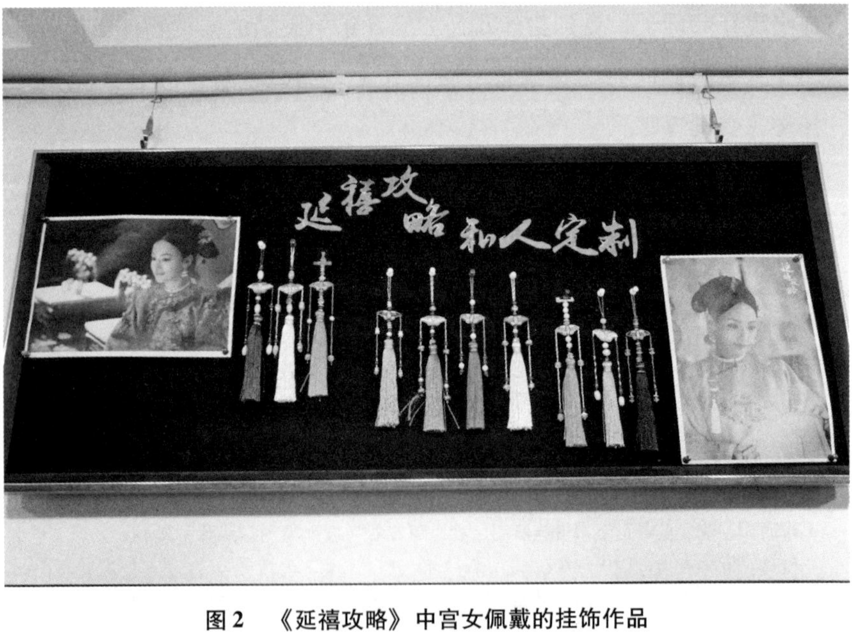

图 2　《延禧攻略》中宫女佩戴的挂饰作品

的年轻人的记忆中，使得一些长期不被关注到的濒危非遗技艺，重新获得生机，并且分裂出许多新的形式，如由某个文化热点或某种热门非遗技艺延伸而来的文化创意衍生品体系。由此可见，非遗的濒危和消亡在可控范围中不是不可挽回的，因为它们并非彻底的集体记忆消除，而是能通过某一个具有引爆力的事件重新唤醒，并且能重新获得关注，进而发生形式上的更新，即体现为“创新”。

非遗承载的文化因子是历史删除不掉的文化“DNA”，流淌在同一族群世代人的身上。通过数字化，非遗既能在濒危时及时保存——从线下到线上，在一定条件下以声、像、图、文的形式转化为电子计算机进行运算、储存、加工、传播的数字信息资源；又能在重获生机时适时活化——从线上到线下，以人作为载体将数字化非遗实体化，如将教程转化为实操技艺，实现非遗从数字回归生活。

二　文化生态——非遗数字化生态的构建

（一）相生相伴的文化生态

非物质文化遗产中的“非物质”并非“超物质”。没有不依赖于物质载体的非遗，非遗需要通过物质载体来呈现和传播。根据《保护非物质文化遗产公约》及《中华人民共和国非物质文化遗产法》的两种定义①，非遗的概念涵盖了三个层面，分别是非物质的文化表达形式、物质的制作工具和呈现实物以及依存的文化空间（文化场所）。因此，非遗的形式、非遗赖以生

① 2003年10月17日，联合国教科文组织（United Nations Educational，Scientific and Cultural Organization，缩写UNESCO）通过的《保护非物质文化遗产公约》对非物质文化遗产的定义为：“被各群体、团体、有时为个人视为其文化遗产的各种实践、表演、表现形式、知识和技能及其有关的工具、实物、工艺品和文化场所。”2011年2月25日，我国公布的《中华人民共和国非物质文化遗产法》中规定：“非物质文化遗产是指各族人民世代相传并视为其文化遗产组成部分的各种传统文化表现形式，以及与传统文化表现形式相关的实物和场所。”

存的文化空间以及非遗发生的一整个过程都是非遗保护的内容，这些内容可以用一个更大的概念来概括，即是“文化生态”。

早在20世纪中期，美国文化人类学家朱利安·斯图尔德（Julian Steward）提出了“文化生态学”的概念，强调了文化与生态环境之间的互动与调适，将人类的文化放置在多层次、多面向的环境“总生命网”①（包括自然环境的生物层和加入了超有机体文化因素的社会文化层）中进行立体透视。文化生态这一系统“是指影响文化产生、发展的自然环境、科学技术、生计体制、社会组织及价值观念等变量构成的完整体系。它不只讲自然生态，而且讲文化与上述各种变量的共存关系”②。非遗作为人类文化中延续下来的重要部分，受整个文化生态影响的同时，也在与此发生互动。

国家对非遗的保护早已意识到这一点，一方面践行着“区域性整体保护”，其中以诸多生态博物馆以及文化生态保护区为代表，对划定范围内的文化遗产进行整体保护，在维护物质文化遗产原真性的同时保证非遗的赓续。非遗是具有天然的烟火气息的，因此“非物质文化遗产保护特别是生产技艺性的非物质文化遗产，万不可忽视的方式和途径是使其回归当代民众的日常生活中，满足实用性、审美性、本位性等方面的需求。”③ 在文化生态保护区中，以保留原住民原真性的方式，做到“见人见物见生活”，使得非遗依旧能在生活中存活。另一方面，在绝大多数被城市化覆盖的区域，非遗的文化生态依靠数字技术创新发展，主要体现为数字化储存、制作与传播。在脱离了传统农耕社会生活方式的城市中，非遗的表现形式发生数字化转变，从容地进入自媒体时代。非遗借助智能移动终端等设备和人们广泛、

---

① 司马云杰在《文化社会学》中提到：“人类是一定环境中总生命网的一部分，并与物种群的生成体构成一个生物层的亚社会层，这个层次通常被称为群落。如果在这个总生命网中引进超有机体的文化因素，那么，在生物层之上就建立起了一个文化层。这两个层次之间交互影响、交互作用，在生态上有一种共存关系。”

② 《中国大百科全书·社会学卷》，中国大百科全书出版社，1991，第471页。

③ 陈勤建：《当代民众日常生活需求的回归和营造——非物质文化遗产保护方式暨生产性方式保护探讨》，《徐州工程学院学报》（社会科学版）2012年第2期，第49～54页。

高频使用的平台，以大家喜闻乐见的形式融入城市生活，进一步丰富了非遗文化生态的形式与内涵。

（二）抖音“非遗合伙人”计划与非遗数字化生态建构

城市化进程影响下的城市生活节奏远比农耕社会要高得多，绝大多数的城市居民在工作学习之余的碎片化时间里，会选择同样碎片化的消遣方式，因此带来了以抖音为代表的短视频平台的火爆。将“记录美好生活”作为宣传标语的抖音，运用人工智能技术增加用户制作和观赏的趣味性。自2016年9月上线以来，抖音积累了大量用户资源①，为平台内容的传播与盈利提供了庞大的潜在客户群。目前“全国最大的非遗传播平台”② ——抖音，推出“非遗合伙人”计划③。该计划从内容、流量和权限三个方面对“非遗合伙人”提供支持，通过团队协作提高他们的视频生产能力和现代品牌管理能力，尝试以数字化运作来挖掘非遗的文化价值和经济价值。例如，截至2019年4月，奇人匠心④旗下签约的泸州油纸伞传承人余万伦，注册抖音号“@油纸伞大师”上传视频后，收获了24万粉丝。余师傅的“纯手

① 2018年6月12日，秒针系统携手海马云大数据发布了《2018抖音数据研究报告》，数据显示：截至2018年6月，抖音国内的日活用户突破1.5亿，月活用户超过3亿。从总体来看，抖音用户人群主要集中在20~30岁人群，并且呈现“大龄化”趋势。“同时抖音呈现出较为明显的渠道下沉趋势。2018年3~5月，抖音一、二线城市用户占比45%，同比下滑12%；而三四线及以下城市用户同比增长13%，高达54%，占比超过一、二线城市用户。”

② 2019年4月16日，抖音总裁张楠在讲话中以及相关报道公布一组数据：目前，抖音成了非遗传播的视频版百科全书，是目前全国最大的非遗传播平台。截至2019年4月，1372项国家级非遗代表项目中，有1214项在抖音平台上有相关内容的传播，覆盖率超过88%。这1214项国家级非遗内容，在抖音上共产生了超过2400万条视频和超过1065亿次播放。（数据来源：经济日报－中国经济网，http：//www.ce.cn/xwzx/gnsz/gdxw/201904/16/t20190416_31869879.shtml）。

③ 抖音“非遗合伙人”计划以杭州作为首个试点，向全国招募50位“非遗合伙人”，目标帮助至少10位非遗传承人在抖音平台实现“粉丝破百万”或“收入破百万”。

④ 奇人匠心隶属杭州字节无穷科技公司，是专注于东方传统美学挖掘的MCN（Multi-Channel Network）机构，目前签约了泥塑、蛋雕、油纸伞、竹编、岩彩珐琅、汉服、陶艺等方面的传统手工艺人。

工高端定制油纸伞”在抖音商品橱窗中的定价为48元到398元不等，上线以来已售出200余把，成为抖音非遗热销品。另一位象山竹编非遗传承人张心荣（抖音号：@竹编技艺大师），通过上百条作品与网友互动，积累下45万粉丝量。张师傅把竹编与日用品相结合，推出竹编保温杯、竹编定制包等30种商品，借MCN模式[①]的东风，实现月收入由“千”向“万”的突破……抖音借助短视频这一城市居民日常消遣的方式来传播非遗，将过去的经典包装成现代大众所欣赏的文化产品，大幅提高了非遗的公众曝光度，提高了非遗传承人的知名度进而带来更可观的收益。这一剂强心针，让非遗从业者看到了希望，并形成强大的吸引力，使得更多人愿意并乐意去传承非遗。

抖音“非遗合伙人”计划是构建非遗数字化生态的创新尝试，其主要从三个层面进行。首先，在抖音的平台上，非遗能以视频的形式，呈现相对完整的发展过程（包括各种活动、表演及制作工艺等），同时还能生动体现现实中非遗扎根的原生环境，打造一个数字空间中的非遗文化生态。其次，抖音短视频极大降低了非遗记录与传播的门槛，以大众化的信息接受方式完成非遗从传统到现代的过渡，从而进入现代文化生活。最后，抖音运用“内容传播+商品售卖”的方式，从线上和线下两个维度，把非遗和生活连接起来。借此，非遗得以在精神层面上打破了时空界限，给更广大的人群传递和赋予相应的文化记忆，提升了非遗的文化影响力。抖音为“非遗合伙人”开放关联小店的权限，使得非遗能从线上视频宣传走向线下实物体验，并在物质层面上实现了实用性的回归，在非遗文化产品的使用过程中，真正地“活”在当下。

三　文化赓续——数字非遗热的冷思考

在非遗保护意识的提升带来的非遗保护声浪的高涨以及文化赓续的时代

---

① MCN（Multi-Channel Network），兴起于YouTube，是一种多频道网络的产品形态，将PGC（专业生产内容）联合起来，在资本的有力支持下，保障内容的持续输出，从而最终实现商业的稳定变现。其盈利模式主要是通过扶持优质原创内容来实现商业变现。

要求和使命的倒逼下，非遗保护手段不断创新。数字化赋能使得非遗的文化生态的形式和内涵不断丰富，进而有了一些关于非遗数字生态建构的尝试。对于支持非遗传播和传承的声音，以抖音为代表的短视频社区叫好声一片。无论是精神支持的点赞行为，还是花钱买下非遗产品的支付行为，网民们确实真真切切地关注并且参与到非遗的保护中了。抖音上有关非遗内容短视频千亿次的点击量、非遗传承人坐拥过万粉丝以及多种非遗文化产品的走俏等等，纷纷折射出当下新一轮的数字非遗热。但这一场“非遗热”的掀起与延续，不可避免是在商业逻辑下展开的。因此，在全民狂欢现象之下，也许存在一场政绩、商业和传承人的“共谋”，在非遗数字化生态的构建过程中，埋下了一些隐患。

（一）传承和开发名义下的文化破坏

在商业逻辑下展开的非遗保护必然面对的一组矛盾——商业化开发与原真性保护的问题。对于非遗本身而言，它是传统文化的活态延续，而非僵化在某一历史时期的固定文化形态。因此，它会吸收每个时代的新元素，不断丰富它的形式与内涵。在这个层面上谈非遗的原真性，便是要与静态的物质文化遗产的原真性相区别。民间文艺学家刘锡诚先生认为不论采用何种方式（包括生产性和产业化），非遗保护都必须“以非遗项目的核心技艺（而不仅是技术）和核心价值（原本的文化蕴涵）得到完整性的保护为前提，而不是以牺牲其技艺的本真性、完整性和固有的文化蕴涵为代价。”① 其中指出了非遗原真性的关键——“核心技艺”和“核心价值”，对应的是非遗所承载的“非物质”的工艺技巧、匠心精神以及“文化 DNA”。

将非遗的呈现移至网络，非遗在数字化过程中还存在一些天然短板。以抖音为例，一方面，在视频时间和拍摄角度等限制下，非遗的一整套准备工序、表演始末不可能百分之百地记录并传播。更多情况下，视频制作会节选

① 刘锡诚：《“非遗”产业化：一个备受争议的问题》，《河南教育学院学报》（哲学社会科学版）2010 年第 4 期，第 1 ~ 7 页。

最为精彩的部分进行剪辑加工，蒙太奇手法的使用可能会对非遗呈现的时空产生扰乱，进而影响信息接受者的理解和印象，甚至会发生碎片化认知带来的误解。另一方面，抖音非遗商品橱窗中售卖的非遗文化产品，在抖音短视频的宣传下，订单翻倍，会在一定程度上影响到手工艺人的制作专注度。众所周知，非遗是强调人的手工制作，因此必然有相应的时间成本的投入。一般来说，手工制作的时间和精力（专注度）投入是与作品的质量成正比的，而爆发式的订单量，必然是对手工艺人的良心拷问。

网络上常有一些舆论“非遗传承人也是人，也有追求财富和生活品质的需求”“不能因为我们想要原汁原味的非遗，而给手工艺人一些道德枷锁，要求他们在乡野为我们而传承” “支持非遗，也让传承人们赚赚钱吧”……当下的非遗保护和传承，的确不是单靠一颗赤诚的匠心就能维持下来的，好比垂老多病的人需要参汤吊命、珍稀物种需要重点保护，对非遗来说物质支持也是极为迫切的。但在以营利为导向的商业逻辑中，可观的收入除了对非遗传承人的工匠精神提出考验，同时也会滋生出浑水摸鱼的“伪非遗”。非遗数字化生态的形成还处于起步阶段，对非遗的甄别和监管还存在漏洞，开放性的平台降低准入门槛的同时，也加大了非遗验明正身的难度。当某项非遗成为热点时，人们往往会一拥而上，出于娱乐目的的网民，也极少会追根溯源去辨别真伪，几乎抱着“外行看热闹”的心态来欣赏，极易被误导。因此，商品化的狂热对非遗原真性的维持来说，是一个新的巨大挑战。

（二）数字化传播对“文化细节”的忽略

非遗的精华不仅仅只是最后作品的呈现，其生成和发展的过程往往承载着更多珍贵的东西，比如“文化细节”。这个学术词汇在国际术语里对应的是“Culture Items”，在乌丙安先生的描述中，“文化细节”（或称“文化细目”）是被认定了的文化遗产项目（“Culture Element”，可称作“文化单位”、“文化单元”或“文化元素”）中更小的单位，“文化细节”的差异导致了不同艺人的风格和流派，或产生了不同的艺术等级或技术等级的差别。[①]“文化细节”是非遗传承的关键所在，例如，中国传统油纸伞的制作，民间有谚语道：“工序七十二道半，搬进搬出不肖算。”这“七十二道半”的工序要全部呈现出来，那将是一部纪录片的容量。对大部分现代城市居民来说，快节奏的生活让他们更倾向于碎片化的娱乐，就短视频的数字化呈现和传播绝不可能将这些“文化细节”一一展现。因此，“七十二道半”的工序可能只能压缩到大致的几步“号竹－做骨架－上伞面－绘花－上油”，工序部分的压缩，“文化细节”的忽略，消解了不同地区、不同风格、不同特色的油纸伞的区别。

如乌丙安先生所言：“非物质文化遗产代表作的精华所在，往往都表现在它艺术技艺精湛的‘文化细节’上。”[②] 我国非遗内容庞杂，同一个类型的项目之间也因“文化 DNA”的差异而各具特色，而这些特色则成为一系列的“文化细节”。因此，“文化细节”的忽视和模糊，导致非遗传播的失真。当非遗数字化传播完成，广大网民接收了失真的信息，产生了不全面的解读，就会使得文化印象发生扭曲，这对非遗的保护来说，无疑也是一种文化破坏。

（三）适应数字化生态与数字非遗热后的再适应

抖音推出的“非遗合伙人”计划，成功将非遗推上“网红”的宝座，也将非遗文化产品打造成新的“现象级产品”[③]。非遗在诸如抖音这样的网络社区中到底能存活多久？会不会也像其他网红一样“短命”？目前，非遗能短时间引爆网络，很大程度归功于 MCN 模式的运作。MCN 类似于网红的公会和经纪公司，其在视频达人和平台、广告主之间起到纽带和桥梁的架接作用。许多非遗传承人都处于中老年阶段，对手机和网络的运用比较陌生，因此需要签约 MCN 机构，由专业的团队对他们的视频内容进行包装和设计，

---

① 乌丙安：《非物质文化遗产保护理论与方法》，文化艺术出版社，2015，第 225 页。

② 乌丙安：《非物质文化遗产保护理论与方法》，文化艺术出版社，2015，第 224 页。

③ “现象级产品”是目前流行的网络用语，指代一些迅速蹿红的互联网产品，迅速收获大量关注度和粉丝量，但生命周期短，往往是红得快、“冷”得也快。

最后在各大短视频平台上发布，与多数网红的运作模式相差无几，其最终命运会否也与网红相似?

从鲜有问津到爆红网络的巨大跨越，非遗需要对新的数字化生态进行调适。在无人关注的时候，非遗面对的主要是资金短缺和失传的问题；在获得大量关注的时候，非遗面对的问题也随之更多，比如上文所提到的商业化冲击、“文化细节”的忽视、同类竞争的增强等。非遗的原生土壤是以农耕社会为基础的文化生态，从乡野到城市、从现实到虚拟，非遗本身的表现形式与呈现方式也发生了巨大的转变。从“冷”到“热”，有大众的关注、资本的支撑，在极高的呼声之中，非遗能较顺利地进行“移植”。可谓“由穷变富”总是能让人欣喜接受，相反，“由富变穷”则令人士气大减。数字非遗热在为非遗的赓续带来红利的同时，也在潜移默化地影响着非遗传承人和爱好者的观念和意识，一旦这股热浪消减，对非遗的传承无疑又是新的一轮考验，其中对“人”的考验最为巨大。与其说是“非遗适应数字化生态与数字非遗热后的再适应”，不如说是“‘人’适应非遗数字化生态与数字非遗热后的再适应”。

结　语

根据非遗的特性，它是活态传承的，其表现为在不同时代会被赋予不同的内涵，因此非遗的内涵和外延会随着时间的推移而逐渐丰富，因而对非遗“原真性”的认知和把握也需要相对灵活。非遗是携带着特定的文化 DNA 的，主要体现在每一代人的文化记忆中，正是这一特性，使得非遗在一定的时期内不会彻底的“魂飞魄散”和“灰飞烟灭”，也正因如此，非遗能更好地适应数字化。由于非遗对文化生态有天然的依赖，非遗需要与人们的生活紧紧相连，被束之高阁、封锁在博物馆保险柜里的非遗是不存在的。2019 年，随着数字技术的发展、文化遗产保护理念的更新以及非遗保护意识的提高，非遗数字化生态的建构也逐步展开，其中抖音推出的“非遗合伙人”计划为非遗进入城市化的生活铺垫了道路，使其在一定程度上完成实用性和娱乐性的复归，从而真正地“活”起来。同时，火热的现象也掩盖住了一些非遗传承中的隐患，诸如商业化的铺开可能导致不可逆转的文化破坏。世间万物不可能永远处在高潮，生命的轨迹必然有起有落，当数字非遗热褪去以后，留给非遗的是新的难题。正如非遗必须是活态的，换句话说，必须是活着的非遗才能是非遗，千百年的流转，非遗依然能代代延续，足以证明它的生命力。相信非遗数字化的尝试与非遗数字化生态的建构对非遗的赓续来说，是一次时代赋予的机遇，同时也会是历史性的挑战。

参考文献

司马云杰：《文化社会学》，中国社会科学出版社，2001。

唐家路：《民间艺术的文化生态论》，清华大学出版社，2006。

乌丙安：《非物质文化遗产保护理论与方法》，文化艺术出版社，2015。

〔法〕让·波德里亚著《艺术的共谋》，张新木等译，南京大学出版社，2015。

吴平：《非物质文化遗产的载体化保护与传承》，《贵州社会科学》2008 年第 11 期，第 21～25 页。

刘锡诚：《“非遗”产业化：一个备受争议的问题》，《河南教育学院学报》（哲学社会科学版）2010 年第 4 期，第 1～7 页。

宋俊华：《关于非物质文化遗产数字化保护的几点思考》，《文化遗产》2015 年第 2 期，第 1～8、157 页。

陈勤建：《当代民众日常生活需求的回归和营造——非物质文化遗产保护方式暨生产性方式保护探讨》，《徐州工程学院学报》（社会科学版）2012 年第 2 期，第 49～54 页。

马知遥：《非物质文化遗产保护理论初探》，《海南师范大学学报》（社会科学版）2010 年第 2 期，第 125～128 页。

高小康：《非物质文化遗产保护是否只能临终关怀》，《探索与争鸣》2007 年第 7 期，第 61～65 页。

陈建宪：《文化创新与母题重构——论非物质文化遗产在现代社会的功能整合》，《民间文化论坛》2006 年第 4 期，第 8～14 页。

黄永林：《数字化背景下非物质文化遗产的保护与利用》，《文化遗产》2015 年第 1 期，第 1～10、157 页。

B.26
大事记

周钰愉*

2018年

6月

6月4日~9日 2018“锦绣中华——中国非物质文化遗产服饰秀”系列活动在恭王府举行。6晚11场以中国非物质文化遗产为主题的服饰秀展演，选取非遗在现代服饰中的应用实例，展现振兴中国传统工艺、非遗走进美好生活的盛况。同时多项国家级非物质文化遗产代表性项目与现代服饰设计时尚融合，为观众呈现了中国非物质文化遗产的创意秀场。在一定意义上说，中国非遗服饰秀是我国非遗保护工作优秀实践成果中的一个缩影，也是振兴传统工艺的生动案例。

6月8日~14日 由文化和旅游部、天津市人民政府主办，文化和旅游部非物质文化遗产司、艺术司和天津市文化广播影视局承办的全国非遗曲艺周在天津举办。全国非遗曲艺周开展了丰富多彩的活动，各类演出展现非遗技艺，促进交流学习，推动曲艺普及；调研、座谈则充分总结非遗保护工作成果，分享全国各地非遗保护的成功经验，明确未来的工作方向。

6月20日 文化和旅游部文化产业司印发了《2018文化产业项目手册》，这也是自2005年以来，文化产业司发布的第14本《文化产业项目手册》。《2018文化产业项目手册》从全国31个省（区、市）申报的1450个

---

* 周钰愉，女，深圳大学文化产业研究院艺术学理论硕士研究生。

项目中，共精选收录492个具有较深的文化内涵和较好的商业模式的项目，涵盖11个文化产业重点门类。入选项目将在文化和旅游部文化产业司指导下，借助各地重点展会和精品项目交流对接会，进行大力宣传推介。

6月21日　（1）北京市委、市政府印发《关于推进文化创意产业创新发展的意见》（以下简称《意见》）。《意见》指出，力争用5年时间，培育1～2家年营业收入过千亿元、5家以上收入过五百亿元的龙头文创企业，做强做优做大国有文化企业，力争到2020年，全市地方国有文化企业资产规模达到2600亿元、营业收入突破600亿元。全面推动文化科技融合，加快互动影视、超感影院等新型产品开发，加大情感感知、新型人机交互、全息成像、虚拟现实、文化资源数字化处理等技术创新力度。

（2）6月21日晚，由中影华腾（北京）影视文化有限公司出品的中国非遗创意秀 *Memory 5D+*（《五维记忆》）在北京世纪剧院震撼上演。中国非遗创意秀 *Memory 5D+*（《五维记忆》）将世界最先进最顶级的视觉、嗅觉、听觉等舞台技术与演出情景完美结合，以好莱坞式电影叙事结构，将歌唱、舞蹈、器乐、杂技、互动等27种罕见的中国非遗艺术表演形式巧妙融合到一个精彩动人、荡气回肠的爱情故事之中，延伸观众席，让每位观众沉浸在亦梦亦幻的空间中，360度全方位感受到立体有声、有色、有味的逼真效果，感受“爱、和谐、美好、奇妙、壮观”。

7月

7月1日　2018广东（珠海）文化创意设计大赛正式启动。大赛以“创意改变生活文化提升品位”为主题，立足中国特色、广东特点，以弘扬、传承和发展岭南优秀传统文化为宗旨，以全省各地文化部门精心选送并经组委会审核确定的文化资源项目为设计标的。征集方向包括文博创意产品设计产品、非遗创意产品设计产品、地域特色文化旅游创意设计产品三大类以及大赛标志设计。

7月2日～9日　第十四届中国国际动漫游戏博览会（以下简称“游博会”）在上海举行。本届“游博会”由文化和旅游部、上海市人民政府主办，上海市文化广播影视管理局和上海广播电视台等部门承办。本次展会主展馆面积5.5万平方米，来自13个国家和地区的350家动漫游戏企业参展，共接待海内外观众20.6万人次，公众板块现场交易额1.74亿元，专业板块意向交易金额17.1亿元。会上举办了多场论坛，其中主论坛主题是“动漫让文化资源活起来”，以动漫和文化资源的结合为切入点，邀请故宫等国家级文博单位、腾讯等龙头动漫企业、业内设计师、创作平台等多方同台对话。中国文化产品国际营销年会——“漫画作品的国际之路论坛”得到文化和旅游部外联局大力支持。其他分论坛聚焦于产业垂直领域，分别从儿童发展、国际合作、线下演艺、授权设计、内容创新、电竞等不同的方面切入，话题和内容既贴合市场发展状况，又对未来趋势做出了分析和预判，牢牢抓住时代脉搏。展会期间，还召开了全国动漫会展联盟工作会议，会议代表围绕改革开放40周年“新时代、新起点、新出发”这一话题，组织联盟成员展开讨论，并探讨未来产业如何发展。

7月13日　全国互联网上网服务行业转型升级江苏行活动在南京启动。江苏省文化厅党组成员、副厅长，省文物局局长吴晓林，中国互联网上网服务行业协会秘书长郭阳出席活动并讲话。各设区市文广新局市场行政管理机构负责人、省互联网文化行业协会会员代表、科研机构代表、“绿色网吧”代表、省上网服务行业渠道代表、省上网服务企业代表共计260余人参加活动。

7月17日~21日　中华优秀传统文化传承和文化遗产保护专题研究班在北京举办。本次专题研究班得到了文化和旅游部党组的高度重视与精心指导。本次研究班围绕习近平总书记关于文化和旅游工作的重要论述，从“文化自信”、“文化强国”、“文化道路”、“文化使命”和“厕所革命”、“红色旅游”、“全域旅游”、“综合产业、新兴产业”及“文化和旅游融合发展”等方面为学员做了深入辅导。

8月

8月10日　全国首张区块链电子发票在深圳实现落地。当天，在国家税务总局副局长任荣发、深圳市副市长艾学峰、国家税务总局深圳市税务局局长张国钧等嘉宾以及多家媒体的见证下，国贸旋转餐厅开出了全国首张区块链电子发票，宣告深圳成为全国区块链电子发票试点城市，也意味着纳税服务正式开启区块链时代。区块链电子发票在国家税务总局的指导下，由深圳市税务局携手腾讯公司实现落地，是全国范围内首个“区块链+发票”生态体系应用研究成果。目前，深圳国贸旋转餐厅、宝安区体育中心停车场、凯鑫汽车贸易有限公司（坪山汽修场）、Image 腾讯印象咖啡店等为首批接入系统的商户。首期试点应用中，深圳市税务局携手腾讯及金蝶软件，打造“微信支付—发票开具—报销报账”的全流程、全方位发票管理应用场景。未来，还将支持更多企业上链开具区块链电子发票。

8 月 14 日 国家统计局以《国民经济行业分类》（GB/T 4754－2017）为基础，制定了《新产业新业态新商业模式统计分类（2018）》（以下简称《三新分类》）。《三新分类》的范围包括：互联网与现代信息技术服务、现代技术服务与创新创业服务、现代生产性服务活动、新型生活性服务活动、现代综合管理活动，重点体现先进制造业、“互联网+”、创新创业、跨界综合管理等“三新”活动。其中涉及文化产业的内容主要包括新一代信息技术设备制造、现代信息传输服务、互联网平台（“互联网+”）、互联网信息及其他服务、软件开发生产、数字内容设计与制作服务、其他现代技术服务、文化娱乐服务、现代城市商业综合管理服务等。

8 月 15 日 2018 首届中国·长沙文化创意设计大赛召开新闻发布会，标志着大赛正式启动。本次长沙文化创意设计大赛已纳入文化和旅游部“2018 年度国家级文化产业园区服务能力提升计划支持项目”。大赛持续至 2019 年 6 月，围绕“长沙文化元素”开展创作，要求参赛者通过深度挖掘长沙文化的内涵和外延，将文化与创意设计深度结合，提炼出能代表长沙的文化符号，进而应用于生产，投放于市场。

8 月 30 日 中国数字文化集团有限公司和四开花园网络科技（广州）有限公司启动“中国文化 4K 影像计划”，该计划致力于 4K 技术在文化产业领域的应用，建立 4K 中国文化传播生态，合力打造最优质的中国文化 4K

纪录片，致力于戏曲4K数字化、搭建中国戏曲影像库，共同推出“汉字里的中国”“改革开放40周年文化访谈录”“文明互鉴之路”“图腾中国”“手捧千年”“我来自十三朝”“陕派相声——相见恨晚”“我的时代我的歌”“秦腔”“极致美味”“千年陕菜”“秦味”“西·游记”“航拍陕西”等一系列的文化节目。旨在以超高清创新技术手段传承、展现与传播中国优秀传统文化，赋予传统文化以新的魅力与生命力。

9月

9月5日 以“共享湾区机遇，开放创新发展”为主题的第十二届泛珠三角区域合作与发展论坛暨经贸洽谈会在广州开幕。在开幕式上，泛珠“9+2”省（区）联合腾讯发起“数字泛珠行动”，促进泛珠区域新时代背景下发展数字技术，使其成为跨区域的创新引擎，推动政务民生、产业生态、人才文化等各领域的跨越升级，促进广泛区域经济的协调发展。论坛期间，腾讯与合作伙伴共同发布了“腾讯青少年科普计划”，内容涵盖多项有关湾区青少年人才培养的重要项目。

9月13日 以“活态传承、活力再现”为主题的第五届中国非物质文化遗产博览会（以下简称“非遗博览会”）在山东济南开幕。本届非遗博览会由文化和旅游部、山东省人民政府共同主办，共设置了八大主题展区、五大活动板块。本届非遗博览会还将深入城市社区、乡村、学校、公共文化场所、景区、商场等，开展“非遗社区行”“非遗校园行”“舌尖上的非遗”“非遗的世界”等系列活动。

9月19日~22日 以“驱动数字中国”为主题的2018杭州·云栖大会在杭州举行。本届云栖大会设有主论坛、前沿峰会、分论坛、生态科技展、云栖虾米音乐节、云栖智能运动会等活动。前沿峰会和分论坛主题涵盖金融科技、智联网、区块链、机器智能等众多前沿创新领域。会上发布了“未来城市实验室”，该实验室致力于未来城市综合解决方案的研发和推广，将率先在雄安落地，与雄安规划研究中心以及中国顶级的2家规划设计单位、4家建筑设计单位、2家市政设计单位、2家地质勘测单位共同研发雄安新区数字规划平台。在云栖大会期间，以创新技术参与到城市生活出现的“新杭州故事”、杭州城市大脑2.0、阿里云天空物联网、阿里巴巴全球数学竞赛、达摩院新计划、车路协同等均在会上发布。为期4天170多场论坛6万多人参加的杭州云栖大会已成为顶尖科技盛会。

9月27日~28日 以“展现丝路风采，促进人文交流，让世界更加和谐美好”为主题的第三届丝绸之路（敦煌）国际文化博览会（以下简称“文博会”）在甘肃敦煌举行。本届敦煌文博会还策划了32个专题展览项目，吸引了海内外58家单位及企业参展，展品7000余件，涵盖文物、艺术、设计、文创产品、数字成果等。其中“文化创意论坛”是本届敦煌文博会的一大亮点，论坛以“创意融合·数字未来”为主题，就“一带一路”倡议背景下，丝绸之路沿线各国共同开发文化资源，发展文创产业的议题展开讨论。

9月29日 第七届中国·嘉峪关国际短片电影展在嘉峪关大剧院隆重开幕。本届短片展以“四十年，我们纪录中国”为主题，以评选展映国内外优秀纪录片、科教片、动画片和短片为主要内容，是集国际短片高端学术研讨、创制、市场推介、展映交流于一体的国际性展会。

10月

10月12日 第七届山东文化产业博览交易会“文化+文化创意产业”高端论坛在济南举行，来自省内外的40多位专家学者围绕“文化创意产业融合发展”“文化创意产业新旧动能转换”“文化产业博览交易会做大做强”等议题进行了热烈探讨。会上专家讨论认为，在技术创新、消费升级和政策推动下，资源整合、产业融合、跨界发展已经成为当前我国文化创意产业发展的重要趋势。顺势而为，实施文化“全融合”发展战略，是今后“文化强省”建设的必然选择。

10月22日 “故宫×腾讯”三年合作成果暨Next Idea音乐创新大赛分享会在故宫博物院建福宫花园隆重举行，此次大赛由故宫博物院、Next Idea腾讯创新大赛、QQ音乐联合举办。分享会上，故宫博物院书画部专家协同音乐导师，共同赏析画作；入围选手现场倾情演绎了本届大赛的优秀音乐作品，并由 QQ 音乐独家发布首张故宫古画主题音乐专辑。数据显示，大赛首发曲《丹青千里》上线当日，视频播放量超过 3400 万；大赛主题“古画会唱歌”的微博话题阅读量破 1.2 亿；社交方面，2016 年 Next Idea 故宫表情大赛中，选手创作的 QQ 表情首月下载逾 4000 万次；互动 H5《穿越故宫来看你》上线 3 小时浏览量就超过了 150 万。

10 月 23 日 由腾讯公司与中国交通报社联合主办的中国智慧交通大会在北京举行。本次大会以“与未来同行”为主题，探讨中国智慧交通的现状及未来趋势。会上，腾讯与深圳航空公司（以下简称“深航”）签署战略合作协议。根据协议，双方将在智慧航空领域发力，打通航空出行全流程，打造全新数字化乘机体验。双方的战略合作以“深航码上飞”小程序为基础，深入旅客出行和服务环节，全面提升用户体验，并探索实现人脸技术在旅客身份识别领域的深度应用，从支付便利、信息安全、出行保障、创新技术等多角度，利用双方优势业务和资源，推进民航互联网的跨界合作；此外，双方在大数据、云计算、人工智能、信息化建设、公益品牌等领域也将开展深度合作，打造智慧航空新范本。

10 月 24 日 “2018 文化科技创新与文化产业发展高峰论坛”在华中师范大学举行，本次论坛由华中师范大学、中共武汉市委宣传部主办，华中师范大学国家文化产业研究中心、武汉文化科技创新研究院承办，设置两个分论坛，来自北京、上海、江苏、贵州、云南等地 50 多位专家学者参加，围绕数字文化产业发展研究、文化与旅游发展进行探讨交流。

10 月 25 日 ~ 28 日 第十三届中国北京国际文化创意产业博览会（以下简称“文博会”）在北京举行。文博会期间举办的 25 场项目推介交易活动，吸引了海内外 1.5 万位客商。据不完全统计，本届文博会共签署文化创意产业项目 39 个，涉及金额 68.135 亿元人民币。其中“文化 + 金融 + 科技 + 创意”类项目签约金额最大，占总金额的近 65%。以数字技术为载体的文化创意产业为例，作为本届文博会的重要组成部分的“中国北京国际语言文化博览会”，集聚了国内外语言高端技术和产品，包括科大讯飞的“智能批

改 + 类人答题”、全球中文学习模拟测试与训练平台等项目有效解决了跨语言交流障碍，体现了人工智能与语言文化的融合。

10 月 26 日 第二届中国北京国际语言文化博览会（以下简称“语博会”）在北京举办，本届语博会由国家语言文字工作委员会、中国联合国教科文组织全国委员会支持，北京市语委、北京市贸促会、孔子学院总部、北京语言大学、首都师范大学、中国翻译协会承办。旨在促进语言文化的国际交流，传播弘扬中华文化、繁荣发展语言文化，并填补世界华语区语言主题博览会的空白。在会展期间，主办方还举办了以“语言服务与人类生活”为主题的国际语言文化论坛，以及“一带一路”建设中的语言服务系列论坛、“人工智能时代的语言科技”论坛、第二届中国语言康复论坛、北京语言文化学校联盟校长论坛。

10 月 27 日 以“粤港澳大湾区：文化科技创新与区域协同发展”为主题的“2018 文化科技创新论坛”在深圳举行，来自美国、德国、加拿大、澳大利亚、中国内地及港澳的知名文化产业专家学者、业界人士和文化官员百余人齐聚本届论坛。本届论坛由文化和旅游部科技教育司指导，深圳市委宣传部、南山区人民政府、深圳大学主办，深圳大学文化产业研究院、国家文化创新研究中心与南山区文化产业发展办公室承办。论坛开幕式举行了“粤港澳大湾区文化创新研究联盟”成立大会和揭牌仪式以及《文化科技蓝皮书：文化科技创新研究报告（2018）》的发布仪式。本届论坛设计了主旨论坛、学术论坛和企业家论坛三大板块，其中主旨论坛分为“文化创新与湾区协同”和“湾区文化与政策合作”两个单元；学术论坛分为“人文湾区与创意经济”和“文化创意与科技驱动”两个单元；企业家论坛分为“文旅融合与跨界共生”和“文创赋能与产城一体”。本届论坛首次引入企业家论坛，安排政府文化官员、专家学者和知名文化企业主要负责人展开对话，旨在促进政产学研各方互动交流，搭建资源对接和合作共赢平台。

11月

11 月 2 日 2018“文化科技融合热点和趋势”论坛在南京国际博览会

议中心（元通）成功举办。本次论坛由中国（南京）文化科技融合成果交易会组委会指导，中国人民大学创意产业技术研究院、文化品牌评测技术文化和旅游部重点实验室主办，由中国经济网提供战略媒体支持。论坛共分为主题演讲及高峰对话和成果发布两大环节，主题演讲环节中，五位演讲嘉宾围绕“文化科技深度融合的产业生态机遇”这一话题进行了多角度阐释，分享了各领域内文化科技融合发展的现状与趋势；高峰对话环节，到会专家就“文化科技融合热点和趋势”进行探讨，为推动文化和科技深度融合提供了学术和实践经验双重支撑。

11 月 2 日 ~4 日　“中国（南京）文化科技融合成果交易会”（以下简称“融交会”）将在南京举办。本届“融交会”以“新时代　新业态　新生活”为主题，在主会场设置了“国家文化科技融合示范基地成果展（馆）”、“全国文化科技融合企业馆”、“江苏（南京）文化科技融合成果馆”三大主展馆，覆盖了文娱（旅）综合体、文化装备、数字出版与网络文学、数字文博、数字影音、游戏电竞、在线教育、新媒体、人工智能等文化科技融合要素集聚的行业领域。同期举办“文化科技融合热点和趋势论坛”，该论坛提炼文化与科技融合的路径与模式，预测和展望文化科技融合的相关热点和前景，探讨文化科技融合的国际趋势以及行业的最新热点趋势。

11 月 2 日 ~ 5 日　第十一届海峡两岸（厦门）文化产业博览交易会（以下简称“文博会”）在厦门国际会展中心举办。本届文博会以“一脉传承，创意未来”为主题，在主会场重点打造“省、市与文化名企强企”“工艺艺术品”“创意设计”“数字内容与影视”“文创旅游”五大板块，全面展示工艺美术、创意设计、文化科技、影视动漫、文创旅游等文化产业领域的最新发展和最新成果。展会期间，签约文化投资项目共 82 个，签约总额 253. 59 亿元；现场交易额 14. 53 亿元，其中订单额 13. 68 亿元；总参观人数达 40. 32 万人次，其中主展馆 18. 28 万人次。

11 月 7 日　由文化和旅游部产业发展司支持、中国对外文化集团公司主办的“合生共振”——文化 + 科技高峰论坛在上海国家会展中心举办。

本次论坛旨在通过文化与科技的同频共振来展现创新、开放、共享的文化生态的美好愿景。本次论坛设立的“数字人文”和“科技视角下的文旅融合”两场分论坛，深入探讨文化和艺术行业如何抓住数字创新带来的机遇挑战以及数字科技驱动下文化融合的可能性。

11 月 12 日 国家文物局等三部门联合印发了《文物保护装备发展纲要（2018 ~ 2025 年）》（以下简称《纲要》）。《纲要》明确了到 2025 年文物保护装备发展的总体要求、发展目标、重点领域、主要任务和保障措施。聚焦安全防护与监管、文物勘查与考古、文物监测与修复、文物展示与利用等重点领域，推动文物保护装备领域高质量发展，为增强我国文化遗产保护传承能力提供科技保障。《纲要》提出到 2025 年，文物保护装备综合实力显著增强，产业快速增长和高质量发展兼顾的局面基本形成。同时提出，将支持重庆市加快建设国家首个文物保护装备产业基地，打造全产业链的文物保护装备产业集群，创建文物保护装备产学研用协同创新联合体，实施一批重点文物保护装备示范项目。

11 月 14 日 “修身齐家平安天下”——故宫博物院主题性综合文化创意项目研发模式发布会在建福宫花园敬胜斋举行，宣布“金榜题名”“宫囍 · 龙凤呈祥”“故宫中国节”三个主题性综合文创项目正式启动。此次“修身齐家平安天下”主题性综合文创项目，将文物、科技、艺术相结合，以沉浸式、互动式的方式向人们展示科举文化、大婚礼仪、年节内涵，让人们了解人才的培养与选拔、家庭的组建与和谐、传统节日蕴含的智慧与情感，不仅影响民众生活，更是关乎国家繁荣昌盛的大事，让人们通过故宫文创直接触摸到文化，亲身感受到文化，通过文化引发思考、通过思考获取精神的升华。

11 月 23 日 文化和旅游部、财政部联合印发《关于在文化领域推广政府和社会资本合作模式的指导意见》（以下简称《意见》）。《意见》鼓励社会需求稳定、具有可经营性、能够实现按效付费、公共属性较强的文化项目采用 PPP 模式。其范围重点包括但不限于具有一定收益性的文化产业集聚发展、特色文化传承创新、公共文化服务、非物质文化遗产保护传承以及促进文化和旅游、农业、科技、体育、健康等领域深度融合发展的文化项目。进一步推动政府职能转变，创新文化供给机制，引导社会资本积极投资文化领域。

11 月 30 日　以“丝路文化、人文湾区、魅力广州”为主题的2018 广州文化产业交易会（以下简称“文交会”）在广州开幕。本届“文交会”涉及综合、文化金融、文化科技、演艺及演艺装备展、影视、非遗、动漫、艺术品交易、文化版权、创意设计、文化体育等11 个版块，共举办约100 场精彩活动。开幕式现场举行了广州文交会重大项目签约仪式，包括大型原创歌剧《马可·波罗》赴意大利热那亚演出的战略合作，北京市文资办、越秀区政府共同推进文化产业高质量发展战略合作等；发布了《中国文创产业现状及发展趋势分析报告（2017 ~2018）》，该报告分析，包括小说、动漫、影视剧、游戏在内的一切娱乐形式正构筑起协同发展的产业生态圈；未来，文创内容数字化、生活美学化与创意常态化将成为文创产业发展新趋势。会上，全国首个文旅小镇——广州空港文旅小镇示范区亮相本届文交会，中国（广州）非遗创意创新孵化器在此正式揭牌，并进行了“非遗与当代艺术”的对话。

12月

12 月3 日　第23 届秋季广州国际艺术博览会（下称“艺博会”）12 月3 日闭幕。本届艺博会共计成交7.75 亿元，仅非遗板块与文创产品，交易额就近1.7 亿元。“艺博会”的8 大单元主题展馆中，非遗馆主题展馆“走进永庆坊，留下城市的记忆——广州非遗展”成为一大亮点。该展区全面呈现岭南文化和岭南视觉元素，以永庆坊街区结合岭南建筑元素，营造了一个多维、互动、充满体验感的“广式美学生活空间”，以“广州非遗+”的文化新业态为核心展陈内容，强化和突出“广州非遗”天然的市场优势以及在消费与收藏上的内涵与价值，促进社会各方对“广州非遗”的全面了解与跨界合作。

12 月15 日~16 日　2018 中国网络文化产业年会在北京国家会议中心

举办。本届年会由文化和旅游部批准，中国动漫集团、北京市文化和旅游局共同主办。在“强网络、强文化、强产业”总主题下，本次年会着力探讨数字化形势下文化产业的变革和发展，解读产业发展脉络，探寻行业发展路径。本届年会相较往届进行了全面创新升级。“展”“会”呼应，体验展将依托不同论坛主题，以赋能为展览主线，讲述数字文化的发展和未来图景。其中动漫游戏展区重点展出游戏厂商的功能游戏、VR 游戏等，文旅展区将展出各种文化旅游数字化产品，网络视频展区将呈现直播、短视频领头企业的最新产品，而智能硬件区将展出推动数字文化发展的智能硬件产品。此外，年会将采用剧场式布置，充分利用 3D 投屏、投影等高新技术，创造身临其境的体验。此外，会议还发布了《2018 网络文化产品用户评价报告》。

12 月 21 日～25 日　第三届中国·吉林国际冰雪产业博览会暨第二十二届中国长春冰雪旅游节（以下简称“雪博会”）开幕式和集中展示活动在长春国际会展中心举行。本届雪博会以“冰雪圣地·相聚吉林”为主题，旨在加快推动“白雪换白银”，持续提升吉林冰雪在全国产业地位，形成“中国冰雪产业发展看吉林”的态势，努力把吉林省建设成为中国冰雪产业大省、冰雪旅游强省和世界级冰雪旅游目的地。

2019年

1月

1 月 8 日　（1）中国旅游研究院（文化和旅游部数据中心）发布《2018 旅游经济运行盘点系列报告：旅游产业》。报告显示，2018 年产业创新更加活跃。旅游品质化消费诉求带动企业产品研发和业态创新。纯玩无购物、高端酒店、专属导游、精致小团、定制游等成为 2018 年国内游的关键词。都市休闲旅游快速崛起。以美团、大众点评为代表的大数据公司，从服务本地居民休闲娱乐出发，带动传统产业升级。与文化和旅游融合相关的投资并购增加。大数据、云计算、人工智能等技术，将更多城乡居民休闲资源转化为群众喜爱的文化和旅游产品。

（2）“贺岁迎祥——紫禁城里过大年”展览向观众开放。通过展览创新形式，以及恢复多种昔日皇宫过年的装饰，为观众呈现一个充满年味的紫禁城。展览分为文物展览和实景体验两部分，文物展览位于午门正殿和东西雁翅楼展厅，实景体验部分包括整个故宫开放区域，在宫殿门口悬挂着寓意吉祥的春联、门神，在廊庑下装饰着华美的宫灯等，其中天灯、万寿灯的复原成为室外展场广受瞩目的景观。

1月11日　由追光动画和华纳兄弟制作的原创动画电影，由黄家康、赵霁执导的国产动画电影《白蛇·缘起》上映。该影片在中国民间传说“白蛇传”基础上有所创新，讲述白素贞在五百年前与许仙的前身阿宣之间一段刻骨铭心的爱情故事。

1月17日　TGC2019腾讯数字文创节在成都举行，开幕式暨城市共生计划发布仪式上，成都市副市长敬静与腾讯集团副总裁程武代表合作双方就“数字文创城市共生计划”进行正式签约，双方将在文化产业发展、文创人才孵化、城市文化形象塑造等方面展开合作，共同推动成都市新型数字文化建设，打造成都“中国数字文创名城”的城市形象与城市品牌。会上，腾讯集团副总裁、腾讯影业首席执行官程武发表主题为《在新文创时代共同探索城市文化发展新模式》的演讲。TGC2019为期三天，围绕“数字文化生活”将现场划分为文化主题展与IP主题体验区两大部分，通过文创主题展览与沉浸式实景体验的形式，为参与者提供丰富生动的IP互动体验。

1月21日　国家艺术基金2018年度传播交流推广资助项目《泉州提线木偶数字人偶交互表演与推广》，开启赴美巡演首站。此次巡演由泉州提线木偶剧团演员表演《钟馗醉酒》《元宵乐》《驯猴》《命运傀儡》等传统剧目，同时亮相的厦门大学自主研发的人偶交互机器人，给表演增加了交互科技元素。

1月31日　法国当地时间1月30日，腾讯与法国国家博物馆联合会在巴黎大皇宫签署战略合作备忘录。腾讯将基于“新文创”经验和数字化能力，与法国国家博物馆联合会在中法文化交流、传统文化传承创新等方面展开深入探索。签约仪式当天，双方宣布启动“国宝全球数字博物馆”“中国新文创”主题展等项目。

1 月 31 日 文化和旅游部发布《第十二届中国艺术节演艺及文创产品博览会工作方案》。

2月

2 月 18 日 中共中央、国务院印发了《粤港澳大湾区发展规划纲要》(以下简称《纲要》)。《纲要》明确了 2 个特别行政区（香港、澳门）和 9 个广东省城市的城市产业分工和城市功能定位，并提出到 2022 年，粤港澳大湾区综合实力显著增强，粤港澳合作更加深入广泛，区域内生发展动力进一步提升，发展活力充沛、创新能力突出、产业结构优化、要素流动顺畅、生态环境优美的国际一流湾区和世界级城市群框架基本形成；到 2035 年，大湾区形成以创新为主要支撑的经济体系和发展模式，经济实力、科技实力大幅跃升，国际竞争力、影响力进一步增强，宜居宜业宜游的国际一流湾区全面建成。《纲要》提出，推进“广州—深圳—香港—澳门”科技创新走廊建设，探索有利于人才、资本、信息、技术等创新要素跨境流动和区域融通的政策举措，共建粤港澳大湾区大数据中心和国际化创新平台；支持珠海、佛山、惠州、东莞、中山、江门、肇庆等城市充分发挥自身优势，深化改革创新，增强城市综合实力，形成特色鲜明、功能互补、具有竞争力的重要节点城市。增强发展的协调性，强化与中心城市的互动合作，带动周边特色城镇发展，共同提升城市群发展质量。

3月

3 月 1 日 国家广播电视总局办公厅发布《关于公布 2019 年重点广播电视节目、纪录片、动画片创意选题的通知》，公布了 2019 年重点动画片创意选题的 5 个项目。本次创意选题评选旨在进一步推动广播电视节目、纪录片、动画片精品创作生产，围绕庆祝新中国成立 70 周年、全面建成小康社会、建党 100 周年等重要时间节点、重大宣传主题，深入推进中华文化广播电视传播工程、“记录新时代”纪录片创作传播工程、中国经典民间故事动漫创作工程的实施。

3月15日 故宫博物院和华为技术有限公司签署战略合作协议，共同开展打造5G应用示范、建设故宫智慧院区、举办人工智能大赛等方面合作，进一步推动故宫博物院的数字化、信息化、智慧化建设。此次战略合作协议的签署，标志着故宫博物院和华为公司在战略合作上开启了新篇章。双方将共同推进国家5G先进应用示范项目，打造故宫智慧院区。华为将凭借自身在5G、人工智能、云计算、物联网等方面的优势，加快推动故宫博物院建设世界一流博物馆，推动国家文化事业和文化产业繁荣发展，保护、传承、利用民族文化遗产，弘扬中国传统文化。

3月27日 “快手非遗带头人计划”发布会在北京召开。该计划将主要分为“教育 + 加速器 + 社区模块”三个部分。接下来，快手将着重打造“快手非遗加速器”，发掘50名乡村非遗传承人，入选快手幸福乡村带头人计划，并为其提供商业和管理教育、产业和品牌资源等。此外，还会在重点地区建立非遗传承工作站，同时还将通过互助社区给非遗带头人提供更多支持，目标落地5个传承工作站，打造5个依托当地非遗土壤和传承文化的非遗品牌，为当地更多普通的非遗传承人提供非遗就业机会，实实在在地助力非遗活化和传承。

4月

4月2日 “景禧灯华——故宫万寿灯天灯宫灯复原品公益拍卖”活动在故宫乾清宫广场举行。故宫博物院故宫学院院长介绍，在复原天灯的过程中，采用了锻铜工艺技术，这项工艺技术源自中国传统的铜浮雕。灯柱上的龙纹都是由工匠师傅采用锻铜工艺用皮锤手工锻造，力求最大限度复原天灯上的每一处细节。最后一对天灯和一对万寿灯分别以1060万元和800万元成功拍出，所有拍品共拍出2005万元，所得善款将全部用于贫困地区的教育和文化等事业。4月12日 以“e阅读，让生活更美好”为主题的2019中国数字阅读大会在杭州正式开幕。大会发布了《2018年度中国数字阅读白皮书》（以下简称“白皮书”），揭晓了“悦读中国”三大年度奖项。白皮书包含“政策”“产业”“趋势”三个篇章，系统梳理了2018年党和国家在数字阅读领域的政策部署，并从市场、内容、用户、趋势等多个维度呈现2018年中国数字阅读产业的发展现状、用户行为习惯以及未来发展趋势。

4月12日~14日 以“构筑文化都市圈”为主题的第四届中国（宁波）特色文化产业博览交易会在宁波举行（以下简称“宁波文博会”）。博览会聚焦“一带一路”国际文化贸易、传统文化与现代生活、文化智能数字科技等三大主题，共设有6大主题展馆，分别为“国际文创馆”、“城市文创馆”、“传统文化现代生活融合馆”、“文化保税贸易与艺术设计馆”、“文化科技金融融合馆”和“文化宁波2020主题馆”。本届宁波文博会首次推出主宾国概念，以意大利为主宾国，引入达芬奇数字艺术展、达芬奇手稿模型展览及意大利国际设计双年展等。共有40份包含了机械设计、自然科学、人体解剖、素描等内容的达芬奇手稿复制件，以及从达芬奇手稿中还原出的各种早期机器模型亮相。

4月16日 抖音正式宣布推出“非遗合伙人”计划。该计划将通过加强流量扶持、提高变现能力、打造非遗开放平台及开展城市合作等方式，全方位助力非遗传播，培养挖掘年轻一代对非物质文化遗产的了解和好奇心，帮助发掘非遗的文化和市场价值，让非遗被更多人看见。依托该计划，抖音面向全国招募50名“非遗合伙人”，力争在一年里帮助10名传承人通过抖音实现百万收入或是百万粉丝。

4月17日~23日 第四届高新国际艺术节在潍坊举办。本届艺术节共设置高新科技文化元素展、精品琉璃作品展、梦幻海洋工艺展、名家书画作品联展、钢笔画作品邀请展、刻瓷画作品邀请展、杭绣精美作品展和俄罗斯精品油画展八个展区以及文艺演出等系列活动。其中，高新科技文化元素展以高新元素为主，展示高新区骨干企业科技产品和文化建设，展现了“高新力量”。

4月27日~30日 第14届中国义乌文化产品交易博览会（以下简称“义乌文交会”）和第11届中国国际旅游商品博览会（以下简称“旅博

会”）在义乌举行。本次活动的两大展会共吸引了境内外43个国家和地区、超过11万名采购商及观众参会。本届义乌文交会和旅博会为“春节符号”系列文创产品的宣传推广、采购洽谈搭建了平台，有效促进了优秀传统文化的传承、创新发展。

4月30日~5月1日 第十五届中国国际动漫节动漫产业高峰论坛在杭州举办。本届论坛以“新时代的动漫传承与发展”为主题，分设主论坛、大师班、新锐班等板块。央视财经频道与中国国际动漫节执委会联手打造本年度的动漫产业巅峰《对话》，《对话》栏目录制环节中，中国原创动画企业代表、经典动画创作者代表、热播动画片创作机构代表、知名播出平台代表围绕论坛主题分享创作心得，为传承优秀中国传统文化出谋划策。

4月30日~5月5日 由国家广电总局、浙江省人民政府主办的第十五届中国国际动漫节在杭州滨江白马湖举行，共有86个国家和地区的动漫企业、机构和从业者参展参会。本次动漫节发布了《中国动画电影发展报告(2018)》(以下简称《报告》)，《报告》显示，2018年，共有61部动画电影进入中国城市主流院线和影院上映，产出票房逾41亿元，其中国产34部，产出票房16.22亿元，进口27部，产出票房24.83亿元。

5月

5月3日~4日 第30届北京国际动漫游戏嘉年华（IDO30）在北京展览馆举行。本次嘉年华策划三大舞台、五大板块，共计30余项互动活动、三大国内顶级COSPLAY及相关赛事，同时划分了动漫游戏作品专区、古风仙侠群英会专区、泛娱乐互动区、动漫周边衍生品区等十一个专区。

5月6日 第二届数字中国建设峰会主论坛上，国家网信办发布了《数字中国建设发展报告（2018年)》，并公布了2018年信息化发展评价指数排名前十位的省市。

5月15日 北京市黄庄职业高中宣布与中国数字文化集团有限公司正式签约，成立“中数文化创意学院”，该学院旨在共同培养文创领域紧缺人才，孵化文创工作室，研发数字文化产品。此后双方将合作建设“京剧像音像工程”北京录音基地，保护传承传统文化，培养戏曲录音人才；建立“中数文化创意工程师”学院，在文创领域共同培养创新型、应用型人才。

5月16日~20日 深圳举办第十五届中国（深圳）国际文化产业博览交易会（以下简称“文博会”）。本届文博会突出展示“文化+科技”和数字文化内容，重点展示文化与大数据、云计算、人工智能、5G、4K等文化科技融合创新成果，推动数字文化产业内容、技术、模式和业态创新。旅游景区推出文化消费诚信柜，探索“文化+旅游”、IP Town特色小镇发展模式，文艺演出空间、画廊、艺术品商店等与文化消费深度聚合形成产业链。与往届“文博会”相比，本届“文博会”首设“粤港澳大湾区文化产业馆”，组织了粤港澳优质文化企业、创意设计企业和产品参展，集中展示粤港澳文化产业创新发展成果。

5月17日 首届“亚洲数字艺术展”在北京举办，此次展览系“亚洲文明对话大会”系列活动之一，由主题展、视听艺术展、文化+科技展三部分组成，展出来自12个国家和地区的30位艺术家的数字艺术作品。在主题展中，中国艺术家徐冰的《汉字的性格》、德国艺术家托比亚斯·格莱米尔的《书法运动视觉》《京剧运动视觉》《功夫运动视觉》、澳大利亚艺术家邵志飞和莎拉·肯德丁的《功夫可视化》、中国台湾艺术家林俊廷的《造象》等，都是围绕中国汉字、功夫、京剧等元素，以数字艺术的方式对中国传统文化进行的全新解读和演绎，从而在亚洲文明对话大会“聚焦亚洲文明交流互鉴与命运共同体”的主题背景下，通过数字媒介，体现了中华文明基因对亚洲乃至对世界艺术潮流的影响。

5月18日 主题为“走进新时代创意赢未来”的北京文创大赛在北京开幕。本届大赛首次面向全国，目前，北京市16个区和北京经济技术开发区已设立初赛赛场，京外在上海、天津、广东、河北及南水北调核心库区十堰市等21个省份设立赛区，备受瞩目的雄安新区也纳入本届大赛全国赛区的版图。

5月20日~6月2日 以“逐梦新时代——向国庆献礼，向人民汇报”为主题的第十二届中国艺术节在上海举行。作为本届艺术节的重头戏，两大国家级奖项——第十六届文华奖、第十八届群星奖的评选，共聚集来自全国51台优秀剧目的102场展演、84部群众文艺作品的7场决赛。其中，5月19日至22日举办的演艺及文创产品博览会系文创产品首次纳入中国艺术节，共有以省（区、市）和各相关行业部门为单位设立的33个特装展位亮相。

5月21日~23日 2019腾讯全球数字生态大会在昆明举行。本次大会由云南省人民政府指导，云南省文化和旅游厅、昆明市人民政府、腾讯公司共同主办，是腾讯战略升级后，整合互联网+数字经济峰会、云+未来峰会、腾讯全球合作伙伴三大行业大会打造出的规格最高的行业生态大会，参会人员超过万人。腾讯云将助力云南省打造的“一部手机游云南”已经建设成一个包含旅游大数据中心、旅游综合服务平台、旅游综合管理平台，以及三类旅游应用端口的成熟体系，促进了云南旅游产业的数字化升级。会上，腾讯研究院联合腾讯云发布了《数字中国指数报告（2019）》（以下简称《报告》）。《报告》显示，中国数字化进程从消费互联网为主导，转向产业互联网主导，产业互联网已经进入发展黄金期。而数字中国指数增速呈现出明显的集群效应，京津冀、长三角、关中平原城市群增速领先。《报告》还显示，云计算的技术红利加快向中西部下沉，用云量与GDP、数字经济发展呈现出强关联特征。

5月29日~6月1日 以“引领文化产业高质量发展助推全国文化中心建设”为主题的第十四届中国北京国际文化创意产业博览会（以下简称“文博会”）在北京举办。本届文博会共有2个国际组织、68个国家与地区的86个境外代表团组参加活动；全国12个省区市代表团参展参会；主展场共接待各界观众约6万人次；5场论坛有101位包括国际组织高层负责人、国家产业主管部门的权威人士和国内外业界知名专家、学者和企业家到会演讲，1800位业界专业人士到会交流；8场项目推介交易活动，吸引海内外2.2万位客商到会洽谈交易。同时还举行“走进文博会看北京”系列活动，吸引1万多名市民走进文博会主展场和11家北京有特色的博物馆、艺术馆、国家文化产业创新科技园等，了解最新的文化产业资源，让首都市民体验

“文化之魅”、感受“文化之美”。

5 月 30 日 财务司发布《中华人民共和国文化和旅游部 2018 年文化和旅游发展统计公报》（以下简称《公报》）。其中产业与科技部分，《公报》显示：2018 年我国组织制定“数字化艺术品图像显示系统的应用场景、框架和元数据”“文物/艺术品 AR 需求及应用框架”等两项数字艺术标准，成功地在国际电信联盟立项，为我国数字艺术产业“走出去”开辟道路。

6月

6 月 6 日 工信部正式向中国电信、中国移动、中国联通、中国广电发放 5G 商用牌照，我国正式进入 5G 商用元年。截至 2019 年 5 月，在全球 20 多家企业的 5G 标准必要专利声明中，中国企业占比超过 30%，位居首位。在产业发展方面，中国率先启动 5G 技术研发试验，加快了 5G 设备研发和产业化进程。目前中国 5G 中频段系统设备、终端芯片、智能手机处于全球产业第一梯队。

6 月 10 日 联合国发布全球数字经济未来发展纲领性报告——《数字相互依存的时代——联合国数字合作高级别小组报告》（以下简称“报告”），该报告是数字合作高级别小组成立以来提出的首份报告，被视为引领全球数字经济未来发展的纲领性报告。《报告》提出五组重要意见：一是打造普惠的数字经济和社会，制定一整套关于普惠性的指标，用以衡量全球范围内的数字进展；二是要建立全球性和区域性的数字技术平台，提高能力开展合作；三是敦促重新审视在新兴数字技术中的国际人权协定和标准，呼吁此类生死攸关的事宜不应交由机器来处理；四是制定《全球数字信任与安全承诺》；五是促进全球数字合作。

6 月 20 日 2019 全球电竞运动领袖峰会暨腾讯电竞年度发布会在海南博鳌亚洲论坛国际会议中心顺利举行。本次峰会主题为“竞在此刻”，由中共海南省委宣传部作为指导单位，海南省旅游和文化广电体育厅、海南省工业和信息化厅共同主办，腾讯电竞、海南生态软件园集团联合承办。本次峰会上，海南省旅游和文化广电体育厅厅长孙颖面向行业首次推出“海南国际电竞港专项政策”（即“海六条”）。

6月21日 中国旅游报与中国动漫集团近日签署《合作框架协议》，双方将在联合举办中国卡通形象营销大会文旅峰会、合作设立国家动漫创意研发中心文旅分中心、打造“平台+内容”的“动漫+文旅”产业链等方面开展广泛合作。

6月24日 招商局集团5G智慧港口创新实验室揭牌仪式在招商局港口大厦举行，标志着5G智慧港口建设全面启动。5G智慧港口是国内先行的5G业务在港口应用的试验田，将成为粤港澳大湾区港口建设的标杆。5G智慧港口创新实验室不仅是一个技术实验室，也是一个产业聚集地。一方面，创新实验室是一个5G技术创新平台——5G技术标杆企业如华为、中国移动等齐聚于此参与建设，共同研究行业应用技术标准；另一方面，创新实验室是产业创新中心——5G技术、自动驾驶技术、AI、码头吊机远程控制技术等集成于港口这个应用密集的场景。

6月27日~29日 二十国集团领导人第十四次峰会在日本大阪举行，国家主席习近平赴日本大阪出席。本次峰会的八大主题，分别是全球经济、贸易与投资、创新、环境与能源、就业、女性赋权、可持续发展以及全民健康。6月28日，国家主席习近平在二十国集团领导人第十四次峰会上发表题为《携手共进，合力打造高质量世界经济》的重要讲话。

6月28日 人力资源和社会保障部发布《新职业——电子竞技员就业景气现状分析报告》（以下简称《报告》）。该《报告》从电竞行业的发展背景、职业定义、未来发展需求等多方面分析了电竞行业在国内的发展现状，在典型案例中Clearlove、Jackeylove成为英雄联盟的典型代表。《报告》显示：2018年，上半年LPL赛区职业赛事直播观赛人次超过70.9亿。S8总决赛吸引了全球2.05亿以上的玩家观看，超过了全球人口的1/30。2018年11月3日，中国IG战队在S8夺冠后，收到了全民的祝贺，事件影响力扩散到电竞圈之外。

6月28日至7月28日 文化和旅游部公布《文化产业促进法（草案征求意见稿）》（以下简称《草案》），将文旅融合作为其重要内容之一，旨在法律层面打通文化产业、文化事业及相关产业融合之路。该草案鼓励文化产业与科技及其他国民经济相关产业融合发展、促进文旅融合、支持适合对外传播的优秀文化产品和服务的境外推广，主要从提升旅游的文化内涵、拓宽文化的传播途径两方面做出规定。

7月

7月1日~3日 2019夏季达沃斯大会在大连举行。本届年会围绕“领导力4.0：全球化新时代的成功之道”这一主题展开探讨，与会领袖深入探寻新的战略模式，以应对全球环境挑战、区域竞争、经济差距问题以及技术变革。同时，世界经济论坛也在大连夏季达沃斯年会期间发布一系列重要的研究报告和其他声明，其中包括十大新兴技术、2019年度技术先锋、年度青年科学家等重要信息。本届年会会议期间，会场及大连市部分区域实现5G信号全覆盖，为会代表提供便捷高效的5G服务以及近距离体验5G支持下的全景VR、5G+4K超高清电视等精彩应用。

7月10日~11日 2019中国文化馆年会在山东省烟台市举办。本届年会是文化和旅游融合发展后举办的首届年会，由中国文化馆协会、烟台市人民政府主办，文化和旅游部全国公共文化发展中心（以下简称“发展中心”）、山东省文化和旅游厅协办，烟台市文化和旅游局承办。

7月11日~15日 “创意昆明”系列活动在871文化创意工场（龙泉路871号昆明重机厂）举行，活动包括启动仪式、研讨交流、创意设计展示、系列文化活动四大板块。此次活动运用3D成像、全息影像、人工智能等高新科技突出文化与科技、旅游的融合发展，全面展现昆明民族民间优秀传统文化，展示昆明文化创意产业发展的活力。

7月12日 江西省文化和旅游厅印发了《关于进一步支持文化产业发展的若干意见（试行）》（以下简称《若干意见》），《若干意见》将实施“文化+”战略作为一项重点内容，提出要鼓励和引导基于5G的VR/AR等新技术在文化和旅游领域开展试点应用，培育一批具有核心竞争力的创新型文化科技企业。届时列入省级试点应用的虚拟现实产品和服务，将给予一次性奖励30万元；列入国家级试点应用的，给予一次性奖励60万元。此外，还将重点支持南昌打造世界级VR产业基地。

7月12日~14日 2019年CCF-GAIR全球人工智能与机器人峰会在深圳举办。本次峰会旨在打造国内人工智能领域极具实力的跨界交流合作平台，是国内人工智能和机器人学术界、工业界及投资界三大领域的顶级交流博览盛会，峰会的主要议题为“如何锚定人工智能的现状与未来”“人工智能各个学科怎样突破瓶颈”与“人工智能企业如何在万亿美元市场立于不败之地”。此次峰会举办了13个专场，包括人工智能前沿专场、中国人工智能四十年纪念专场、机器人前沿专场、智能交通专场、5G&AIoT专场、AI芯片专场、AI金融专场、类脑计算专场、智慧城市专场、智能商业专场、智慧教育专场、AI医疗专场、智慧城市·视觉智能专场等。

7月26日 IMAX首部国产动画电影《哪吒之魔童降世》在中国内地上映。该片改编自中国神话故事，讲述了哪吒虽“生而为魔”却“逆天而行斗到底”的成长经历的故事。

8月

8月3日 2019全球电竞大会在上海召开。会上发布了由上海市电子竞技运动协会、上海市网络游戏行业协会、上海市互联网公共上网服务行业协会共同编制完成发布的《电竞场馆建设规范》和《电竞场馆运营服务规范》，同时启动了首届“上海电竞周”和“2019电子竞技上海大师赛”（将于2019年年11月底至12月初举办）。

8月8日 华为首次发布《全球产业展望GIV 2025（*Global Industry Vision 2025*）》（以下简称“GIV2025”）。“GIV2025”基于华为自身的业务优势和对产业的判断，构建了自有的科学研究方法：通过涵盖170多个国家的历史数据，从万物感知、万物互联、万物智能3个维度，包含大数据产生量、企业AI采用率、个人智能终端数等37个指标，以数据+趋势的形式打开全球ICT产业趋势和未来发展蓝图”。据“GIV2025”预测，随着万物感知和万物互联的升级，一切都将被带入万物智能的世界。到2025年，个人智能终端数将达400亿，全球联接总数达到1000亿，并创造23万亿美金数字经济。

8月9日 中国人工智能峰会人工智能与知识产权保护平行论坛——中国文化传媒新文创（IP）平台（以下简称“中传新文创（IP）平台”）厦门推介会在厦门国际会议中心举行。

8月12日 《中共中央国务院关于完善促进消费体制机制进一步激发居民消费潜力的若干意见》（以下简称《意见》）出台。《意见》旨在提升文化和旅游消费质量水平，增强居民消费意愿，以高质量文化和旅游供给增强人民群众的获得感、幸福感。其中，提出促进文化、旅游与现代技术相互融合，发展基于5G、超高清、增强现实、虚拟现实、人工智能等技术的新一代沉浸式体验型文化和旅游消费内容。丰富网络音乐、网络动漫、网络表演、数字艺术展示等数字内容及可穿戴设备、智能家居等产品，提升文化、旅游产品开发和服务设计的数字化水平。发挥展会拉动文化和旅游消费的作用，支持文化企业和旅游企业通过展会进行产品展示、信息推广。引导文化企业和旅游企业创新商业模式和营销方式。到2022年，建设30个国家文化产业和旅游产业融合发展示范区，产业融合水平进一步提升，新型文化和旅游消费业态不断丰富。

8月13日 科技部等六部门印发《关于促进文化和科技深度融合的指导意见》（以下简称《意见》）。《意见》要求，到2025年，基本形成覆盖重点领域和关键环节的文化和科技融合创新体系，实现文化和科技深度融合，建成100家左右特色鲜明、示范性强、管理规范、配套完善的国家文化和科技融合示范基地，200家左右拥有知名品牌、引领行业发展、竞争力强的文化和科技融合领军企业，使文化和科技融合成为文化高质量发展的重要引擎。《意见》提出八点重点任务：一是加强文化共性关键技术研发；二是完善文化科技创新体系建设；三是加快文化科技成果产业化推广；四是加强文化大数据体系建设；五是推动媒体融合向纵深发展；六是促进内容生产和传播手段现代化；七是提升文化装备技术水平；八是强化文化技术标准研制与推广。

8月14日 中国互联网协会与工信部网络安全产业发展中心联合发布了2019年中国互联网企业100强榜单，阿里巴巴、腾讯、百度、京东、蚂蚁金服、网易、美团、字节跳动、360、新浪分别位列榜单前10名。数据显示，2019年互联网百强企业研发投入达到1538.7亿元，同比增长45.1%，平均研发强度突破10%，有4家企业研发强度在30%至35%之间。2019年互联网百强企业已经拥有专利近8万项，其中发明专利数近6万项。

8月26日~29日 2019中国国际智能产业博览会（以下简称“智博会”）在重庆举行。国家主席习近平在致本届智博会的贺信中强调，中国高度重视智能产业发展，加快数字产业化、产业数字化，推动数字经济和实体经济深度融合。本届智博会共举办46场论坛活动、8大国际赛事、100多场发布活动，日均客流20.94万人次。展会以“智能化：为经济赋能，为生活添彩”为主题，集中展示了全球大数据智能产业的新产品、新技术、新业态和新模式。本届智博会重点围绕智能技术在“商用、政用、民用”三大板块的应用，充分展示人工智能、大数据应用、云计算、5G、区块链等为核心的前沿技术与产品，呈现以智能制造为主体的产业升级解决方案和典型案例，突出以智慧城市为重点的智能应用示范及互动体验，促进数字经济和实体经济深度融合。

8月27日 科技部、中央宣传部、中央网信办、财政部、文化和旅游部、广播电视总局共同研究制定印发《关于促进文化和科技深度融合的指导意见》（以下简称《意见》）。其中，《意见》提出，到2025年，基本形成覆盖重点领域和关键环节的文化和科技融合创新体系，实现文化和科技深度融合。按照国家科技创新基地优化整合总体部署，建成若干目标明确、重点突出、协同攻关的文化科技领域国家科技创新基地，建成100家左右特色鲜明、示范性强、管理规范、配套完善的国家文化和科技融合示范基地，200家左右拥有知名品牌、引领行业发展、竞争力强的文化和科技融合领军企业，使文化和科技融合成为文化高质量发展的重要引擎。重点任务包括加强文化共性关键技术研发、完善文化科技创新体系建设、加快文化科技成果产业化推广、加强文化大数据体系建设、推动媒体融合向纵深发展、促进内容生产和传播手段现代化、提升文化装备技术水平、强化文化技术标准研制与推广。

8月29日~31日 以“智联世界无限可能”为主题，以“高端化、国际化、专业化、市场化、智能化”为特色的“2019世界人工智能大会（WAIC）”在上海举行。中国传感器与物联网产业联盟人工智能专家委员会成立，代表着行业对当前人工智能发展趋势的深度布局进一步展开。会上重磅发布《中国MEMS及先进传感器产业发展蓝皮书》，对行业现状和前景作出了清晰的评估和长远的展望。同时公布了《2019人工智能安全与法治上海导则》，为科学识别人工智能的安全风险，指导人工智能安全法治工作建言献策；并发表《人工智能数据安全风险与治理》《人工智能时代数字内容治理机遇与挑战》《2019智能网联汽车产业安全研究报告》三份报告。

8月30日 科技部网站公布《关于开展2019年国家文化和科技融合示范基地申报工作的通知》（以下简称《通知》），意在加快推进文化和科技融合，着力打造文化和科技深度融合的示范区、政策体系和管理机制先行先试的试验田、文化科技产业创新发展的先锋队。本次申报基地分为两类：一类是集聚类基地，指依托国家高新技术产业开发区、国家可持续发展实验区，以及相关部门认定的国家文化类园区等，具有明确边界范围和专业管理机构，能够聚集一批文化科技融合相关要素和企业，并为文化和科技融合发展提供相应基础设施保障和公共服务的特定区域。另一类是单体类基地，指在文化和科技融合发展领域取得突出成绩、在本领域处于领先地位且具有先导性和示范性优势的企业（或事业）单位。

8月30日 第十一次中日韩文化部长会议在2019“东亚文化之都”韩国仁川召开。中国文化和旅游部部长雒树刚、韩国文化体育观光部长官朴良雨、日本文部科学大臣柴山昌彦共同出席会议并发表讲话。会上，三国部长总结了第十次中日韩文化部长会议以来取得的成果，并就未来进一步深化务实合作交换意见。部长会后，三国部长签署了成果文件《第十一次中日韩文化部长会议宣言》并分别向中国扬州市、韩国顺天市和日本北九州市授予了2020年“东亚文化之都”荣誉称号。此外，会议期间还举行了中韩、中日文化部长双边会谈，并配套举办了中日韩艺术节。

9月

9月2日 “心中上海虚拟现实（XR）创意大赛”在上海中心119观光层启动。这是我国第一个全5G环境下的展会，共接待了近25万名观众。本次大赛面向全球大学生和虚拟现实内容创作者征集虚拟现实创意，推动高等教育、尖端产业资源强强联手，为虚拟现实内容创制与装备创新实践落地探索新的平台模式，掀起一股“5G + XR”的时尚热潮。

9月4日 以“文旅‘核聚变’：5G遇上智慧文旅”为主题的首届智慧文旅高峰论坛在南京国际博览会议中心举行。该论坛旨在搭建数字信息技术产业与文旅产业的交流平台，深入探讨“文化 + 旅游 + 科技”的融合发展路径，展现5G和智慧文旅在提升旅游体验、保护与传播优秀传统文化、提升服务水平方面的创新应用，为智慧文旅产业的创新发展、“增产增效”提供新方法、新思路、新途径。

9月5日 科技部印发《国家新一代人工智能创新发展试验区建设工作指引》（以下简称《工作指引》）。《工作指引》明确，到2023年，布局建设20个左右试验区，创新一批切实有效的政策工具，形成一批人工智能与经济社会发展深度融合的典型模式，积累一批可复制可推广的经验做法，打造一批具有重大引领带动作用的人工智能创新高地。同时提出了“应用牵引、地方主体、政策先行、突出特色”的四项建设原则，以及“服务支撑国家区域发展战略、以城市为主要建设载体”的两大总体布局，将开展人工智能技术应用示范、政策试验、社会实验、基础设施建设等多项重点任务。

9月5日 由中国科学技术协会海智办、中国人工智能学会、江苏省科学技术协会主办，江苏省科协海智办、江苏省国际科技交流与合作中心、日本华侨华人博士协会、南京江宁经济技术开发区管委会承办的“人工智能 +”国际论坛在南京启幕。本次论坛集聚海内外人工智能领域高端人才以及前沿科技，展示人工智能在物联网、5G通信、智能城市等领域的产品，助力南京人工智能产业发展。

9 月 6 日 第十二届中国国际漫画节开幕式暨第 16 届中国动漫金龙奖颁奖大会在广州举办。本届漫画节围绕“大湾区，大动漫”的主题，举办“原动力”中国原创动漫出版扶持计划项目推广、致敬新中国动漫“70 年 70 人”、金龙奖颁奖大会、中国漫画家大会、CICF 动漫游戏展等一系列精彩活动，集中展示原创动漫的辉煌成果和从业者的时代风貌，献礼新中国 70 周年华诞。

9 月 6 日 ~8 日 2019 世界数字经济大会暨第九届中国智慧城市与智能经济博览会在浙江宁波举行。其间共有 45 个、总投资额约 310 亿元的项目签约，主要涉及软件、集成电路、智能制造、智慧城市、5G 等数字经济重点领域，主要分总部基地、产业投资、创新平台、战略合作四类。其中 5G 信息基础设施建设与应用项目投资总额就达到了 246 亿元，成为本次大会订单的热门内容。

（大事记统计截至 2019 年 9 月 10 日）

Abstract

Annual Report of Culture and Technology Innovative Development (2019) is a report of industry development situation, application, theoretical exploration and the innovation practice in the context of the cultural and technological integration, it not only absorbs the domestic and overseas experts' theories and their prospective research findings, but also includes the latest achievements of institute for Cultural Industry (SICI) and National Research Center for Cultural Innovation in the innovative field of cultural and technological integration.

The deep integration of culture and technology has become an important engine of economic development over the world, of which the trend and emergent new economy put forward new demands and challenges to current economic and cultural structure. The economic, technological and cultural construction of Guangdong-Hong Kong-Macao Greater Bay Area is playing an important role in the strategy of national cultural and economic development. It has become an important power to promote economic growth, optimize industrial allocation and adjust industrial structure in regional development. Annual Report of Culture and Technology Innovative Development (2019) is none other than the research on the cultural and technological integration, cultural industry observation, humanistic Greater Bay Area, and digital industry under this background.

This report is to preview, analyze and prospect based on current status and future route of cultural and technological integration, and focus on the theoretical basis, industrial background, business models, technologically innovation and regional integration of cultural and technological integration. By analyzing the advanced theory, industry observation, innovative practice, regional integration and heritage protection and combining with the investigation report, propose the present situation, innovation route and prospect of cultural and technology integration from cross filed and multi angle. This report focuses on the development approach and trend of the integration of culture and technological innovation, aiming for tease its related studies and combine the traditional culture, heritage protection and other related content to provide the feasibility development report. There are six parts in this report.

The first part is the general report that summarizes the trend and development of cultural and technological integration in 2018. The important role of digital creative industry and prospects have been discussed though the relationship among digital creative industry, cultural industry and economic development.

The second part is the report of humanistic Greater Bay Area. As a new theme of Annual Report of Culture and Technology Innovative Development (2019), this part focuses on the relationship between humanities construction and the construction of Guangdong-Hong Kong-Macao Greater Bay Area, and discussed the important role of economic, technological and cultural integration in the construction and development of the bay area from a multi-dimensional perspective. *A Research Report of Pearl River Delta Culture and Regional Development* reviews the close relationship between cultural and artistic construction and the macroscopic development of the bay area under the overall framework of the pearl river delta regional construction. This article hopes to inspire the research of humanities bay area. *Analysis Report on Cultural Inheritance and Innovation in Urban Internationalization —Take Shenzhen's New Development* focuses on the construction role of traditional culture in the process of Shenzhen becoming an international city. *Analysis on the Status of Art Participation in Urbanization Construction in Contemporary China* discussed the relationship between art practice and the urbanization construction of contemporary China, it pointed out that culture and art constructs the humanistic spirit of China's new towns and leads the development direction of urban culture. In the context of internationalization and industrialization, the *Trends Report on Chinese Martial Arts Culture and Regional Development in Guangdong, Hong Kong and Macau* discussed the important role played by traditional Chinese martial arts culture in the construction of humanistic bay area. *A Strategic Analysis Report on Culture "Going Out" in Guangdong-Hong Kong-Macao Greater Bay Area* pays attention on the issue of culture "going out" of the Great Bay area, focuses on the strategy and path of " going out " of culture. *The Report of the Resources Integration and Practices of Cultural and Creative Tourism in Guangdong-Hong Kong-Macao Greater Bay Area* points out that the tourism industry plays an important role in the initial and mature stage of the bay area, which includes creating a high-quality life circle and forming an industrial bond. Through the investigation of historical resources such as temples, *The Report on the Distribution and Innovation of Historical and Cultural Resources in Guangdong-Hong Kong-Marco Greater Bay Area—Take the Former Buddhist Temple (Nunnery), Taoist Temple and Folk Belief Place in Xin'an County as an Example* pointed out that how can the historical and cultural resources originally saved by traditional villages regain their vitality in the context of urbanization, which is a realistic problem facing the current urbanization construction.

The third part is about theoretical frontiers, which consists of two reports. *A Research Report of New Definition and Characteristics of Art and Consumers* divides consumers into different target groups based on people's taste and preference for art and culture, and analyses many important issues of consumption of art and culture. *Report on the Development of Digital Creative Clusters in the Upgrading of Creative Industries* mainly focuses on the upgrading of creative industries, and proposes an idea of how to deal with the challenges of digital innovation and digital economy by reconstruct the structure of creative industry degree courses.

The fourth part is industrial observation. *Innovative Reports Research on Copyright Protection, Cultural Industry Development and Economic Growth——An Empirical Study Based on China's Inter-Provincial Panel Data from 2005 to 2016* points out that copyright can directly promote economic growth as a high-level production factor, and indirectly promote economic development by promoting the intermediary variable of cultural industry development. *A Report on the Analysis of a Hotspot of the Culture Industry of Games in Real Life and the Study of Its Development* interprets the development history, major features, industry status and customer experience of the real life room escape game industry, and trying to understand the psychological needs on social communication of the young group through analyzing the causes of rapid development of the real life room escape game. *Research Report on Problems and*

Development of Social Network Websites in China attempts to analyze the reasons of RenRen's rise and decline, focuses on the profound changes it has undergone in the global media landscape, and tries to look into the future development direction of social media. *Review and Prospect of Contemporary Cloud Gaming Industry* analyze the cloud gaming industry status combined with the author's own experience in cloud game industry, combined with the author's own experience in the Cloud Gaming company, analyzed the current situation, and presenting the existing industry barriers and difficulties, summarizes the major events of Cloud Gaming industry in recent six months, and looks forward to the development potential of the industry in the future. *Analysis Report on the Development Mechanism and Innovation of Online Game Industry* points out that we must start with the supervision and regulation of network game industry, the content design and development of network game products, and the responsibility and responsibility of network game enterprises, so as to realize the win-win of social and economic benefits of network game industry.

The fifth part is innovative practice report. *Report on Basic Form and Development Planning of Humanistic Smart City——Also on the Ideal Form of Future Urban Development* points out that Humanistic smart city is the people-oriented urbanization, quality improvement and wisdom development. It's a sublation for the development of traditional cities. Humanistic smart city pursues happiness, wisdom, low carbon and sustainable development. It is an urbanization that reflects the human spirit and is an ideal form for future urban development. *Analysis Report on Present Situation and Prospect of 5G Multi-Scene Applications* focuses on technological innovation and application of 5G, points out that with the improvement of network slicing technology, 5G network can support a variety of vertical industry diversified scenarios, including VR/AR, automatic driving, intelligent manufacturing and other scenario applications that cannot be achieved in the 4G era; *A Research Report on the Development and Innovation of Artificial Intelligence Art* sorts out and summarized the relevant research in the field of artificial intelligence art, discussed the interactive relationship between the development of artificial intelligence and artistic practice. *The Report on the Development Trend of New Technologies and New Industry Dynamics in Cultural Science and Technology* introduces the artificial intelligence, block chain and other technical models, and focuses on the typical application cases in the cultural field since 2018, making a trend forecast for the future development of cultural science and technology. *Analysis Report on Optimizing and Upgrading of Communication Network Infrastructure——Take China Mobile as an example* is an investigation report on network construction and expansion of China mobile company, discussed the development concept of high-quality network creating social value from the perspective of communication operators. *Report on New Technology Application and Opportunity Analysis of Science and Technology Museum* reports the application of new media and technology in museums, points out that the application of new technology should give full play to its interactive technical characteristics, and develop immersive and laboratory experience products. *Research on the Creative Efforts about Digitalization of Libraries in Hong Kong* introduces digital construction of library of Hong Kong systematically. Digital engineering is an innovative practice of traditional culture and heritage protection, in which the new cultural technology is becoming the future trend of heritage protection.

The sixth part is heritage Conservation, which pays attention to the deep relationship between heritage protection, technological innovation and application from different perspectives, discussed the deep integration and application of culture and technology from the perspective of heritage protection. *Research Report on the Inheritance and Historical Development of Drunk Dragon Dance Culture in Macao* based on the investigation of the historical development of the traditional customs of the Drunken Dragon dance in Macao, this paper studies the connection characteristics and interaction process of the dance actor network with the Actor Network Theory as the basic perspective, and reveals the internal construction and external actions of the network. *A Research Report of the Impact of Tourist Satisfaction and Loyalty on the Authentication of Folk Festivals* Discussed the harmonious coexistence of authenticity and commercialization is crucial to the cultural innovation and creativity of folk festival activities with convenient data. *Report on the Innovation and Planning implementation of Digital Ecological Construction of Intangible Cultural Heritage ——Take Tik Tok's Intangible Cultural Heritage partner Schedule as an example* takes the Tik Tok's Intangible Cultural

Heritage partner Schedule as an example, deeply discussed the construction of digital ecology in intangible cultural heritage protection.

Keywords: Cultural and Technological Integration; Digital Creative Industry; Humanistic Greater Bay Area

Contents

I General Report

B. 1 2018 Cultural Technology Innovation Report

Li Fengliang, Hu Penglin and Liu Dedao / 001

Abstract: Digital technology is an important factor in promoting cultural science and technology innovation. It is particularly important in the fields of animation, film and television, game industry, network audio-visual, digital display and cultural equipment. The development of digital technology has innovated the medium of cultural content and enriched the presentation of cultural content. The deep application of digital technology in the traditional format has reshaped the industrial form and industrial pattern of the traditional format, which has spawned new categories of business, and induced new cultural and ethical risks, which should be highly valued by us. 5G will enhance the industrial penetration of digital technologies such as cloud computing, artificial intelligence, and augmented reality, thus inducing a new industrial revolution.

Keywords: Digital Technology; Animation, Film and Television; Game Industry; Network Audio-visual; Digital Display; Cultural Equipment

Ⅱ Human Bay Area Reports

B. 2 A Research Report of Pearl River Delta Culture and Regional Development *François Colbert* / 014

Abstract: As the international travels increases all around the globe and each country tries to get its share of the market, arts and heritage constitute one of the key attractions cities and regions base their marketing strategy on. However, careful planning is necessary to make sure the target is hit. This means coordination and cooperation from different actors in the field. To accomplish that purpose, the strategy must be thought along three layers of partners in the touristic industry. If one want inspiration form a case outside of China, one can look at the strategy used by Montreal in Canada in order to build the Cultural Quarter. This endeavour can serve as one example of success coming from the sound coordination of all partners.

Keywords: Place Branding; Strategic Marketing; Service to Clients

B. 3 Analysis Report on Cultural Inheritance and Innovation in Urban Internationalization
—*Take Shenzhen's New Development*
Carsten Herrmann-Pillath / 023

Abstract: The paper analyses traditional cultural and social patterns in contemporary Shenzhen, mostly in the context of 'urban villages'. I show how the cultural spaces of traditional villages continue to shape urban development and architectural designs and explore the role of traditional rituals in creating business networks, such as surname associations. The paper claims that a proper recognition of these structures is necessary to develop Shenzhen into a truly global city: As the example of Hong Kong demonstrates, the synthesis and hybridization of traditional and modern institutions and social structures is a necessary condition to achieve the level of economic and cultural creativity that defines global cities today. The paper concludes with suggestions for policy.

Keywords: Urban Villages; Extended Kinship and Lineages; Ritual; Shareholding Cooperatives; Cultural Governance; Shenzhen Identity

B. 4 Analysis on the Status of Art Participation in Urbanization Construction in Contemporary China

Huang Yongjian, Li Miao, Hu Na and Liu Tingting / 037

Abstract: With the modernization and globalization, China's urbanization continues to advance, while spreading Western values and lifestyles, it is also committed to the localization of Chinese culture and the localization of global culture, which is what we call the integration and innovation of Chinese contemporary culture. In this process, art, especially local art, played and will continue to play an important role. Its manifestations are as follows: 1. Art constructs the humanistic spirit of new Chinese cities and towns; 2. Art leads the development direction of urban culture.

Keywords: Urbanization; Modernization; Localization; Artistic Participation

B. 5 Trends Report on Chinese Martial Arts Culture and Regional Development in Guangdong, Hong Kong and Macau

LEE Chi-shing / 050

Abstract: This paper takes the Chinese martial arts culture as the research background, takes the development of Hong Kong martial arts as the research object, analyzes the development course of Hong Kong martial arts, deeply excavates the origin of the martial arts culture, and derives the social practice, the ceremony and the festival activity and so on. Under the background of sports competitive transformation, martial arts, as the representative of traditional national culture, should not only be oriented towards the development of popularization, but also consider the issue of globalization, especially in the times of the Great Bay District of Guangdong, Hong Kong and Macao, the immaterial cultural heritage of martial arts will create a greater possibility of public participation.

Keywords: Hong KongWushu; Traditional Culture; Sports Economy; Public Participation

B. 6 A Strategic Analysis Report on Culture "Going Out" in Guangdong-Hong Kong-Macao Greater Bay Area

Qin Qing / 058

Abstract: The cultural "going out" strategy of culture has become an important way to build a cultural power and strengthen the country's cultural soft power. As a pivotal position for the development of China's cultural industry and cultural "going out", Guangdong, Hong Kong and Macau Bay Area shoulder a major historical mission. Based on the construction of the Humanities Bay Area, this paper analyzes the development status and problems of the cultural "going out", using the "SWOT analysis" method, that is Strengths, Weaknesses, Opportunities and Threats. Finally, the paper propose the Strategy and Path of Culture "going out" in Guangdong, Hong Kong and Macau Bay Area.

Keywords: Hong Kong and Macau Bay Area; Cultural Industries; Culture "going out"

B. 7 The Report of the Resources Integration and Practices of Cultural and Creative Tourism in Guangdong-Hong Kong-Macao Greater Bay Area *Wang Qing* / 076

Abstract: Guangdong-Hong Kong-Macao Greater Bay Area is shaping into being when China is seeking for more bonds with the whole world. According to the experience from the mature Bay Area regions, the tourism industry plays an important role in the development of the Bay Area, such as improving the quality of life and forming industrial bonds. Therefore, it is necessary to think about the development of its tourism industry when the construction of Guangdong-Hong Kong-Macao Greater Bay Area is still at an early stage. Since cultural and creative tourism attach great importance to the elements like culture, creativity and tourists' experience, it is a significant direction for the transformation of tourism industry today. At present, the cultural and creative tourism in Guangdong-Hong Kong-Macao Greater Bay Area has obtained certain achievements, such as the leading theme parks and tourism brands in China. However, there exists gaps from the perspective of inter-city development. With the construction of Guangdong-Hong Kong-Macao Greater Bay Area, its cultural and creative tourism could benefit from the gradually integrated transportation network and creative industries.

Keywords: Guangdong-Hong Kong-Macao Greater Bay Area; Regional Collaboration; Cultural and Creative Tourism; Resource Integration

B. 8 The Report on the Distribution and Innovation of Historical and Cultural Resources in Guangdong-Hong Kong-Marco Greater Bay Area *Xie Jian* / 089

Abstract: The Greater Bay Area has rich historical and cultural resources, which distribute in ancient village, ancestral temple, church and classical residence city substances in the form of folk festivals and intangible culture. The sense of meaning brought to people by a place is not innate, but comes from the reuse of the space by people living in it, that is, the consumption behavior of the space. How do the abundant historical and cultural resources of Buddhism, Taoism and folk belief in the Greater Bay Area can be innovatively regenerated in the construction of the bay area, which then shaped the urban spiritual culture and cultural landscape of the bay area, is worthy of thinking.

Keywords: Greater Bay Area; Historical and Cultural Resources; Space; Regeneration

Ⅲ Theoretical Frontiers Reports

B. 9 A Research Report of New Definition and Characteristics of Art and Consumers *François Colbert* / 104

Abstract: The products generated by Arts and Culture can be defined as experiential products in the sense that consumer essentially live and experience when they visit a museum or attend a theatre performance. The more educated people will look for sophisticated and meaningful experiences. Any touristic destination who is built upon arts and culture or heritage must face two different groups of visitors, the educated ones and the less educated ones.

Keywords: Branding; Consumer Experience; Experience; Destination Marketing

B. 10 Report on the Development of Digital Creative Clusters in the Upgrading of Creative Industries *Gavin Sade* / 111

Abstract: There is a renewed international focus upon the role played by clusters in the development of the Cultural and Creative Industries. In the UK, the Arts and Humanities Research Council (AHRC) has announced an ambitious agenda to promote university-industry consortia to promote innovative R&D through creative clusters (AHRC 2017) . Universities in Australia, and around the world, are developing creative enterprise centres and building links with digital entrepreneurs to enhance the engagement and impact metrics for academic research. Similarly, an increasing number of universities have introduced Creative Industries degree programs which feature industry links within the curriculum. This paper will discuss developments in the UK and Australia, with particular reference to the ways in which creative industries degree programs are being reconfigured to respond to the challenges of digital innovation and the digital economy.

Keywords: Creativity Industries; Creative Clusters; Creative Industries Degree Programs

Ⅳ Industry Observation Reports

B. 11 Innovative Reports Research on Copyright Protection, Cultural Industry Development and Economic Growth

—An Empirical Study Based on China's Inter-Provincial Panel Data from 2005 to 2016

Chen Nengjun / 128

Abstract: Copyright protection, cultural industry development and economic growth have important relevance. This paper firstly explains the mechanism of copyright protection to promote economic growth, and points out that copyright can directly promote economic growth as a high-level production factor, and indirectly promote economic development by promoting the intermediary variable of cultural industry development. Using the panel data and mediation effect test models of 31 provinces (autonomous regions and municipalities directly under the Central Government) from 2005 to 2016, the study found that: First, copyright protection has a direct driving effect on economic growth, and there is a significant positive correlation between the two; Second, copyright protection has an indirect role in promoting economic growth. Copyright protection promotes economic growth by promoting the development of cultural industries, and this mediating effect accounts for 40. 11% of the total effect. The research in this paper shows that at this stage, promoting economic development requires not only paying attention to copyright theory research and strengthening copyright protection, but also increasing support for cultural enterprises.

Keywords: Copyright Protection; Cultural Industry; Economic Development; Mediating Effect

B. 12 A Report on the Analysis of a Hotspot of the Culture Industry of Games in Real Life and the Study of Its Development

Gao Yu / 145

Abstract: This article examines one of the new rising games at present: the real life room escape game. Now the culture industry of games in real life is the new rising industry. Different from the common online internet games and the traditional offline single player games which only focus on human-machine interaction, the real life room escape game is based on storytelling as well as adopts the real scene for building high-immersion fields in order to create the suitable environment for teamwork. With the approaches of literature research, participant observation and interviews, the article narrates the development history, key features, current status and customer experience of the real life room escape game industry. The aim is trying to understand the psychological needs on social communication of the young group through analyzing the causes of rapid development of the real life room escape game.

Keywords: Real Life Room Escape Game; Culture Industry of Games in Real Life; Social Communication Needs

B. 13　Research Report on Problems and Development of Social Network Websites in China　*Pang Shuwei* / 153

Abstract: As one of the pioneers of social network in China, Renren has experienced a great change from prosperity to decline in just over a decade. Through the analysis of its own positioning and market strategies and the comparison with Facebook, this paper tries to explain the reasons for Renren's prosperity and decline, show the profound changes of global media during the process above, and look forward to the future development of social media.

Keywords: Renren; Social Media; Consumer

B. 14　Review and Prospect of Contemporary Cloud Gaming Industry　*Pei Yining* / 162

Abstract: With the advent of 5G, Cloud Gaming are becoming more and more popular among game developers and hardware manufacturers. Firstly, this paper reviews the development of Cloud Gaming industry in China and developed countries, and discusses the gains and losses of cloud game industry in the past. Then, combined with the author's own experience in the Cloud Gaming company, analyzed the current situation, and presenting the existing industry barriers and difficulties. Finally, it summarizes the major events of Cloud Gaming industry in recent six months, and looks forward to the development potential of the industry in the future.

Keywords: Cloud Gaming; Streaming; Cloud Computing; Cloud Service

B. 15 Analysis Report on the Development Mechanism and Innovation of Online Game Industry *Wen Zhaoxia* / 175

Abstract: China's network game industry started in the 1990s, and has developed rapidly with the progress of network information technology. It has become an important part of the cultural industry and the main force of "going out" of culture. However, the network game industry has created tremendous economic value for the society, at the same time, it has also brought many problems, once triggered a strong negative public opinion. To construct the positive cultural value of network games and realize the positive energy transfer of network games, we must promote the healthy and orderly development of the game industry. China has formulated a series of relevant policies for the development of network game industry and achieved some results, but the current network game ecology is still not perfect. Therefore, we must start with the supervision and regulation of network game industry, the content design and development of network game products, and the responsibility and responsibility of network game enterprises, so as to realize the win-win of social and economic benefits of network game industry.

Keywords: Network Game Industry; Industry Policy; Industrial Supervision and Management

Ⅴ Innovation Practice Reports

B. 16 Report on Basic Form and Development Planning of Humanistic Smart City

—*Also on the Ideal Form of Future Urban Development*

Li Lin, *Long Yu* / 194

Abstract: Smart city is an important national development strategy of our country. Humanistic smart city is an emerging urban form which integrated with humanities smart cities. It not only has the basic characteristics of a smart city, but also has the essential connotation of a humanistic city. It's a high-level form of a smart city, and it is also the highest goal of the construction of a smart city and the final stage of the evolution of urban civilization. Humanistic smart city is also the people-oriented urbanization, quality improvement and wisdom development. It's a sublation for the development of traditional cities. Humanistic smart city pursues happiness, wisdom, low carbon and sustainable development. It is an urbanization that reflects the human spirit and is an ideal form for future urban development.

Keywords: Smart City; Humanistic Smart City; Wuhan

B. 17 Analysis Report on Present Situation and Prospect of 5G Multi-Scene Applications

Cao Guiqin / 207

Abstract: 5G is the fifth generation of mobile communication technology. With the adoption of key technologies such as ultra-dense network, D2D (equipment-to-equipment) communication, MIMO (multi-input-multi-output) technology, spectrum sharing and so on, The performance of 5G is significantly exceed 4G in the number of supported users, data transmission rate, spectrum efficiency, signaling efficiency and other aspects. With the improvement of network slicing technology, 5G network can support a variety of vertical industry diversified scenarios, including VR/AR, automatic driving, intelligent manufacturing and other scenario applications that can not be achieved in the 4G era, so as to better play the advantages of 5G technology.

Keywords: 5G; Network Slice; Multi-Scene Application

B. 18 A Research Report on the Development and Innovation of Artificial Intelligence Art *Gao Mengxue* / 219

Abstract: In the past five or six decades, mankind has ushered in and rapid development of artificial intelligence. The rise of technology has brought about the arrival of the era of artificial intelligence. The birth of "artificial intelligence art" has triggered people's attention and research in this emerging field, and artificial intelligence art has become a hot topic of discussion. Nowadays, academic research on the theory of artificial intelligence art still has the problem of lacking cutting-edge translation works and lacking clearly and deeply understanding on the artificial intelligence creation. In response to this situation, it is necessary to sort out and summarize the relevant research in the field of artificial intelligence art, pay attention to the specific impact of artificial intelligence technology on the art ecology, and grasp the future development trend of artificial intelligence art.

Keywords: Artificial Intelligence; Artificial Intelligence Art; Art Research

B. 19 The Report on the Development Trend of New Technologies and New Industry Dynamics in Cultural Science and Technology *Geng Qi* / 234

Abstract: The deep integration of technology and culture has produced a "chemical reaction", which has brought many new changes to the cultural field and injected vitality into social and economic development. From the perspective of technological innovation, this paper introduces the artificial intelligence, blockchain and other technical models, and focuses on the typical application cases in the cultural field since 2018, making a trend forecast for the future development of cultural science and technology.

Keywords: Cultural Technology; AI (Artificial Intelligence); Blockchain; AR/VR Realistic Processing

B. 20 Analysis Report on Optimizing and Upgrading of Communication Network Infrastructure

—*Take China Mobile As an Example* *Yan Yizheng* / 246

Abstract: Through researching on promoting the development of 5G technology, comprehensive network coverage, network coverage in difficult areas, development of digital application, poverty alleviation on network and communication support of major projects of China Mobile, this paper expounds the communication service of China Mobile in recent years, and discuss the development concept of high-quality network creating social value from the perspective of communication operators.

Keywords: China Mobile; Network Coverage; Home Broadband; Internet Plus; Poverty Alleviation on Network; Communication Support

B. 21 Report on New Technology Application and Opportunity Analysis of Science and Technology Museum *Guo Wenna* / 255

Abstract: As new media and new technology develop, its application in science and technology museums is becoming more and more extensive. In addition to undertaking the functions of collection management, protection and research internally, it is mainly applied to external public services, playing an important role in exhibition, publicity and popular science education. The application of new media and new technology should be based on the purposes and goals of the museum, combined with the demands of audiences of different ages and groups, give full play to its interactive technical characteristics, and develop immersive, laboratory type and other experience products.

Keywords: New Media; New Technique; Science and Technology Museum; Laboratory Type Experience

B. 22 Research on The creative efforts about digitalization of libraries in Hong Kong *Luo Dan* / 263

Abstract: In the past decades of years, the topic on internet and digitalization has increaseingly made efforts to all kinds of industries with the development of technology. In the meanwhile, libraries which takes printing as media has been gone through dramatic change. Currently, the categories of services and functions exerted have been more comprehensive than before. It is a necessary trend that libraries have to evolve from the tradition printing press to digital press. According to this trend of technology innovation, the libraries of university take advantage of the outcome of technology and digitalization that has been used to construct, using and store database with characteristics, which diversified the information volume and speeded up the transmission of knowledge. This article takes the developmental history of the library in The Chinese University of Hong Kong as an example, and attempts to analyses three significant measures in it——digitalization of collections, digital depository and digital scholarship services, and discusses the problem and challenge that must be faced to in the process of digital construction of libraries.

Keywords: Hong Kong; Libraries; Digitalization; Technology Innovation; Digital Collections

Ⅵ Heritage Protection Reports

B. 23 Research Report on the Inheritance and Historical Development of Drunk Dragon Dance Culture in Macao

Liang Minping, *Wang Zhong* / 274

Abstract: Based on the investigation of the historical development of the traditional customs of the Drunken Dragon dance in Macao, this paper studies the connection characteristics and interaction process of the dance actor network with the Actor Network Theory as the basic perspective, and reveals the internal construction and external actions of the network, and analyze its heterogeneous alliance that integrates individuals, organizations, and system, exploring the mechanism of the interaction between the and social changes, and the transformation of its cultural value and the problems in its inheritance and development, and some suggestions for improvement are put forward.

Keywords: Macau; Intangible Cultural Heritage; Drunken Dragon Dance; Actor Network Theory

B. 24 A Research Report of the Impact of Tourist Satisfaction and Loyalty on the Authentication of Folk Festivals

Zhang Tao, Wen Huijun / 290

Abstract: It is vital for the development of folk cultural festivals to understand the relationship of authenticity and tourists' attitude and behaviour and, more importantly, to ensure the coexistence of authenticity and commodification. This study explored festival authenticity and its impact on tourist satisfaction and loyalty. Using convenient sampling, the study investigated tourists of Naadam festivals using self-administered questionnaires. Data analysis showed there are two dimensions in cool authenticity and hot authenticity, respectively. Festival culture and auxiliary product are the dimensions of cool authenticity, while hot authenticity includes the dimensions of intrapersonal and interpersonal authenticity. Festival culture and auxiliary product affect hot authenticity, satisfaction, and loyalty. Hot authenticity have direct positive impact on tourist satisfaction. The result showed festival culture is the most important and effective dimension, while auxiliary product based on authenticity is an essential dimension of festival authenticity. The most effective way of enhancing tourist loyalty is to raise cool authenticity, while enhancing tourist satisfaction must concern both cool and hot authenticity.

Keywords: Folk Festival; Authenticity; Tourist Satisfaction; Tourist Loyalty; Naadam

B. 25 Report on the Innovation and Planning implementation of Digital Ecological Construction of Intangible Cultural Heritage —*Take* Tik Tok's *Intangible Cultural Heritage partner Schedule* as an example *Zhou Yuyu* / 307

Abstract: In the past, the skills and activities which produced and applied in production and life, have become intangible cultural heritage after the loss of the cultural ecology that they once attached to. Compared with the material cultural heritage that can not be deformed, the continuation to intangible cultural heritage is much more flexible, therefore it can better adapt to digitization and realize innovation. The content operation platforms represented by *Tik Tok* has increased the public exposure of intangible cultural heritage with the help of short video as a daily pastime. They use the way of *content dissemination commodity sale* to link intangible cultural heritage with modern life, and construct the digital ecology of intangible cultural heritage. This man-made cultural ecology has played an unprecedented role in promoting the inheritance and dissemination of intangible cultural heritage, but at the same time, it has also buried some hidden dangers.

Keywords: Intangible Cultural Heritage; Digital Ecology; Tik Tok; *Intangible Cultural Heritage Partner Schedule*

B. 26 Memorabilia *Zhou Yuyu* / 320

皮书起源

“皮书”起源于十七、十八世纪的英国，主要指官方或社会组织正式发表的重要文件或报告，多以“白皮书”命名。在中国，“皮书”这一概念被社会广泛接受，并被成功运作、发展成为一种全新的出版形态，则源于中国社会科学院社会科学文献出版社。

皮书定义

皮书是对中国与世界发展状况和热点问题进行年度监测，以专业的角度、专家的视野和实证研究方法，针对某一领域或区域现状与发展态势展开分析和预测，具备原创性、实证性、专业性、连续性、前沿性、时效性等特点的公开出版物，由一系列权威研究报告组成。

皮书作者

皮书系列的作者以中国社会科学院、著名高校、地方社会科学院的研究人员为主，多为国内一流研究机构的权威专家学者，他们的看法和观点代表了学界对中国与世界的现实和未来最高水平的解读与分析。

皮书荣誉

皮书系列已成为社会科学文献出版社的著名图书品牌和中国社会科学院的知名学术品牌。2016年，皮书系列正式列入“十三五”国家重点出版规划项目；2013~2019年，重点皮书列入中国社会科学院承担的国家哲学社会科学创新工程项目；2019年，64种院外皮书使用“中国社会科学院创新工程学术出版项目”标识。

中国皮书网

（网址：www.pishu.cn）

发布皮书研创资讯，传播皮书精彩内容
引领皮书出版潮流，打造皮书服务平台

栏目设置

关于皮书：何谓皮书、皮书分类、皮书大事记、皮书荣誉、皮书出版第一人、皮书编辑部

最新资讯：通知公告、新闻动态、媒体聚焦、网站专题、视频直播、下载专区

皮书研创：皮书规范、皮书选题、皮书出版、皮书研究、研创团队

皮书评奖评价：指标体系、皮书评价、皮书评奖

互动专区：皮书说、社科数托邦、皮书微博、留言板

所获荣誉

2008 年、2011 年，中国皮书网均在全国新闻出版业网站荣誉评选中获得“最具商业价值网站”称号；

2012 年，获得“出版业网站百强”称号。

网库合一

2014 年，中国皮书网与皮书数据库端口合一，实现资源共享。

S 基本子库
UB DATABASE

中国社会发展数据库（下设 12 个子库）

全面整合国内外中国社会发展研究成果，汇聚独家统计数据、深度分析报告，涉及社会、人口、政治、教育、法律等 12 个领域，为了解中国社会发展动态、跟踪社会核心热点、分析社会发展趋势提供一站式资源搜索和数据分析与挖掘服务。

中国经济发展数据库（下设 12 个子库）

基于"皮书系列"中涉及中国经济发展的研究资料构建，内容涵盖宏观经济、农业经济、工业经济、产业经济等 12 个重点经济领域，为实时掌控经济运行态势、把握经济发展规律、洞察经济形势、进行经济决策提供参考和依据。

中国行业发展数据库（下设 17 个子库）

以中国国民经济行业分类为依据，覆盖金融业、旅游、医疗卫生、交通运输、能源矿产等 100 多个行业，跟踪分析国民经济相关行业市场运行状况和政策导向，汇集行业发展前沿资讯，为投资、从业及各种经济决策提供理论基础和实践指导。

中国区域发展数据库（下设 6 个子库）

对中国特定区域内的经济、社会、文化等领域现状与发展情况进行深度分析和预测，研究层级至县及县以下行政区，涉及地区、区域经济体、城市、农村等不同维度。为地方经济社会宏观态势研究、发展经验研究、案例分析提供数据服务。

中国文化传媒数据库（下设 18 个子库）

汇聚文化传媒领域专家观点、热点资讯，梳理国内外中国文化发展相关学术研究成果、一手统计数据，涵盖文化产业、新闻传播、电影娱乐、文学艺术、群众文化等 18 个重点研究领域。为文化传媒研究提供相关数据、研究报告和综合分析服务。

世界经济与国际关系数据库（下设 6 个子库）

立足"皮书系列"世界经济、国际关系相关学术资源，整合世界经济、国际政治、世界文化与科技、全球性问题、国际组织与国际法、区域研究 6 大领域研究成果，为世界经济与国际关系研究提供全方位数据分析，为决策和形势研判提供参考。

法律声明